Hans-Jürgen Becker

Schwere Jäger und Zerstörer der Luftwaffe 1933-1945

Hans-Jürgen Becker

Schwere Jäger und Zerstörer der Luftwaffe 1933-1945

Impressum

Einbandgestaltung: Andreas Plaum unter
Verwendung von Grafiiken aus dem Buch.

Bildnachweis:
Heinz Birkholz: 19, Daimler-Benz Aerospace: 13
Deutsches Museum: 9, Dornier GmbH: 24
Hinrich Engel: 9, Fliegermuseum Dübendorf: 6
Manfred Griehl: 23, Rudolf Höfling: 33
Volker Koos: 3, Armin Kranzhoff: 5
Manfred Krieg: 5, Gerhard Lang: 1
Christoph Regel: 5, Hanfried Schliephake: 6
Harold Thiele: 14, Andreas Weber: 11

Die teilweise geminderte Bildqualität ist auf das Alter
der Abbildungen und die Umstände ihres Entstehens
zurückzuführen.

Die Zeichnungen und Farbgrafiken stammen von
St. Smekál und Ralf Swoboda.

ISBN 3-613-01971-X

1. Auflage 1999
Copyright © by Motorbuch Verlag,
Postfach 103743,
D-70032 Stuttgart.
Ein Unternehmen der
Paul Pietsch-Verlage GmbH & Co.

Lektorat: Martin Benz M.A., Wolf Westerkamp
Innengestaltung: phg, Martinsried
Druck: TC Druck, 72072 Tübingen
Bindung: K. Dieringer, 70839 Gerlingen
Printed in Germany

Inhalt

Mit keinem anderen Flugzeug ist der Begriff »Zerstörer« so eng verbunden wie mit der Messerschmitt Bf 110. Die hier ab-gebildete Baureihe E-2 dokumentiert jedoch, daß die Aufgabenstellung des Zerstörers im Laufe des Krieges rasch in den Hintergrund trat. So wie die Baureihe E als Schnellkampfflugzeug eingesetzt werden konnte, ließen sich auch die weiteren Baureihen als Bomber, Aufklärer und insbesondere als Nachtjäger verwenden.

Vorwort

Den deutschen Militärflugzeugen der Jahre 1933 bis 1945 wurde nach dem Zweiten Weltkrieg große Aufmerksamkeit zuteil, die nach wie vor anhält. Sowohl in Deutschland als auch im Ausland, insbesondere im englischsprachigen Raum, entstanden zahlreiche Bücher, die sich mit diesem Thema befaßten. Wenngleich neben der Beschreibung einzelner Muster auch diverse Zusammenstellungen entstanden, fehlte bis heute eine zusammenfassende Darstellung der schweren Jagdflugzeuge und Zerstörer der Luftwaffe – und das, obwohl gerade diese Muster von außergewöhnlichem Interesse sind. Aufgabe des vorliegenden Buches soll es daher sein, diese Lücke zu schließen.

Im Rahmen dieser Arbeit war es nicht möglich, neben der detaillierten Darstellung der einzelnen Flugzeuge und ihres Werdeganges auch die Einsatzseite mit all ihren Gesichtspunkten in größerem Umfang darzustellen. Wie kompliziert und wechselhaft das Schicksal der verschiedenen Zerstörer- und Nachtjagdgeschwader war, wird im Anhang dargestellt, so daß an dieser Stelle auf weitere Ausführungen verzichtet werden kann.

Die Geschichte der schweren Jäger und Zerstörer ist trotz der vorgenannten Einschränkungen kein reines Typenbuch, das sich auf die Aufzählung einzelner Baureihen und Varianten beschränkt. Aus diesem Grund wurde auch darauf verzichtet, die Muster alphabetisch geordnet nach Flugzeugfirmen vorzustellen. Zum besseren Verständnis der Abläufe erschien es sinnvoller, eine Darstellung in chronologischer Abfolge zu wählen, da sich so am besten die zahlreichen Einflüsse, die auf die Entwicklung der Flugzeuge einwirkten, aufzeigen ließen. Dabei ging es vorrangig darum, viele Fakten einzubringen, die bei einem großen Teil der bisher erschienenen Veröffentlichungen aus unterschiedlichen Gründen außen vor blieben oder nur am Rande Erwähnung fanden. Insbesondere wird deutlich, daß die Luftrüstung aus vielerlei Gründen nicht in der Lage war, die Luftwaffe für einen taktischen und strategischen Einsatz gleichermaßen auszurüsten und darüber hinaus so viele Flugzeuge zu liefern, wie sie für die Verteidigung des eigenen Luftraumes erforderlich waren. Diese Tatsachen werden noch heute - mehr als 50 Jahre nach Ende des Zweiten Weltkrieges - vielfach in Frage gestellt.

Von Wunschdenken geleitet, durch verschiedene Veröffentlichungen bestärkt und von den technischen Fortschritten der deutschen Wissenschaftler speziell auf den Gebieten Strahlflug, Fernlenkwaffen und Raketentechnik geblendet, werden Fakten übersehen, die im Falle der schweren Jäger und Zerstörer zu einem ganz anderen Bild der damaligen Situation führen müssen.

Ihre Geschichte ist symptomatisch für die gesamte deutsche Luftrüstung. Sie zeigt zahlreiche gravierende Fehler auf, die von allen Beteiligten gemacht wurden; insbesondere wird jedoch deutlich, daß die Führung der Luftwaffe und der Luftrüstung unter dem Dreigestirn Hermann Göring, Erhard Milch und Ernst Udet in vielen Bereichen überfordert war. Neben dem Mangel an fachlicher Kompetenz kamen noch persönliche Differenzen zwischen den Verantwortlichen hinzu, die sich bis weit in die unteren Hierarchien erstreckten und dazu führten, daß bei Besetzung wichtiger Positionen Sachkenntnis oftmals eine untergeordnete Rolle spielte.

Die Zahl der Fehlentscheidungen und Fehleinschätzungen geht weit über das hinaus, was man als »normal« bezeichnen kann. Insbesondere war es die Unkenntnis über die Fertigungskapazitäten, den Materialbedarf und die Entwicklungszeiten von Flugzeugen und Flugmotoren bis zur Einsatzreife, die dazu führten, daß die Möglichkeiten der deutschen Luftfahrt- und Flugmotorenindustrie falsch beurteilt wurden, so daß Fehlentwicklungen nicht rechtzeitig erkannt und abgestellt werden konnten. All dies führte bei den Planzahlen zu einem Chaos, das im Laufe des Krieges zunahm. So löste binnen kürzester Zeit ein Fertigungsprogramm das andere ab.

An dieser verhängnisvollen Entwicklung hatte auch die Luftfahrtindustrie ihren Anteil. Kaufmännische Überlegungen standen im Vordergrund. Vorrangig ging es darum, ein Flugzeug so lange wie möglich in der Serienfertigung zu halten und Konkurrenzmuster aus dem Rennen zu werfen. Darüber hinaus wurde alles unternommen, um neue Aufträge zu erhalten. Dabei sah man viele Dinge zu optimistisch: so konnten garantierte Leistungen, Erstflugtermine oder der Beginn der Serienfertigung nicht eingehalten werden. Der Auftraggeber indes vertraute auf die Zusagen, die er überwiegend für realistisch hielt. Die verschiedenen Flugzeugfirmen hatten es durch zahlreiche Weltrekordflüge ihrer Muster verstanden, ihren Produkten den Nimbus der »absoluten Überlegenheit« zu verschaffen. Unter dem Eindruck der beispiellosen Erfolge, die die deutschen Flugzeuge in den 30er Jahren erzielt hatten, hielt man alles für machbar, und das Vertrauen in die Flugzeugindustrie war schier grenzenlos. Nachdem die Erstausstattung der Luftwaffe mit Jagd- und Angriffsflugzeugen abgeschlossen war, begann frühzeitig die Planung von Nachfolgemustern.

Ernst Udet, ab 1936 Chef des für die Entwicklung und Beschaffung von Fluggerät, Motoren und Ausrüstung zuständigen C-Amtes des Reichluftfahrtministeriums (RLM) und ab 1939 Generalluftzeugmeister, setzte frühzeitig auf sogenannte »Standardtypen«. Dies bedeutete, daß – anders als im Ausland – möglichst nur ein einziges Flugzeugmuster für den jeweiligen Einsatzzweck bereitstehen sollte. Markante Beispiele für diesen Trend sind die Messerschmitt Bf 109 und die Junkers Ju 88.

Die Vorteile des »Standardtyps« lagen auf der Hand. Viele Flugzeugwerke oder Unterlieferanten konnten in die Fertigung eines Musters eingespannt werden. Außerdem war die Frage der Wartung und der Ersatzteillieferung ebenso einfach zu lösen wie die Ausbildung der Bodenmannschaften und der Flugzeugbesatzungen.

Den unbestrittenen Vorteilen der von Udet entwickelten Philosophie stand allerdings ein großer Nachteil gegenüber, der sich kurz nach Kriegsbeginn offenbarte, als die »Standardtypen« Me 210 und He 177 scheiterten. Im Vertrauen darauf, daß beide Muster problemlos in die Fertigung gehen würden, hatte die Industrie mit der Vorbereitung zum Serienbau begonnen. Als sich das Scheitern der beiden Konstruktionen abzeichnete, mußte die Fertigung auf die vorhandenen Maschinen umgestellt werden. Solche Prozesse beanspruchten viele Monate und führten zu Fertigungseinbrüchen. Das Udet-Konzept wies indes noch eine weitere Schwäche auf. Da alles auf »eine Karte« gesetzt wurde, gab es keine Alternativen, das heißt, daß ein rasches Ausweichen auf ein anderes Flugzeugmuster nicht möglich war. Man mußte, ob man wollte oder nicht, an den vorgesehenen Flugzeugen festhalten und in zeitraubenden Änderungen versuchen, die Muster doch noch in die Fertigung zu bringen. In dieser Zeit blieb nichts anderes übrig, als die bewährten Typen weiterzubauen und eine technische und leistungsmäßige Unterlegenheit gegenüber den »Feindflugzeugen« hinzunehmen.

Das Konzept des »Standardtyps« war eine Ursache für das Scheitern der Luftwaffe, die Fehleinschätzung der politischen Lage eine weitere. Bei Ausbruch des Zweiten Weltkrieges war die Luftwaffe nicht in der Lage, strategisch zu operieren; es handelte sich vielmehr um eine »Erstschlag«-Waffe, die im taktischen Bereich mit großem Erfolg eingesetzt wurde, deren Wirkung jedoch mit zunehmender Kriegsdauer abnehmen mußte. Wenn es dennoch zum Angriff auf Polen kam, so lag dies offensichtlich daran, daß Adolf Hitler die Bereitschaft Frankreichs und Großbritanniens, in den Krieg einzugreifen, falsch einschätzte. Auch nachdem beide Länder Deutschland am 3. September 1939 den Krieg erklärt hatten, zeigte sich Hitler davon überzeugt, mit Großbritannien Frieden schließen zu können, zumal sich am Krieg gegen Polen ab dem 17. September 1939 auch die Sowjetunion beteiligte, ohne daß dies eine Kriegserklärung Frankreichs und Großbritanniens nach sich zog.

Nach dem Fall Frankreichs setzte sich innerhalb der Reichsregierung die Ansicht durch, daß man mit Großbritannien einen Friedensvertrag oder zumindest ein Stillhalteabkommen schließen könnte. So kam es 1940 zur katastrophalen Entscheidung, nicht nur die Flugzeugfertigung zurückzufahren, sondern auch alle Projekte und Vorhaben, die sich nicht bis zum Ende des Jahres verwirklichen ließen, einzustellen. Geprägt von den Erfahrungen des Ersten Weltkrieges, als noch Flugzeuge binnen weniger Monate konstruiert, erprobt und in Serie gebaut werden konnten, war vor allem Hermann Göring der Ansicht, daß auch moderne Hochleistungsflugzeuge in kurzer Zeit alle Stadien der Entwicklung bis hin zur Serienproduktion durchlaufen könnten. Doch damit lag Göring völlig falsch. Während zur Erprobung der 1936 gebauten Bf 110 nur wenige V-Muster und eine kleine Vorserie benötigt wurden, brachte es die 1943 gefertigte He 219 auf mehr als 30 Versuchsflugzeuge.

Planungswirrwarr und widersprüchliche Entscheidungen kennzeichneten auch den Motorenbau. So beklagt Generalluftzeugmeister Erhard Milch in einer Konferenz vom 9. Juni 1942, daß das RLM 1937 die Entwicklung des Daimler-Benz DB 603 (anfängliche Leistungsklasse 1500 PS) stoppen ließ, um drei Jahre später den Bau des Motors zu fordern. Milch stand eine solche Kritik allerdings nicht zu, hatte er doch selbst durch gezieltes Eingreifen eines der aussichtsreichsten Triebwerke, den Jumo 222, torpediert. Der Jumo 222 war dazu ausersehen, den neuen Junkers-Bomber Ju 288 anzutreiben. Der Motor, der sich in der Leistungsklasse von 2000-2500 PS bewegte, war nach anfänglichen Schwierigkeiten im Herbst 1941 weit in der Entwicklung fortgeschritten. Doch nicht nur das, es war geplant, in einem eigens dafür vorgesehenen neuen Werk – dem Flugmotorenwerk Ostmark – monatlich bis zu 1000 Triebwerke zu fertigen. Im September 1941 entschied Milch, daß das Doppeltriebwerk DB 606 nicht nur der He 177, sondern auch der Ju 288 als Antrieb dienen sollte. Damit waren einige tausend Werkmaschinen, die Junkers in Erwartung einer Serienfertigung angeschafft hatte, überflüssig. Die Lieferung von Ersatzmaschinen für die DB 606 kam nicht mehr richtig in Gang, so daß das Flugmotorenwerk Ostmark frühzeitig »gestorben« war. Junkers arbeitete zwar weiter an dem Motor, konnte ihn jedoch nicht in die Großserienfertigung bringen. Das von den Flugzeugkonstrukteuren dringlich geforderte Triebwerk der 2000-2500-PS-Klasse blieb somit auf der Strecke.

Ohnehin war der Motorenbau die Achillesferse der Luftrüstung. Hochwertige Triebwerke benötigten hochwertige Werkstoffe, die jedoch nicht in ausreichender Menge zur Verfügung standen. Dies brachte zwei Nachteile mit sich: zum einen mußte man versuchen, mit Werkstoffen geringerer Güte auszukommen, was zu geringerer Lebensdauer und auf Materialermüdung zurückzuführende Störanfälligkeit führte, zum anderen blieb die Fertigung von Hochleistungsmotoren weit hinter den Erfordernissen zurück.

Zu den Sorgenkindern des Motorenbaus gehörte auch die Entwicklung von Turboladern, die das Erreichen großer Flughöhen mit vollem Ladedruck ermöglichten. Hier hinkte man deutlich hinter britischen und US-amerikanischen Motoren her. Ein Nachteil, der sich ab 1943 schmerzlich bemerkbar machte, als die Bomber-Pulks der USAAF in Höhen von bis zu 8000 m in das Reichsgebiet einfliegen konnten und die Begleitjäger noch darüber operierten.

Spätestens zu diesem Zeitpunkt hätte eine schlagkräftige Jagdwaffe für die Tag- und Nachtverteidigung aufgebaut werden müssen. Doch dazu war das Reich trotz diverser Anstrengungen nicht fähig. Bereits zu Friedenszeiten konnten Großprogramme wie das der Junkers Ju 88 nicht problemlos bewältigt werden. Es bedurfte erst zahlreicher Sondervollmachten des Junkers-Vorstandsvorsitzenden Heinrich Koppenberg, um die Fertigung des Flugzeuges den Planzahlen anzupassen. Nachteile ergaben sich daraus für die übrige Luftfahrtindustrie. Wie ein Schwamm saugte das Ju-88-Programm Facharbeiter und Rohstoffe auf, so daß sich einige Hersteller zu recht Sorge um ihre Flugzeugfertigung machen mußten.

Während des Krieges wurde die Lage noch dramatischer. Unter der Wucht der alliierten Luftschläge kam es zu Produktionseinbrüchen, denen durch unterirdische Fertigungsstätten und zum Teil rücksichtslosen Einsatz von Häftlingen und Zwangsarbeitern begegnet werden sollte. Tatsächlich gelang es trotz verstärkter Bombenangriffe, die Flugzeugfertigung in einem bis dahin nicht gekannten Ausmaß zu steigern. Die ausgelieferten Maschinen befanden sich jedoch in einem überwiegend schlechten Zustand und mußten oftmals unter sehr großem Aufwand an der Front einsatzfähig hergerichtet werden. In diesem Zusammenhang darf nicht übersehen werden, daß sich die hohen Fertigungsraten im großen und ganzen auf einmotorige Jagdflugzeuge bezogen, während an den Bau größerer Flugzeuge wie zum Beispiel der Ju 290 oder gar des geplanten »Amerika«-Bombers nicht zu denken war. Und so kam auch Hitler im Jahre 1944 zu der Ansicht, daß man auf eine strategische Luftwaffe auf lange Zeit verzichten müsse.

In der aussichtslosen Lage kam es dann zu zahlreichen Entscheidungen, die sich aus heutiger Sicht nur noch durch die damalige Situation erklären lassen. Es wäre in dieser Phase des Krieges sinnvoll gewesen, die gesamte Fertigung auf wenige Flugzeugmuster und Motoren zu beschränken, statt dessen arbeiteten die Konstruktionsbüros mit Hochdruck an immer neuen Varianten und Ausführungen, so daß speziell auf dem Flugzeugsektor eine nicht mehr zu überschauende Vielfalt von Baureihen und Unterversionen entstand. Als Beispiel sei hier nur die Messerschmitt Bf 109 erwähnt, von der so viele Baureihen und Unterversionen existierten, daß kaum noch absolut baugleiche Maschinen vorhanden waren. Welche Nachschubprobleme mit einer solchen Praxis verbunden waren, läßt sich leicht nachvollziehen. Die zahlreichen Abweichungen lagen im wesentlichen in der unterschiedlichen Ausrüstung der Flugzeuge begründet. Auch hier tendierten die Firmen dazu, ständig neue, abgeänderte Produkte anzubieten. Dies galt in besonderem Maße für den Bereich der Funk- und Funkmeßgeräte. Die Zahl der oftmals nur in kleinsten Stückzahlen gefertigten Funkmeßgeräte geht in die Dutzende. Doch damit nicht genug: während in Großbritannien mit der Zentimeterwelle gearbeitet wurde, die keine große Antennenanlage benötigt, vertrat man in Deutschland die Ansicht, daß Geräte mit Zentimeterwelle keine Perspektiven böten und daher nicht weiter zu verfolgen seien. In diesem Zusammenhang sei daran erinnert, daß deutsche Techniker frühzeitig erkannt hatten, daß Funkmeßgeräte durch das Abwerfen von Metallstreifen (»Düppel«) erfolgreich gestört werden können. Es wurde jedoch nichts unternommen, die deutschen Funkmeßgeräte gegen solche Maßnahmen resistent zu machen. Als die RAF zu diesem Störmittel griff, war die deutsche Abwehr blind.

Auch im Bereich der Bordwaffen gab es Probleme. 1933/34 erfolgte die Ausrüstung noch mit dem MG 08/15 aus dem Ersten Weltkrieg. Ab Mitte der 30er Jahre gelang es, moderne Maschinengewehre der Bauart MG 15 (beweglich) und MG 17 (starr) in die Fertigung zu bringen. Daß diese leichten 7,9-mm-Waffen durch schwerere Kaliber ersetzt werden mußten war klar, dennoch sollte es bis etwa 1942 dauern, ehe mit dem MG 151 ein solches Maschinengewehr in großen Stückzahlen bereitstand. Eine der Ursachen für die Zeitverzögerung war der Umstand, daß durch Planungsfehler eine Überkapazität an Munition für die veraltete 20-mm-Bordkanone MG-FF entstanden war. Die Munition mußte zunächst aufgebraucht werden, bevor man an die Einführung des MG 151 im großen Stil denken konnte! Die unheilvollen Eingriffe in die Entwicklungstätigkeit der Firmen durch das Planungsamt machte auch vor der Waffenindustrie nicht halt, so wurde die 30-mm-Bordkanone MK 101 trotz sehr guter Beurteilung »abgewürgt«. Grund dafür war Ernst Udet, der zusammen mit einigen Offizieren der Luftwaffe die Meinung vertrat, daß zur Bomberbekämpfung das Kaliber 20 mm vollkommen ausreichend sei. Ein fataler Irrtum, wie sich beim Einsatz gegen die USAAF-Bomber herausstellen sollte. Ab 1942 machte sich bei den Entscheidungsträgern ein Sinneswandel bemerkbar. Die MK 101 konnte in abgeänderter Form als MK 103 in das Fertigungsprogramm aufgenommen werden, und mit der 30-mm-Kanone MK 108 entstand die beste deutsche Bordwaffe, deren Serienbau aus verschiedenen Gründen nur langsam in Gang kam.

Von den vielfältigen Schwierigkeiten im Bereich des Zellen- und Motorbaus, der Funkmeßtechnik, der Bordwaffen und der Fertigungskapazitäten waren die schweren Jagd- und Zerstörerflugzeuge der Luftwaffe stets mitbetroffen.

Unter all diesen Aspekten kann es nur verwundern, daß sich die Luftwaffe über einen so langen Zeitraum an allen Fronten erfolgreich behaupten konnte, waren doch die alliierten Luftstreitkräfte zahlenmäßig weit überlegen, und zwar auch im Bereich der zweimotorigen Jagd- und Zerstörerflugzeuge. Allein drei Muster, die Bristol Beaufighter (Stückzahl: 5562), die Douglas Havoc (7385) und die Lockheed Lightning (9923) brachten es auf zusammen 22.870 Exemplare. Die deutsche Fertigung umfaßte während des Zeitraumes 1936 bis 1945 die Produktion von rund 12.000 zweimotorigen Jagd- und Zerstörerflugzeugen. Rund 40 Prozent davon wurden 1944 hergestellt. Etwa zehn Prozent dieser Flugzeuge gingen noch vor ihrer Ablieferung durch Feindeinwirkung, beim Einfliegen oder während der Überführung verloren, weitere 50 Prozent büßte die Luftwaffe ohne gegnerische Einwirkung durch technische Mängel und Unfälle ein. Die verbliebenen 40 Prozent fanden zwar ihren Weg zu den Einheiten, jedoch lag die Einsatzbereitschaft stets deutlich unter dem Ist-Bestand, so daß die Zahl der einsetzbaren Flugzeuge weiter zusammenschmolz. Wenn die deutschen Nachtjäger dennoch mehr als 7300 Abschüsse und die Beschädigung von mehreren tausend Flugzeugen für sich verbuchen konnten, so spricht dies eine deutliche Sprache. Das fliegerische Können und die bis zum Kriegsende ungebrochene Einsatzbereitschaft der fliegenden Besatzungen und der Bodenmannschaften machten außergewöhnliche Erfolge möglich. Heinz-Wolfgang Schnaufer war mit 121 Abschüssen das As der deutschen Nachtjagd, ihm folgten Helmut Lent mit 102 (plus 8 als Tagzerstörer) und 21 Flugzeugführer, die mehr als 50 Abschüsse erzielten. Während die Alliierten ihre erfolgreichen Besatzungen schnell aus dem Einsatz zogen und ihnen Schulungsaufgaben übertrugen, war dies in Deutschland nicht möglich. So überlebten nur wenige Besatzungen das mörderische Geschehen am nächtlichen Himmel. Am Ende des Krieges beklagten die Nachtjäger 2800 Tote, 900 Vermißte und eine große Zahl Schwerverletzter.

Die Zerstörerverbände, die noch zu Beginn des Zweiten Weltkrieges eine große Rolle im Luftkrieg spielten, verloren mangels einer ausreichenden Zahl an Flugzeugen immer mehr an Bedeutung. Darüber hinaus zeigten sie im Kampf gegen einmotorige Jagdflugzeuge ihre Schwächen. Wenngleich aus diesen Gründen die Zahl der Luftsiege einzelner Besatzungen deutlich hinter denen der Nachtjäger lag, waren die erzielten Erfolge überragend. So verbuchten Eduard Tratt und Karl Kennel 38 respektive 34 Abschüsse. Weitere erfolgreiche Flugzeugführer waren Werner Thierfelder (27) und Egon Albrecht (25). Das Gros der Zerstörer-Besatzungen wechselte im Laufe des Krieges zu den Nachtjägern und errang hier bedeutende

Erfolge; beispielhaft dafür stehen Wilhelm Herget, der 57 seiner Luftsiege nachts erzielte, und Hans-Joachim Jabs, auf dessen Konto 50 Abschüsse, davon 28 nachts, gingen.

So groß auch die Opferbereitschaft und der Einsatzwille der Männer der Luftwaffe auch waren: letztlich konnten sie die Niederlage Deutschlands – die aufgrund der politischen, wirtschaftlichen und militärischen Lage unvermeidlich war – nicht verhindern. Am Ende bleibt nur, sich dieser Männer, die im guten Glauben für ihr Land handelten, immer wieder zu erinnern.

Dortmund, im August 1999
Hans-Jürgen Becker

Dank

Ich verrate nichts Neues, wenn ich an dieser Stelle darauf hinweise, daß die Erstellung des vorliegenden Buches ohne die Unterstützung, die mir von vielen Seiten zuteil wurde, nicht möglich gewesen wäre:

Heinz Birkholz, Hinrich Engel, Manfred Griehl, Hans Holzer, Dr. Volker Koos, Dr. Jörg Armin Kranzhoff, Manfred Krieg, Gerhard Lang, Christoph Regel, Hanfried Schliephake, Harold Thiele und *Andreas Weber* halfen mit Informationen, Unterlagen und Fotografien. Besonderer Dank gilt *Rudolf Höfling* für seine ständige Unterstützung und Hilfsbereitschaft. Ferner bedanke ich mich bei Frau *Burgmaier* von der *Firma Dornier* und Herrn *Ebert* vom *Historischen Archiv der Firma Messerschmitt* für die Überlassung von Bildmaterial. Außerdem halfen Herr *Bernhard* und Herr *Lareida* vom *Fliegermuseum Dübendorf* bei der Beschaffung von Fotos und Informationen. Dafür sage ich in Richtung Schweiz meinen herzlichen Dank.

Einen wesentlichen Beitrag zur Gestaltung des Buches lieferten Herr *St. Smekal,* der die Rißzeichnungen erstellte, sowie Herr *Ralf Swoboda,* dessen Farbzeichnungen besonders die Modellbauer unter den Lesern begeistern dürften.

Hans-Jürgen Becker

Flugzeugzerstörer - ein neuer Flugzeugtyp entsteht

Der pensionierte italienische Fliegergeneral Giulio Douhet veröffentlichte 1921 unter der Überschrift *Il domino dell'aria* seine Luftkriegstheorie. Das Werk, das in Deutschland unter dem Titel *Die Luftherrschaft* erschien, propagierte die Schaffung schwerer Bomberverbände, die tief in das Hinterland des Gegners eindringen sollten, um hier den gesamten Lebensraum anzugreifen, wobei die Ausschaltung der gegnerischen Luftstreitkräfte als vorrangig angesehen wurde. In den Vorstellungen Douhets spielten die Luftstreitkräfte in künftigen Kriegen die ausschlaggebende Rolle, während er dem Heer und der Marine keine besondere Bedeutung beimaß.

Die Douhetsche Luftkriegstheorie fand weltweit große Beachtung und beeinflußte in den nächsten Jahren und Jahrzehnten den Ausbau verschiedener Luftstreitkräfte in unterschiedlicher Form. Auch in Deutschland befaßte man sich mit den Ausführungen und Gedanken Douhets. Bereits Mitte der 20er Jahre regte die Reichswehr die Entwicklung großer Langstreckenflugzeuge an, die in Form der Dornier Do X und der Junkers G 38 realisiert werden konnten. Die Reichswehr übernahm die aufsehenerregenden Großflugzeuge aus verschiedenen Gründen jedoch nicht, sie dienten letztlich zivilen Zwecken. Lediglich sechs G 38 wurden militärisch ausgerüstet und unter der Bezeichnung K 51 in Japan gebaut.

Die Entwicklung eines schweren Bombers wurde indes weiterverfolgt und mit dem Pflichtenheft für das »Rüstflugzeug I« im Jahre 1933 konkretisiert. Danach forderte das Militär einen viermotorigen Bomber mit einer Reichweite von 2000 km, 2000 kg Bombenlast und einer Marschgeschwindigkeit von 250 km/h. Erneut erhielten Dornier und Junkers entsprechende Aufträge, die zum Bau der Do 19 und Ju 89 führten. Wenngleich daran gedacht war, die Bomber mit einer starken Abwehrbewaffnung zu bestücken, reichte dies nach Ansicht der Militärs nicht aus. Die Schaffung eines schwerbewaffneten, schnellen, zweimotorigen Begleit-

flugzeugs wurde daraufhin angeregt. Nachdem Douhet auch die Bedeutung der Luftaufklärung in seinem Werk hervorgehoben hatte, lag es nahe, dem Begleitflugzeug, das als »Flugzeugzerstörer« bezeichnet wurde, zusätzlich die Rolle des Erkunders und leichten Bombers zu übertragen. Damit folgte man den Vorstellungen der französischen Luftrüstung, die neben dem zweimotorigen, mehrsitzigen Jagdflugzeug zu Beginn der 30er Jahre die Kategorie des »B.C.R.«-Flugzeugs eingeführt hatte. Hinter dieser Abkürzung verbergen sich die Aufgabenstellungen Bomber, Kampfflugzeug und Aufklärer. Daß das B.C.R.-Programm in eine Sackgasse führte, wurde in Frankreich zu spät erkannt. Flugzeuge wie die Amiot 143 oder die Potez 540 konnten sich gegen leichte und wendige Jagdflugzeuge nicht behaupten und verschafften darüber hinaus dem französischen Flugzeugbau den Ruf der Rückständigkeit.

In Deutschland wurde die Unterlegenheit des B.C.R.-Konzeptes frühzeitig erkannt, so daß die »Flugzeugzerstörer« Henschel Hs 124 und Focke-Wulf Fw 57 nicht in den Serienbau gelangten.

Neben Henschel und Focke-Wulf hatten sich auch die Bayerischen Flugzeugwerke an der Ausschreibung für einen »Flugzeugzerstörer« beteiligt, ohne jedoch dem Pflichtenheft in vollem Umfang zu folgen. Willy Messerschmitt und der mit der Entwicklung beauftragte Rudolf Lusser waren der Auffassung, daß ein Mehrzweckflugzeug keine der Aufgaben optimal erfüllen könnte. Man vertrat die Ansicht, daß es besser sei, für jeden Einsatzzweck ein eigenes Flugzeug zu entwickeln. Aus Kostengründen sollten alle drei Maschinen jedoch über eine Basiszelle verfügen, die nur in Teilbereichen für die jeweilige Aufgabenstellung abzuändern war. Nach diesem Schema entstanden die Muster Bf 110 (Zerstörer), Bf 161 (Aufklärer) und Bf 162 (Bomber), von denen letztlich nur die Bf 110 in die Serienfertigung gelangte.

Der zweimotorige, zweisitzige Zerstörer wurde von der Propaganda schon bald nach seiner öffentlichen Vorstellung als kampfstarkes und schnelles Flugzeug gefeiert, das jeden Gegner »vom Himmel fegt«. Diese Einschätzung fand zu Beginn des Zweiten Weltkrieges durchaus ihre Bestätigung. Im Kampf gegen veraltete einmotorige Jagdflugzeuge, aber auch gegen Bomber, die ohne Begleitschutz flogen, zeigte sich das Muster überlegen. Als die Bf 110 im weiteren Verlauf des Krieges auf moderne Jagdeinsitzer traf, wandelte sich das Bild, und schließlich mußte die Maschine während der »Luftschlacht um England« aus dem Einsatz als Begleitjäger herausgezogen werden.

Aus dem Lieblingsflugzeug Hermann Görings war ein Verlierertyp geworden, den man von allen Seiten kritisierte.

Zweifellos konnte die Bf 110 die Aufgabe eines Begleitjagdflugzeuges nicht erfüllen, dies lag aber nicht an ihrer Konstruktion, sondern an der schlichten Tatsache, daß ein kleines, einmotoriges und somit leichtes Flugzeug einem schwereren zweimotorigen Flugzeug in Bezug auf Wendigkeit, Steigleistung und Geschwindigkeit bei entsprechender Motorisierung überlegen ist.

In den 30er Jahren waren in vielen Ländern zahlreiche Flugzeuge entstanden, die man ohne weiteres mit der Bf 110 vergleichen kann und die im Einsatz gegen einmotorige Jagdmaschinen vor denselben Problemen standen.

Daß die Bf 110 ein wertvolles und leistungsstarkes Flugzeug war, konnte sie in einem Aufgabenbereich unter Beweis stellen, für den sie von Hause aus gar nicht vorgesehen war: als Nachtjäger bewährte sich das Muster außerordentlich gut – und das bis zum Kriegsende. Neben der Ju 88 repräsentierte die Bf 110 den wichtigsten Eckpfeiler innerhalb der Nachtjagdverbände. Die Bedeutung des Musters für die Luftwaffe wird allein dadurch unterstrichen, daß keiner der später entwickelten Zerstörer und Nachtjäger die Bf 110 in der Fertigung ablösen konnte.

Focke-Wulf Fw 57 und Henschel 124: Die ersten Zerstörer

1934 formulierte das Technische Amt (C-Amt) des Reichsluftfahrtministeriums (RLM) die »Taktischen Richtlinien für das Rüstungsflugzeug III«. Gefordert wurde ein »Flugzeugzerstörer«, der darüber hinaus auch als Höhenaufklärer und Bomber verwendet werden sollte und folglich auch als »Mehrzweckflugzeug« bezeichnet wurde.

Aufgabe des Flugzeugzerstörers – später nur noch »Zerstörer« genannt, war es, den eigenen Bomberverbänden den Luftraum über gegnerischem Gebiet freizukämpfen. Welche Bedeutung dem neuen Muster zuerkannt wurde, ergibt sich aus einer zwischen dem Luftkommandoamt und dem Technischen Amt geführten Besprechung, die Mitte Mai 1934 stattfand.

Danach wurde der Entwicklung des Flugzeugzerstörers mit der Zuteilung der Dringlichkeitsklasse I höchste Priorität eingeräumt.

Das RLM erwartete ein zweimotoriges Flugzeug mit einer drei- bis vierköpfigen Besatzung und einer Höchstgeschwindigkeit von 400 km/h in 6000 m. Diese Flughöhe sollte in 15 Minuten erreicht werden. Bei einer Reisegeschwindigkeit von 300 km/h war an eine Reichweite von 2000 km gedacht; dies entsprach einer Eindringtiefe von 750 bis 800 km. Waffenseitig wurde der Einbau einer aus vier 20-mm-Kanonen und einem Zwillings-MG bestehenden Bewaffnung gefordert. Mittels dieser – für damalige Begriffe schweren – Bewaffnung erhoffte man sich die Bekämpfung gegnerischer Flugzeuge aus sicherer Distanz. Es lag auf der Hand, daß der Zerstörer nicht die Wendigkeit einmotoriger Jagdflugzeuge aufweisen konnte. Aus diesem Grund wurde der Einbau von Drehtürmen für Angriff und Verteidigung vorgesehen.

Bezüglich der Flugeigenschaften lagen klare Forderungen vor. Der durchschnittliche Flugzeugführer mußte die Maschine beherrschen können, und außerdem sollte das Flugzeug nicht zum Trudeln neigen beziehungsweise sich leicht aus dem Trudeln herausnehmen lassen. Ferner durfte der Flugzeugzerstörer beim Kurven in einer Arbeitshöhe von 7000 m nicht an Höhe verlieren und mußte mit einer Landegeschwindigkeit von weniger als 100 km/h auskommen.

Das Flugzeug sollte auch bei Nacht und unter schlechten Wetterbedingungen eingesetzt werden können. Der Einbau von Flammenvernichtern an der Auspuffanlage sowie von Geräuschdämpfern für den Nachteinsatz war ebenso vorgesehen wie eine Instrumentierung für Wolken- und Nebelflug und eine automatische Steuerung.

Nachdem die Firmen AGO (Arbeitsgemeinschaft Otto), Gotha, Heinkel, Dornier, Focke-Wulf, Henschel und die Bayerischen Flugzeugwerke Vorschläge eingereicht hatten, erhielten die drei letztgenannten Firmen den Auftrag zum Bau von jeweils drei Versuchsflugzeugen.

An dieser Stelle werden nur die Focke-Wulf Fw 57 und die Henschel Hs 124 dargestellt, während der von den Bayerischen Flugzeugwerken entwickelten Bf 110 ein eigenes Kapitel gewidmet ist.

Bereits im November 1934 konnte die Firma Henschel eine Attrappe ihrer Hs 124 dem RLM und der Luftwaffe zu Besichtigung und Prüfung vorstellen. Der zweimotorige Mitteldecker mit doppeltem Seitenleitwerk machte einen guten Eindruck. Das von Dipl.-Ing. Nicolaus

*Hs 124 V1.
Das erste Versuchs-muster
entsprach mit
dem im Rumpfbug
angeordneten
Drehturm der
RLM-Ausschrei-
bung*

*Hs 124 V2.
Das zweite
Versuchsmuster
unterscheidet sich
vom Vorgänger
vor allem durch
die neue Motor-
anlage und den
Ersatz des Dreh-
turms durch eine
herkömmliche
Verglasung mit
Schlitzlafette.*

*Hs 124 V3.
Das dritte
Versuchsmuster
wurde als Anwort
auf die Bf 110
konzipiert. Neben
der erneut geän-
derten Motoran-
lage fallen der
Rumpfbug und
das modifizierte
Seitenleitwerk auf.*

14

konstruierte Flugzeug entsprach mit seiner Metallbauweise und von seiner gesamten Auslegung her internationalem Standard. Das erste Versuchsmuster, die Hs 124 V1, absolvierte im April 1936 seinen Erstflug, wobei zwei flüssigkeitsgekühlte Jumo-210-C-Motoren mit einer Startleistung von 675 PS (500 kW) als Antrieb dienten. Hervorstechendes Merkmal des Flugzeuges war ein von der Firma Mauser entwickelter, elektrisch angetriebener Drehturm in der Rumpfbugoberseite. Es folgte die Kabine des Flugzeugführers mit einer nach hinten zu öffnenden Schiebehaube, an die sich in deutlichem Abstand der Funkraum mit dem hinteren Abwehrstand anschloß.

Der Rumpf wurde in drei Teilen, die miteinander verschraubt waren, gefertigt. Neben der Möglichkeit eines Bahntransportes bot diese Fertigungstechnik Vorteile bei der Produktion.

Der Tragflügel bestand aus einem rechteckigen, dreiholmigen Mittelteil, an das die einholmigen, trapezförmigen Außenflügel angeschraubt waren.

An den Flügelhinterkanten befanden sich ein stoffbespanntes Querruder und zwei hydraulisch betätigte Landeklappen, die ebenfalls mit Stoff bespannt waren.

Das Tragwerk nahm neben den Motorgondeln das Fahrwerk und die Kraftstoffanlage auf. Das hydraulisch betätigte, einfach bereifte Hauptfahrwerk wurde nach hinten oben in die Motorgondeln eingefahren und durch zwei große Klappen vollständig abgedeckt. Der schwenkbare Sporn war nicht einziehbar, er ließ sich bei Bedarf feststellen.

Drei Metallbehälter im Mittelflügel nahmen den Kraftstoffvorrat von 1750 l auf. Zur Reichweitenerhöhung konnte ein Zusatztank mit 800 l Fassungsvermögen im Rumpf zwischen dem Flugzeugführer und dem Funker eingebaut werden.

Das freitragende, trapezförmige Höhenleitwerk wies ebenso wie Rumpf und Tragflügel eine Dural-Beplankung auf, lediglich die Ruder waren stoffbespannt. Der Aufbau des Seitenleitwerkes entsprach dem des Höhenleitwerkes. Sämtliche Ruder waren aerodynamisch und gewichtlich ausgeglichen.

Das zweite Versuchsmuster, die Hs 124 V2, unterschied sich ganz wesentlich vom Vorgänger. Die Triebwerkanlage wurde nun von luftgekühlten BMW-132-Dc-Motoren gebildet, die in 3000 m eine Nennleistung von 880 PS (700 kW) abgaben und elektrisch verstellbare Drei-Blatt-Luftschrauben von VDM (Vereinigte Deutsche Metallwerke) mit einem Durchmesser von 3,30 m antrieben. Die Schmierstoffbehälter mit einem Gesamtfassungsvermögen von 110 l befanden sich unmittelbar hinter den Motoren. Der Rumpfbug wurde völlig neu gestaltet: der Drehturm entfiel, und der gesamte Bug war nun umfangreich verglast. Dem Bombenschützen stand ein 7,9-mm-MG-15 zur Verfügung, das in einer Schlitzlafette gelagert war und einen Schußwinkel von 30 Grad nach oben und 40 Grad nach unten hatte. Als Sichtverbesserung für den Flugzeugführer diente ein Fenster im Rumpfboden mit einem Sichtwinkel von 22 Grad. Die Kabinenabdeckung für den Flugzeugführer und den Funker, der gleichzeitig die Aufgaben eines Heckschützen übernahm, war ebenfalls neu konstruiert worden, und nicht zuletzt erfolgten Änderungen auch an den Seitenleitwerken.

Die im April 1937 eingeflogene Hs 124 V2 erreichte aufgrund der stärkeren Motorisierung annähernd die erwarteten Leistungen, dennoch unterblieb ein Serienbau.

Beim RLM hatte sich die Auffassung durchgesetzt, daß die Aufgaben des Flugzeugzerstörers zu weit gefaßt waren und es besser sei, anstelle eines Mehrzweckflugzeugs Muster in den Dienst zu stellen, die speziell auf verschiedene Aufgaben zugeschnitten waren.

Die Henschel-Werke faßten daraufhin den Entschluß, die in der Fertigung befindliche Hs 124 V3 nicht mehr als Mehrzweckflugzeug, sondern als Zerstörer fertigzustellen.

Das Flugzeug erhielt nun flüssigkeitsgekühlte DB-600-Motoren mit einer Startleistung von 1000 PS (735 kW). Der Rumpfbug wurde blechbeplankt und zur Aufnahme einer aus zwei 20-mm-MG und zwei bis vier 7,9-mm-MG bestehenden Bewaffnung vorbereitet. In dieser Form konnte sich die Hs 124 nicht gegen die Messerschmitt Bf 110 durchsetzen, so daß das dritte Versuchsmuster für verschiedene Flugversuche und Sonderaufgaben verwendet wurde. Innerhalb der Versuchsreihen wurde die Maschine zum Einsitzer umgebaut, der Heckstand entfiel, und die Rumpfoberseite erhielt eine entsprechende Verkleidung.

Die Firma Henschel versuchte Ende der 30er Jahre, das Flugzeug auf dem internationalen Markt abzusetzen: als Bomber mit einer Bombenlast von 600 kg (bei reduzierter Reichweite bis zu 900 kg), als Fotoaufklärer und als Tiefangriffsflugzeug mit einer aus vier 7,9-mm-MG oder zwei 20-mm-MG und zwei 7,9-mm-MG bestehenden starren Bewaffnung und BMW-132-Motoren. Exportaufträge blieben jedoch aus.

Mit einer Spannweite von 18,20 m, einer Länge von

14,50 m und einer Flügelfläche von mehr als 54 m² war die Hs 124 ein großes Flugzeug, das allerdings diesbezüglich von der Konkurrenzentwicklung der Focke-Wulf Fw 57 weit übertroffen wurde. Mit einer Spannweite von 25 m, einer Länge von 16 m und einer Flügelfläche von 80 m² war das unter der Leitung von Dipl.-Ing. Bansemir konzipierte Flugzeug sehr groß ausgefallen.

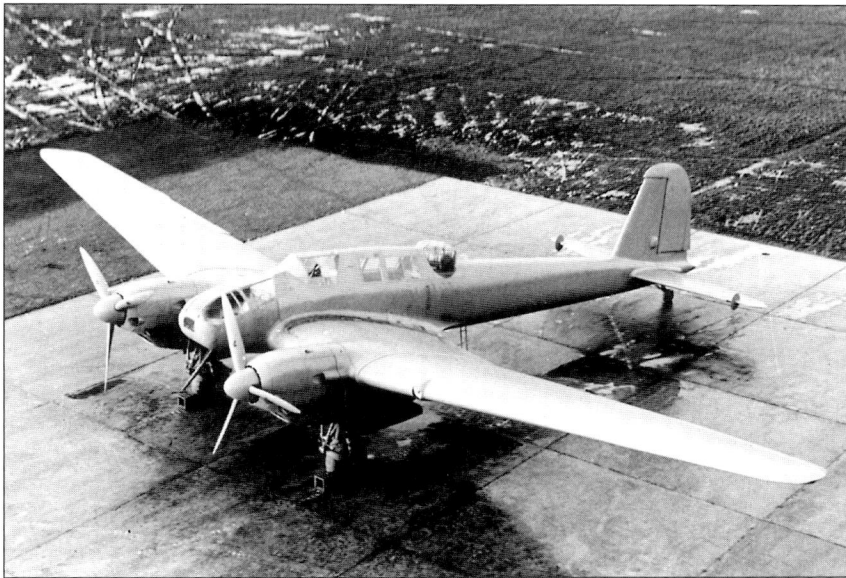

Die Focke-Wulf Flugzeugbau GmbH hatte noch keine umfänglichen Erfahrungen im Metallbau sammeln können, und so kam es, daß die Fw 57 ein hohes Leer- und Fluggewicht aufwies. Bansemir fühlte sich bei der Entwicklung des Flugzeuges an die geforderte Landegeschwindigkeit von weniger als 100 km/h gebunden. Da Landehilfen aus Kostengründen nicht erwünscht waren, sah er nur durch den Einbau einer großen Tragfläche die Möglichkeit, die Flächenbelastung und damit die Landegeschwindigkeit zu senken. Naturgemäß erhöhte das große Tragwerk auch das Gewicht des Flugzeuges, ein Teufelskreis, aus dem es kein Entrinnen gab. Der Ausspruch des bekannten britischen Jagdflugzeug-Konstrukteurs Sir Sidney Camm: »Halte Dich an die offizielle Ausschreibung – und Du bist erledigt!« traf voll auf die Fw 57 zu.

Bereits bei der im März 1935 erfolgten Attrappen-Besichtigung waren die ungewöhnlichen Dimensionen aufgefallen, jedoch war zu diesem Zeitpunkt noch

Die Gesamtansicht der Fw 57 läßt die enormen Abmessungen des Flugzeugs erahnen.

nicht abzusehen, daß das Gewicht des Flugzeuges weit über den errechneten Werten liegen würde. Wie sich erst später herausstellte, wogen die Tragflächen fast fünfmal soviel wie ursprünglich kalkuliert!

Als die Fw 57 V1 im Mai 1936 unter der Führung von Kurt Tank zum Erstflug startete, betrug die Flugmasse mehr als 8 Tonnen. Der für den Einbau vorgesehene DB 600 C (2 x 910 PS/669 kW), der damals stärkste deutsche Flugmotor, stand noch nicht zur Verfügung, so daß der Flugbetrieb zunächst mit zwei Rolls-Royce Buzzard-Motoren aufgenommen wurde. Wenngleich dieser Motor eine Startleistung von 925 PS abgab, reichte die Leistung nicht aus, um dem Flugzeug annehmbare Leistungen und Flugeigenschaften zu verleihen.

Vom äußerlichen Erscheinungsbild her unterschied sich der zweimotorige, freitragende Tiefdecker deutlich von der Hs 124. Der Bug des in Schalenbauweise erstellten Rumpfes war abgeflacht und im oberen Bereich vollständig verglast. Hier sollten zwei 20-mm-Mauser-MG oder wahlweise eine 30-mm-Kanone eingebaut werden. Es schloß sich die Kabine des Flugzeugführers an, in einigem Abstand folgte der Mauser-Drehturm, der mit einem 20-mm-MG bestückt werden sollte.

Das dreiholmige Tragwerk bestand aus dem Mittelflügel und den beiden Außenflügeln, wobei der Kraftstoffvorrat im Mittelflügel untergebracht war.

An den Hinterkanten der Tragflügel befanden sich je ein Querruder und zwei Landeklappen.

Das freitragende Leitwerk verfügte über aerodynamisch ausgeglichene Ruder.

Das einfach bereifte Hauptfahrwerk wurde hydraulisch nach hinten oben in die Motorgondel eingefahren und durch Klappen vollständig abgedeckt. Das Spornrad war nicht einziehbar.

Die V1 ging schon bald nach Beginn der Flugerprobung, als eine Notlandung auf morastigem Untergrund erfolgen mußte, verloren.

Ob die beiden übrigen V-Muster noch fertiggestellt wurden, konnte der Autor nicht zweifelsfrei ermitteln. Angeblich erhielten sie ein Seitenruder mit Hornausgleich.

Dieses Werkfoto der Fw 57 zeigt zahlreiche Details.

Technische Daten: Henschel Hs 124 V2

Triebwerk	2 BMW 132 Dc
	mit 2 x 880 PS / 2 x 647 kW
Spannweite	18,20 m
Länge	14,50 m
Höhe	3,75 m
Flügelfläche	54,60 m^2
Leermasse	4250 kg
Flugmasse	7230 kg
Flächenbelastung	132,41 kg/m^2
Höchstgeschw.	363 km/h in NN
	410 km/h in 3000 m
	385 km/h in 6000 m
Steigzeit	6000 m in 17,1 Minuten
Dienstgipfelhöhe	7900 m
Reichweite	1860 km bei 337 km/h in 3000 m
	2450 km bei 300 km/h in 6000 m

Technische Daten: Focke-Wulf Fw 57

Triebwerk	2 DB 600 C
	mit 2 x 910 PS / 2 x 669 kW
Spannweite	25,00 m
Länge	16,40 m
Höhe	4,00 m
Flügelfläche	73,57 m^2
Leermasse	6805 kg
Flugmasse	8310 kg
Flächenbelastung	112,95 kg/m^2
Höchstgeschw.	365 km/h in NN
Dienstgipfelhöhe	9000 m
Reichweite	1550 km

Messerschmitt Bf 110:
Der vielseitige Zerstörer

Die von Henschel und Focke-Wulf für den Flugzeug-zerstörer-Wettbewerb entwickelten Muster Hs 124 und Fw 57 hatten sich als zu schwerfällig und komplex erwiesen. Der Grund dafür lag im wesentlichen in dem Ziel, ein Mehrzweckflugzeug zu schaffen, das auch als Bomber und Aufklärer eingesetzt werden konnte. Die Firma Messerschmitt, die ebenfalls an der Ausschreibung teilgenommen hatte, beschritt einen völlig anderen Weg. Rudolf Lusser, Leiter des Messerschmitt-Konstruktionsbüros (Kobü), entwickelte ein Flugzeug, das in wesentlichen Punkten von der Ausschreibung abwich. So wurde von vornherein auf einen kanonenbestückten Drehturm verzichtet und an Stelle von drei Mann eine zweiköpfige Besatzung vorgesehen. Es konnte dadurch ein gegenüber den Konkurrenzmustern kleineres und leichteres Flugzeug entstehen, das folglich schneller und wendiger war. Die beiden Aufgabenstellungen »Erkunder« und »Kampfflugzeug« sollten nach den Vorstellungen Lussers zwei neue Muster übernehmen, wobei diese Flugzeuge auf der Zelle des Zerstörers basierten und nur wenige Änderungen zur Anpassung an die jeweiligen Aufgabenstellungen erforderlich waren. Dieser Gedanke konnte, wie noch ausgeführt wird, realisiert werden.

Die Arbeiten an der Zerstörer-Version begannen im April 1934 unter der Projektbezeichnung P 1035. Es entstand ein schnittiger, freitragender, zweimotoriger Tiefdecker mit Einziehfahrwerk, Endscheibenleitwerk und einer langgestreckten, stark verglasten Kabine für eine zweiköpfige Besatzung, die Rücken an Rücken saß, wobei dem Funker, der zugleich die Funktion eines Bordschützen übernehmen sollte, ein bewegliches MG 15 vom Kaliber 7,9 mm zur Verfügung stand. Als Angriffsbewaffnung war zunächst der Einbau von vier 7,9-mm-MG-17 mit je 1000 Schuß in den Rumpfbug vorgesehen. Die Motoranlage bestand aus zwei Jumo 210, dem damals stärksten zur Verfügung stehenden Motor.

Das RLM akzeptierte die von der Firma Messerschmitt vorgeschlagene Lösung und erteilte noch 1934 unter der Typennummer 8-110 einen Bauauftrag über drei Musterflugzeuge und eine Bruchzelle. Kurz darauf wurde der Auftrag auf Fertigung von sieben Vorserienflugzeugen erweitert und auch die aus der Bf 110 abgeleitete Ausführung als Erkunder (Bf 161) und Kampfflugzeug (Bf 162 Jaguar) in Auftrag gegeben.

An dieser Stelle ist es Zeit, kurz auf die Typenbezeichnung Bf einzugehen. Die bis dato bei Messerschmitt entwickelten Flugzeuge, allen voran das Reiseflugzeug Bf 108 Taifun und der Jagdeinsitzer Bf 109*, wurden bei den Bayerischen Flugzeugwerken gebaut. Messerschmitt oblag die reine Konstruktions- und Entwicklungstätigkeit. Aus diesem Grunde trugen die Muster das Kürzel »Bf«, das für die Bayerischen Flugzeugwerke stand. 1938 übernahm Messerschmitt das Werk, so daß ab diesem Zeitpunkt alle von der Firma

*vergl. Flugzeuge, die Geschichte machten – Messerschmitt Bf 109 von Hans-Jürgen Becker, Motorbuch Verlag Stuttgart (vergriffen).

Bf 110 V1.
Als diese Flugaufnahme des ersten Versuchsmusters entstand, war das fast quadratische Seitenleitwerk der hier dargestellten Ausführung gewichen.

entworfenen Flugzeuge mit »Me« bezeichnet wurden. Die alten Typen wie die Bf 108 oder Bf 110 behielten jedoch ihre Bezeichnung.

Nachdem das Bf 110 Programm anfänglich große Fortschritte gemacht hatte und die Attrappen-Besichtigung bereits im Februar 1935 erfolgen konnte, gab es nun eine Reihe von Verzögerungen, die dazu führten, daß das erste Versuchsmuster, die D-AHOA (Werk-Nr. 868),

erst am 12. Mai 1936 unter der Führung von Chefpilot Hermann Wurster zum zehnminütigen Erstflug starten konnte. Mitentscheidend für den schleppenden Fortgang war, daß die Konzeption eines Zerstörers völlig neu war und viele Detailfragen erst nach und nach geklärt werden konnten.

Bis zum Jungfernflug der zweiten Bf 110, der Werk-Nr. 869 (D-AQYE), sollte es noch bis zum 24. Oktober 1936 dauern. Es folgte am 24. Dezember 1936 das dritte Flugzeug, das das Kennzeichen D-ATII (Werk-Nr. 870) trug. Bei diesem Flugzeug gelangte erstmalig die aus vier MG 17 bestehende Angriffsbewaffnung und mit dem Daimler-Benz 600 ein wesentlich stärker Motor zum Einbau. Immerhin erreichte das Triebwerk eine Startleistung von 1000 PS (735 kW) gegenüber dem Jumo 210 mit 680 PS (500 kW). Dennoch mußten die ersten Serienflugzeuge mit dem Junkers-Motor ausgestattet werden, da der DB 600 weder technisch vollkommen ausgereift noch in ausreichender Stückzahl lieferbar war.

Neu an der V3 waren auch die VDM-Dreiblatt-Luftschrauben und die Fahrwerksklappen, die das Fahrwerk vollständig abdeckten. Bei den Vorgängern hatte man noch die damals weitverbreitete Lösung, bei der die Fahrwerksklappen die Räder nicht vollständig abdecken, angewendet. Im Falle einer Bauchlandung sollte das Flugzeug dadurch besser gegen Beschädigungen geschützt sein.

Die bei Messerschmitt und später bei der Erprobungsstelle (E-Stelle) Travemünde durchgeführte Flugerprobung der Musterflugzeuge zeigte keine gravieren-

den Mängel auf, so daß mit der Serienfertigung – in die auch die Nachbaufirmen Gothaer Waggonfabrik und Focke-Wulf eingeschaltet waren – ab März 1938 begonnen werden konnte. Zu diesem Zeitpunkt waren die Probleme, die durch die enge Zusammenlegung der Bordwaffen entstanden waren, durch eine neue Lafettierung der MG 17 weitgehend gelöst.

Die erste Baureihe trug die Bezeichnung Bf 110 B. Als Musterflugzeug diente die Bf 110 V4, D-AISY, (Werk-Nr. 910), die in Rechlin erprobt wurde und zugleich zur Kleinserie Bf 110 B-0 gehörte.

Gegenüber den V-Mustern gab es einige Änderungen geringerer Art. Neben einem geänderten Rumpfbug mit optimiertem Waffeneinbau fiel insbesondere der Jumo-210-G-Motor mit einer Startleistung von 730 PS (535 kW) auf. Der Vorteil dieses Triebwerkes lag nicht so sehr in seiner verbesserten Leistung als vielmehr in der direkten Benzineinspritzung, die gegenüber dem Vergasermotor viele Vorteile bot. So wurde der Motor auch im Rückenflug und bei hohen Zentrifugalkräften stets gleichmäßig mit Kraftstoff versorgt. Waffenseitig verfügte das Flugzeug durch den zusätzlichen Einbau von zwei 20-mm-MG-FF mit je 180 Schuß über eine für damalige Verhältnisse außergewöhnliche Feuerkraft. Der Einbau der Kanonen erfolgte unter dem Rumpf, die Schußkanäle führten fast bis zur Bugspitze. Das Wechseln der MG-FF-Trommel magazine erfolgte durch den Funker, der über eine Öffnung im Kabinenboden Zugang zu den Kanonen hatte.

Als erster Verband wurde die Zerstörergruppe des Lehrgeschwaders 1, (Z) LG 1, in Barth (Ostsee) mit

Bf 110 V3. Das dritte V-Muster, D-ATII, flog erstmals mit DB-600-Motoren.

dem Flugzeug ausgerüstet. Als die ersten Maschinen im Sommer 1938 bei der Einheit eintrafen, waren die Eindrücke bei den Besatzungen gemischt. Einerseits stand ein hochmodernes Jagdflugzeug mit großer Reichweite und schwerer Bewaffnung zur Verfügung, andererseits enttäuschte das Muster mit einer Höchstgeschwindigkeit von bestenfalls 450 km/h.

Zu diesem Zeitpunkt hatte die Luftwaffe ihre Jagdverbände in »leichte« und »schwere« Jäger aufgeteilt und die Jagdgruppen dementsprechend mit den Buchstaben »l« und »s« gekennzeichnet. Die Ausrüstung der Einheiten war trotz unterschiedlicher Aufgabenstellung praktisch identisch, somit wurden vorwiegend die Messerschmitt Bf 109 der verschiedenen Baureihen geflogen. Erst mit der Bf 110 stand ein Flugzeug zur Verfügung, auf das die Bezeichnung »schwerer Jäger« zutraf. In Vorbereitung der Umrüstung auf die Bf 110 tauchten ab Ende 1938 anstelle der Kürzel (s) JG für schwere Jagdgeschwader erstmals die Bezeichnung ZG für Zerstörergeschwader auf.

Bild oben,
Bild unten

Bf 110 B-1.
Die Flugzeuge der
Baureihe fanden
recht schnell
ihren Weg zu den
Schulen.
Erkennungszeichen
der Schulflugzeuge
waren unter
anderem Zahlen
am Rumpfbug
sowie ein Rumpf-
band in verschie-
denen Gelbtönen.

Die Bf-110-B-0-Vorserien- und B-1-Serienflugzeuge hinkten deutlich hinter der erwarteten Höchstgeschwindigkeit von 500 km/h her, und auch bezüglich der Dienstgipfelhöhe gab es Klagen: anstelle der geforderten 10.000 m wurden nur 8000 m erreicht.

Als der französische General Vuillemin im August 1938 das Messerschmitt-Werk in Augsburg mit einigen ranghohen Offizieren besuchte, verschwieg man ihm verständlicherweise die Schwachpunkte der Bf 110. Dafür wurde der Abordnung eine propagandistische Meisterleistung vorgeführt. Nachdem man der Delegation die Feuerkraft der Messerschmitt-Maschine auf dem Schießstand demonstriert hatte, führte Willi Stör ein Flugprogramm mit der Bf 110 vor, das eindrucksvoller nicht sein konnte. Doch damit nicht genug. Die Franzosen wurden an eine Stelle des Flugplatzes geleitet, von welcher sie nur einen Teil des Geländes über-

Bf 110 C.
Am Rumpfbug
prangt der
Wolfskopf der
I.(Schwere
Jagd)/LG 1 in
Barth, die später
in V.(Z)/LG 1 um-
benannt wurde.

blicken konnten. Die wenigen fertigen Bf 110 starteten nacheinander, flogen einen Kreis, landeten unbemerkt von den Franzosen und starteten sofort wieder durch. Es entstand so der Eindruck, als verließe ein nagelneuer Zerstörer nach dem anderen die Werkhallen. Wie man später aus den Protokollen der Delegation entnehmen konnte, gelang der Bluff. Man glaubte tatsächlich von französischer Seite, daß sich die Maschine in der Massenproduktion befand. Dies war sicher einer der Gründe, warum von alliierter Seite die Stärke der Luftwaffe bei Kriegsbeginn zu hoch eingeschätzt worden war.
Welch starken Eindruck die Vorführung der Bf 110 bei den Franzosen hinterlassen hatte, zeigt sich auch bei der Entwicklung neuer französischer Flugzeuge. Eine 1936 herausgegebene Ausschreibung, die den Bau eines zweimotorigen Langstrecken-Jagdflugzeuges zum Inhalt hatte, wurde nach dem Besuch Vuillemins in Augsburg abgeändert. Anstelle einer dreiköpfigen Besatzung forderte man nun eine Reduzierung auf zwei Mann.

Propagandatricks – wie zuvor geschildert – konnten die mangelnden Leistungen der Bf 110 natürlich nicht übertünchen. Abhilfe brachte nur der Einbau neuer leistungsstärkerer Motoren. Bei Daimler-Benz war inzwischen aus dem DB-600-Vergasermotor mit dem DB 601 ein Einspritzmotor mit 1000 PS (735 kW) Startleistung entstanden, der auch für den Großserienbau zur Verfügung stand. Der Einbau des DB 601 in die Bf 110 machte zahlreiche Änderungen nötig und gestaltete sich sehr aufwendig und komplex. Während sich der Kühler beim Jumo 210 direkt unter dem Motor befand, erfolgte nun eine Verlegung unter den Tragflügel, wodurch gleich zwei Probleme gelöst wurden. Der DB 601 war gegenüber dem Jumo 210 rund 170 kg schwerer, und auch die neuen Luftschrauben brachten zusätzliches Gewicht. Um eine Schwerpunktwanderung zu vermeiden, wurden die Kühler nach hinten verlegt. Diese Verlegung ließ außerdem eine Neugestaltung des Kühlers zu, so daß der Stirnwiderstand gesenkt werden konnte. All das machte keine besonderen Einschnitte in die Konstruktion des Tragflügel erforderlich. Allerdings wurden die runden Endkappen durch eckige ausgetauscht, so daß sich die Spannweite von 16,90 m auf 16,30 m verringerte. Dies zog eine Reduzierung der Flügelfläche von 39,3 auf 38,5 m² nach sich. Ferner konnte die Rumpflänge von 12,80 m auf 12,10 m geändert werden. Die Umbauten führten zu einem erhöhten Gewicht, so stieg die Abflugmasse von 5650 kg auf 6750 kg. Trotz des erheblichen Gewichtszuwachses bewirkten die kräftigeren Motoren – wie er-

gerten Leistungen zogen Verstärkungen der Zelle nach sich. Dies galt in erster Linie für das Höhenleitwerk, das bei der Baureihe B unter bestimmten Bedingungen zum Flattern neigte.

Bei allen positiven Aspekten, die die umfassende Änderung der Bf 110 mit sich brachte, ließ sich ein Wermutstropfen nicht verhindern. Die von der Baureihe B erzielte Reichweite von 1700 km konnte von der Bf 110 C nicht erreicht werden. Sie brachte es auf maximal 1300 km.

wartet – einen Leistungsschub. Die neue Baureihe Bf 110 C erreichte auf Anhieb eine Höchstgeschwindigkeit von 510 km/h in 5000 m und eine Dienstgipfelhöhe von 10.000 m. Neben den stärkeren Motoren führten auch Detailänderungen zu verbesserten Leistungen. Zu diesen Maßnahmen gehörte unter anderem eine Überarbeitung der Kanzelverglasung. Die gestei-

Bevor die Geschichte der Bf 110 weiter aufgeblättert wird, soll zunächst die Konstruktion der Baureihe C näher untersucht werden. Der in Ganzmetall-Bauweise erstellte, freitragende Tiefdecker wies trapezförmige, einholmige Tragflächen auf, die an vier Anschlußpunkten mit dem Rumpf verbunden waren. Die Tragflügel hatten gerade Flügelenden. An der Hinterkante der Tragflächen befanden sich

Spaltlandeklappen und Spaltquerruder, wobei die Querruder für Start und Landung mit den Landeklappen gekuppelt waren. Außerdem waren die Landeklappen mit der verstellbaren Höhenflosse mechanisch verbunden. An der Flügelvorderkante befanden sich automatisch betätigte Handley-Page-Vorflügel.

Der in Schalenbauweise gefertigte Rumpf nahm im Bugbereich vier MG 17 einschließlich Munition auf. Es folgte die geräumige, gestreckte Kabine, in der der Flugzeugführer und der Funker, zugleich Bordschütze, Rücken an Rücken saßen. Zwischen den beiden Besatzungsmitgliedern befand sich reichlich Platz, so daß bei späteren Nachtjagdversionen der Einbau eines dritten Sitzes problemlos möglich war. Dem Funker standen einige wesentliche Instrumente wie Fahrtanzeiger, Höhenmesser und künstlicher Horizont zur Verfügung, so daß er in schwierigen Situationen dem Flugzeugführer die entsprechenden Werte ansagen und sich dieser ganz auf das Fliegen konzentrieren konnte. Heute haben es die Flugzeugführer einfacher: mittels Blickfeldanzeige (Head-Up-Display, HUD) lassen sich die wichtigsten Informationen direkt auf die Windschutzscheibe projizieren. Ohne den Blick auf die Instrumente richten zu müssen, ist der Flugzeugführer »stets im Bilde«. Die Kabine der Bf 110 wurde belüftet und bei späteren Baureihen durch das Kühlwasser der Motoren beheizt. Die langgezogene Kabinenverglasung teilte sich in die Baugruppen Vorderteil, Mittelteil und Heckteil auf. Die Dachklappe des Vorderteils wurde nach hinten oben geöffnet, die Seitenscheiben ließen sich nach unten abklappen. Einen ähnlichen Aufbau wies auch das Heckteil auf, dessen Windabfluß nach oben geklappt werden konnte, um so genügend Bewegungsfreiheit für den Einsatz der Abwehrwaffe zu schaffen. Die Bestückung mit einem beweglichen 7,9-mm-MG-15 führte später zur Kritik. Viele Besatzungen erachteten die Abwehrbewaffnung als zu gering, und so machte schon bald der Begriff »Achtungspinsel« für das MG die Runde.

Der Einstieg in das Flugzeug erfolgte über die linke Seite, dabei stand der Besatzung eine eingebaute Leiter zur Verfügung.

Unter dem Rumpf waren zwei 20-mm-MG-FF eingebaut, deren Schußkanäle sich bis zum Bugbereich erstreckten. Die Munitionstrommeln befanden sich in der Kabine, sie wurden durch den Funker ausgetauscht.

Im hinteren Bereich des schlanken Rumpfes waren bei der Bf 110 neben den Geräten der Funkanlage noch einige Ausrüstungsgegenstände wie Kompaß,

Schlauchboot (ab Baureihe E serienmäßig) und Sauerstoffanlage untergebracht. Am Heck befand sich das auf den Rumpf aufgesetzte Leitwerk. Die Flossen waren metallbeplankt, die Ruder hingegen stoffbespannt. Sämtliche Ruder verfügten über Trimmruder.

Das Hauptfahrwerk ließ sich hydraulisch nach hinten oben in die unter den Tragflächen befindlichen Fahrwerkschächte einfahren. Eine preßluftbetriebene Notanlage stand bereit. Jedes Hauptfahrwerk bestand aus einem Öl-Luft-Federbein mit einem einfachen Laufrad. Das Spornrad war ebenfalls einfach bereift, es konnte nicht eingefahren werden.

Zwei Daimler-Benz-DB-601-12-Zylinder-V-Motoren mit Flüssigkeitskühlung bildeten die Triebwerkanlage. Die Startleistung betrug bei der Baureihe A anfänglich 1000 PS (735 kW), später wurden 1100 PS (809 kW) erreicht. Dreiblatt-Luftschrauben von VDM mit einem Durchmesser von 3,40 m gelangten zum Einbau. Die Motoren wurden entweder mittels der bordeigenen 24-Volt-Batterie oder von außen durch ein Anlaßfahrzeug gestartet. Die Ölkühler befanden sich unterhalb der Motoren, während die Kühlstoffkühler unter den Tragflächen angeordnet waren. Der Kühlstoffvorrat von je 35 Litern befand sich in Behältern im Bereich der Flügelnasen.

Aus Gründen der Vereinfachung wurden die Kraftstoff- und Schmierstoff-Überwachungsgeräte direkt an den

Die Kabinenhaube ließ sich in vielfältiger Weise öffnen. Am Batteriewagen steht Heinz Birkholz, Herausgeber der populären Fachzeitschrift Jet & Prop.

Bf 110 C-0.
Hervorstechende
Merkmale
gegenüber der
Baureihe B waren
die abgeschnitte-
nen Tragflächen-
Randbögen sowie
die DB-601-Motor-
anlage

Innenseiten der Motorverkleidungen angebracht.

Der gesamte Kraftstoffvorrat von 1270 Litern befand sich in vier leckgeschützten Flügelbehältern (2 x 375 l und 2 x 260 l). Die Ölbehälter der Motoren waren unmittelbar hinter dem Brandschott angeordnet, sie faßten je 40 Liter.

Eine Leistritz-Hydropumpe bildete das Herzstück der Hydraulikanlage. Neben dem Fahrwerk wurden auch die Landeklappen hydraulisch angetrieben.

Die Funkausrüstung entsprach dem damaligen Standard. Neben dem FuG IIIaU standen das Peilgerät Peil G V, das Blindfluggerät FuBl 1 und die Eigenverständigungsanlage EiV 4 zur Verfügung. Als Kurssteuerung diente das K4ü von Siemens, das auf die Seitensteuerung einwirkte und eine deutliche Arbeitsentlastung für den Flugzeugführer mit sich brachte.

In Form der Bf 110 C stand den Zerstörer-Verbänden ein leistungsstarkes Flugzeug zur Verfügung, das von den Besatzungen gut beherrscht wurde.

Die Fertigung des Zerstörers lief nur schleppend an. Den wenigen Maschinen der Baureihe B folgten ab Anfang 1939 die ersten Flugzeuge der C-Serie. Zu Beginn des Zweiten Weltkrieges, am 1. September 1939, verfügte die Luftwaffe über insgesamt 159 Bf 110 C, von denen jedoch nur 68 den Weg zu den Zerstörer-

gruppen gefunden hatten. Hinzu kamen noch 27 Flugzeuge der Baureihe B. Dennoch reichte diese Zahl aus, um die polnischen Luftstreitkräfte wirkungsvoll zu bekämpfen und letztlich auszuschalten. Während des Polenfeldzuges konnte sich die Bf 110 gegen die veralteten PZL-Hochdecker-Jagdflugzeuge bestens behaupten. Die polnischen Jagdflugzeuge waren zwar wendiger, in Bezug auf Höchstgeschwindigkeit, Steigleistung und Bewaffnung jedoch hoffnungslos unterlegen. Mit 28 anerkannten Luftsiegen wurde die Zerstörergruppe des LG 1 der erfolgreichste Jagdverband der Luftwaffe über Polen.

Die siegreichen Einsätze fanden im Dezember 1939 ihre Fortsetzung. Am 14. des Monats wurden 22 britische Vickers-Wellington-Bomber im Anflug auf Wilhelmshaven von Funkmeß-Bodenstationen der Marine erfaßt. In die sofort eingeleiteten Abwehrmaßnahmen wurde neben Jagdgeschwadern auch das ZG 76 eingebunden. Während des rund dreißigminütigen Luftkampfes wurden allein neun von zwölf Bombern von den Messerschmitt-Zerstörern abgeschossen, wobei drei Flugzeuge auf das Konto von Helmut Lent gingen, einem der später erfolgreichsten Nachtjäger überhaupt.

Lent nahm auch an der Operation »Weserübung« teil, der Besetzung Dänemarks und Norwegens, die am 9. April 1940 begann. Das ZG 76 konnte auch hier gegen die norwegischen Gloster-Gladiator-Jagddoppeldecker bestehen. Im Gegensatz zum Angriff auf Polen, bei dem die Luftwaffe hauptsächlich das vorrückende Heer unterstützte, war man nun mehr oder weniger auf sich allein gestellt. Vor allem die Besetzung von Schlüsselstellungen im südlichen Norwegen einschließlich der Hauptstadt Oslo war Sache der Luftwaffe und der Fallschirmjäger. Erstmals spielt die Bf 110 alle Vorteile ihrer Reichweite aus, während der Jagdeinsitzer Bf 109 kaum Anteil an der Aktion hatte.

Nach dem Ende der Operation »Weserübung« folgte der Angriff auf die Benelux-Länder und Frankreich, der damals als »Westfeldzug« bezeichnet wurde. Ebenso wie Polen konnten diese Länder keinen nennenswerten Widerstand leisten und mußten schon bald kapitulieren. Die Propaganda schuf daraus den Mythos der »Blitzkriege« und »Blitzsiege«.

Inzwischen hatte sich in Großbritannien alles auf eine Invasion deutscher Truppen eingestellt. In Deutschland sah man die Situation wohl anders. Hitler war allem Anschein nach der Ansicht, daß sich die Briten, wenn man sie in Ruhe ließe, mit den Gegebenheiten abfinden würden, so daß er sich seinem eigentlichen Ziel, der Eroberung der Sowjetunion, zuwenden könnte. Die britische Regierung reagierte jedoch anders als erwartet und gab nicht klein bei. Nachdem Großbritannien weder durch eine Seeblockade noch durch Angriffe auf die Royal Navy in die Knie zu zwingen war, sollten massive Luftangriffe auf das Festland die Briten friedensbereit machen. Doch die Luftwaffe war nicht für einen strategischen Bombenkrieg ausgerüstet. Bereits unmittelbar nach Beginn der Luftschlacht um England am 10. August 1940 zeigten sich gravierende Schwächen: es fehlten nicht nur schwere Kampfflugzeuge, die große Bombenlasten weit nach Großbritannien hineintragen konnten, es stand auch kein weitreichendes Jagdflugzeug zur Verfü-

gung, das die mittleren Kampfflugzeuge der Luftwaffe – Do 17, He 111 und Ju 88 – wirksam schützen konnte.

Für die Großoffensive standen den Luftflotten 2, 3 und 5 nicht weniger als 278 Bf 110 der Baureihen C und D zur Verfügung, die von folgenden Verbänden geflogen wurden:

Stab, I. und II./ZG 2
Stab, I., II. und III./ZG 26
I., II. und III./ZG 76
V(Z)/LG 1
E.Gr. 210

Die Bf 110, die gegen veraltete Muster über Polen und dem Westen erfolgreich operieren konnte, mußte nun gegen die modernsten Jagdflugzeuge der Royal Air Force, die Hawker Hurricane und die Supermarine Spitfire kämpfen. Beide Muster waren der Messerschmitt 110 an Wendigkeit und Steigleistung weit überlegen.

Und auch hinsichtlich Geschwindigkeit lagen die Vorteile auf britischer Seite. Dies führte zu der paradoxen Situation, daß sich die Zerstörer nicht mehr um die Bomber kümmern konnten, sondern sich selbst durch das Fliegen eines »Abwehrkreises« gegen feindliche Jäger schützen mußten. Allein im August 1940 verloren die Zerstörergruppen 120 Bf 110. Zwar wurde durch verschiedene Maßnahmen versucht, die Verluste zu verringern, jedoch gelang das nicht. So mußten im September 1940 weitere 83 Maschinen

Bf 110 C. Ein Haifischmaul am Rumpfbug kennzeichnete eine Zeitlang die Flugzeuge des ZG 76 (vgl. Farbteil des Buches).

Klassisches Portrait einer Bf 110 C.

abgeschrieben werden. An Begleiteinsätze zum Schutz der deutschen Kampfflugzeuge konnte somit nicht mehr gedacht werden. Die Zerstörergruppen, die mit so viel Aufwand und Materialeinsatz entstanden waren, waren fast nutzlos; sie wurden zum Teil vollständig aufgerieben und mußten neu aufgestellt werden. Das ZG 52 hingegen, das nur aus einer Gruppe bestand, war

schon vor Beginn der Luftschlacht um England so stark dezimiert worden, daß es aufgegeben wurde.

Gerade in dieser schwierigen Phase hatte die Fertigung der Bf 110 einen Höhepunkt erreicht. Nachdem 1939 insgesamt 315 Maschinen abgeliefert werden konnten, war es im Jahr darauf die beachtliche Zahl von 1083 Flugzeugen. Zwei Gründe waren dafür maß-

Rumpffertigung der Bf 110.

geblich: zum einen war es gelungen, die monatliche Fertigung bei allen Firmen zu erhöhen, und zum anderen konnte mit der Firma MIAG ab 1939 ein weiterer Lizenznehmer in die Herstellung der Messerschmitt 110 eingebunden werden. Mit der Erhöhung der Produktion ging die Einführung einer Typenvielfalt einher. Binnen kurzer Zeit entstanden die Baureihen C-1 bis C-7. Aus Gründen der Übersicht-lichkeit soll an dieser Stelle die »Baureihenzusammenstellung der in der Luftwaffe eingeführten Flugzeugmuster« vom 1. August 1941 wiedergegeben werden. Hier heißt es zur Bf 110 C:

Bf 110 C-1 Zerstörer, Triebwerk DB 601 A, FuG III a U, Schlauchboot

Bf 110 C-2 Zerstörer, wie C-1, jedoch FuG X

Bf 110 C-3 Zerstörer, wie C-1, jedoch MG FF »M« statt MG FF

Bf 110 C-4 Zerstörer, wie C-2, jedoch MG FF »M« statt MG FF

Bf 110 C-5 Aufklärer, wie C-2, jedoch Bildgerät Rb 50/30 statt MG FF »M«

Bf 110 C-6 Zerstörer, wie C-2, jedoch MK 101 statt MG FF »M«

Bf 110 C-7 Kampfflugzeug, wie C-4, jedoch zusätzliche Bombenausrüstung für 2 x 500 kg unter dem Rumpf, verstärkte Reifen und Sporn. Umbau nur in Rep.-Werk.

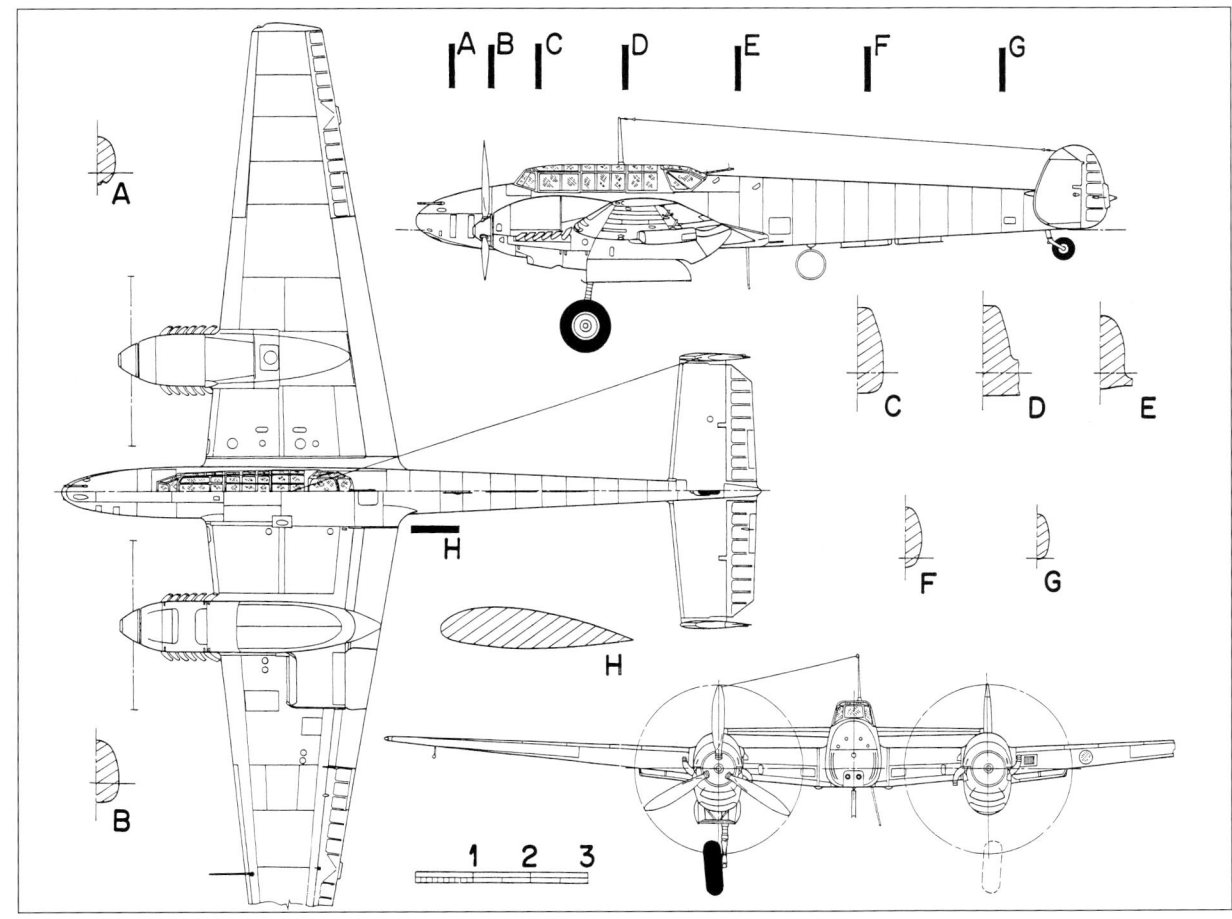

Mehrseitenzeichnung der Baureihe C-4.

verschossen werden konnten. Mit dem MG FF verfügte die Bf 110 über eine bei der Schweizer Firma Oerlikon entwickelte Waffe, deren Grundkonstruktion auf der von Becker konstruierten 2-cm-Flugzeugkanone des Ersten Weltkrieges beruhte.

Bei der Luftwaffe war man sich bereits während der Aufbauphase darüber im klaren, daß das MG FF (»FF« für »flügelfest«) möglichst rasch durch modernere und leistungsstärkere Waffen abzulösen sei. Aus den verschiedenen Entwicklungen, die dazu eingeleitet worden waren, konnte sich das von der Firma Mauser konstruierte MG 151 durchsetzen. Zunächst als Flugzeugmaschinengewehr mit einem Kaliber von 15 mm ab 1935 erprobt und in kleinen Stückzahlen gebaut, wurde das Kaliber im Jahre 1938 auf 20 mm vergrößert und die Waffe als MG 151/20 bezeichnet. Bis zum Anlaufen einer Großserienfertigung sollten allerdings noch Jahre vergehen, so daß das MG FF vor allem bei den Zerstörern und Nachtjägern bis weit in den Zweiten Weltkrieg hinein im Einsatz stand.

Der Gedanke, ein gegnerisches Flugzeug mit einem Schuß aus größerer Entfernung abschießen zu können, führte bei Rheinmetall-Borsig zum Bau der 30-mm-Kanone MK 101, die man aus der 20-mm-Panzerbüchse MK S-18-1000 abgeleitet hatte. Mit dieser Waffe sollte unter anderem der Flugzeugzerstörer Focke-Wulf Fw 57 ausgerüstet werden. Dazu kam es bekanntlich nicht mehr, so daß nach erfolgreichen Bodenversuchen mit zehn Waffen einer Vorserie ein fliegender Erprobungsträger gesucht wurde. Die Wahl fiel auf die Bf 110 B. Im Sommer 1939 konnte ein umgebautes Flugzeug, die D-AAPY, in der Erprobungsstelle Tarnewitz Schußversuche aufnehmen. Die MK 101 befand sich unter dem Rumpf. Das Wechseln der Munitionstrommeln oblag dem Funker, der durch eine Öffnung im Kabinenboden Zugang zur Waffe hatte.

Bild oben, Bild rechts

Als Erprobungsträger der 30-mm-Kanone MK 101 diente die D-AAPY, ein Flugzeug der B-Serie.

Die Aufzählung der diversen Baureihen bedarf noch einiger Erläuterungen. Zunächst zum FuG X, das später als FuG 10 bezeichnet wurde. Dieses für Lang- und Kurzwelle ausgelegte Gerät war gegenüber dem FuG III leistungsstärker und durch die Möglichkeit, Zusatzgeräte anschließen zu können, auch ausbaufähiger.

Der Buchstabe »M« bedeutete beim MG FF, daß nun auch Minengranaten mit hoher Zerstörungskraft

Frontansicht der
Bf 110 B, D-AAOV,
die mit der 20-
mm-Kanone MG
151 ausgerüstet
und im Juli 1939
in Rechlin Hitler
vorgeführt wurde.

Detailaufnahme der MK 101.

Die Erprobung verlief sehr zufriedenstellend. Aufgrund der Ergebnisse wurde weiter an der MK 101 gearbeitet. An die Stelle des starren Einbaus trat nun ein halbstarrer Einbau, bei dem das Richten der Waffe durch ein pankratisches Zielfernrohr erfolgte, wobei der Flugzeugführer die mechanische Steuerung durch Fußpedale nach den Seiten und durch einen Steuerknüppel nach oben und unten vornahm. Der Ausschlagwinkel war mit ± 2 Grad nach oben, unten und zu den Seiten deutlich eingegrenzt. Dennoch war der halbstarre Einbau ein Erfolg: immerhin ermöglichte er die Erhöhung der Feuerstöße von 18 auf 50 pro Minute.

Aufgrund der im Spanischen Bürgerkrieg gewonnenen Erfahrungen war man sich bei der Luftwaffe über die Bedeutung des Flugzeuges für den Erdkampf im klaren. Aus diesem Grunde wurden sowohl das MG 151 als auch die MK 101 in Tarnewitz entsprechend untersucht. Als Erprobungsträger diente in beiden Fällen die Bf 110. Dabei kam es zu einem schweren Unfall: die vom Leiter der Erprobungsflüge Helmut Rolf Zeising geführte Bf 110 bekam bei einem angedrückten Flug mit hoher Geschwindigkeit Bodenberührung und stürzte ab. Neben Zeising kam auch sein Begleiter Ing. Paul Berners ums Leben.

Wie sich herausstellte, war das MG 151/20 zur Bekämpfung gepanzerter Kampfwagen wenig geeignet, während mit der MK 101 bessere Erfolge erzielt werden konnten. Beide Waffen waren höchst verschieden, wie der folgende Vergleich der wichtigsten Kenndaten zeigt:

29

Die Bf 110 diente zahllosen Versuchen. Die hier gezeigte Bf 110 C-1, VB+TV, erhielt neue Motorgondeln mit geänderten Kühlern und Ölkühler, die in die Oberseite der Motorverkleidung integriert waren. Ferner wurden mit dem Flugzeug Waffeneinbauten unter dem Rumpf untersucht.

MG 151/20
Gewicht 42 kg, Schußfolge 630 bis 720 Schuß/min, Mündungsgeschwindigkeit 695 bis 785 m/s

MK 101
Gewicht 139 kg, Schußfolge 220 bis 260 Schuß/min, Mündungsgeschwindigkeit 700 bis 960 m/s

Allein durch die größere Mündungsgeschwindigkeit war die Durchschlagskraft der MK 101 höher. Wenn man dennoch beide Waffen in die Erprobung einbezog, so hatte das folgenden Grund: man hoffte, daß durch die Geschwindigkeit des Flugzeuges von theoretisch 100 m/s die unterschiedliche Mündungsgeschwindigkeit zwischen den Waffen ausgeglichen würde, doch das war nicht der Fall.

Trotz guter Ergebnisse wurde mit Ausbruch des Zweiten Weltkrieges die weitere Entwicklung der MK 101 eingestellt und erst später erneut aufgenommen. Als Mitte 1941 die ersten Hawker-Hurricane-Jagdeinsitzer mit zwei 40-mm-Kanonen zur Panzerbekämpfung in Nordafrika auftauchten, war die Bestürzung groß. Eiligst sollten die Bf 110 mit einer gleichwertigen Bewaffnung eingesetzt werden. Es standen jedoch nur ganze drei MK 101 zur Verfügung, sie lagerten noch aus ihrer Erprobungszeit in Tarnewitz und gelangten nun in drei Bf 110 C mit Tropenausrüstung zum Einbau. Die Flugzeuge wurden umgehend nach Nordafrika ver-

bracht und dort mit gutem Erfolg eingesetzt.

Neben den vorgenannten Baureihen existierten noch Sonderversionen der Bf 110 C. Sie wurden durch Buchstaben kenntlich gemacht oder erhielten eine Umrüstbezeichnung wie die Bf 110 C-1/U1. Dabei handelte es sich um umgebaute Flugzeuge, die speziell zum Schleppen des riesigen Lastenseglers Messerschmitt Me 321 Gigant abgestellt worden waren. Der Segler, der mit einer Spannweite von 55 m, einer Länge von 28,15 m und einem Abfluggewicht von bis zu 36 Tonnen außergewöhnliche Abmessungen und Gewichte aufwies, war für das Unternehmen »Seelöwe«, die Invasion Großbritanniens, entwickelt worden. Erprobung und Einsatz des Flugzeuges, das am 25. Februar 1941 seinen Erstflug absolviert hatte, gestalteten sich jedoch problematisch, da es an geeigneten Schleppmaschinen fehlte. Die viermotorige Junkers Ju 90 konnte nur bedingt verwendet werden, da einerseits kaum Flugzeuge dieses Typs vorhanden waren, andererseits die Motorleistung für den Schleppstart gerade ausreichte. So entstand die Idee des »Troika-Schlepps«, bei dem drei Bf 110 die Gigant auf Höhe schleppten. Das Startverfahren war allerdings äußerst gefährlich. Um das Risiko einigermaßen zu verringern, erhielten die drei nebeneinander startenden Bf 110 unterschiedlich lange Schleppseile, so daß ein gewisser Abstand zwischen den Flugzeugen erreicht wurde. Der erste Start im Troika-Schlepp erfolgte im übrigen am 8. März 1941.

Das Fluggewicht der Me 321 lag bei rund 15 Tonnen. Höhere Abfluggewichte konnten durch den Einsatz von Startraketen unter den Tragflächen der Me 321 erreicht werden. Neben der Schleppvorrichtung erhielten die Bf 110 C-1/U1 den stärkeren DB 601 N mit einer Startleistung von 1275 PS (928 kW). Dieser Motor, der C3-Kraftstoff (100 Oktan) benötigte, gelangte später auch bei anderen Baureihen der Bf 110 zum Einbau. In diesen Fällen wurde der Kennbuchstabe N an die Typenbezeichnung gehängt.

Nachdem das Unternehmen »Seelöwe« frühzeitig zu den Akten gelegt wurde, erfolgte der Einsatz der Me 321 vorwiegend auf dem östlichen Kriegsschauplatz, und zwar auch hier im Troika-Schlepp. Erst mit der fünfmotorigen Heinkel He 111 Z, die durch den Zusammenbau von zwei He 111 H entstanden war, stand ein geeignetes Schleppflugzeug bereit, so daß die Bf 110 C-1/U1 nicht mehr benötigt wurde.

Die Messerschmitt-Maschine übernahm neben dem Troika-Schlepp noch zahlreiche Sonderaufgaben im Rahmen verschiedener Versuche und Erprobungen. So wurde unter anderem eine Bf 110 B mit dem Rumpfvorderteil der Me 210 ausgestattet, während ein anderes Flugzeug als Bf 110 C-2/U1 ferngerichtete Abwehrwaffen erhielt und Werk-Nr. 2143 (Bf 110 C-2, KD+TM) einen Tragflügel mit vergrößerter Spannweite erprobte. Nicht zuletzt sei darauf hingewiesen, daß die Bf 110 auch als Schleppflugzeug im Rahmen des

Me-163-Programms zum Einsatz gelangte und mit D-ADVO, Werk-Nr. 918, die Messerschmitt-Bremsluftschraube Me P6 untersucht wurde.

Der Luftangriff auf Großbritannien hatte gezeigt, daß das Vereinigte Königreich über starke Abwehrkräfte verfügte, die durch neue Angriffsmethoden ausgehebelt werden sollten. Insbesondere ging es darum, durch Störangriffe die britische Jagdwaffe zu zersplittern und außerdem für Unruhe unter der Bevölkerung zu sorgen. Für einen solchen Einsatz kamen nur schnelle und wendige Flugzeuge in Frage, die sich nach Abwurf der Bombenlast selbst verteidigen sollten. Bereits während des Frankreich-Feldzuges wurden die ersten Bf-109-Jagdeinsitzer mit Bomben beladen und als Jagdbomber eingesetzt. Nun wurde auch die Bf 110

*Eine Gegenüberstellung
dieser beiden Flugzeuge der
Baureihe C zeigt, wie sich
der Tarnanstrich während des
Krieges änderte.
Die Aufnahme oben zeigt eine
C-4 des ZG 26 »Horst Wessel«
mit einem Oberflächen-Sicht-
schutz in Schwarz-Grün, wie
er bis etwa Oktober 1940 üblich war.
Das Foto (mitte) zeigt eine
Flecktarnung, wie sie ab
Herbst 1941 weitverbreitet
war.*

C-4 mit Bombenträgern
ausgerüstet und als C-4/B
bezeichnet. Bis zu zwei
250-kg-Bomben konnte
der Zerstörer unter dem
Rumpf an zwei ETC
500/Ixb (»ETC« für
»elektrische Trägervor-
richtung für C-Waffen«;
C-Waffen stand für Bom-
ben) mitführen. Im Über-
lastfall und einer aus DB
601 N bestehenden Mo-
toranlage war sogar eine
Beladung mit zwei 1000-kg-Bomben möglich. Sturzflug-
angriffe im einem Winkel von bis zu 45 Grad konnten
durchgeführt werden, dabei erreichte das Muster –
das zu diesem Zweck ein Reflexvisier vom Typ Revi C
12 d erhielt – Geschwindigkeiten von bis zu 650 km/h.

Die Bf 110 C-4/B wurden von der bereits kurz erwähnten Erprobungsgruppe 210 geflogen, die auch
über Bf-109-Jagdbomber verfügte und ursprünglich
mit der neuen Me 210 ausgerüstet werden sollte.
Doch dieses Flugzeug bereitete erhebliche Probleme,
so daß an einen Serienbau auf absehbare Zeit nicht zu
denken war.

Tatsächlich bewährte sich das Muster in der neuen
Rolle gut, so daß später weitere bombentragende
Ausführungen des Flugzeuges entstanden.

Naturgemäß erfolgten während der Fertigung des
Flugzeuges mehr oder weniger große Änderungen,
die nicht zwingend zu einer neuen Typenbezeichnung
führten, so resultierte aus den Einsatzerfahrungen heraus der Einbau einer Panzerung ab Baureihe C-4 für die
Besatzung.

Die Bf 110 konnte sich als Aufklärer, Kampfflugzeug
und Panzerjäger mehr und mehr bewähren, als Tagjäger
und Zerstörer mußte sie jedoch weitere Mißerfolge
hinnehmen. Daran konnten auch neue Varianten des
Flugzeuges nichts ändern.

Mit der Baureihe D wollte Messerschmitt aus der
Bf 110 wieder einen Zerstörer mit großer Reichweite
machen, nachdem es diesbezüglich bei der Version C
zu beträchtlichen Einbußen gekommen war.

Aufbauend auf der Bf 110 C erhielt die Bf 110 D-0
einen überdimensionierten Kraftstoffbehälter mit 1200
Litern Fassungsvermögen unter dem Rumpf, der in einem stoffbespannten Holzgestell untergebracht war

Bf 110 D-0.
Mit dem unter
dem Rumpf
angebauten
Zusatzbehälter –
Spitzname
»Dackelbauch« –
wirkte das Flug-
zeug schwerfällig.

und sich folglich nicht abwerfen ließ. Zwei abwerfbare 900-Liter-Zusatztanks mit Ladedruckluftförderung konnten außerdem unter den Tragflächen mitgeführt werden, so daß sich ein Kraftstoffvorrat von 4120 Liter ergab. Die erhöhte Reichweite führte zu einem größeren Ölverbrauch, so daß der Zusatztank auch einen weiteren Ölbehälter aufnahm. Als Erprobungsträger für den Kraftstofftank diente eine umgebaute Bf 110 C: Werk-Nr. 944 mit dem Kennzeichen D-ARVQ. Der Anbau des Rumpfbehälters (Rüstzustand 1) brachte Nachteile mit sich, die schon bald gegen eine weitere Verwendung sprachen. Der klobige Kraftstofftank zerstörte weitgehend die aerodynamische Linienführung der Bf 110, und schon bald tauchte der Spitzname »Dackelbauch« für den Rumpfbehälter auf. Der Tank drückte nicht nur auf die Geschwindigkeit und Beweglichkeit des Flugzeuges, er erwies sich darüber hinaus im Luftkampf als sehr gefährlich. Nach dem Leerfliegen des Behälters befanden sich noch Gase in ihm, die durch einen Schuß zur Explosion gebracht werden konnten. Beim Anbau des Rumpftanks war im übrigen der Einsatz der MG FF nicht mehr möglich. Rasch ging man dazu über, die Baureihe D-1 ohne »Dackelbauch« zu fertigen, allerdings konnten als Rüstsatz 2 entweder zwei 300- oder zwei 900-Liter-Zusatztanks unter den Tragflächen mitgeführt werden. Der zusätzliche Ölbehälter, der für Langstreckenflüge

benötigt wurde, befand sich nun im Rumpf des Flugzeuges, bei einigen Maschinen auch außerhalb.

Bei der Bf 110 D-2 handelte es sich um Flugzeuge der Baureihe D-0, bei denen die Möglichkeit bestand, wahlweise anstelle des »Dackelbauches« zwei 1000-kg-Bomben unter dem Rumpf mitzuführen. Aus diesem Grunde lautete die ursprüngliche Typenbezeichnung Bf 110 D-0/B.

Bei der Bf 110 D-3 war die vorgenannte Wahlmöglichkeit nicht mehr vorhanden: das Flugzeug war nur

Bf 110 D-1.
Anstelle des
»Dackelbauchs«
wurden schon
bald abwerfbare
Außenbehälter
eingesetzt.

Bf 110 D.
Die durch den Einsatz von zwei 900-l-Zusatztanks erhöhte Reichweite führte zu einem stärkeren Ölverbrauch der Motoren. Ein Öl-Zusatzbehälter wurde daher von einigen Flugzeugen unter dem Rumpf mitgeführt. Auf diesem Bild ist der Ölbehälter oberhalb des linken Laufrades erkennbar.

Bf 110 E-2.
Dieses besonders gutgelungene Flugportrait ermöglicht einen Blick auf die Außenträger unter Tragflächen und Rumpf.

noch für die Mitnahme von zwei 1000-kg-Bomben vorbereitet (Rüstsatz 2).

Die Bf 110 D-4 übernahm die Aufgaben eines Aufklärers mit erhöhter Reichweite. Sie entsprach mit dem Reihenbildner Rb 50/30 der Bf 110 C-5, konnte aber zwei 900-Liter-Flügelbehälter mitführen.

Inzwischen hatte der Zweite Weltkrieg auch Nordafrika erfaßt. Nachdem die Italiener trotz zahlenmäßiger Übermacht die britischen Truppen nicht bezwingen konnten, sondern ihrerseits in eine prekäre Lage geraten waren, entschloß sich Hitler, Truppen nach Nordafrika zu entsenden. So trafen 1941 auch die ersten Messerschmitt-Zerstörer auf dem schwarzen Kontinent

ein. Aufgrund der örtlichen Besonderheiten mußten diese Flugzeuge für den Kriegsschauplatz geringfügig abgeändert werden. Dies wurde nach außen durch den Zusatz »Trop« (manchmal auch »trop« oder »tp«) zur Typenbezeichnung dokumentiert.

Der Einsatzraum Mittelmeer/Nordafrika wies Parallelen zur Luftschlacht um England auf: trafen die Zerstörer bei ihren Langstreckeneinsätzen auf einmotorige Jagdflugzeuge, waren sie ihnen in der Regel unterlegen. Als schnelles Kampfflugzeug oder Aufklärer eingesetzt, bewährte sich die Bf 110 jedoch auch hier recht gut.

Der Anbau von Zusatzbehältern, aber auch die Mitnahme von abwerfbaren Flügeltanks hatten deutliche Nachteile gezeigt, denen man mit der Baureihe Bf 110 E begegnen wollte. Durch den Einbau zusätzlicher oder vergrößerter Behälter glaubten die Konstrukteure die Probleme in den Griff zu bekommen.

Am Anfang der Entwicklung stand die Vorserien-Ausführung Bf 110 E-0 mit DB-601-A-1-Motoren. Die Unterschiede zu vorherigen Baureihen waren wenig augenfällig. Das Staurohr befand sich nun an der linken Tragfläche, und der Rumpfbug nahm einen kleinen rechteckigen Lufteinlauf für die Kabinenbelüftung auf. Neben den bekannten Bombenträgern unter dem Rumpf standen unter jedem Außenflügel zwei weitere Träger für je eine 50-kg-Bombe zur Verfügung. Das Volumen der Sauerstoffanlage wurde erweitert, und außerdem gelangten größere Fahrwerkreifen und ein vergrößertes Spornrad zum Einbau.

Erste Serienmaschine war die Bf 110 E-1, deren Geschichte mit einem der geheimnisvollsten Flüge des Zweiten Weltkrieges verbunden ist.

Rudolf Heß, Stellvertreter Adolf Hitlers, war begeisterter Flieger, und so wunderte es bei Messerschmitt niemanden, als sich Heß für die Bf 110 interessierte. Willi Stör oblag es, Heß in die Maschine einzuweisen, und schon bald konnten Alleinflüge erfolgen. Als Heß darum bat, die Bf 110 E-1/N, Werk-Nr. 3869, VJ+OQ, mit Zusatzbehältern auszurüsten und so abzuändern, daß er Langstreckenflüge allein durchführen konnte, erfüllte man ihm auch diesen Wunsch. Nach zwei Fernflügen im Dezember 1940 und Januar 1941 startete Heß am 10. Mai 1941 nach Großbritannien. In der Nähe von Glasgow sprang er mit dem Fallschirm ab. Nicht nur der Streckenflug, ohne Funker, war eine außergewöhnliche Leistung, auch der Absprung aus der Bf 110 war mit hohem Risiko verbunden: zum einen, weil der Ausstieg aus der Kabine schwierig war, und zum anderen, weil stets die Gefahr der Leitwerks-

Bf 110 C-5.
Das Foto entstand nach der Landung in Großbritannien. Bei diesem Bild hat man den störenden Hintergrund wegretuschiert.

berührung bestand.

Der Absturz des Flugzeuges wurde sofort bemerkt, und Heß geriet in britische Hände. Noch heute schweigen sich die Alliierten darüber aus, welche Gründe Heß zu seinem Flug veranlaßt hatten. Die Akten bleiben auf höchste Anordnung hin bis zum Jahre 2017 nur einem sehr kleinen Personenkreis zugänglich, erst dann darf die Öffentlichkeit Einzelheiten erfahren.

Die Bf 110 E-1/N wurde bei dem Absturz stark beschädigt, wesentliche neue Erkenntnisse konnten die Briten über das Muster nicht erlangen. Das war auch gar nicht nötig, da die Geheimnisse der Bf 110 längst gelüftet waren.

Die Franzosen hatten unmittelbar nach ihrer Werksbesichtigung im Jahre 1938 unter den Messerschmitt-Einfliegern einen Agenten angeworben, dem es tatsächlich im Mai 1939 gelang, eine Maschine in Richtung Frankreich zu entführen. Das Flugzeug stürzte dabei über den Vogesen ab, jedoch konnten die Franzosen die DB-601-Motoren bergen und untersuchen. Neu und interessant war für sie dabei in erster Linie die Kraftstoffeinspritzung.

Während der Luftoffensive gegen Großbritannien konnte es nicht ausbleiben, daß Flugzeuge über der britischen Insel verlorengingen. Am 21. Juli 1940 schossen Jagdflugzeuge der Royal Air Force (RAF) eine Bf 110 C-5, Werk-Nr. 2177, 5F+CM, der 4.(F)14 ab. Der bei der Gothaer Waggonfabrik gebaute Auf–

klärer konnte wieder hergerichtet werden, er absolvierte in der Folgezeit 45 Flüge mit einer Gesamtflugdauer von rund 28 Stunden. Naturgemäß waren diese Flüge sehr aufschlußreich in Bezug auf Leistungen und Flugeigenschaften. Insgesamt gesehen waren die Testpiloten mit dem Muster zufrieden. Man bescheinigte ihm unter anderem eine für seine Größe gute Wendigkeit, und auch von den Leistungen her gab es kaum Beanstandungen. Unangenehm empfanden die Flugzeugführer allerdings die hohen Steuerdrücke, die oberhalb von 400 km/h auftraten und mit zunehmender Geschwindigkeit immer belastender wurden. Hier zeigten sich deutliche Parallelen zur Bf 109, die ähnlich kritisiert wurde.

Während den Briten aufgrund von Kampfhandlungen nach und nach weitere Bf 110 der verschiedenen Baureihen in die Hände fielen, konnten die Sowjets ganz legal im Rahmen eines am 11. Februar 1940 mit der Reichsregierung geschlossenen Abkommens fünf Flugzeuge der Baureihe C-4 erwerben. Die Maschinen trafen noch im Sommer des Jahres 1940 in der Sowjetunion ein, wo sie gründlich erprobt wurden. Über die Flugversuche liegen nur spärliche Berichte vor, so diente eine Maschine als Erprobungsträger für eine 23-mm-Bordkanone. Wie sehr die Sowjets vom Potential, das in der Konstruktion des Flugzeuges lag, beeindruckt waren, zeigt eine bereits im Herbst 1938 verfaßte Ausschreibung, nach der die sowjetischen Luftstreitkräfte den Bau eines vergleichbaren Flugzeuges

Messerschmitt gegeben! Am 21. Oktober 1937 wurde Tupolew zu einer Haftstrafe verurteilt und in ein Sondergefängnis gebracht. Doch auch hier war er weiter als Konstrukteur tätig und entwarf unter anderem die zweimotorige Tu-2, eines der leistungsstärksten sowjetischen Kampfflugzeuge. 1941 wurde Tupolew rehabilitiert und nach und nach mit den höchsten staatlichen Orden und Ehren ausgezeichnet!

Doch nun zurück zur Baureihe E und dem Verlauf des Zweiten Weltkrieges. Neben den Hauptkriegsschauplätzen hatte sich im April 1941 im Irak ein lokaler Konflikt gebildet. Aufständische Iraker erhoben sich unter der Führung von Rashid Ali gegen die Briten. In Deutschland versprach man sich von der Unterstützung der Rebellen einiges. Folgerichtig entsandte die Luftwaffe Kampf- und Transportflugzeuge in das Krisengebiet, worunter sich zwölf Bf 110 E-1 befanden. Wenngleich sich auch Italien mit einigen Transportern und Fiat-C.R.42-Jagddoppeldeckern an den Kampfhandlungen beteiligte, behielten die Briten letztlich die Oberhand. Eine der an dem Einsatz beteiligten Bf 110 E-1, die die Werk-Nr. 4035 trug, mußte nach Ausfall eines Motors in der Wüste notlanden. Während sich die Besatzung, die zum ZG 76 gehörte, zu Fuß bis nach Bagdad durchschlagen konnte, wurde das Flugzeug von der RAF entdeckt, abgeschleppt, repariert und ab dem 5. September 1941 in die Flugerprobung genommen. Der ursprünglich mit irakischen Hoheitskennzeichen bemalte Zerstörer trug nun die britische Kennung »KW« und den Schriftzug »Belle of Berlin«. Später wurde das Kennzeichen in »HK 846« geändert. Als das Flugzeug Ende 1942 nach Südafrika verlegt werden sollte, ließ sich bei einer Landung im Norden des Sudans das Fahrwerk nicht ausfahren, so daß eine Bauchlandung erfolgte. Das Flugzeug wurde nicht wieder hergerichtet.

Der Ausführung Bf 110 E-1 folgte die E-2, die offiziell als Kampfflugzeug mit erhöhter Reichweite bezeichnet wurde. Bei diesem Flugzeug verzichtete man auf die Möglichkeit, einen Rumpftank einbauen zu können, jedoch ließen

»Belle of Berlin«. Das Flugzeug der Baureihe E-2 fiel britischen Truppen im Irak in die Hände. Neben dem Rumpf-Außenträger fallen die Auspuffrohre auf: während sie außen nach oben gebogen sind, sind sie innen nach unten gerichtet.

forderten. Für den genialen russischen Flugzeugkonstrukteur A. N. Tupolew hatte die Messerschmitt 110 eine ganz eigene Bedeutung erhalten. Im Rahmen der von Josef Stalin in der zweiten Hälfte der 30er Jahre begonnenen Säuberungsaktion, die Millionen Menschen zum Opfer fielen, wurden auch die meisten Flugzeugkonstrukteure in Schauprozessen zu Haftstrafen verurteilt. Tupolew beschuldigte man des Landesverrats. Die Ankläger warfen ihm unter anderem vor, er habe die Bf 110 konstruiert und die Bauunterlagen an

Als schneller Aufklärer bewährte sich die Bf 110 ganz besonders bei den im Osten eingesetzten Aufklärergruppen. Hier ein Flugzeug der Aufklärergruppe 22.

sich weiterhin die abwerfbaren Flügelbehälter mitführen. Eine wesentliche Verbesserung im Bereich der
Kampfkraft war zu verzeichnen; so war es möglich, die
Bf 110 E-2 mit zwei 1000-kg-Bomben unter dem Rumpf
zu bestücken.

Mit der Baureihe E-3 entstand noch 1941 ein weiterer Aufklärer. An die Stelle der zwei MG FF trat nun
ein Reihenbildgerät Rb 50/30, und auch die Außenträger
unter dem Rumpf entfielen. Für die bewaffnete Aufklärung standen zwei ETC für 50-kg-Bomben unter jeder
Tragfläche bereit. Auch von der Baureihe E existierten
Tropenausführungen und Maschinen mit DB 601 N.

Im Sommer 1941 formierten sich deutsche Heeres-
verbände an der Grenze zur Sowjetunion, um sie am
22. Juli 1941 in einer großen militärischen Operation,
dem »Unternehmen Barbarossa«, anzugreifen.

Wie an allen anderen Fronten wurde auch hier die
Bf 110 eingesetzt, allerdings in sehr geringen Stückzahlen.

Im einzelnen waren folgende mit der Bf 110 ausgerüstete Einheiten zu Beginn des Angriffs an der
Ostfront stationiert :

ZG 26	mit 78 Flugzeugen
Erg.Z.Gr. 26	mit 17 Flugzeugen
SKG 210	mit 83 Flugzeugen
3.(F)/121	mit 3 Flugzeugen
1.(F)/122	mit 3 Flugzeugen
2.(F)/122	mit 3 Flugzeugen
4.(F)/122	mit 3 Flugzeugen
5.(F)/122	mit 3 Flugzeugen
Stab/KG 55	mit 2 Flugzeugen
Stab/StG 2	mit 6 Flugzeugen

und die Wetterstaffeln Westa 26 und
76 mit 5 und 3 Flugzeugen

Noch einmal konnte das Flugzeug, wie in Polen und
bei den Angriffen auf die Benelux-Länder und Frankreich, erfolgreich eingesetzt werden. Die sowjetischen
Luftstreitkräfte hatten der Luftwaffe zu Beginn der
Kampfhandlungen nichts entgegenzusetzen. Ihre größ-
tenteils überalterten Flugzeugmuster wie die Polikar-
pow-Jagdflugzeuge I-15 und I-16 stellten keine ernst-
haften Gegner dar. Erst im weiteren Verlauf des Krieges
gelang es den Sowjets, leistungsstarke Flugzeuge in

Unternehmen
»Barbarossa«
stellte auch das
Bodenpersonal
vor große
Probleme.

die Produktion zu bringen, die sich dann der Bf 110 auch überlegen zeigten.

Von den vielseitigen Einsatzmöglichkeiten der Bf 110 wurde im Osten ebenso Gebrauch gemacht wie im Mittelmeerraum und in Nordafrika. Während das Flugzeug hier als Zerstörer, Aufklärer und Kampfflugzeug Verwendung fand, zeichnete sich an der Heimatfront eine neue Aufgabe ab.

Die Royal Air Force begann bereits 1940 mit nächtlichen Einflügen in das Reichsgebiet. Nachdem zunächst überwiegend Flugblätter abgeworfen wurden, forcierte man die Zahl der Anflüge und erhöhte die Zahl der eingesetzten Flugzeuge, die nun den Bombenkrieg gegen Deutschland einleiteten. Mehr oder weniger hastig begann auf deutscher Seite der Aufbau einer Nachtjagd. Die Mitte der 30er Jahre durchgeführten Versuche, den Jagdeinsitzer Bf 109 für diese Aufgabe zu adaptieren, waren wenig erfolgreich, wenngleich die ersten Nachtjagdabschüsse auf das Konto der Messerschmitt 109 gingen: dem Muster mangelte es an Reichweite, und außerdem war der Flugzeugführer auf sich allein gestellt und mit der Navigation unter den Bedingungen des Nachtfluges überfordert.

Folglich wurden 1939 mehrsitzige Muster auf eine mögliche Verwendung als Nachtjäger hin untersucht. Neben Do 17, Do 215 und Ju 88 war es die Bf 110, die geeignet erschien und letztlich als das Standard-Nachtjagdflugzeug dienen sollte.

Zunächst mußten Verfahren zur Bomberbekämpfung entwickelt werden. Den Gegner bei Dunkelheit aufzuspüren und den eigenen Absprunghafen wiederzufinden waren dabei die größten Probleme. Die Luftwaffe hatte sich nur ungenügend mit Funkmeßgeräten – im heutigen

Sprachgebrauch als RADAR (= Radio Detecting And Ranging) bezeichnet – beschäftigt. Die ersten für die Marine entwickelten Geräte waren zwar der Luftwaffe bekannt, jedoch zeigte das RLM nur begrenztes Interesse, so daß die Arbeiten an einer auf die Bedürfnisse der Luftwaffe zugeschnittenen Anlage nur langsam anliefen. Ernst Udet, als Generalluftzeugmeister auch für die Beschaffung von Fluggerät und Ausrüstung verantwortlich, äußerte anläßlich einer 1939 erfolgten Vorführung eines Flak-Funkmeßgerätes: »Um Gottes Willen, da wissen die ja am Boden immer, wo ich bin, da macht die ganze Fliegerei keinen Spaß mehr«. Erst unter dem Eindruck der sich abzeichnenden Bomberoffensive der RAF wandelte sich Udets Meinung zur Funkmeßtechnik.

Während die Luftwaffe der neuen Technik noch skeptisch gegenüberstand, interessierte sich inzwischen auch die Flak für Funkmeßgeräte. Welche Bedeutung das Funkmeßverfahren erlangen sollte, hatte sich bereits bei der am Beginn des Kapitels beschriebenen Abwehr britischer Bomber beim Angriff auf Wilhelmshaven im Dezember 1939 gezeigt. Marinestationen hatten den Anflug der Wellington-Bomber frühzeitig bemerkt, so daß die Abwehr rechtzeitig alarmiert werden konnte.

Von den Erfahrungen und Lehren der Marine und des Heeres konnte die Luftwaffe letztlich profitieren, da die Industrie Schritt für Schritt die vorhandenen Geräte für den Einsatz bei der Luftwaffe adaptieren konnte.

Parallel dazu entstand das erste Einsatzverfahren. Innerhalb der bekannten Einflugschneisen der RAF-Bomber wurden Warteräume für Nachtjäger eingerichtet, die hier Warteschleifen flogen. Bodenstationen versuchten, die Jäger beim Einflug an das Ziel heranzuführen. Dies gelang in den wenigsten Fällen, da die Funkmessung nur sehr grob erfolgte. Die ständig zunehmende Anzahl von Einflügen war anfänglich noch nicht bedrohlich, aber für die deutsche Führung mehr als ärgerlich, zumal Hermann Göring, Oberbefehlshaber der Luftwaffe, öffentlich verkündet hatte, er wolle Meier heißen, wenn es »dem Engländer« gelänge, bis nach Berlin vorzudringen.

Aus dieser Situation heraus wurde Mitte 1940 mit Aufstellung des NJG 1 das erste Nachtjagdgeschwader der Luftwaffe geschaffen. Hauptaufgabe des aus zwei Gruppen bestehenden Verbandes war es, weiter nach geeigneten Taktiken im Kampf gegen die Nachtbomber zu suchen. Dabei stand der Kommodore des NJG 1,

des Sperriegels auf der Lauer lagen, unter Tageslicht-ähnlichen Bedingungen angegriffen werden. Doch die Royal Air Force lernte schnell, und schon bald umflogen ihre Bomber den Abwehrriegel. Daraufhin ließ Kammhuber die Anlage, die unter dem Namen »Kammhuber-Linie« bekannt wurde, deutlich verlängern, so daß sie sich von Jütland bis Lüttich erstreckte, und außerdem wurde eine zweite, jedoch deutlich kürzere, vor Berlin angeordnet. Die zunächst einleuchtende Idee erwies sich in der Praxis als Hilfskonstruktion, die nicht viel bewirkte. Bereits bei einer niedrigen Wolkendecke fiel das System aus, da die Bomber durch die Wolken geschützt wurden, und nicht zuletzt war es der Mangel an Einsatzmaschinen, der entscheidende Erfolge ver-

Wenngleich diese Aufnahme einen »kopflosen« Soldaten zeigt, ist sie dennoch von Interesse. Neben dem starken Abrieb des mattschwarzen Oberflächen-Anstrichs – besonders im Bereich der vielbegangenen Flügelwurzel – fallen die hell gestrichene Einstiegsleiter und die Einstieghilfen auf.
Das zum NJG 1 gehörende Flugzeug trägt am Rumpfbug das Emblem »Englandblitz«.

Hauptmann Falck, nicht allein. Weitere Nachtjagdeinheiten waren binnen kurzer Zeit aus anderen Verbänden entstanden. Chef der gesamten Nachtjagd wurde Oberst Josef Kammhuber, der voll in seiner neuen Aufgabe aufging. Unter seiner Leitung begann der Aufbau eines Sperriegels im Bereich von Münster, der aus Flak-Scheinwerferbatterien und Horchtrupps am Boden bestand. Sobald die Horchtrupps den Gegner ausgemacht hatten, begannen die Scheinwerferbatterien mit dem Ausleuchten des nächtlichen Himmels. Der vom Leuchtkegel eines Scheinwerfers erfaßte Bomber konnte dann von Nachtjägern, die in der Nähe

hinderte. Die Abschußquoten lagen bei bestenfalls vier Prozent der einfliegenden Bomber: um die RAF zum Abbruch der Angriffe zu zwingen, hätten sie jedoch mindestens zehn Prozent betragen müssen.

Inzwischen hatte man versucht, den Nachtjägern geeignete Suchgeräte an die Hand zu geben wie zum Beispiel die »Spanneranlage«, ein Infrarotsuchgerät, das im Kapitel über die Dornier-Nachtjäger näher beschrieben wird (siehe Seite 81).

Wirkliche Erfolge versprachen nur bordgestützte Funkmeßgeräte, doch bis diese in größeren Stückzahlen zur Verfügung standen, sollte noch einige Zeit ins

Bf 110 F-4. Der Nachtjäger stand – ohne Funkmeßgerät – bei der Nachjagdschule Schleißheim im Einsatz.

Land gehen. Mitschuld an der schleppenden Entwicklung hatte Hermann Göring, der sich anfänglich zum Thema Funkmeßgeräte wie folgt äußerte: »Ich will keinen solchen Kintopp in meinen Flugzeugen!«

Die Einsatzerfahrungen mit der »Hellen Nachtjagd« (»Henaja«) hatten gezeigt, das diese von zu vielen Wetterbedingungen abhängig war. Abhilfe sollte nun der Einsatz von Funkmeßstationen am Boden bringen. Zu diesem Zweck war es erforderlich, verschiedene Funkmeßgeräte zu einer Einheit zusammenzufassen. Das »Freya«-Gerät der Marine wurde für die Langstreckenerfassung herangezogen, so daß anfliegende Maschinen auf bis zu 150 km und Höhen um 5000 m entdeckt werden konnten. Zur Naherfassung stand die Funkmeßanlage »Würzburg« zur Verfügung, deren Reichweite bei rund 30 km lag. Sehr schnell folgte mit dem »Würzburg-Riesen« ein verbessertes Gerät mit einer Reichweite von ungefähr 70 km.

Die insgesamt begrenzte Reichweite der Anlagen bedingte den Aufbau vieler Stationen, denen jeweils nur ein Nachtjagdflugzeug zur Verfügung stand. Sobald das Freya ein oder mehrere Angreifer erfaßt hatte, wurden die Nachtjäger alarmiert. Zwei Würzburg-Geräte übernahmen dann die weitere Erfassung, wobei ein Gerät (»Roter Riese«) den Bomber verfolgte, während das andere (»Grüner Riese«) die Führung des Nachtjägers übernahm. Die Position beider Flugzeuge wurde in der Bodenstation auf der Glasplatte des »Seeburg«-Auswertetisches durch rote und grüne Punkte dargestellt und per Funk vom Jägerleitoffizier dem Nachtjäger in verschlüsselter Sprache übermittelt.

Insgesamt war das als »Himmelbett«-Verfahren bezeichnete System sehr aufwendig und wenig effektiv. Selbst wenn es gelang, den Nachtjäger auf bis zu 300 m an den Bomber heranzuführen, kam es vor, daß dieser wegen mangelnder Sichtverhältnisse den Gegner nicht entdeckte. Auch der Umstand, daß nur ein Nachtjäger

bereit stand, war einer der Schwachpunkte des Himmelbett-Verfahrens, und nicht zuletzt waren es fehlende Freund-Feind-Kenngeräte, die eine Identifizierung der Flugzeuge erschwerten. Ein Nachtjäger, der seinen Kreis verlassen hatte, mußte nach seiner Rückkehr bestimmte Flugmanöver durchführen, um von der Bodenstation einwandfrei erkannt zu werden. Erst mit Verfügbarkeit des Kenngerätes FuG 25 änderte sich diese Situation.

Unabhängig von all diesen Entwicklungen hatte sich die Messerschmitt 110 als wichtiges Flugzeug für die im Aufbau befindliche Nachtjagd herauskristallisiert. Anfänglich gelangten die verschiedenen Ausführungen der Baureihen C, D und E zum Einsatz. Zusatzeinbauten wie die Spanneranlage oder der Einbau eines dritten Sitzes für ein weiteres Besatzungsmitglied wurden als Umrüstsätze U1 und U2 bezeichnet. Drei Flugzeuge der Baureihe C wurden den italienischen Luftstreitkräften Regia Aeronautica überlassen: sie sollten zusammen mit einigen Do 217 J den Grundstock für einen eigenständigen Nachtjagdverband bilden.

Inzwischen schrieb man das Jahr 1942. Das Bf-110-Nachfolgemuster Me 210 steckte in einer schweren Krise, die dazu führte, daß das Bauprogramm abgebrochen wurde. In Erwartung der Me-210-Fertigung hatte man bei Messerschmitt und MIAG damit begonnen, die Bf-110-Fertigungsanlagen abzubauen. Nun traf die Weisung ein, nicht nur die Bf 110 weiterhin in Serie zu bauen, sondern die Produktion noch zu erhöhen. Neben Wiederaufnahme der Fertigung waren auch Verbesserungen nötig, um mit der fortschreitenden Entwicklung des gegnerischen Flugzeugbaues mithalten zu kännen. Als Antwort auf diese Forderung entstand die Baureihe F, die sich wie folgt von ihren Vorgängern unterschied:

DB-601-F-Motoren mit einer
Startleistung von 1350 PS (990 kW)
Überarbeitete Motorverkleidung
Größere Propellerhauben
VDM-Luftschrauben mit Drehzahlautomatik
Geänderte, eckige Ölkühler
Überschlagschutz im Kabinendach

Während die Baureihen Bf 110 F-0 und F-1 in nur
geringen Stückzahlen gefertigt wurden, konnten von
der Bf 110 F-2 zahlreiche Exemplare abgeliefert werden.
Bei dieser Ausführung ließ sich die Bewaffnung durch
den Anbau einer Waffenwanne mit zwei MG 151/20
unter dem Rumpf oder durch zwei Werferrohre für
die Bordrakete BR 21 unter jedem Tragflügel verstär-
ken. Die ersten Tageseinflüge amerikanischer Bomber
vom Typ Boeing B-17 »Flying Fortress« machten eine
zusätzliche Bewaffnung erforderlich, da mit dem veralteten MG FF die gut gepanzerten Kampfflugzeuge der
US Army Air Force (USAAF) kaum bekämpft werden
konnten und sich die MG 17 als praktisch wirkungslos
erwiesen.

*Bf110 V19.
Versuchsweise
wurden Abschuß-
rohre für die unge-
steuerte Rakete
RZ 65 unter den
Rumpf montiert.*

Der Gedanke, Raketen als Bordwaffen einzusetzen,
war nicht neu. Bereits in der zweiten Hälfte der 30er
Jahre hatte ein entsprechende Entwicklung in Deutschland eingesetzt. Bei Rheinmetall-Borsig entstand 1937
eine Pulverrakete mit der Bezeichnung RZ 65 (RZ für
Rauchzylinder). Das 262 mm lange und 2,4 kg schwere
Geschoß verfügte über eine Sprengladung von 190
Gramm. Der Abschuß erfolgte aus Rohren, die »Einzelgerät« (»EG«) genannt wurden. Im Rahmen einer
sehr umfangreichen Erprobung, bei der rund 5000 RZ
65 am Boden und in der Luft verschossen wurden,
wurden verschiedene Flugzeugmuster mit Einzelgerä-
ten ausgerüstet, so auch eine Bf 110 B mit dem
Kennzeichen D-ADJD, die ab März 1938 mit dem sogenannten »Trommelgerät« TG 65 flog: acht Rohre
hatte man zu einer Trommel zusammen gefaßt, die
sich drehte, so daß der Abschuß der RZ 65 über ein
Abschußrohr erfolgte.

Zu einer Serienausführung kam es nicht. Dann wurde eine Bf 110 E-2 mit einem quer zur Flugrichtung
feuerndem Einzelgerät bestückt, doch auch hier blieb
es beim Versuch. Einen
erneuten Auftrieb bekam
die Entwicklung durch
die erwähnten Bomber-
angriffe. Mit der Bf 110
V19, einem Flugzeug der
Baureihe F-2, Werk-Nr.
2656, wurden versuchs-
weise zwölf Einzelgeräte
in einer Verkleidung un-
ter dem Rumpf zusam-
mengefaßt, die sich als
Salve verschießen ließen.
Doch irgendwie trat die

*Bf 110 F.
Auch dieses Flugzeug tat bei
einer Schule Dienst. Das
Anbringen der Werk-Nr. an
exponierter Stelle – in diesem
Fall oberhalb der Fahrwerkklappen – war für Schulflugzeuge typisch.*

41

Im Rahmen der vielen Waffenversuche, die mit der Bf 110 durchgeführt wurden, erhielt ein Flugzeug der Baureihe C-6 ein rückstoßfreies 75-mm-Rohr angebaut.

Bf 110 F. Einige Flugzeuge der Baureihe F wurden mit einem Doppel-MG ausgerüstet. Beachtenswert ist die Zielkamera im Rumpfbug.

Entwicklung auf der Stelle, dies lag vermutlich hauptsächlich an der geringen Sprengmittelzuladung und der Möglichkeit, die 21-cm-Wurfgranate 42 des Nebelwerfers einsetzen zu können. Die Bf 110 war in der Lage, zwei dieser drallstabilisierten Pulverraketengeschosse unter jedem Tragflügel mitzuführen, wobei das Geschoß in einem einfachen Ausstoßrohr gelagert war, das durch Streben gegen die Tragfläche abgestützt wurde. Die Zündung der Wurfgranate, die bei der Luftwaffe als 21 cm BR (BR für Bordrakete) geführt wurde, erfolgte elektrisch – und zwar einzeln oder paarweise. Die Reichweite der 110 kg schweren Granate lag bei maximal 7850 m. Für den Jagdeinsatz hatte man das Visier jedoch auf 1400 m justiert und die Raketenrohre mit einem Winkel von +7 Grad unter die Tragflächen montiert. Ein einfacher Anschlagbolzen am Ende des

130 cm langen Rohres verhinderte, daß die Bordrakete aus dem Rohr rutschte. Anfänglich bewährte sich die Bordrakete sehr gut. Die Splitterwirkung und die Druckwelle des 9,5 kg schweren Sprengkopfes führten unter den Bombern zu hohen Verlusten und zum Aufbrechen der Pulks. Besonders erfolgreich operierten die mit der 21-cm-Bordrakete ausgerüsteten Jagdflugzeuge und Zerstärer während der schweren USAAF-Luftangriffe auf Schweinfurt und Regensburg im August und Oktober 1943. Die empfindlichen Verluste, die die Amerikaner in der zweiten Hälfte des Jahres 1943 hinnehmen mußten, zwangen sie, ihre Einsätze deutlich zu reduzieren. Mit der Verfügbarkeit der reichweitengesteigerten North American P-51 Mustang, dem wohl besten einmotorigen US-Jagdeinsitzer des Zweiten Weltkrieges, änderte sich die Situation.

Auf Anordnung des Generals der Nachtjagd Kammhuber mußten Notlandungen aus Sicherheitsgründen mit eingefahrenem Fahrwerk durchgeführt werden.
Dieser Bf-110-Nachtjäger mit FuG 202 und Flammenvernichtern an der Auspuffanlage wurde dabei stark beschädigt.

Aus den Zerstörern wurden Gejagte. Gegen die sehr schnellen P-51, die sich auch durch überlegene Steigleistung auszeichneten, hatte die Bf 110 keine Chance. Die Zahl der Verluste nahm dramatisch zu, so daß das Flugzeug mehr und mehr aus dem Jagdeinsatz in der Reichsverteidigung herausgezogen wurde. Trotzdem war die Bf 110 nach wie vor ein wertvolles Flugzeug in den Arsenalen der Luftwaffe. So konnte das Muster 1943 einige Erfolge als Fernjäger bei der Bekämpfung alliierter Flugzeuge über dem Atlantik erzielen, und als Nachtjäger war es unentbehrlich geworden. Speziell für diesen Zweck hatte Messerschmitt die Baureihe F-4 entworfen; die F-3 war, unbestätigten Meldungen zufolge, ein Aufklärer, der nur in Nordafrika eingesetzt wurde.

Die Bf 110 F-4 zeichnete sich vor allem durch den Einbau eines Bord-Funkmeßgerätes vom Typ FuG 202 »Lichtenstein« aus. Die Ursprünge dieses bei Telefunken entwickelten Gerätes reichen bis in das Jahr 1939 zurück, als Telefunken unter der Bezeichnung Lichtenstein A einen elektrischen Höhenmesser für das Sturzkampfflugzeug Junkers Ju 87 entwickelt hatte, der ein automatisches Abfangen des Sturzfluges einleiten sollte. Da das Gerät für diesen Zweck abgelehnt wurde, begann Telefunken auf Anfrage des RLM mit der Weiterentwicklung zum Nachtjagdgerät. Ein besonderes Problem bereitete dabei die Forderung des RLM, die große Antennenanlage im Flugzeug unterzubringen: dies ließ sich aufgrund des gewählten Wellenbereiches nicht realisieren. Fatalerweise hatte sich in den entscheidenden Gremien der Gedanke durchgesetzt, daß eine Funkmeßanlage nicht auf der Zentimeterwelle arbeiten könne, so daß die Arbeiten auf diesem Gebiet eingestellt worden waren. Als man später die ersten alliierten Flugzeuge mit solchen Geräten, deren Antennen im Flugzeug untergebracht werden konnten, erbeutete, war es trotz aller Anstrengungen für eine solche Entwicklung zu spät, so daß nur noch Einzelstücke hergestellt werden konnten.

Das FuG 202 Lichtenstein BC/T, das als erstes Nachtjagdgerät herausgebracht wurde, benötigte eine umfängliche Antennenanlage am Rumpfbug, die die Geschwindigkeit eines Flugzeuges um etwa 30 km/h minderte. Dennoch waren die ersten Einsätze mit einer Do 215 B-5 (siehe Kapitel III) im Herbst 1941 sehr erfolgreich. Bis zur Lieferung der ersten kleinen Anzahl von Seriengeräten sollte es noch bis zum Februar 1942 dauern. Mit dem FuG 202 war es nunmehr möglich, die »gebundene« Nachtjagd aufzugeben und die

»freie« Nachtjagd einzuführen. Der Nachtjäger wurde von der Bodenstation an den Gegner herangeführt und schaltete dann zur Nahsuche sein Lichtenstein-Gerät ein, das eine theoretische Reichweite von 8 km hatte.

Die Bedienung des FuG 202 und seines Sichtgerätes machte eine Erweiterung der Besatzung von zwei auf drei Mann erforderlich. Aufgrund der großzügig gestalteten Kabine bereitete dies bei der Bf 110 F-4 keine Schwierigkeiten. Eng wurde es erst durch den Einbau einer Schrägbewaffnung im hinteren Teil des Kabine.

Die RAF-Bomber Vickers Wellington, Handley-Page Halifax, Short Stirling und AVRO Lancaster wiesen eine starke Abwehrbewaffnung auf, deren Kernstück von einem Heckstand, der in den meisten Fällen mit vier MG bestückt war, gebildet wurde. Dennoch waren auch diese Flugzeuge verwundbar. Wenngleich man bei der Entwicklung der Kampfflugzeuge großen Wert auf eine ausreichende Abwehrbewaffnung gelegt hatte, fehlte allen vorgenannten Konstruktionen ein nach unten gerichteter Abwehrstand.

Major Rudolf Schoenert schlug daher im Jahre 1942 den Einbau einer schräg nach oben feuernden Bewaffnung im Winkel von 70 Grad vor, so daß der Nachtjäger den Bomber unterfliegen konnte und nicht mehr dem Beschuß des Heckstandes ausgesetzt war. Die Schrägbewaffnung, im Luftwaffen-Jargon »schräge Musik« genannt, war keineswegs neu, sondern bereits seit dem Ersten Weltkrieg bekannt. Darüber hinaus hatte man den Gedanken der Schrägbewaffnung bereits 1936 erneut aufgegriffen und mit der Ar 68 und He 51 zwei Versuchsträger entsprechend ausgerüstet, ohne jedoch die Idee weiterzuverfolgen. Nun sollte sich die schräge Musik bei der Bekämpfung der RAF-Bomber als eine der wichtigsten und erfolgreichsten Bewaffnungsarten erweisen.

Der Schrägwaffeneinbau bei der Bf 110 F-4 bestand aus zwei 30-mm-Maschinenkanonen des Typs MK 108, er trug die Bezeichnung U1. Es war ferner möglich, zwei MK 108 in einer Waffenwanne unter dem Rumpf mitzuführen.

Im Zusammenhang mit der Baureihe F sind noch die Versuche mit dem Transportbehälter DOBBAS zu erwähnen. Der Mangel an Transportflugzeugen führte zur Entwicklung dieses Gerätes, das einen einfachen Aufbau aufwies und im wesentlichen aus einem mit Sperrholzplatten verkleideten Stahlrohrgerüst bestand. DOBBAS sollte hauptsächlich für den Transport von Panzerabwehrgeschützen und anderen leichten Waffen wie der 2-cm-Flak eingesetzt werden, wobei das Rohr

Der klobige Transportbehälter DOBBAS führte zu unangenehmen Flugeingenschaften und einer deutlichen Verringerung der Reisegeschwindigkeit.

darfs der DB 605 bei längeren Flügen bestand die Möglichkeit, einen abwerfbaren Ölzusatzbehälter unter dem Rumpf mitzuführen.

Den Bf-110-G-0- und G-1-Einzelstücken folgte mit der Bf 110 G-2 die erste Hauptbaureihe. Das für eine dreiköpfige Besatzung ausgelegte Flugzeug fand zwar seinen Weg zu verschiedenen Nachtjagdverbänden, wurde aber wegen der fehlenden Nachtjagdausrüstung im Westen nur am Tage eingesetzt.

Aus den bisherigen Erfahrungen ergab sich eine Verstärkung der Abwehrbewaffnung durch Bestückung mit einem 7,9-mm-Zwillings-MG des Typs MG 81 Z. Anzumerken bleibt, daß zuvor schon einige Flugzeuge der Baureihe F-4 mit dem MG 81 Z ausgerüstet wurden. Zur Steigerung der Kampfkraft ließ sich eine Waffenwanne mit zwei MG 151/20 unter dem Rumpf als Rüstsatz M1 anbauen.

Die ab Mitte 1942 einsetzenden Tagesangriffe der USAAF führten zu dem Gedanken, neben der 21-cm-

der Kanone nach vorne aus dem Behälter herausragte. Ab 1942 begannen in Rechlin entsprechende Versuche, in die neben Ju 87, Ju 88 und He 111 auch eine Bf 110 D (CG+OV) und eine Bf 110 F (TM+OS) eingebunden waren. Der Transportbehälter wurde dabei mittels der üblichen Bombenschlösser unter dem Rumpf des Bf-110-Trägerflugzeuges befestigt. Wie die Erprobung zeigte, drückte der Anbau des Behälters auf die Leistungen. Bei einem Gewicht von 900 kg reduzierte sich die Reichweite des Zerstörers auf 600 km und die Reisegeschwindigkeit um 70 km/h. Beim Ausfall eines Motors mußte der Behälter im Notzug abgeworfen werden, da ein Einmotorenflug nicht möglich war. Letztlich wurden die Versuche abgebrochen.

Die Firma Messerschmitt hatte inzwischen aufgrund vieler Belastungen die Weiterentwicklung der Bf 110 der Gothaer Waggonfabrik (GWF) übertragen, die bekanntlich als Nachbaufirma des Musters seit langer Zeit in die Fertigung eingebunden war.

Mit der Baureihe G brachte die GWF eine nochmals verbesserte Ausführung des Flugzeuges heraus, wobei die aus zwei DB 605 B bestehende Triebwerkanlage den Hauptunterschied zu den übrigen Baureihen bildete. Die je 1475 PS (1090 kW) leistenden Motoren ermöglichten Steigerungen im Bereich des Abfluggewichtes und der Höchstgeschwindigkeit. So stieg die Flugmasse von rund 8,8 auf 9,3 Tonnen und die Geschwindigkeit von 520 auf 550 km/h. Aufgrund des erhöhten Ölbe-

Die Bilder zeigen aus verschiedenen Perspektiven den Anbau der Bordkanone BK 3,7 in eine Bf 110 G.

Bordrakete auch weitreichende Kanonen gegen die Bomber einzusetzen, so daß die Zerstörer außerhalb der Reichweite der gegnerischen Bordwaffen bleiben konnten. Als mögliche Bewaffnung für die Bf 110 kristallisierte sich rasch die Flak 18 mit einem Kaliber von 3,7 cm heraus. Sie war bereits für den Lufteinsatz als Bordkanone 3,7 cm zur Panzerbekämpfung mit der Ju 87 ab Sommer 1942 erfolgreich erprobt worden. Bei der Bf 110 wurde eine BK 3,7 um 90 Grad verkantet unter dem Rumpf mitgeführt, wobei die Abdeckung der Waffe durch eine wannenähnliche, stoffbespannte Verkleidung erfolgte. Wie bereits bei der MK 101 praktiziert, oblag die Munitionszuführung dem Bordfunker, dem dafür zwölf Rahmen mit je sechs Schuß zur Verfügung standen. Der Anbau der Bordkanone als Rüstsatz R1 führte zu deutlichen Leistungseinbußen. In Ermangelung von Alternativen ordnete das RLM im August 1943 an, daß »grundsätzlich alle Tagzerstärer 110 mit Flak 18 auszurüsten sind«. Darüber hinaus wurde eine Steigerung der Flak-18-Fertigung gefordert, so daß zunächst 43 Aufklärer der Baureihe Bf 110 G-3 und 107 Maschinen der Baureihe Bf 110 G-2 mit der Waffe bestückt werden konnten.

Die erwähnten Leistungseinbrüche führten jedoch dazu, daß die Bf 110 G-2/R1 überwiegend im Osten zur Bekämpfung sowjetischer Panzerverbände abgestellt wurden.

Ebenso wie bei ihren Vorgängern ließen sich auch bei der Bf 110 G-2 Außenträger unter dem Rumpf und den Tragflächen anbringen, so daß wahlweise Zusatztanks (Rüstsätze B1 und B2) oder Bomben (Rüstsätze M3 und M4) mitgeführt werden konnten. Aber auch der Einsatz der 21-cm-Bordrakete (Rüstsatz M2) war möglich.

Während im Westen die Langstreckenjäger der USAAF den Tagzerstörern schwer zu schaffen machten, waren es im Osten die neuen sowjetischen Jagdflugzeuge aus den Konstruktionsbüros von Lawotschkin und Jakowlew, die nach und nach die Luftherrschaft übernahmen. Die Überlegenheit bekamen nicht nur die Kampfflugzeuge und Zerstörer zu spüren – auch die Nahaufklärergruppen (NAG), die mit Henschel Hs 126 und Focke-Wulf Fw 189 ausgestattet waren, erlitten hohe Verluste. Nur noch mit der Bf 109 und der Bf 110 konnten Aufklärereinsätze ohne Begleitschutz geflogen werden. Die Nahaufklärer waren daher

Mit der Baureihe G konnte eine nochmals verbesserte Ausführung der bewährten Messerschmitt-Maschine in die Fertigung gehen.

dankbar, als man ihnen mit der Bf 110 G-3 ein leistungsstarkes Fluggerät bereitstellte. Darüber hinaus konnte die Maschine neben verschiedenen Reihenbildgeräten auch Bomben mitführen und als »bewaffneter Aufklärer« fungieren.

Mit der Baureihe G-4 erschien 1943 eine weitere Nachtjagdversion der Bf 110. Ebenso wie bei anderen Flugzeugmustern läßt sich auch bei der Messerschmitt 110 eine geradezu hektische Entwicklungstätigkeit mit zunehmender Kriegsdauer feststellen. Dies führte bei der Baureihe G-4 zu einer kaum zu überschauenden Vielfalt verschiedener Ausführungen, Umbauten und Rüstsätze, wobei dies auch für die Funkmeßgeräte gilt. Ein britisches Sonderkommando hatte am 28. Februar 1942 in einem Handstreich eine Würzburg-A-Stellung

an der französischen Küste überfallen, wesentliche Teile und Geräte ausgebaut und diese nach Großbritannien verbracht. Weitere Geheimnisse der deutschen Funkmeßtechnik offenbarten den Alliierten ein Fahnenflüchtiger, der sich im Mai 1943 mit einer Ju 88 R-2 nach Großbritannien absetzte.

Als die RAF in der Nacht vom 23. auf den 24. Juli 1943 ihren Großangriff auf Hamburg startete, schaltete sie mit dem Abwurf von 92 Millionen Aluminiumstreifen – »Windows« genannt – die gesamte deutsche Funkmeßtechnik aus. Die Streifen waren von ihrer Länge her so bemessen, daß sie die auftreffenden Funkwellen reflektierten, so daß auf den Sichtanzeigen am Boden und in der Luft keine Einzelziele, sondern nur noch Tausende von Reflexionen erschienen.

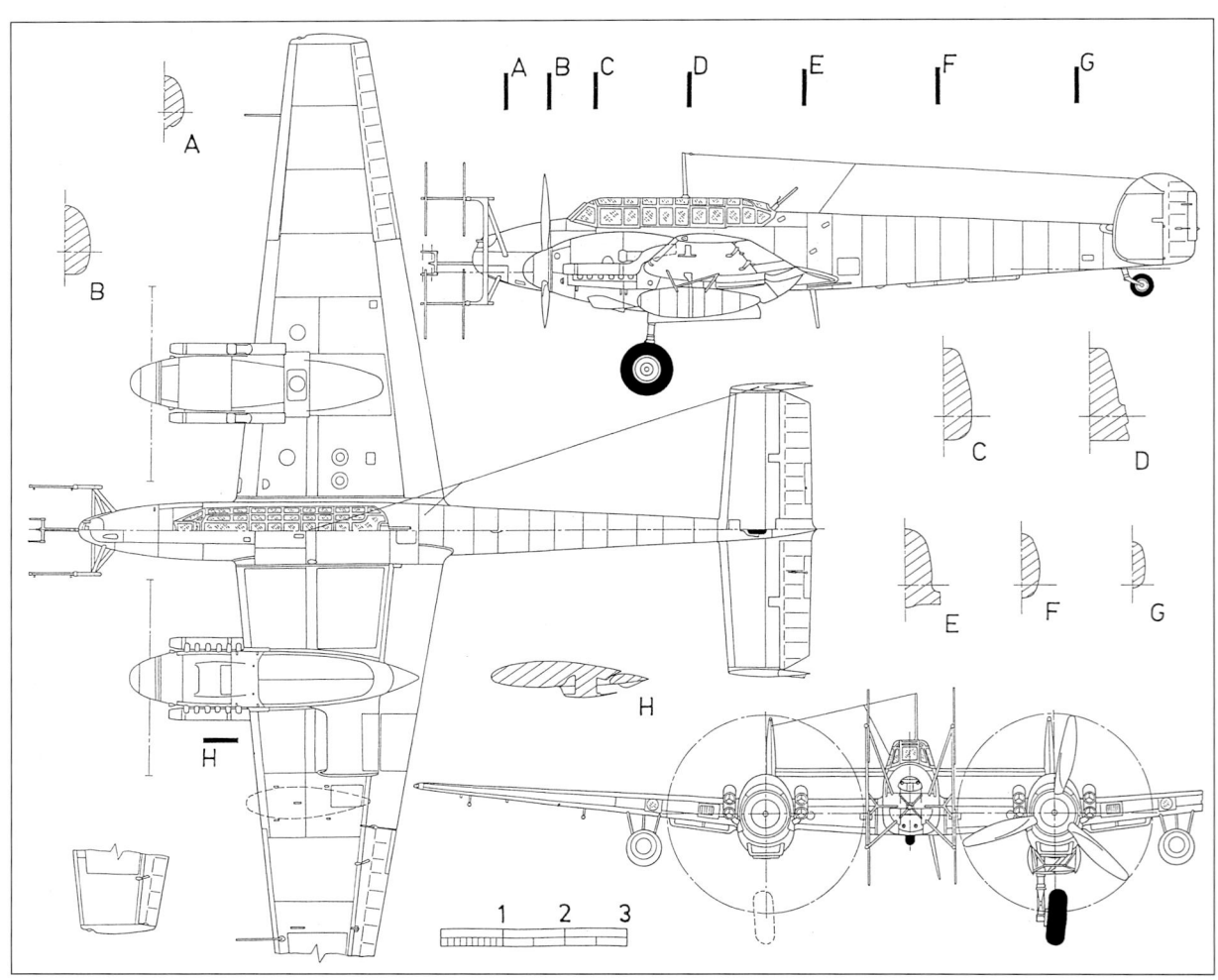

Mehrseitenzeichnung der Baureihe G-4.

Die Möglichkeit, Funkmeßanlagen wie beschrieben auszuschalten, war den deutschen Technikern längst bekannt: sie hatten unter der Bezeichnung »Düppel« bereits 1940 Aluminiumstreifen auf ihre Blendwirkung hin untersucht. Von einem Einsatz nahm man jedoch Abstand, da man Angst hatte, die Briten kännten aus dem Abwurf der Düppel lernen und sie dann selbst einsetzen. Daß der Einsatz der Aluminiumstreifen von deutscher Seite nicht erfolgte, ist unter diesem Aspekt sicherlich nachzuvollziehen, völlig unverständlich ist hingegen, daß aus Gründen der Geheimhaltung über das Thema Düppel überhaupt nicht mehr gesprochen werden durfte und somit auch keine Gegenmaßnahmen eingeleitet werden konnten!

Der Großangriff auf Hamburg, von der RAF als »Operation Gomorrha« bezeichnet, hatte das Ziel, die deutsche Hafenstadt vollständig zu zerstören. Aus diesem Grunde folgten auch in den nächsten Tagen Tag - und Nachtangriffe auf Hamburg, wobei die Tageseinsätze von der US Army Air Force geflogen wurden. Die schweren und rücksichtslosen Angriffe hatten nicht nur die weitgehende Zerstörung der Stadt zur Folge, sondern auch den Tod von mehr als 33.000 Einwohnern, darunter über 5500 Kinder.

Die deutsche Abwehr war durch den Einsatz der Windows vollkommen ausgeschaltet worden. Dies galt auch für die Flak, der nichts anderes übrig blieb, als wahllos das Feuer zu eröffnen. Nur 0,4 Prozent der Angreifer konnten abgeschossen werden. Das beispiellose Debakel führte zu einer zeitweiligen Umstellung der gesamten Nachtjagd. Nachdem die Funkmeßgeräte ausgefallen waren, mußte man nach Alternativen suchen. Hauptmann Hajo Hermann hatte bei seinen Einsätzen an der Kammhuber-Linie eine wichtige Entdeckung gemacht: wurde die geschlossene Wolkendecke von unten durch Scheinwerfer angestrahlt, so konnte man zwar einen über den Wolken fliegenden Bomber vom Boden aus nicht erkennen, flog aber ein Jagdflugzeug oberhalb des Bombers, so hob sich dieser als schwarze Silhouette von der hellen Wolkenschicht ab.

Bf 110 G-4.
Das Flugzeug der
6./NJG 6, 2Z+OP,
landete am 15.
März 1944 in
Dübendorf.
Die Maschine
weist noch das
kleine Seitenruder
der Baureihe G – 2
auf.

47

Aus dieser Erkenntnis heraus entstand das neue Angriffsverfahren »Wilde Sau«, bei dem nun die einmotorigen Jagdflugzeuge der Luftwaffe, Bf 109 und Fw 190, eingesetzt werden konnten.*

Ein weitere aus der Not geborene Taktik trug die Bezeichnung »Zahme Sau«. Sobald die Bodenfunkmeßstationen den Abwurf von Düppeln erfaßten, wurden zweimotorige Nachtjäger in den Bereich dirigiert, der die dichtesten Düppel-Wolken zeigte. Die

Nachtjäger sollten, so hoffte man, dann Sichtkontakt zu den Angreifern bekommen und über Funk weitere Jäger an den Feind heranführen.

Daß diese Verfahren nur Notlösungen darstellten, lag auf der Hand. Die elektronische Kriegführung war inzwischen voll entbrannt. Die Industrie arbeitete mit Hochdruck an neuen Funkmeßgeräten. Es ist aus Platzgründen unmöglich, eine Beschreibung aller Such- und Warngeräte zu bringen, so daß hier nur die wichtigsten in Bf 110 eingebauten Geräte kurz dargestellt werden können.

Die dreisitzige Bf 110 G-4 erhielt ihrem Einsatzzweck entsprechend das FuG 202 Lichtenstein BC. Nachfolger dieses Gerätes wurde das FuG 212 Lichtenstein C, das ab Mai 1942 in der Erprobung stand, wobei eine Do 17 Z-10 mit dem Kennzeichen CD+PV als Trägerflugzeug diente. Das neue Gerät zeichnete sich in der Hauptsache durch bauliche Verbesserungen und

*Über den Aufbau und Einsatz der »Wilde Sau«-Geschwader berichten **Hajo Hermann,** »Vater« der »Wilden Sau« in: Bewegtes Leben, 2. Auflage, Motorbuch Verlag, Stuttgart 1984 (vergriffen), und der als Flugzeugführer unmittelbar beteiligte **Willi Reschke** in: Jagdgeschwader 301/302 »Wilde Sau«, Motorbuch Verlag, Stuttgart 1998.

Zu beachten sind folgende Merkmale: Panzerglas auf der Frontscheibe, Zusatzbehälter, Flammenvernichter und das Fehlen der 20-mm-Bordwaffe MG 151.

Bf 110 G-4/R3.
Die Aufnahme
entstand auf dem
Flugplatz Fritzlar.

eine vereinfachte Handhabung aus. Von der Reichweite und der Erfassung her konnten allerdings keine Fortschritte erzielt werden. Dennoch lief ab Sommer 1943 die Großserienfertigung an. Sowohl das FuG 202 als auch das FuG 212 benötigten eine relativ kleine Antennenanlage, die von der Truppe als »Matratzen«-Antenne bezeichnet wurde. Mit der Einführung des FuG 220 Lichtenstein SN2 gelangte eine wesentliche größere Antenne, das sogenannte »Hirschgeweih«, zum Anbau. Die ersten Exemplare des FuG 220 wurden zu Versuchszwecken ab Frühsommer 1943 ausgeliefert. Wie sich später zeigte, konnte das Lichtenstein SN2 für einige Monate gegen Störungen durch Windows weitgehend unempfindlich gemacht werden. Das im großen und ganzen zufriedenstellende Gerät hatte den Nachteil, daß die Nahauflösung bei rund 1200 m lag und somit Ziele auf kurze Entfernungen nicht mehr zu erfassen waren. Aus diesem Grunde wurden bei einigen Nachtjagdflugzeugen zeitweilig sowohl das FuG 202

als auch das FuG 220 eingebaut. Erst mit der Verfügbarkeit der Lichtenstein-SN2A-, SN2B- und SN2C-Baureihen änderte sich die Situation. Die Nahauflösung dieser Geräte konnte auf 500 bis 300 m gesenkt werden. Die großen Hirschgeweih-Antennen wirkten sich aber auf Stabilität und Schwerpunktlage des Flugzeuges aus, so daß die Bf 110 G-4 größere Seitenleitwerke und ein Ausgleichsgewicht von 55 kg am Sporn erhielt.

Wenngleich die diversen Anbauten und Änderungen das Gewicht des Flugzeuges und den Gesamtwiderstand erhöhten, gelang es dennoch, dank der starken DB-605-Motoren eine Höchstgeschwindigkeit von 530 km/h zu erreichen. Dabei darf nicht übersehen werden, daß insbesondere Flammenvernichter an den Auspuffanlagen den Luftwiderstand ganz deutlich gesteigert hatten.

Das Fehlen starker Triebwerke machte sich ab 1943 immer schmerzlicher bemerkbar. Die Industrie hatte

Zwei Ansichten der in Düben-dorf am 28. April 1944 gelan-deten Bf 110 G-4/R7. Wegen der streng geheimen Funk-ausrüstung des Flugzeugs kam es zu umfangreichen diplomatischen Aktivitäten und letztlich zur Zerstörung der Maschine durch schweizer Behörden.

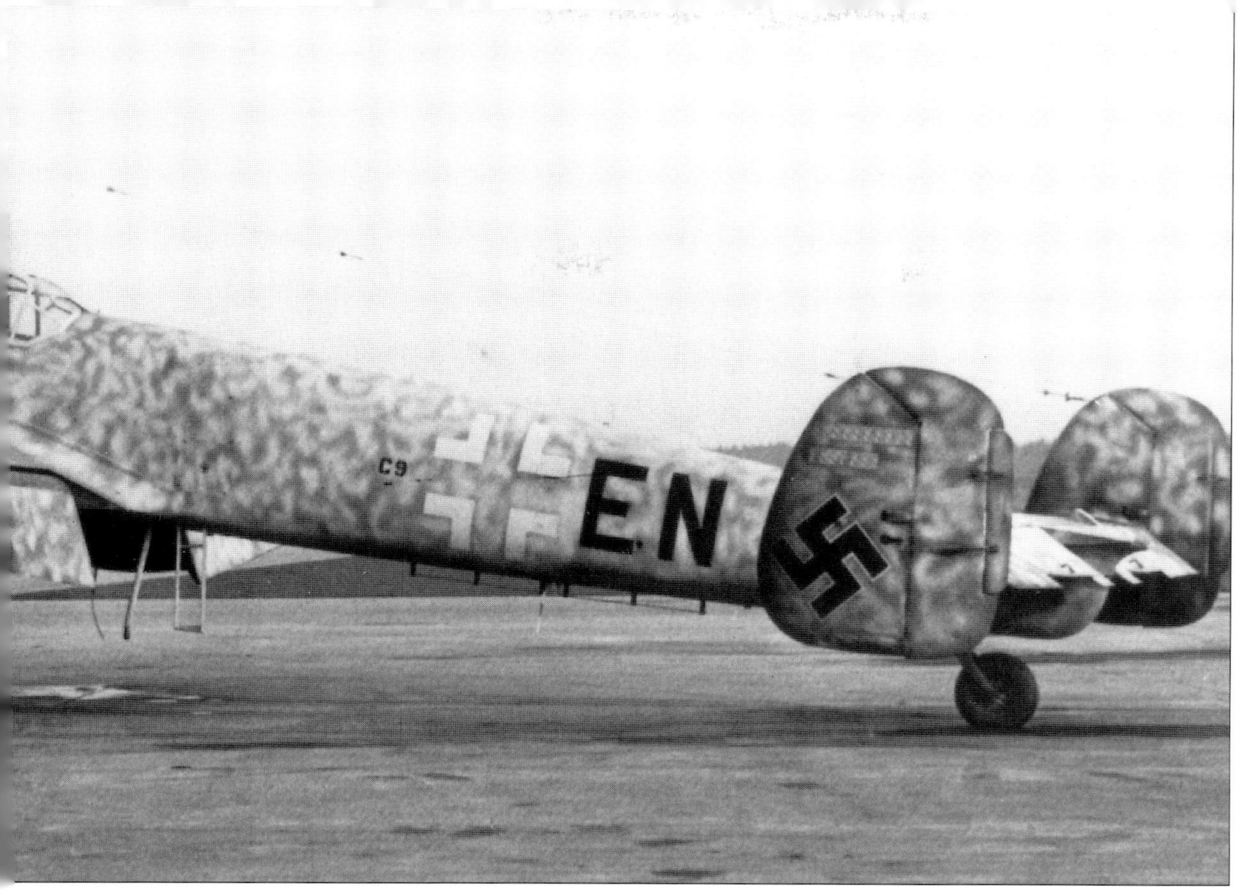
C9
EN

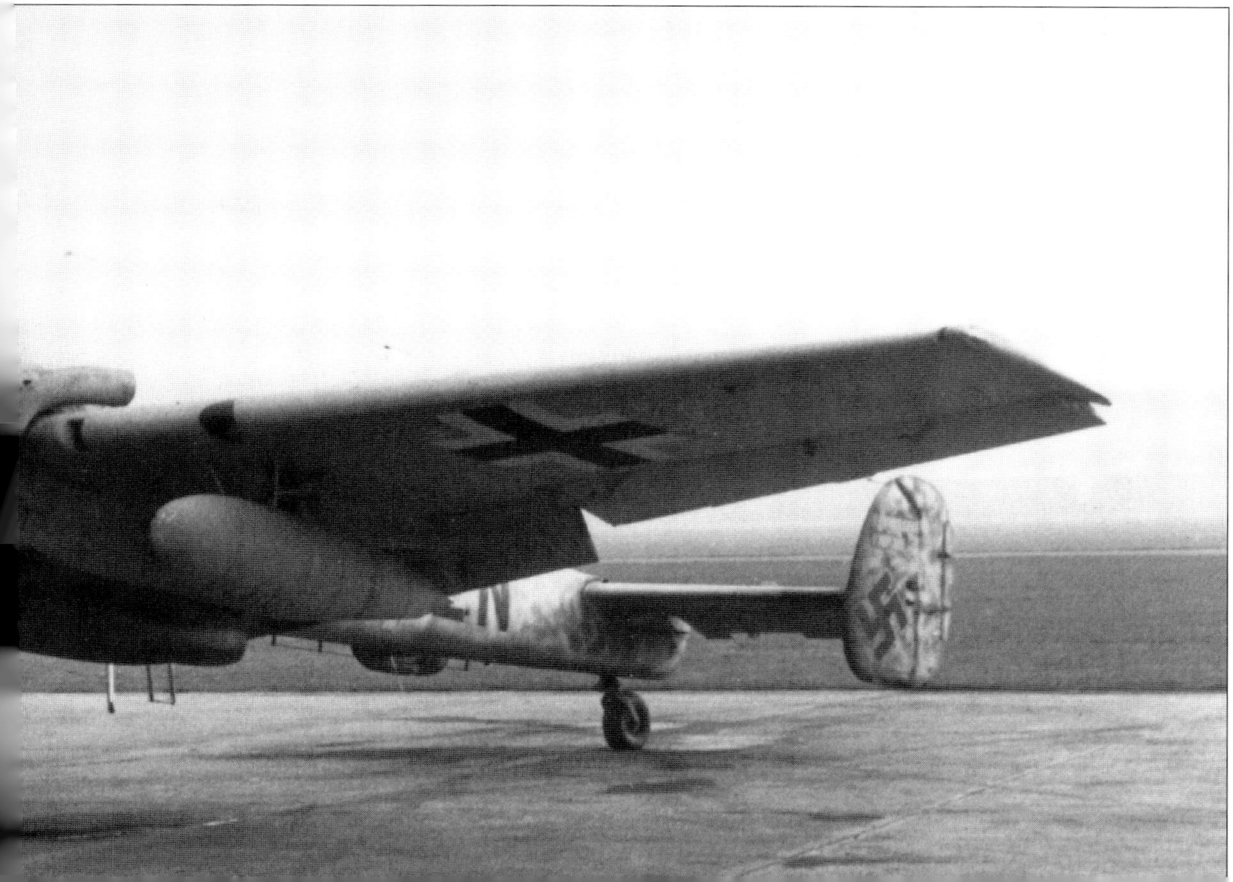

bereits seit geraumer Zeit nach Möglichkeiten gesucht, die Leistung der vorhandenen Motoren mit einfachen Mitteln zu steigern. Eine solche Maßnahme stellte das Zuführen von Stickoxyd in größeren Flughöhen dar. Dieses als GM-1 bezeichnete Verfahren – scherzhaft »Göring-Mischung« genannt – bewährte sich außerordentlich gut. Das kälteverflüssigte GM-1, das dem Motor über die Lufthutze zugeführt wurde, ließ die Motorleistung in Höhen von 8000 m um rund 250 bis 280 PS ansteigen. Nach der 1939/40 durchgeführten Erprobungsphase fand das Verfahren eine immer breitere Anwendung, und schließlich konnte auch die Bf 110 G-4 damit ausgestattet werden.

1944 wurden die deutschen Flugzeugwerke immer häufiger zum Ziel der USAAF, wobei schwere Schäden an den Fertigungsstätten zu verzeichnen waren. Dennoch gelang es in diesem Jahr, die Flugzeugfertigung in einem bis dahin nicht gekannten Ausmaß zu steigern. Dies galt auch für die Bf 110, deren Fertigung mit 1397 Exemplaren einen absoluten Höhepunkt erreichte.

Wie bereits erwähnt, kam es dabei zu den verschiedensten Ausführungen und Varianten, die unter anderem durch Materialengpässe oder Umrüstungen bei der Truppe entstanden und in keinen offiziellen Unterlagen auftauchen. Bekannte Varianten, die sich allerdings nur in Details voneinander unterschieden, waren die G-4a, b, c und d, die mit einer Reihe von Umbausätzen oder Rüstsätzen abgeändert werden konnten. Beispielhaft dafür stehen die Rüstsätze R8 (zwei MG FF als Schrägwaffen) und R9 (zwei MK 108 als Schrägwaffen).

Die Alliierten waren verständlicherweise besonders an Informationen über den Stand der deutschen Funkmeßtechnik interessiert. Hier hätte ihnen beinahe der Zufall in die Karten gespielt.

Bei Bombenangriffen auf Süddeutschland überflogen die alliierten Kampfflugzeuge häufig die neutrale Schweiz, um so ihre deutschen Verfolger abzuschütteln. In der Nacht vom 28. April 1944 geriet Oberleutnant Wilhelm Johnen, Staffelkapitän der 5./NJG 5, bei einem solchen Einsatz in den schweizer Luftraum, infolge eines Motoraussetzers mußte er seine Bf 110 G-4/R7 in Dübendorf bei Zürich notlanden. An sich war dies nichts Ungewöhnliches. Es kam des öfteren vor, daß deutsche oder alliierte Flugzeuge auf Grund von Störungen in der Schweiz notlandeten. Bei der Bf 110 verhielt es sich jedoch anders: das Flugzeug war mit der neuesten deutschen Funktechnik, darunter FuG 8, FuG 10, FuG 16, FuG 25, FuG 202 und FuG 220 sowie der den Alliierten unbekannten Schrägbewaffnung ausgerüstet.

Ferner befand sich entgegen allen Vorschriften der Funkschlüssel für den Monat Mai an Bord. Das war auch der Hauptgrund für die beim RLM aufkommende Alarmstimmung. Das Flugzeug und seine Ausrüstung durfte auf keinen Fall in gegnerische Hände fallen. Nachdem zunächst erwogen wurde, die Maschine in einem Handstreich zu vernichten, kam es nach einigem Tauziehen um die Modalitäten zu einer gütlichen Einigung. Für die Zerstörung der Bf 110 unter den Augen eines deutschen Zeugen erhielt die Schweiz zwölf Bf 109 sowie einige Waffen zu einem Gesamtpreis von sechs Millionen Schweizer Franken. Tatsächlich wurde der Nachtjäger am 18. Mai 1944 in Anwesenheit von Hauptmann Brandt, dem 1a des NJG 6, gesprengt. Die Funkanlage war allerdings zuvor von den Schweizern ausgebaut und genau untersucht worden.

Als letzte Baureihe der Bf 110 sollte Ende 1944 die Bf 110 H herausgebracht werden. Neben fertigungstechnischen Vereinfachungen war an folgende Änderungen gedacht:
- Vergrößerung der Flügelfläche durch Anfügen von Randkappen
- Verlängerter Rumpf 115-Liter-Rumpftank für zusätzlichen Kraftstoff oder WM 50
- Serienmäßiger Einbau von zwei MK 108 als Schrägwaffen mit je 100 Schuß
- 2 MK 108 im Rumpfbug mit je 135 Schuß
- 2 MG 151 unter dem Rumpf mit je 300 Schuß
- 1 MG 81 Z mit 400 Schuß
- Einziehbares Spornrad
- FuG 220 D mit Warngerät

Wenngleich verschiedene Ausführungen geplant waren, unterblieb ein Serienbau, da sich alle Kräfte auf den Bau von Strahlflugzeugen wie der Me 262 und der He 162 konzentrierten.

Bis zur Einstellung der Serienfertigung hatten rund 5800 Bf 110, darunter 3000 Nachtjäger und 500 Aufklärer, die Fertigungshallen verlassen. Damit gehörte die Messerschmitt Bf 110 auch zahlenmäßig zu den bedeutenden deutschen Flugzeugen des Zweiten Weltkrieges.

Technische Daten:

Baureihe	B-1	C-1
Triebwerk	2 x Jumo 210	2 x DB 601 A
	2 x 700 PS	2 x 1000 PS
	(2 x 515 kW)	(2 x 735 kW)
Spannweite	16,90 m	16,27 m
Länge	12,80 m	12,10 m
Flügelfläche	39,3 m²	38,5 m²
Rüstmasse		5200 kg
Abflugmasse	5650 kg	6750 kg
Überlastmasse	–	8900 kg
Höchstgeschw.	455 km/h	510 km/h
	in 4000 m	in 5000 m
Reichweite	1700 km	1300 km
	bei 320 km/h	bei 380 km/h
	in 3000 m	in 5000 m
Dienstgipfelhöhe	8000 m	10.000 m

Technische Daten:

Baureihe	F-2	G-2
Triebwerk	2 x DB 601 F	2 x DB 605
	2 x 1350 PS	2 x 1475 PS
	(2 x 990 kW)	(2 x 1085 kW)
Abmessungen	wie C-1	wie C-1
Rüstmasse	5600 kg	5700 kg
Abflugmasse	7100 kg	7300 kg
Überlastmasse	9300 kg	9300 kg
Höchstgeschw.	570 km/h	565 km/h
	in 5700 m	in 6100 m
Reichweite	1200 km	1000 km
	bei 400 km/h	bei 450 km/h
	in 6000 m	in 6000 m
Dienstgipfelhöhe	10.900 m	11.000 m

Der schwere Verfolgungsjäger

Mit der Ende April 1933 erfolgten Gründung des Reichsluftfahrtministeriums (RLM) wurde auf die Luftfahrtindustrie entscheidend eingewirkt. Ohne Zustimmung des RLM konnten – mit Ausnahme von wenigen privaten Entwürfen – keine neuen Flugzeuge entstehen, zumal die Finanzierung der Neuentwicklungen in der Regel vom Amt übernommen wurde. Dies galt nicht nur für Militärflugzeuge, sondern auch für den zivilen Bereich. Die Bereitstellung von Mitteln durch das RLM muß also nicht zwangsläufig bedeuten, daß das geförderte Flugzeug auch für militärische Aufgaben genutzt wurde.

Zur Klarstellung seiner Befugnisse legte das Amt im August 1933 den Entwurf eines »Gesetzes über die Deutsche Luftfahrtindustrie« vor, dessen Kernaussagen wie folgt lauteten: »Die Herstellung von Flugzeugen und Flugmotoren unterliegt der Genehmigung durch den Reichsminister für Luftfahrt« ... »ausdrücklich besteht das Recht der Enteignung gegen Entschädigung«. Das Gesetz wurde zwar nicht verabschiedet, das Mittel der Enteignung übernahm man jedoch in das bestehende Luftverkehrsgesetz, so daß 1935 sowohl Hugo Junkers als auch Heinrich Lübbe (Inhaber der Firma Arado) ihre Werke verloren.

Der Einfluß des RLM war somit überall spürbar, er hemmte jedoch keineswegs die Luftfahrtindustrie in ihren Aktivitäten. Daß selbst Flugzeuge, die eigentlich nicht in das Planungskonzept paßten, eine Chance erhielten, zeigt das Beispiel Fw 187, neben der Do 335 einziger deutscher zweimotoriger Jagdeinsitzer mit Otto-Motoren.

Diese Flugzeuggattung fand in Deutschland nie eine breite Befürwortung, wobei die Me 262 und He 280 bei dieser Betrachtung außen vor bleiben müssen, da ihre Zweimotorigkeit nur auf der Tatsache beruht, daß die damaligen Strahltriebwerke für eine einmotorige Bauweise zu schwach waren.

Mit der ablehnenden Haltung gegenüber dem zweimotorigen Jagdeinsitzer stand Deutschland nicht alleine da. In den 30er Jahren entstanden weltweit verschiedene zweimotorige Jagdeinsitzer, so zum Bei-

spiel die Fokker D.XXIII oder die Mikojan-Gurewitsch DIS-200. Von all diesen Entwicklungen konnte sich nur die Lockheed P-38 Lightning durchsetzten – alle anderen Entwicklungen blieben auf der Strecke oder wurden wie die britische Westland Whirlwind in geringen Stückzahlen gebaut. Interessant ist, daß die Whirlwind bei völlig anderem Aussehen gleiche Maße, Gewichte und Motorleistungen wie die Fw 187 aufwies und auch ähnliche Leistungen erreichte. Die Fw 187 war als Einsitzer unbestritten ein gutes Flugzeug, aber keineswegs eine Fabelmaschine, wie das die Luftfahrtpresse immer wieder behauptete. Der Mythos Fw 187 kann, wie die nachfolgende Betrachtung zeigt, nicht aufrechterhalten werden.

Intermezzo:
Die schnittige Focke-Wulf Fw 187

Seit den 50er Jahren berichtet die deutsche Luftfahrtpresse in unregelmäßigen Abständen über dieses zweimotorige Jagdflugzeug unter ein und demselben Tenor. Dabei wird von vergebenen Chancen gesprochen und das Flugzeug als der Langstreckenjäger bezeichnet, den die Luftwaffe in der Luftschlacht um England so dringend benötigte. Ob diese Einschätzung tatsächlich den Gegebenheiten entsprach oder ob hier mehr der Wunsch Vater des Gedankens war, soll nachstehend untersucht werden.

1934 schrieb das Technische Amt des RLM einen Wettbewerb für einen einmotorigen Verfolgungsjäger – kurz VJ genannt – aus, an dem die Firmen Arado, Heinkel und Messerschmitt teilnahmen. Die eingereichten Vorschläge zeigten freitragende Tiefdecker mit Einziehfahrwerk. Da die Tiefdeckerbauweise im Jagdflugzeugbau noch nicht weit verbreitet war, mehrten sich beim Technischen Amt die Bedenken, daß die Entwürfe vielleicht doch zu fortschrittlich seien. Als Rückversicherung gegen einen möglichen Fehlschlag des Wettbewerbes erhielt die Focke-Wulf Flugzeugbau GmbH mit einiger Verspätung ebenfalls einen Entwicklungsauftrag, wobei vom RLM eine Auslegung als Hochdecker gewünscht wurde. Diese Bauweise hatte sich insbesondere im französischen und im polnischen Jagdflugzeugbau bewährt. Auf Basis des Hochdecker-Übungs-Jagdflugzeuges Fw 56 Stößer, das auch als »Heimatschützer« dienen sollte, entstand bei Focke-Wulf die Fw 159, die letztlich ein Opfer ihrer veralteten Auslegung wurde und keine Chance gegen die von Messerschmitt und Heinkel entwickelten Muster Bf 109 und He 112 hatte.

Der Technische Leiter der Focke-Wulf Flugzeugwerke, Dipl.-Ing. Kurt Tank, war sich frühzeitig darüber im klaren, daß die Hochdecker-Auslegung keine Perspektiven bot. Da die Entscheidung im VJ-Wettbewerb gefallen war, unterbreitete er dem Technischen Amt des RLM Vorschläge über den Bau eines zweimotorigen Verfolgungsjägers modernster Auslegung. Dieses Flugzeug sah Tank als Ergänzung zum einmotorigen Jäger. Es sollte aufgrund der zweimotorigen Auslegung mehr Sicherheit und eine größere Reichweite aufweisen. Beide Aspekte spielten in der Planung der Luftwaffe allerdings eine untergeordnete Rolle.

Gemäß den damaligen Vorstellungen über einen künftigen Luftkrieg sollten Verfolgungsjäger feindliche Flugzeuge, die in den Luftraum eingedrungen waren, verfolgen, angreifen und zerstören. Diese Aufgabenstellung bedingte unter anderem eine hohe Geschwindigkeit, eine gute Steigleistung und eine Dienstgipfelhöhe von rund 10.000 m. Da diese Flugzeuge vom heimatlichen Gebiet aus eingesetzt werden sollten, konnte die Reichweite begrenzt bleiben.

Zur Begleitung eigener Bomberverbände war an den Bau von mehrmotorigen Flugzeugzerstörern gedacht, die mittels einer schweren Bewaffnung, zu der auch

Drehtürme gehörten, den Luftraum für die Bomber freikämpfen sollten. Mit der Fw 57, der Hs 124 und der Bf 110 befanden sich die entsprechenden Flugzeuge seit 1934 in der Entwicklung.

Für einen zweimotorigen Verfolgungsjäger bestand somit kein Bedarf, dennoch stieß Tank mit seinen Vorstellungen, einen aerodynamisch optimal durchgebildeten und darüber hinaus stark motorisierten zweimotorigen Jagdeinsitzer zu entwickeln, beim damaligen Chef der Entwicklung im Technischen Amt des RLM, Oberst Wolfram von Richthofen, auf großes Interesse, so daß ein Auftrag über den Bau von drei Versuchsmustern erteilt wurde, wobei man Kurt Tank völlig freie Hand bei der Konzipierung des Entwurfes ließ.

Nachdem der offizielle Auftrag im November 1935 vorlag, übertrug Kurt Tank Oberingenieur Rudolf Blaser die Ausarbeitung des Entwurfs.

Es entstand ein zweimotoriger Tiefdecker in Ganzmetall-Bauweise, bei dem der schlanke Rumpf in Schalen-Bauweise gefertigt wurde. Die dreiholmigen Tragflächen wiesen gerade Vorkanten auf, während die Hinterkanten im Bereich des Mittelflügels mäßig und im Bereich der Außenflügel stark negativ gepfeilt waren.

An der Hinterkante des Mittelflügels befand sich eine Spreizklappe, die Hinterkante der Außenflügel wurde von einer Landeklappe und einem Querruder

Fw 187 V1. Die Gesamtansicht des Flugzeugs zeigt interessante Einzelheiten wie zum Beispiel die Triebwerkinstrumente auf der Innenseite der Motorgondel und die beweglichen Lufteintrittsöffnungen der Kühler.

gebildet, in die jeweils ein Trimmruder integriert war. Der Mittelflügel, das Rumpfmittelstück und die Motorgondeln wurden als Block ausgeführt.

Die Höhen- und Seitenflossen des freitragenden Leitwerks waren metallbeplankt, die Ruder hingegen mit Stoff bespannt.

Der als Antrieb vorgesehene Daimler-Benz DB 600 mit Flüssigkeitskühlung war noch nicht lieferbar, so daß zunächst der ebenfalls flüssigkeitsgekühlte Junkers Jumo 210 D mit einer Startleistung von 635 PS (468 kW) und einer Junkers-Hamilton-Dreiblatt-Luftschraube zum Einbau gelangte. Einige der Triebwerküberwachungsgeräte waren außen auf der Motorverkleidung angebracht. Dies war kein Novum, sondern bei einigen Mustern wie der Ju 52 und der Bf 110 gängige Praxis. Der Grund für eine solche Maßnahme lag auf der Hand: man konnte auf das Verlegen von Kabeln und Übertragungsleitungen vom Motor zur Kabine verzichten und darüber hinaus das Instrumentenbrett kleiner und übersichtlicher gestalten. Probleme mit der Instrumentenbeleuchtung führten jedoch zu einer Abkehr von dieser Lösung. Die Kühler befanden sich direkt unterhalb der Motoren und verfügten über bewegliche Eintrittsöffnungen, die im Schnellflug weitgehend geschlossen waren und so den Luftwiderstand reduzierten.

Das einfach bereifte Hauptfahrwerk wurde hydraulisch betätigt, es schwenkte nach hinten oben in die Motorgondel ein und wurde durch Klappen vollständig abgedeckt. Das Spornrad ließ sich nur halb einziehen, es sollte bei einem Hydraulikausfall als Notsporn fungieren.

Der annähernd dreieckige Rumpfquerschnitt war so eng wie möglich bemessen und wurde ausschließlich vom Platzbedarf des Flugzeugführers, der unter einer Schiebehaube saß, bestimmt. Zur Verbesserung der Sichtverhältnisse hatte man in den Boden des Rumpfbugs ein Sichtfenster eingebaut.

Nachdem der Attrappenbau bereits im Frühjahr 1936 fertiggestellt werden konnte, verlief der Bau der Versuchsmuster schleppender als erwartet.

Erst im April 1937 konnte der als Fw 187 bezeichnete Jäger den Jungfernflug unter der Führung von Kurt Tank absolvieren. Der Chefkonstrukteur war von dem Flugzeug begeistert und verlieh ihm den Namen »Falke«. Tank legt die weitere Erprobung der Fw 187 V1, D-AANA, Werk-Nr. 949, in die Hände von Flugbaumeister Dipl.-Ing. Hans Sander, der seine Eindrücke gegenüber Wolfgang Wagner, dem Autor des Buches *Kurt Tank – Konstrukteur und Testpilot bei Focke-Wulf** wie folgt wiedergab:

»Die Fw 187 war der erste Prototyp, den ich nach meinem Eintritt bei Focke-Wulf als Testpilot einflog. Sie war ein überaus schnelles Flugzeug, schneller als die Bf 110 und die He 112 mit Jumo 210 D. Die Falke erzielte in Bodennähe bei den ersten Flügen 525 km/h Geschwindigkeit; das sind 225 km/h mehr, als die damaligen Jagdflugzeuge der Verbände der Luftwaffe (He 51 und Ar 68) erreichten. Sie war um 35 bis 40 km/h schneller als die Bf 109 mit gleichem Motor in gleicher Höhe. Außerdem hatte sie eine wesentlich größere Reichweite und Zuladung, so daß ich mit der Maschine eine Reihe von Weltrekorden hätte aufstellen können, was aber höheren Ortes nicht erwünscht war.

Mit ihren vier MG 17 und mit zwei später zusätzlich eingebauten Kanonen MG FF war sie das Flugzeug, das unserer Luftwaffe im Kriege nachher fehlte. Sie hatte für den Piloten bei Start, Flug und Landung nach allen Seiten eine ausgezeichnete Sicht, auch nach unten, weil sie ein großes Fenster im Rumpfboden besaß. Die Ruderkräfte waren bei ausreichender Stabilität gut abgestimmt, wenn auch die Wirksamkeit und unmittelbare Reaktion nicht ganz die Vollkommenheit der später gebauten Fw 190 erreichten, weil der aerodynamische Ausgleich durch Flettner-Ruder in den Antrieb ein gewisses Spiel und eine gewisse Weichheit hineinbrachte. Da die Entwicklungsarbeiten auf Gebot des RLM alsbald eingestellt werden mußten, bot sich keine Gelegenheit mehr, diesen Mangel wirksam ab-

Bei dieser Aufnahme der D-AANA sind die Kühlerklappen geschlossen. Das Sichtfenster im Rumpfbug ist augenfällig. Neu ist das an der Bugspitze angebrachte Staurohr.

*Band 1 der Buchreihe Die deutsche Luftfahrt, Verlag Bernard & Graefe, Bonn 1980

zustellen. Beim späteren Einsatz des Flugzeuges beim Industrie-Schutzschwarm von Focke-Wulf wurde Ballast eingebaut und damit eine einwandfreie Dreipunktlandung ermöglicht. Das Flugzeug konnte einmotorig mit losgelassenem Steuer geflogen werden. Über dem laufenden Motor ließ sich einwandfrei kurven und mit entsprechender Vorsicht auch über dem stehenden Triebwerk. Eine besondere Quertrimmung erleichterte den Einmotorenflug und glich das Schieben und das notwendige Hängenlassen über dem laufenden Motor aus«.

Soweit auszugsweise die Meinung von Hans Sander. Doch zurück zur Flugerprobung. Hier hatte sich gezeigt, daß bei Erreichen hoher Geschwindigkeiten – im Stechflug bis zu 750 km/h – Leitwerksschwingungen auftraten. Daraufhin wurde ein Gewichtsausgleich am Höhenruder angebracht. Dies hätte beinahe fatale Folgen gehabt: als Flugkapitän Sander bei einem Versuchsflug 735 km/h erreichte, traten so starke Schwingungen am Leitwerk auf, daß Sander den Gedanken erwog, abzuspringen. Plötzlich hörte jedoch das Schütteln auf: wie sich herausstellte, war das Ausgleichsgewicht abgerissen. Das Gewicht hatte also das Gegenteil vom dem bewirkt, was man eigent-

lich erreichen wollte. Durch das Anbringen eines Gewichtsausgleiches über die gesamte Spannweite des Höhenruders konnten die Probleme restlos beseitigt werden.

Das zweite Versuchsmuster, Werk-Nr. 950, D-AODE, wurde im Spätsommer 1937 fertiggestellt. Es wies bereits das geänderte Ruder auf und unterschied sich ansonsten nur in Details vom Vorgänger. Das Muster, dem in einigen Veröffentlichungen der Einspritzmotor Jumo 210 G zugeschrieben wurde, absolvierte in Rechlin eine umfangreiche Erprobung im Auftrag der Prüfstelle für Luftfahrzeuge, an deren Ende die Musterzulassung stand. Als Antrieb dienten dabei zwei Jumo-210-D-Motoren, allerdings ohne die verstellbaren Kühleröffnungen, da sich diese nicht bewährt hatten. Interessant ist in diesem Zusammenhang, daß von den Prüfern die Landestrecke der Fw 187 beanstandet wurde. Statt der erwarteten 600 m brauchte die Maschine aus 20 m Höhe bis zum Stillstand 726 m. Sicher war dies eine Folge der relativ hohen Flächenbelastung.

Inzwischen hatte Ernst Udet Wolfram von Richthofen abgelöst. Udet befaßte sich im Bereich des Verfolgungsjägers ausschließlich mit der Messerschmitt

Fw 187 V3.
Der charakteristische Knickflügel des Musters kommt bei dieser Aufnahme der D-ORHP gut zur Geltung.

Bf 109, die Heinkel He 112 war nur noch für den Export vorgesehen. Im Bereich des Zerstörers hatte sich Messerschmitt mit der Bf 110 ebenfalls durchsetzen können. Obwohl die Fw 187 somit nicht in das Konzept der Luftrüstung paßte, bekam sie eine weitere Chance. Kurt Tank wurde empfohlen, aus dem rassigen Verfolgungsjäger einen zweisitzigen Zerstörer zu entwickeln, wobei der zweite Mann als Funker dienen sollte. Demzufolge wurde die im Bau befindliche V3, D-ORHP, Werk-Nr. 1707, abgeändert und mit der V4, D-OSNP, ein weiteres V-Muster in Auftrag gegeben.

Während die Arbeiten an der Zerstörer-Ausführung anliefen, machte die V2 Anfang 1938 bei einer durch Triebwerkbrand bedingten Notlandung Bruch. Nicht besser erging es der V1, die inzwischen VDM-Luftschrauben erhalten und zeitweilig ein zweirädriges Hauptfahrwerk mit schmalen Reifen erprobt hatte. Am 14. Mai 1938 versuchte Flugzeugführer Bauer, nachdem er den Flugplatz mit hoher Geschwindigkeit angeflogen hatte, das Flugzeug vom Boden hochzuziehen und einen Looping zu fliegen. Dabei verlor die Maschine zu viel Fahrt, so daß sie auf dem Scheitelpunkt des Loopings ins Trudeln geriet und abstürzte. Bauer fand dabei den Fliegertod.

Die Zweisitzer V3 und V4 mußten umfänglich geändert werden. Aus Platzgründen – die Besatzung saß Rücken an Rücken – war eine Verlängerung des Rumpfes und eine Verlegung des Kraftstofftanks erforderlich. Dadurch änderte sich der Schwerpunkt, so daß als Ausgleich die Motorträger verlängert werden mußten; nicht zuletzt wurden die Motorsteiße gekürzt.

Eine völlig neue, zweiteilige Abdeckhaube gelangte zum Einbau. Dabei entschied man sich für eine ungewöhnliche Art des Öffnens: das Vorderteil wurde von hinten nach vorne oben geöffnet, während das hintere Haubenteil nach hinten oben aufgeklappt wurde.

Die als zu schwach beurteilte Bewaffnung verstärkte man durch zwei 20-mm-MG-FF. Wie bei den ersten V-Mustern befanden sich die Waffen in den Rumpfseiten, so daß eine Steuerung (Synchronisation) entfallen konnte.

Die Änderungen erhöhten die Flugmasse von 3,85 auf 5 Tonnen. Da nach wie vor nur der Jumo 210 mit einer Startleistung von 670 PS (492 kW) zur Verfügung stand, mußte eine Verschlechterung der Flugleistungen in Kauf genommen werden. Im Klartext bedeutete dies eine Reduzierung der Höchstgeschwindigkeit auf 500 km/h. Außerdem waren Einbußen bei der Reichweite, die nun bei 900 km lag, zu verzeichnen. Dies alles führte dazu, daß das Flugzeug in einer Notiz des RLM vom 3. September 1938 als »Jäger mit schwerer Bewaffnung und kleiner Reichweite« bezeichnet wurde! Von einer möglichen Verwendung als Langstreckenjäger kann also keine Rede sein.

Zwei Aufnahmen der mit DB 600 motorisierten Fw 187 V6.

*Fw 187 A-0.
Das Flugzeug
wurde von der
Werkschutz-
staffel Bremen
geflogen.
Eine farbige
Abbildung ist
auf Seite 132 zu
sehen.*

terlegen, gegenüber der Bf 110 war sie wendiger, jedoch bezüglich der Reichweite deutlich abgeschlagen, außerdem fehlte ihr die vom RLM gewünschte Abwehrbewaffnung.

Die A-0 Flugzeuge mußten sich daher mit dem Jumo 210 G begnügen, erhielten allerdings eine verstärkte Bewaffnung, die aus vier MG 17 und zwei MG FF bestand. Außerdem wurde eine gepanzerte Frontscheibe in die Kabinenverglasung eingebaut.

Im Winter 1940/41 veröffentlichte das Propagandaministerium eine Fotoserie der drei Flugzeuge unter der Überschrift »Der neue Zerstörer der Luftwaffe«. Tatsächlich wurden die Maschinen im Rahmen des von Focke-Wulf aufgestellten Industrie-Schutzschwarms zur Abwehr von Bombenangriffen auf das Bremer Werk eingesetzt. Doch schon bald untersagte die Luftwaffe solche Flüge. Schließlich wurden die Flugzeuge für kurze Zeit an eine Jagdstaffel in Norwegen abgegeben. Während eine Fw 187 ab Sommer 1942 bei der Luftschieß-Schule Vaerlose in Dänemark Verwendung fand, verlor sich die Spur der übrigen Maschinen.

Technische Daten

	Focke-Wulf Fw 187 V4
Triebwerk	2 Jumo 210 G
	2 x 670 PS (2 x 492 kW)
Spannweite	15,30 m
Länge	11,10 m
Höhe	3,85 m
Flügelfläche	30,40 m²
Rüstmasse	3700 kg
Flugmasse	5000 kg
Flächenbelastung	164,5 kg/m²
Höchstgeschw.	500 km/h in 4000 m
Steigleistung	14,50 m/s
Dienstgipfelhöhe	9250 m
Reichweite	900 km

Obwohl zu diesem Zeitpunkt nicht an eine Serienfertigung des Musters gedacht war, wurde an der Fw 187 weitergearbeitet. Es folgten zunächst die V5, D-OGTN, die weitgehend der V4 entsprach, und die V6, CI+NY, die DB-600-Motoren mit Oberflächenkühlung erhielt. Die starken Triebwerke (1000 PS, 735 kW) ließen in Verbindung mit der widerstandsarmen Kühlung die Leistungen in die Höhe schnellen. Nicht weniger als 630 km/h wurden in Bodennähe gemessen. Doch der Jubel war verfrüht. Die Oberflächenkühlung war – wie sich auch bei anderen Flugzeugen zeigte – für ein Militärflugzeug zu störanfällig und konnte sich für den Einsatz nicht durchsetzen.

Inzwischen waren die Tage der Fw 187 endgültig gezählt. Zwar kam es noch zum Bau von drei Fw-187-A-0-Vorserienflugzeugen, in der Planung der Luftwaffe spielte das Muster aber keine Rolle. Gegenüber den mit DB 601 motorisierten neuen Baureihen der Bf 109 und Bf 110 bot das Flugzeug keine Vorteile. Die Fw 187 saß quasi zwischen den Stühlen. Der Bf 109 war sie in Bezug auf Geschwindigkeit und Wendigkeit un-

Fw 187 A-0.
Interessante Einzel-
heiten der Kabinen-
abdeckung und der
aus MG 17
bestehenden
Bewaffnung zeigt
diese Aufnahme.

Fw 187 A-0.
Einige Flugzeuge der Vor-
serie wurden kurzzeitig von
Norwegen aus eingesetzt.

Vom Bomber zum schweren Jäger und Zerstörer

Mitte der 30er Jahre nahmen mit der Junkers Ju 88 und der Dornier Do 217 zwei neue Kampfflugzeuge die Flugerprobung auf. Beide Muster waren in Bezug auf ihre Aufgabenstellung und ihren Werdegang mehr als unterschiedlich.

Während die Ju 88 als Schnellbomber ganz auf das Erreichen einer hohen Fluggeschwindigkeit ausgelegt war und somit geringstmögliche Abmessungen und Massen aufwies, spielte die Geschwindigkeit bei der Do 217 eine weniger bedeutende Rolle. Der stark bewaffnete Bomber war in erster Linie für den Einsatz schwerer und großer Abwurflasten konzipiert worden.

Bereits in einem frühen Stadium der Flugversuche erhielt Junkers vom RLM den Auftrag, die Ju 88 zum Sturzkampfflugzeug umzubauen. Die dadurch erforderlichen Änderungen waren gravierend, sie zogen nicht nur einen deutlichen Anstieg der Massen nach sich, sondern auch in aerodynamischer Hinsicht waren Verschlechterungen zu verzeichnen, die sich vor allem nachteilig auf Geschwindigkeit und Reichweite auswirkten. Trotz dieses Sachverhaltes gehörte die Ju 88 bei ihrer Einführung in den Truppendienst im Jahre 1939 zu den weltweit leistungsstärksten zweimotorigen Bombern. Das Muster erwies sich in der Folgezeit als guter Wurf, der neben seiner eigentlichen Rolle noch zahlreiche weitere Aufgaben übernehmen konnte. Dabei darf allerdings nicht übersehen werden, daß es bei Einführung des Flugzeuges in den Truppendienst eine Reihe von Problemen gab. Neben der geringen Motorleistung, die einen Einmotorenflug schwierig gestaltete, war es die hohe Flächenbelastung, die den Besatzungen zu schaffen machte. Auch in Bezug auf die Leistungsangaben der Firma Junkers gab es einiges zu bemängeln. Zum einen waren die Daten bezüglich der erreichbaren Geschwindigkeiten viel zu optimistisch dargestellt, zum anderen konnten die erwarteten Reichweiten nicht erzielt werden.

Junkers hatte sich frühzeitig mit einer Zerstörer-Ausführung der Ju 88 befaßt, deren erste Serienexemplare 1940 bei den Einsatzverbänden eintrafen. Das Flugzeug entsprach jedoch nicht den Vorstellungen der Luftwaffe, da die Geschwindigkeit als zu gering für einen Jagdeinsatz beurteilt wurde. Man ging davon aus, daß das Flugzeug nach einem Angriff nicht in der Lage war, den Gegner noch ein zweites Mal angreifen zu können. Dennoch wurde die Entwicklungsrichtung »Zerstörer« weiterverfolgt, die Zahl der gefertigten Zerstörer blieb allerdings deutlich hinter den Bomber- und Aufklärerbaureihen zurück. Erst ab 1943 nahm die Fertigungsrate zu, wobei nun die Aufgabenstellung »Nachtjäger« ganz in den Vordergrund rückte.

Während die neuen Nachtjagdflugzeuge Heinkel He 219 und Focke-Wulf Ta 154 noch in der Erprobung standen, konnte die Ju 88 in nennenswerten Stückzahlen produziert werden. Leistungsmäßig hinkte das Muster jedoch den zweimotorigen Tag- und Nachtjägern der Royal Air Force hinterher. Erst gegen Ende des Krieges konnten stark verbesserte Baureihen der Ju 88 abgeliefert werden – allerdings in nur sehr kleinen Stückzahlen. Grund dafür war die Motorindustrie, die nicht in der Lage war, eine ausreichende Zahl von leistungsstarken Triebwerken zu liefern. Die Ju 88 war 1944/45 neben der Bf 110 unbestritten der wichtigste Eckpfeiler innerhalb der deutschen Nachtjagd. Mit 2500 im Jahre 1944 gebauten Flugzeugen war sie auch von der Stückzahl her der herausragende Nachtjäger und in diesem Zeitraum das meistgebaute zweimotorige Jagdflugzeug der Luftwaffe. Dieser Erfolg beruhte jedoch im wesentlichen darauf, daß keine anderen Muster verfügbar waren.

Während Junkers die Ju 88 als Zerstörer und Nachtjäger in den Großserienbau bringen konnte, gelang Vergleichbares bei Dornier nicht. Erste Versuche, die Kampfflugzeuge der Baureihe Do 17 und Do 215 zu Nachtjägern umzubauen, verliefen zwar vielversprechend, bei der Do 217 gab es jedoch Probleme. Das RLM wünschte bei diesem Muster, daß auch in der Zerstörer- und Nachtjagdausführung die schwere Abwehrbewaffnung beibehalten wurde oder jederzeit nachrüstbar sein sollte. Für den Jagdeinsatz der Do 217 sprach neben der starken Angriffsbewaffnung auch die Reichweite des Flugzeuges, die lange Einsätze über dem Reichsgebiet zuließ. Nachteilig wirkte sich das hohe Abfluggewicht aus, das die Do 217 relativ langsam und schwerfällig machte. Hinzu kamen Probleme beim Nachteinsatz; hier waren es die hohe Landegeschwindigkeit und das hochbeinige Fahrwerk, die bei den Besatzungen zur Kritik führten. Nicht zuletzt sei auf die Schwierigkeiten mit den Daimler-Benz-DB-603-Motoren hingewiesen, die bei der Baureihe Do 217 N zum Einbau gelangten und immer wieder zu Ausfällen und geringem Klarstand führten.

Die Do-217-Tag- und Nachtjäger spielten mit 370 Exemplaren keine Rolle. Im Sinne einer Typenbeschränkung wäre es sicherlich sinnvoll gewesen, wenn man auf den Bau dieser Varianten verzichtet hätte.

Betrachtet man die Entwicklung des Luftkrieges über Westeuropa, der Nordsee und dem Atlantik, so wird deutlich, daß die Luftwaffe weder auf eine nächtliche Luftoffensive der Royal Air Force noch auf einen Zerstörer-Einsatz über große Entfernungen und offener See vorbereitet war. Da das erforderliche Fluggerät fehlte, blieb nichts anderes übrig, als vorhandene Muster für neue Aufgaben abzuändern. Daß diese Lösung nur bedingt erfolgreich sein konnte, liegt auf der Hand.

Junkers Ju 88:
Das Mehrzweckflugzeug

Als das Reichsluftfahrtministerium im November 1935 ein Pflichtenheft für den Bau eines Schnellbombers an die Firmen Henschel, Dornier, Messerschmitt, Junkers und – zeitlich etwas versetzt – an Heinkel herausgab, konnte Junkers auf entsprechende Vorentwürfe, die ohne offiziellen Auftrag unter der Leitung von August Quick entstanden waren, zurückgreifen.

In der sich anschließenden Entwicklungsphase stand Ernst Zindel vom Junkers-Konstruktionsbüro in ständigem Dialog mit dem RLM, so daß nach und nach allen Fragen, die das künftige Kampfflugzeug mit der Bezeichnung Ju 88 betrafen, geklärt werden konnten.

Die bewährte Junkers-Wellblechbauweise hatte man zu diesem Zeitpunkt längst aufgegeben und sich der Glattblechbauweise zugewandt. Trotz dieses Sachverhaltes wurden in den USA zwei Ingenieure – Alfred Gassner und Heinrich Evers – angeworben, die bei Fairchild einige Erfahrungen auf diesem Gebiet gesammelt hatten. Die Oberaufsicht über die gesamte Entwicklung lag jedoch nach wie vor in den Händen von Ernst Zindel.

Es entstand ein schnittiger zweimotoriger Tiefdecker mit einfachem Leitwerk, Einziehfahrwerk und Daimler-Benz-DB-600-B-Motoren mit Ringkühlern. Das erste Versuchsmuster, D-AQEN, Werk-Nr. 4941, absolvierte unter Führung von Flugkapitän Karl-Heinz Kindermann am 21. Dezember 1936 seinen Jungfernflug.

Entsprechend der Aufgabenstellung »Schnellbom-

ber« wies die Ju 88 kleinstmögliche Abmessungen auf, und auch die Kanzel für die dreiköpfige Besatzung wurde so flach wie möglich ausgelegt, wobei die großzügige Verglasung und die Anordnung des Flugzeugführers vor der Flügelnase gute Sichtverhältnisse boten. Der relativ spitz zulaufende Rumpfbug war im unteren Bereich verglast, so daß auch dem Bombenschützen ein ausreichendes Sichtfeld zur Verfügung

Ju 88 V1. Auf dem Kabinendach befindet sich eine nach hinten gerichtete Filmkamera.

stand.

Im Rahmen der Flugerprobung erreichte das unbewaffnete Flugzeug bei einem Fluggewicht von rund 7000 kg eine Höchstgeschwindigkeit von 450 km/h und eine Reichweite von 2000 km. Das waren ansprechende Werte, die sich jedoch noch steigern ließen.

Zunächst folgte die Ju 88 V2, D-ASAZ, Werk-Nr. 4942, dem ersten Versuchsmuster in die Flugerprobung, wobei das am 10. April 1937 eingeflogene Muster dem Vorgänger weitgehend entsprach. Erst der dritte Prototyp, D-AREN, Werk-Nr. 4943, wies bemerkenswerte Unterschiede auf. Anstelle der Daimler-Benz-Motoren wurden Jumo-211-A-Triebwerke eingebaut, die ebenfalls 1000 PS (735 kW) leisteten. Dank der nun angebauten Junkers-Dreiblatt-Luftschrauben, neuer Ringkühler mit eingebauten Ölkühlern und vieler Detailverbesserungen wurde ein deutlicher Anstieg der Höchstgeschwindigkeit erzielt.

Bei sieben Tonnen Flugmasse ließen sich kurzzeitig Spitzenwerte von 520 km/h erreichen. Das war eine ausgezeichnete Leistung, wenn man bedenkt, daß es der damals modernste britische Jäger, die Hawker Hurricane Mk. I*, auf eine Höchstgeschwindigkeit von 508 km/h brachte.

Es kann nicht verwundern, daß Junkers angesichts dieser Leistungen den Weltgeschwindigkeitsrekord mit zwei Tonnen Nutzlast über die 1000-km-Strecke erobern wollte. Nachdem man die Maschine in Rechlin auf Herz und Nieren geprüft hatte, bekam Junkers Gelegenheit, das Flugzeug für die neue Aufgabe herzurichten. Bei einem vorbereitenden Flug ereignete sich am 24. Februar 1938 ein schwerer Unfall, bei dem die zweiköpfige Besatzung ums Leben kam und die Ju 88 V3 vollständig zerstört wurde. Was war geschehen? Auf dem Flug von Dessau zur Zugspitze fiel ein Motor aus. Bei der anschließenden Notlandung in Fürth mußte die Besatzung einem anderen Flugzeug ausweichen, prallte dabei gegen eine Flugzeughalle und geriet in Brand.

Inzwischen hatte der Sturzfluggedanke auch vor der Ju 88 nicht haltgemacht. Auf Drängen Ernst Udets – der wie kaum ein anderer von dieser Idee begeistert war – wurde aus dem Schnellbomber ein »Stuka«.

Mit der Ju 88 V4, D-ASYI, Werk-Nr. 4944, kam am 2. Februar 1938 ein Versuchsmuster zur Erprobung,

Die ersten Hurricane trafen im Februar 1938 bei den Verbänden der RAF ein. Die Indienststellung der Supermarine Spitfire erfolgte ab Mitte 1938.

das neben einem neugestalteten Rumpfbug und einer für vier Mann ausgelegten Kabine Sturzflugbremsen unter den Tragflächen trug.

Diverse Änderungen – wie etwa die Verstärkung der Zelle – führten nicht nur zu erhöhtem Gewicht, sondern auch zu aerodynamischen Verschlechterungen, so daß die Höchstgeschwindigkeit auf 450 km/h abfiel.

Den Gedanken, mit der Ju 88 den Weltgeschwindigkeitsrekord zu erobern, hatte man bei Junkers auch in dieser Phase der Entwicklung noch nicht aufgegeben. Mit dem fünften Versuchsmuster, D-ATYU, Werk-Nr. 4945, startete am 13. April 1938 ein Flugzeug mit optimierter Triebwerkanlage zum Erstflug. Mit dem Jumo 211 B gelangte ein Motor mit Kraftstoffeinspritzung zum Einbau, der eine Startleistung von 1220 PS (880 kW) erreichte. Zur bestmöglichen Ausnutzung der Motorleistung trugen neue Junkers-Verstell-Luftschrauben mit automatischer Regelung bei. Außerdem erhielt das Flugzeug einen Rumpfbug und eine Kabine, die in etwa der Ju 88 V3 entsprachen.

Bis zum Rekordflug vergingen allerdings noch Monate; erst am 19. März 1939 konnten Ernst Seibert und Kurt Heintz zum Flug, der von Dessau zur Zugspitze und zurück führte, starten. Tatsächlich gelang das Vorhaben. Mit einer Nutzlast von 2000 kg erreichte das Flugzeug auf der 1000 km langen Strecke eine Durchschnittsgeschwindigkeit von 517,004 km/h. Bald darauf, genauer am 30. Juni 1939, eroberten die beiden Flugzeugführer auch noch den Rekord über die 2000-km-

Aus dem Umbau der Bomberausführung Ju 88 A-1 entstanden die ersten Zerstörerflugzeuge.

Strecke mit zwei Tonnen Nutzlast und 500,786 km/h .

Mit dem sechsten Versuchsmuster, D-AQKD, Werk-Nr. 4946, nahm am 18. Juni 1938 ein Flugzeug die Erprobung auf, das als Mustermaschine für die erste Serienausführung diente, den Horizontal- und Sturzkampfbomber Ju 88 A-1.

Wenngleich die Bomberausführung den Vorrang in der Fertigung besaß, war man bei Junkers davon überzeugt, daß das Muster auch als Zerstörer in die Produktion gehen konnte.

Ein erster Schritt in diese Richtung wurde mit der Ju 88 V7, D-ARNC (später GU+AE), Werk-Nr. 4947, getan. Das Flugzeug, dessen Jungfernflug am 27. September 1938 erfolgte, wurde durch zwei Jumo-211-A-Motoren angetrieben. Im Gegensatz zum Bomber konnte auf die Sturzflugbremsen und einige Einbauten verzichtet werden, so daß die Maschine bis zu 490 km/h erreichte. Dies war im Vergleich zur Bf 110 B, die im Juli 1938 an die Truppe ausgeliefert wurde und es auf rund 460 km/h brachte, eine ausgezeichnete Leistung.

Die Fertigung der Ju 88 bereitete allerdings Probleme. Die hohen Stückzahlen, die von Göring gefordert wurden, konnten zur Jahreswende 1939/40 noch nicht erreicht werden. Zum einen fehlte es an Arbeitskräften, zum anderen brauchte man für den Großserienbau eine gewisse Anlaufzeit, und nicht zuletzt machte sich das Fehlen von Rohstoffen bemerkbar. Es verwundert daher nicht, daß die ersten Zerstörer aus der Bomberproduktion stammten und über die Bodenwanne unter dem Rumpfbug mit der nach hinten unten gerichteten Abwehrbewaffnung verfügten.

Zunächst wurde erwogen, die Ju 88 A-1 durch den Einbau einer aus drei MG 17 und einem MG 151 bestehenden Bewaffnung für den Zerstörereinsatz zu adaptieren, wobei die Waffen der Einfachheit halber durch den verglasten Rumpfbug geführt wurden. Dieser Umbau, der die Bezeichnung »U 16« oder »Sa-2« (»Sa« für »Sonderausrüstung«) trug, stellte jedoch keine befriedigende Lösung dar. Nachdem das RLM sowohl der Ju 88 als auch der Do 217 die Aufgabenstellung »Zerstörer« übertragen hatte und die Serienflugzeuge den Kennbuchstaben »Z« erhalten sollten, fertigte Junkers mit der Ju 88 Z-15 (V15) und Ju 88 Z-19 (V19) zwei Erprobungsträger, die zunächst mit drei MG 17 und einem MG FF oder einem MG 151 für den Angriff bestückt wurden. Im weiteren Verlauf der Erprobung erhielt Z-19 ein zusätzliches MG 151, das sich in einer gesonderten Verkleidung unterhalb des

Ju 88 Z-19 (V19). Mit diesem Flugzeug wurden verschiedene Waffenkombinationen erprobt. Bemerkenswert ist das einfache Ringvisier auf dem Bug.

Rumpfbugs befand. Beim MG 151 gelangten die Kaliber 15 und 20 mm zur Erprobung. Die moderne Bordwaffe stand jedoch noch nicht in großen Stückzahlen zur Verfügung, so daß das MG FF noch über Jahre hinweg im Einsatz blieb und sich auch die Ju-88-Zerstörer mit dieser Waffe begnügen mußten.

Durch die diversen Einbauten kam es zu einer Steigerung des Leer- und Abfluggewichtes, so daß bei Geschwindigkeit und Reichweite Abstriche gemacht werden mußten. Die Luftwaffe stand daher einem Einsatz der Ju 88 als Zerstörer skeptisch gegenüber. Nach Meinung der Luftwaffe ließ sich mit der Ju 88 allenfalls ein Angriff fliegen, für einen zweiten Angriff reichte die Geschwindigkeit nicht aus, der Gegner könnte somit nicht mehr eingeholt werden. Trotz dieser negativen Beurteilung wurde weiter an dem Flugzeug gearbeitet. Sehr schnell legte Junkers Leistungsberechnungen vor, die vor allem im Hinblick auf die Geschwindigkeit deutliche Verbesserungen erkennen ließen. In Wirklichkeit war man jedoch von Geschwindigkeiten um 560 km/h noch weit entfernt.

Die optimistischen Junkers-Zahlen wurden vom RLM akzeptiert, worauf der Bau von Serienflugzeugen – nun als »Baureihe C« bezeichnet – beginnen konnte. Von der Ju 88 C-0 und der C-1 sind vermutlich nur ganz wenige Exemplare entstanden. Sie wurden durch zwei Jumo-211-B-Motoren angetrieben. Unter Beibehaltung der Abwehrbewaffnung, die von je einem MG

65

15 im A-, B- und C-Stand gebildet wurde, trug die Maschine drei MG 17 und ein MG 151 im Rumpfbug.

Wenngleich die Zahl der Flugzeuge sehr beschränkt war, ist doch eine Ju 88 C-0 weitgehend erhalten geblieben. Der zum »Adler«-Geschwader gehörende Zerstörer mit der Kennung 4D+FH (Werk-Nr. 088133) mußte im Frühjahr 1940 auf dem norwegischen Berg Noon notlanden. Die Bergung erfolgte erst nach Jahren. Heute befindet sich das noch nicht restaurierte Flugzeug im Besitz des Museums der Norwegischen Streitkräfte in Gardermoen.

Die Ju 88 war bei ihrer Truppeneinführung, die noch 1939 in geringen Stückzahlen erfolgte, eines der modernsten Kampfflugzeuge ihrer Zeit. Aufgrund ihrer relativ hohen Flächenbelastung und der damit verbundenen höheren Geschwindigkeiten bei Start und Landung bedurfte das Flugzeug gegenüber ihren gutmütigen Vorgängern Do 17 und He 111 allerdings mehr Aufmerksamkeit. Pilotenfehler, die bei den vorgenannten Mustern noch ausgeglichen werden konnten, nahm die Junkers-Maschine übel, und so dauerte es einige Zeit, bis sich die Besatzungen mit dem Muster anfreunden konnten.

Die Hauptursache für die Schwierigkeiten lagen, wie erwähnt, in der Flächenbelastung. Als Schnellbomber hätte die Ju 88 eine Abflugmasse von etwa zehn Tonnen auf die Waage gebracht. Als Stuka hingegen wies die Baureihe A-1 nicht weniger als 12,6 Tonnen auf.

Um die Verhältnisse wieder geradezurücken, blieb nichts anderes übrig, als die Spannweite (und somit die Flügelfläche) von 18,38 m (52,5 m²) auf 20,08 m (54,7 m²) zu erhöhen. Mit dieser Maßnahme war außerdem eine Vergrößerung der Querruderfläche verbunden, die ebenfalls zu einer Verbesserung der Flugeigenschaften beitrug.

Die genannten Änderungen ließen sich zunächst bei der Baureihe Ju 88 A-5, die noch vor der Ju 88 A-4 gefertigt wurde, verwirklichen. Das neue Muster verfügte außerdem über den Jumo-211-G-1-Motor, der bei gleicher Leistung durch Verwendung hochwertiger Werkstoffe eine höhere Lebenserwartung besaß.

In der Baureihe A-4, die als Basis für zahlreiche Varianten diente, erwies sich die Ju 88 als brauchbares, leistungsstarkes und zuverlässiges Flugzeug, das bis zum Kriegsende nicht mehr aus den Beständen der Luftwaffe wegzudenken war. Bei dem Flugzeug

Stark beschädigter Ju-88-C-Nachtjäger des NJG 1.

handelte es sich um einen zweimotorigen Tiefdecker in Metallbauweise mit einem freitragenden, zweiholmigen Tragflügel, dessen Hinterkante von einem Querruder und einer Landehilfe gebildet wurde. Die Tragflächenvorderkante wurde mittels Warmluft eisfrei gehalten.

Der in Ganzmetall-Schalenbauweise gefertigte Rumpf wies einen ovalen Querschnitt auf. Dem planverglasten Bug folgte der Führerraum für die vierköpfige Besatzung. Unter dem Bug befand sich eine Liegewanne – der sogenannte »C-Stand« - mit einem beweglichen, nach hinten unten gerichteten MG 81Z. Es schlossen sich zwei Lasträume für Bomben oder Kraftstofftanks an. Im hinteren Rumpf befanden sich Geräte und Ausrüstung, unter anderem Kompaß und Sauerstoffanlage. Den Rumpfabschluß bildeten das einziehbare Spornrad und der im Notsporn untergebrachte Kraftstoffschnellablaß.

Mit dem Heck war das freitragende Leitwerk verbunden. Während die Flossen metallbeplankt waren, erhielten die Ruder eine Stoffbespannung. Sämtliche Ruder verfügten über Trimmklappen. Zur Enteisung befand sich an der Vorderkante der Höhenflosse eine aufblasbare Gumminase.

Die beiden an der Flügelvorderkante angeordneten, flüssigkeitgekühlten Jumo-211-J-Zwölfzylinder-Motoren leisteten für den Start 1420 PS (1040 kW). Öl und Kühlmittel wurden mittels Ringkühler gekühlt. VS-11-Dreiblatt-Luftschrauben von Junkers gelangten zum Einbau.

Der Kraftstoffvorrat von 2890 Liter wurde in vier Flügelbehältern (2 x 415 und 2 x 425) sowie einem 1220-Liter-Rumpftank untergebracht. Im Bedarfsfall konnte dieser Behälter durch CO2-Einblasung innerhalb von 55 Sekunden über den Kraftstoffschnellablaß entleert werden. Der Einbau eines zusätzlichen Behälters mit 680 Litern Fas-

sungsvermögen war im Lastenraum möglich. In Sonderfällen ließen sich darüber hinaus Zusatztanks unter dem Mittelflügel mitführen, so daß der Kraftstoffvorrat dann bis zu 4480 Liter betrug.

Das hydraulisch einziehbare Hauptfahrwerk bestand aus einem Federbein mit einem Laufrad der Größe 1140 x 410 mm mit Doppelbremse. Während des Einziehvorganges wurde das Rad um 90 Grad gedreht, so daß es flach im Fahrwerkschacht lag, der sich unter dem Tragflügel befand. Die Abdeckung erfolgte durch Klappen.

Als Kurssteuerung diente die K4ü von Siemens. In Verbindung mit einer von Patin entwickelten Kompaßanlage ermöglichte die K4ü das Abfliegen eines vom Flugzeugführer oder Bombenschützen vorgewählten Kurses (Sollkurs). Abweichungen vom Sollkurs zeigte der Kursanzeiger an, gleichzeitig erfolgte eine Aktivierung der Rudermaschine, so daß das Flugzeug wieder auf den Sollkurs ausgerichtet wurde. Die Funkgeräteausstattung bestand im wesentlichen aus FuG 10, FuG 16 und dem Kenngerät FuG 25.

Die bei der Ju 88 A-4 vorgenommenen Verbesserungen

Ju 88 C-2.
Werkzeichnung
der Waffenanlage.

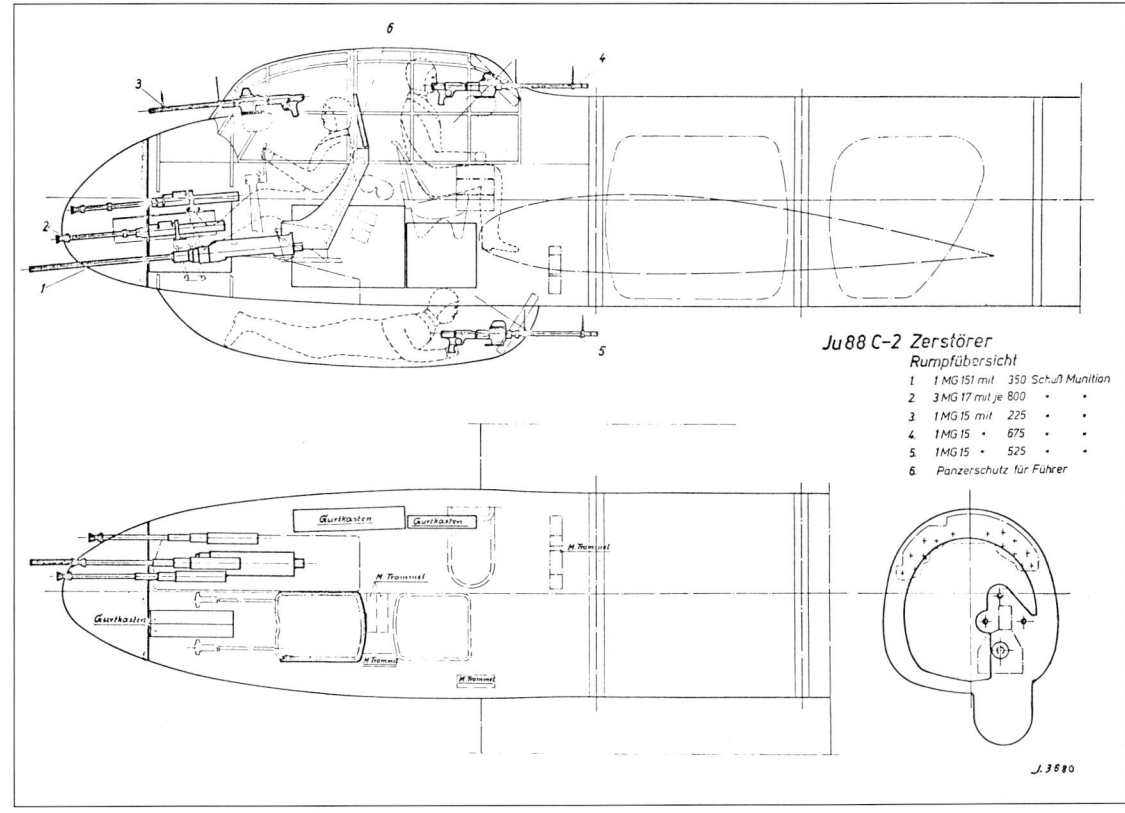

Ju 88 C-2 Zerstörer
Rumpfübersicht
1   1 MG 151 mit   350 Schuß Munition
2   3 MG 17 mit je 800   »
3   1 MG 15 mit   225   »
4   1 MG 15   675   »
5   1 MG 15   525   »
6   Panzerschutz für Führer

kamen auch der zweiten Zerstörer-Ausführung, der Ju 88 C-2, zugute. Die Maschine, die diversen Quellen zufolge in 62 Exemplaren gefertigt wurde, entsprach zellenseitig der A-4. Der Antrieb bestand anfänglich aus zwei Jumo 211 B, später kamen zwei Jumo 211 G-1 mit einer Startleistung von 1200 PS (880 kW) zum Einbau. Laut »Baureihenzusammenstellung der in der Luftwaffe eingeführten Muster« bestand die Bewaffnung aus drei MG 15 zur Abwehr sowie drei MG 17 und einem MG FF »M« für den Angriff. Als Nachtjäger kamen noch zwei nach vorne feuernde MG FF »M« in der Bodenwanne hinzu, während das MG 15 des A-Standes ausgebaut wurde. Zu den Merkmalen der Ju 88 C-2 und ihrer Vorgänger gehörte im übrigen ein kleines Sichtfenster an der Rumpfbugseite.

Als Zerstörer sollte die Baureihe C am Tage operieren und zunächst von der Zerstörer-Staffel des KG 30 von Norwegen aus zur Küstensicherung und Schiffsbekämpfung eingesetzt werden. Die sich mehrenden Einflüge von RAF-Nachtbombern zwangen jedoch dazu, das Muster für die Nachtjagd abzustellen, und so gelangten einige Maschinen zusammen mit der Do 17 Z-7

beim NJG 1 als Fernnachtjäger über Großbritannien zum Einsatz.

Das Jahr 1941 war für die Zerstörer-Entwicklung in mehrfacher Hinsicht von Bedeutung. Einerseits zwangen der Angriff auf die Sowjetunion und die Nachtbomber-Offensive der RAF zu einer gesteigerten Flugzeugproduktion, andererseits blieb die Lieferung der Messerschmitt-Zerstörer Me 210 aus. Das Flugzeug, das bis 1943 in 3000 Exemplaren gefertigt werden sollte, krankte an völlig unzureichenden Flugeigenschaften, die erst in einem zeitraubenden Änderungsprogramm verbessert werden konnten. Die entstandene Lücke ließ sich nur durch Bf 110 und Ju 88 schließen. Allerdings gab es auch hier Probleme: in Erwartung der Me-210-Serienfertigung hatte man die Bf-110-Produktion nicht nur zurückgefahren, sondern teilweise schon mit dem Abbau der Fertigungsmaschinen begonnen, so daß der erneute Anlauf der Herstellung Zeit benötigte.

Bei Junkers und den eingeschalteten sieben Nachbaufirmen hatten gewaltige Anstrengungen dazu geführt, daß die Anzahl der gefertigten Ju 88 von etwas

Ju 88 C-2: Dreiseitenriß.

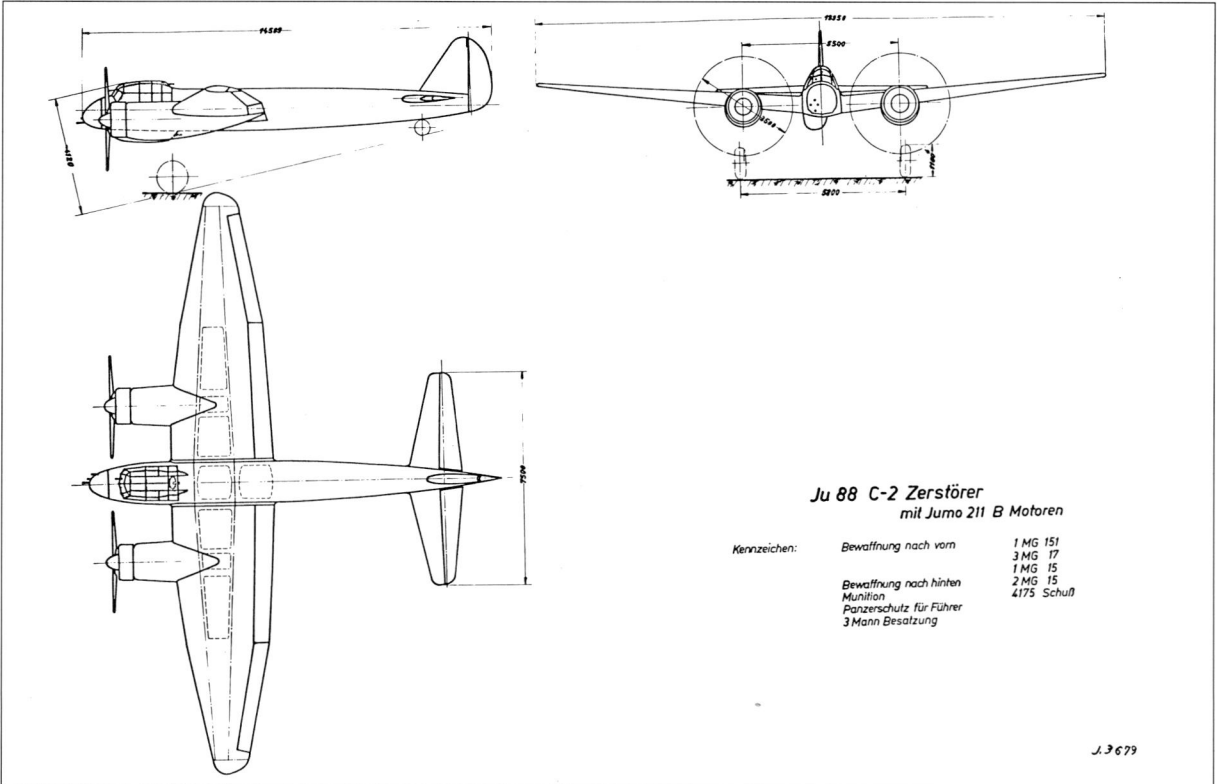

Ju 88 C-2 Zerstörer
mit Jumo 211 B Motoren

Kennzeichen:	Bewaffnung nach vorn	1 MG 151
		3 MG 17
		1 MG 15
	Bewaffnung nach hinten	2 MG 15
	Munition	4175 Schuß
	Panzerschutz für Führer	
	3 Mann Besatzung	

J.3679

über 100 im Jahre 1939 auf fast 2400 im Jahre 1940 angestiegen war.

Der große Bedarf an Bombern und Aufklärern ließ trotz dieses Erfolges kaum Platz für die Fertigung von Zerstörer- oder Nachtjagdausführungen. Dies änderte sich auch 1941 nicht. Von den in diesem Jahr gefertigten 2780 Flugzeugen gehörten nur 66 zur Baureihe C, die inzwischen in Form der Variante C-4 in der Produktion stand.

Bereits zu Beginn der Zerstörer-Entwicklung hatte Junkers an den Einbau eines luftgekühlten Motors gedacht. Der in Frage kommende BMW 801 war jedoch nur in kleinen Stückzahlen lieferbar, da er sowohl für das Jagdflugzeug Fw 190 als auch für den Bomber Do 217 benötigt wurde. Aus diesem Grunde konnten die geplante Baureihe Ju 88 C-3 mit BMW 801 nicht realisiert werden.

Mit der Ju 88 C-4 kam im Herbst 1941 eine Variante zum Einsatz, die über Jumo-211-B-1-Motoren verfügte und sich auch als Aufklärer einsetzen ließ. Für diesen Fall war der Einbau von Reihenbildgeräten wie Rb 50/30 oder Rb 20/30 im hinteren Rumpf möglich.

Die nächste Zerstörer-Baureihe, Ju 88 C-5, wurde verschiedenen Angaben zufolge in nur wenigen Exemplaren aufgelegt. Werkzeichnungen zeigen eine mit BMW 801 motorisierte Variante, bei der die Boden-

Als Tagzerstörer operierte die Ju 88 bevorzugt über dem Atlantik und an der Ostfront.

wanne entfiel und die nur noch über eine zweiköpfige Besatzung verfügte. Die Angriffsbewaffnung war im Rumpfbug und in einer Wanne unter dem hinteren Rumpf angeordnet.

Im einzelnen war an folgende Waffen gedacht:

Im Rumpfbug	1 MG 151 mit 350 Schuß
	3 MG 17 mit je 800 Schuß
Unter dem Rumpf	2 MG 17 mit je 1000 Schuß

Außerdem stand noch ein MG 15 mit 975 Schuß zur Abwehr bereit. Rechnerisch sollte der bis zu elf Tonnen schwere Zerstörer eine Höchstgeschwindigkeit von 570 km/h erreichen.

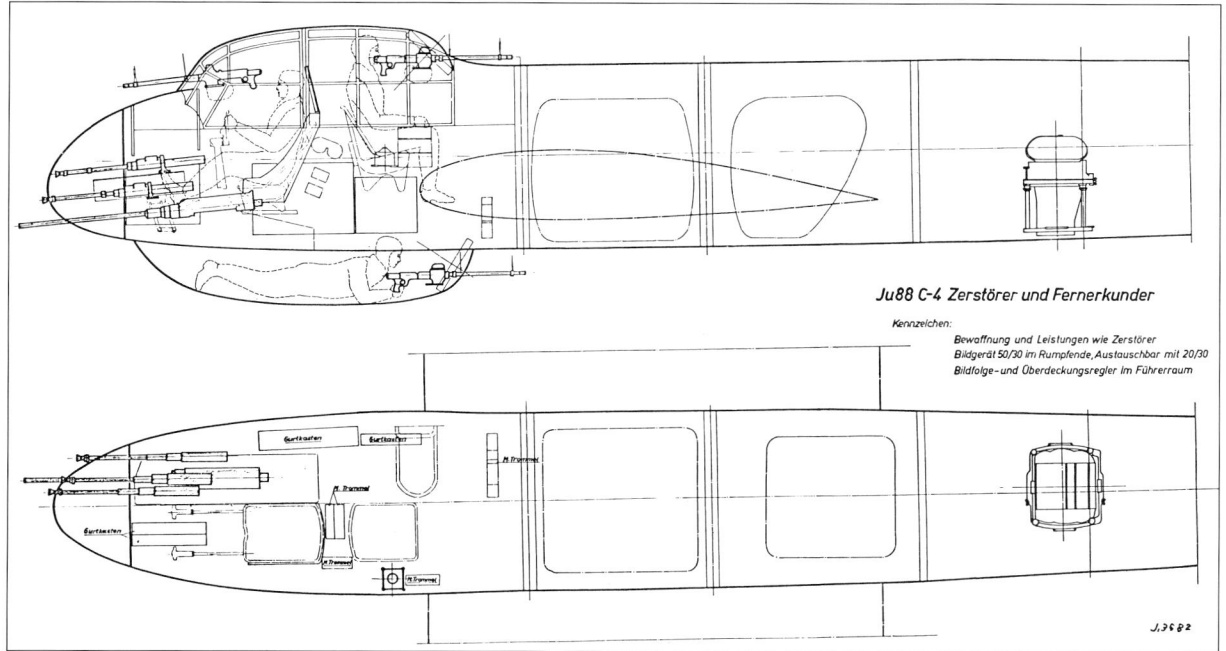

Ju 88 C-4. Werkzeichnung der Waffen- und Kameraanlage.

Ju88 C-4 Zerstörer und Fernerkunder

Kennzeichen:
Bewaffnung und Leistungen wie Zerstörer
Bildgerät 50/30 im Rumpfende, Austauschbar mit 20/30
Bildfolge- und Überdeckungsregler im Führerraum

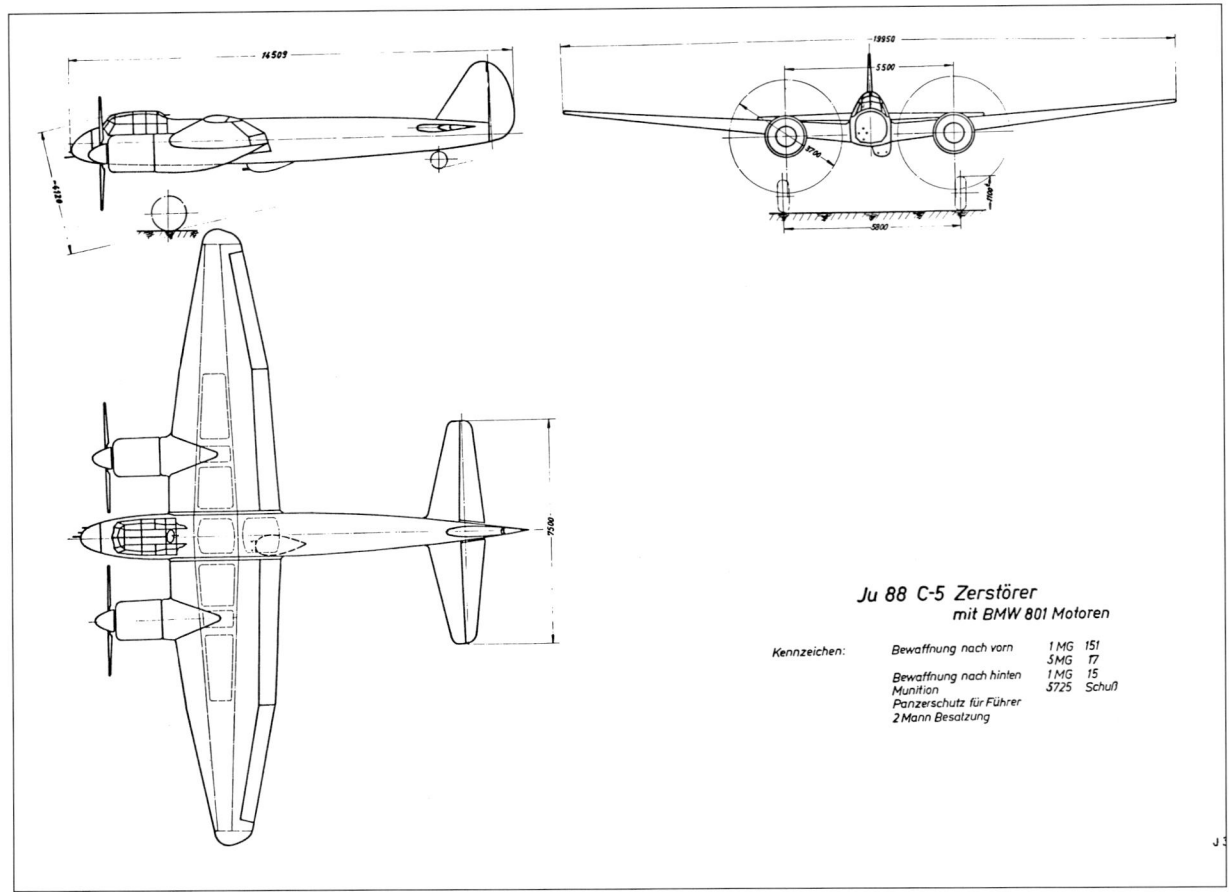

Ju 88 C-5 Zerstörer
mit BMW 801 Motoren

Kennzeichen:	Bewaffnung nach vorn	1 MG	151
		5 MG	17
	Bewaffnung nach hinten	1 MG	15
	Munition	5725	Schuß
	Panzerschutz für Führer		
	2 Mann Besatzung		

Während über die Baureihe C-5 nur spärliche Informationen vorliegen, ist der Bau der Ju 88 C-6 in allen Einzelheiten nachzuvollziehen. Mit dieser Variante brachte Junkers ein Flugzeug heraus, das zellenseitig auf der Ju 88 A-4 basierte, über zwei Jumo-211-J-Triebwerke mit einer Startleistung von je 1420 PS (1040 kW) verfügte und ab Ende 1941 ausgeliefert werden konnte.

Als eine der ersten Einheiten erhielt das im Westen stationierte KG 40 die neue Baureihe, um sie zur Schiffsbekämpfung einzusetzen und zur Fernjagd auf Flugzeuge des britischen Coastal Command, die den deutschen U-Booten immer mehr zu schaffen machten.

Im Rahmen dieser Einsätze traf die Ju 88 anfänglich auf den zweimotorigen Bomber Armstrong-Whitworth Whitley, der bei der RAF den wenig schmeichelhaften Spitznamen »fliegendes Scheunentor« trug. Das langsame Kampfflugzeug konnte von der Ju 88 mit Erfolg bekämpft werden. Als das Coastal Command mit dem zweimotorigen Langstreckenjäger Bristol Beaufighter ausgerüstet wurde, wandelte sich die Situation zum Nachteil der Ju 88. Auch der begrenzte Abbau der Bodenwanne konnte nicht viel bewirken. Die Bristol-Maschine war kleiner, schneller, wendiger und ab der 1942 eingeführten Baureihe Mk. V I F auch stärker motorisiert als die Ju 88, so daß die Zahl der Verluste deutlich anstieg und man dazu übergehen mußte, die Ju 88 in kleinen Einheiten von vier bis acht Flugzeugen einzusetzen, um so wenigstens eine zahlenmäßige Überlegenheit zu erreichen. Im weiteren Verlauf des Krieges wurden die Einsätze der Ju 88 über dem Atlantik und der Nordsee immer schwieriger. Die Alliierten setzten zum Schutz ihrer Geleitzüge schon bald kleine Flugzeugträger ein, so daß die Ju 88 immer öfter auf schnelle einmotorige Jagdflugzeuge trafen, gegen die sie kaum eine Chance hatten. Darüber hinaus verbesserte auch das Coastal Command seine Ausrüstung. Hier ist im wesentlichen der aus den USA gelieferte viermotorige Langstreckenbomber B-24 Liberator zu nennen. Das schwerbewaffnete und stark gepanzerte Flugzeug stellte die Ju-88-Besatzungen vor viele Probleme. Die veralteten MG FF erwiesen sich gegen die B-24 als untauglich, und auch die geringe Geschwindigkeit der Ju 88 machte sich gegen den modernen Bomber bemerkbar. Angriffe von hinten waren kaum möglich und mehrfache Anflüge so gut wie ausgeschlossen. Damit traten die Mängel, die die Luftwaffe bereits zu Beginn der Ju-88-Zerstörer-Entwicklung erkannt hatte, deutlich zutage.

Auch auf dem östlichen Kriegsschauplatz wurde die Situation für die Ju-88-Zerstörer kritischer. Ab 1943 setzte die Luftwaffe die Ju 88 C schwerpunktmäßig gegen sowjetische Nachschublinien ein, insbesondere gegen den Eisenbahnverkehr. Mit Zunahme der Einsätze traf die Luftwaffe in immer stärkerem Maße auf die neuen, schnellen, einmotorigen Jagdflugzeuge der Sowjets, die den schwerfälligen Zerstörern weit überlegen waren.

An der Front ließen sich leistungssteigernde Maßnahmen nur bedingt durchführen. Durch den Ausbau von Ausrüstungsgegenständen, die die Besatzungen als überflüssig erachteten, konnten die Flugzeuge zwar leichter und beweglicher gemacht werden, jedoch blieb die Leistungsausbeute gering. Zur Erhöhung der Kampfkraft ließ die Truppe nichts unversucht. So erhielten

einige Zerstörer einen bemalten Rumpfbug, der die »Bomber-Nase« der Ju 88 vortäuschte, um so den Gegner in die Irre zu führen. Darüber hinaus existierten neben werkseitigen Einbauten zahlreiche von der Truppe vorgenommene Waffenkombinationen, so daß sich nach dem Krieg eine einwandfreie Identifizierung der diversen Ju 88 Baureihen anhand von Fotos sehr schwierig gestaltete.

Ju 88 C mit Flammenvernichtern und zusätzlicher Bewaffnung in der Bodenwanne.

Ju 88 C-6. Die als »schräge Musik« bezeichnete Schrägwaffenanlage bewährte sich bei der Bekämpfung der RAF-Bomber ganz besonders, so daß diese Bewaffnungsvariante bei fast allen Nachtjägern eingebaut wurde.

Im Normalfall bestand die Bewaffnung aus drei MG 17 und einem MG FF im Rumpfbug, wobei die Möglichkeit bestand, zwei weitere MG FF in die Bodenwanne einzubauen. Bezeichnend für die Situation auf dem Waffensektor war der Umstand, daß erst gegen Ende 1943 das MG 151 in größeren Stückzahlen verfügbar war und man bis dahin noch immer auf das alte MG FF zurückgreifen mußte.

Wie bei der Angriffsbewaffnung gab es auch bei der Defensivbewaffnung Unterschiede: die Maschinengewehre MG 15, MG 81, MG 81 Z und MG 131 gelangten in verschiedenen Zusammensetzungen zum Einbau.

Die ab 1942 ständig zunehmenden Bombenangriffe der RAF gegen deutsche Städte zwangen die Luftwaffe zum Ausbau der Nachtjagd, so daß die Ju 88 C mehr und mehr für diese Aufgabenstellung herangezogen wurde.

Nachdem die Ju-88-Nachtjäger bereits ab Mitte 1942 ihre Feuertaufe im Mittelmeerraum erhalten hatten, wurden sie zum Jahresende nach Deutschland verlegt, um hier in der Reichsverteidigung eingesetzt zu werden.

Inzwischen war auch die Fertigung des Funkmeßgerätes FuG 202 Lichtenstein in nennenswerten Stückzahlen angelaufen, so daß ein Einbau in die Ju 88 C-6 erfolgen konnte. Durch den Anbau der Antennenanlage an den Rumpfbug verringerte sich die Geschwindigkeit allerdings um zirka 30 km/h, so daß die Höchstgeschwindigkeit bei rund 495 km/h lag. Auch der bei vielen Flugzeugen vorgenommene Abbau der Bodenwanne zog nur eine mäßige Steigerung der Geschwindigkeit nach sich. Die Ju 88 C-6 war also kein schneller Nachtjäger, allerdings erwies sie sich gegenüber der Do 217 als wendiger und in der Fertigung als weniger aufwendig. Darüber hinaus waren weit mehr Betriebe in die Produktion der Ju 88 eingeschaltet, als dies bei der Do 217 der Fall war. Trotz dieses Sachverhaltes wurden 1943 nur 706 Ju 88 als Zerstörer und Nachtjäger gebaut, wobei man bestrebt war, das Muster zu

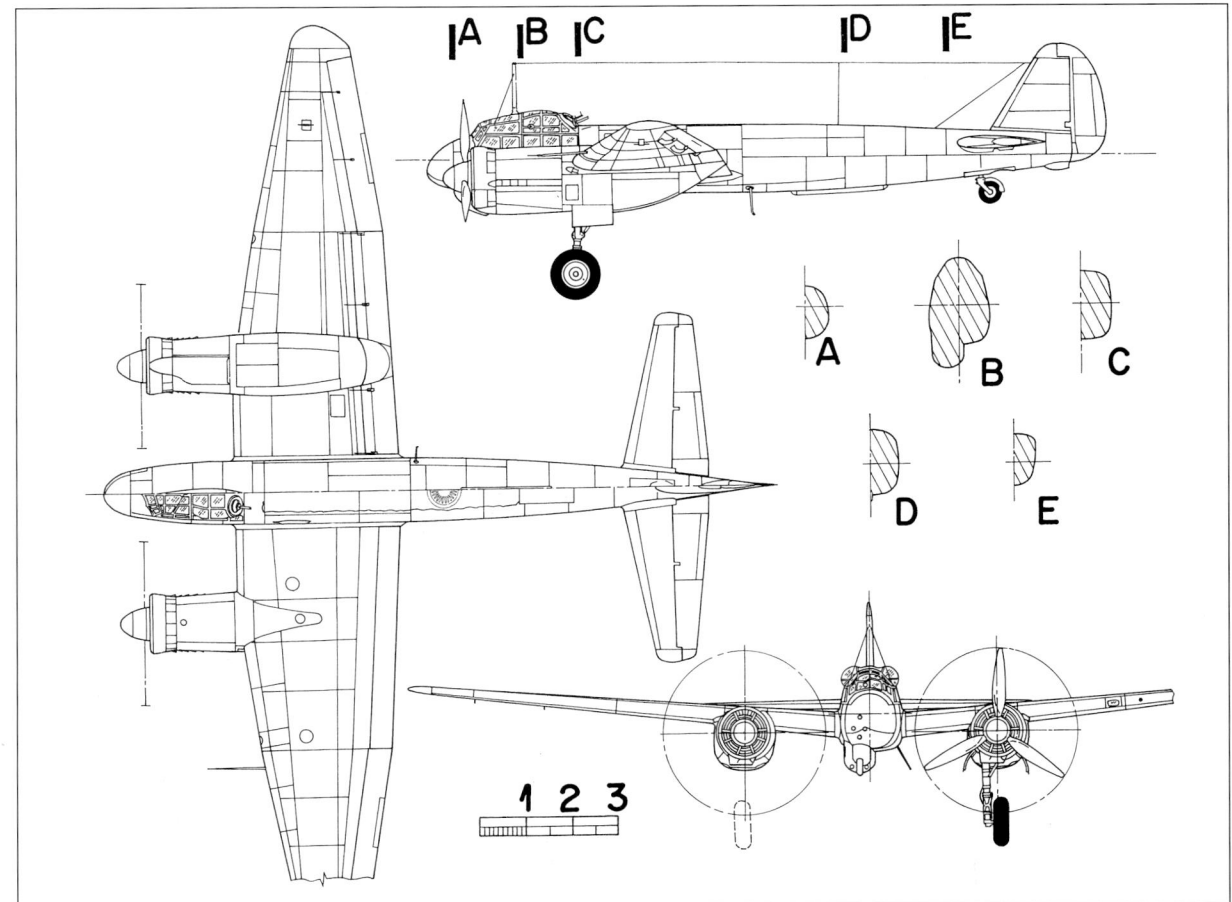

Mehrseiten-zeichnung der Baureihe C-6.

verbessern. Zwei Bereiche – Bewaffnung und Funkmeß-geräte – standen dabei im Vordergrund der Bemühungen. Eine große Anzahl von C-Flugzeugen erhielt ein geändertes Kabinendach, bei dem anstelle der zwei nach hinten gerichteten Abwehrwaffen nur noch ein MG 131 eingebaut wurde. Zwei im Rumpf montierte MG 151 als »Schrägwaffen« trugen deutlich zur Kampfkraftsteigerung bei. Bei der Ausrüstung mit Funkmeßgeräten gab es eine nicht mehr überschaubare Vielfalt. Neben den eigentlichen Suchgeräten FuG 202, FuG 212, FuG 220 und FuG 227 gelangten noch zahlreiche Warngeräte zum Einbau. Ein Identifizierung der Einbauten war in erster Linie anhand der Antennenanlagen möglich, die sich im Rumpfbug, an den Tragflächen, am Seitenleitwerk und am Heck befanden.

Letzte Baureihe der C-Serie war die Ju 88 C-7, die in nur sehr geringen Stückzahlen gefertigt wurde und auf der Baureihe C-5 basierte. Derzeit liegen über die Ju 88 C-7 nur wenige und darüber hinaus widersprüchliche Angaben vor. Einwandfrei als ein Flugzeug der Baureihe C-7 wurde die K9+VH identifiziert, die über BMW-801-D-Motoren mit GM-1-Einspritzung verfügte und im Sommer 1942 in der Flugerprobung stand.

Wie schon erwähnt hatte Junkers immer wieder versucht, die Ju 88 auch mit dem luftgekühlten BMW 801 in die Fertigung zu bringen, jedoch gelang dies nur in sehr bescheidenem Umfang mit der Ju 88 C-5. Erst 1943 war es möglich, über eine Einzelfertigung hinauszukommen, ohne jedoch eine größere Zahl von Ju 88 mit diesem Motor abzuliefern. Gegenüber dem Jumo 211 wiesen die Baureihen A bis D des BMW 801 die höhere Startleistung von 1600 PS (1175 kW) auf.

Hinsichtlich der Baureihenbezeichnung gab und gibt es immer wieder Schwierigkeiten. Dies liegt in der von BMW gewählten Terminologie begründet. Danach teilten die Bayerischen Motorenwerke ihre Motoren in drei Klassen auf:

1) Den eigentlichen Motor mit allen Geräten und den wichtigsten Zubehörteilen wie Luftschraubenverstellgetriebe, Lüfter, Leitblechen und dergleichen.
2) Die Motoranlage, sie bestand aus dem Motor gemäß Punkt 1 sowie der Motorverkleidung.
3) Die Triebwerkanlage, sie wurde aus der Motoranlage gemäß Punkt 2 sowie der Abgasanlage und dem Einbaugerüst gebildet.

Nach diesem System wurden an die Baureihenbezeichnung wie zum Beispiel BMW 801 A die Buchstaben M für Motoranlage oder T für Triebwerkanlage angefügt. Der BMW 801 MA stellte also keine eigenständige Baureihe dar, vielmehr handelte es sich um den BMW 801 A mit Motoranlage.

Auf Grundlage der Nachtjäger Ju 88 C-4 und C-6 entstanden bei Junkers Abwandlungen mit dem BMW 801-Motor. Nachdem diese Flugzeuge anfänglich als C-4/R1 und C-6/R2 bezeichnet wurden, trugen sie schon bald die eigenständige Baureihen-Bezeichnungen R-1 und R-2.

Ju 88 R-1. Nachdem sich die Besatzung dieses zur IV./NJG 3 gehörenden Flug-zeuges (D5+EV) am 9. Mai 1943 Hochverrat begangen und sich nach Großbritannien abgesetzt hatte, entstand dieses Foto (oben). Während das FuG 202 »Lichtenstein B/C« bereits ausgebaut ist, trägt der Nachtjäger noch die deutschen Hoheitskennzeichen. 1955 wurde das Flugzeug, das heute im RAF Museum steht, anläßlich der Horseguards Parade öffentlich ausgestellt.

Am 9. Mai 1943 fiel den Briten eine vollkommen intakte Ju 88 R-1 in die Hände. Es war nicht das erste Mal, daß während des Krieges ein deutsches Flugzeug auf der britischen Insel landete, und es war auch nicht die erste Ju 88, die die Briten erbeutet hatten. Bereits am 28. Juli 1940 mußte eine Ju 88 A-1 (9K+HL) des KG 51 aufgrund von Kraftstoffmangel auf gegnerischem Gebiet notlanden. Als frühe Form der elektronischen Kriegführung hatte man in Großbritannien Anfang der 40er Jahre damit begonnen, im Süden zahlreiche Funkfeuer aufzubauen, die auf derselben Frequenz sendeten wie die deutschen Funkfeuer auf dem europäischen Festland. Tatsächlich gelang es, wenn auch nur selten, Flugzeugbesatzungen in die Irre zu führen, so daß sie in Großbritannien landeten.

Bei der Ju 88 R-1, Werk-Nr. 360043, D5+EV, der IV./NJG 3 lag der Fall jedoch anders. Über Mittelsmänner in der Schweiz hatte der Flugzeugführer schon zu einem frühen Zeitpunkt des Zweiten Weltkrieges Kontakt mit dem britischen Geheimdienst aufgenommen und seine Fahnenflucht von langer Hand vorbereitet, wobei er die Unterstützung seiner Besatzung fand.

Die Ju 88 R-1 startete am Abend des 9. Mai 1943 vom norwegischen Kristiansand zum Feindflug und meldete schon bald der deutschen Bodenstation einen Defekt am Flugzeug, so daß alles für einen Absturz der Maschine sprach und Rettungsmaßnahmen eingeleitet wurden. In Wirklichkeit nahmen Spitfire-Jagdflugzeuge die Maschine vor der britischen Küste in Empfang und geleiteten sie zum RAF-Flugfeld Dyce in der Nähe von Aberdeen.

Erst als sich einige Wochen später der Flugzeugführer und ein Besatzungsmitglied über Radio an die deutsche Bevölkerung wandten, wurde der Luftwaffe der wahre Sachverhalt bekannt.

Die Ju 88 R-1 war für die Briten insbesondere wegen des Funkmeßgerätes FuG 202 Lichtenstein BC von Interesse, da nun der Einfluß von Window-Stanniolstreifen zur Störung des Funkmeßgerätes genauestens untersucht werden konnte. Darüber hinaus fanden die Flammendämpfer der BMW 801 besondere Beachtung bei der Bewertung des Flugzeuges.

Heute befindet sich die Ju 88 R-1 in einem hervorragenden Zustand im RAF-Museum Hendon.

Mit Einführung der Baureihe R war eine deutliche Leistungssteigerung verbunden, zumal einige Flugzeuge mit dem BMW 801 D2 ausgestattet werden konnten, der eine Startleistung von 1700 PS (1253 kW) erreichte. Ausgerüstet mit vier MG-151-Angriffswaffen

brachte es die Baureihe R-2, die ab Sommer 1942 gefertigt wurde, auf bis zu 540 km/h. Die Zahl der ausgelieferten Flugzeuge blieb jedoch gering. Ab August 1942 wurden monatlich kaum mehr als zwei Maschinen gebaut.

Um die wenigen Ju 88 R mußten sich dann noch die Nachtjäger- und die Zerstörergeschwader streiten. Für den Atlantikeinsatz wurde dringend ein leistungsstarker, weitreichender Zerstörer benötigt. Die Alliierten hatten sich auf den U-Boot-Krieg einstellen können und ein Bündel von Maßnahmen ergriffen. Neben Langstreckenflugzeugen, die mittels Funkmeßgeräten die aufgetauchten Boote auch bei Nacht erfassen konnten, setzten die Alliierten Langstreckenjäger von Flugplätzen in Südengland ein. Sie kontrollierten schon bald den Luftraum über den Fahrtrouten zu den U-Boot-Bunkern in Frankreich. Darüber hinaus verhinderten diese Jagdflugzeuge im Zusammenspiel mit Flugzeugträgern, die die Geleitzüge begleiteten, in vielen Fällen die Luftaufklärung durch die Luftwaffe. Die deutsche Luftrüstung war auf diese Situation nicht eingestellt, und wie so oft mußte man zu einer Notlösung greifen: in diesem Fall der Ju 88 R-2.

Spätestens 1942 waren die Nachteile der Ju-88-Zerstörer- und Nachtjagd-Baureihen überdeutlich geworden. Bei Junkers entstand daher mit der Ju 88 G eine neue, stark überarbeitete Version des Flugzeuges, dessen Attrappe noch gegen Ende des Jahres fertiggestellt werden konnte. Mit der Ju 88 V 58 (GI+BW) ging dann ein erstes Versuchsmuster, das auch als Ju 88 G V1 bezeichnet wurde, in Erprobung.

Bis dato entsprachen die Zerstörer und Nachtjäger, vor allem wegen ihrer Bodenwanne, weitgehend den Bomberausführungen. Nun ging man konsequent den Weg in Richtung einer eigenständigen Baureihe. Einen wichtigen Schritt dahin stellte der Ausbau der Bodenwanne dar. Waffenseitig erhielten die G-0 Vorserienflugzeuge sechs MG 151, von denen zwei als Schrägwaffen eingebaut wurden, während eine flache Waffenwanne unter dem Rumpf die restlichen MG aufnahm. Die Munitionskästen für diese Waffen befanden sich im vorderen Lastenraum, so daß sich hier nur noch ein 500-l-Zusatzbehälter zur Reichweitensteigerung einbauen ließ.

Die Kabine für die dreiköpfige Besatzung wurde von einer aerodynamisch optimierten Kanzel abgedeckt. Ein bewegliches 13-mm-MG-131 in einer Linsenlafette bildete die Abwehrbewaffnung. BMW-801-D2-Motoren gelangten zum Einbau. Die hohe Motorleistung zog einen

Ju 88 V58 (G V1).
Die beiden Aufnahmen zeigten das erste Musterflugzeug der Baureihe G, Werk-Nr. 700001, das am 24. Juni 1943 seinen Erstflug absolvierte.

Nachteil nach sich. Da gegenläufige Luftschrauben wegen fertigungstechnischer Probleme nicht eingebaut werden konnten, traten nun große Drehmomente auf, die zu einer Änderung der Längsstabilität führten. Um dieses Manko auszugleichen, baute man das größere rechteckige Leitwerk der Ju 188 an. Weitere geringe Änderungen betrafen das Höhenleitwerk und die Querruder.

Die ersten Serienmaschinen vom Typ Ju 88 G-1 trafen im Sommer 1943 bei den Nachtjagd-Verbänden ein. Allerdings blieb die Anzahl der ausgelieferten Flugzeuge gering, dies änderte sich erst im Laufe des Jahres 1944. Zu den Neuerungen der Baureihe gehörten auch eine Warmluftanlage, die die Höhenflosse eisfrei hielt, und eine Patin-Kurssteuerung, die eine wesentliche Arbeitsentlastung für die Besatzung darstellte. Als

Ju 88 G-1.
Die Frontansicht des Flugzeuges, 4R+UR, macht deutlich, wie sehr die Antennen der Funkmeßanlage die schnittige Form der Maschine stören.

Funkmeßgerät gelangte überwiegend das FuG 202 Lichtenstein zum Einbau. Die Motoranlage bestand aus BMW 802 G-2 mit einer Startleistung von 1730 PS (1270 kW).

Zu Beginn der britischen Luftoffensive gegen deutsche Städte waren die RAF Bomber noch von guten Wetter- und Sichtbedingungen über dem Zielgebiet abhängig. Mit dem Einsatz des Navigationsradars »H2S« änderte sich die Situation: nun war das Bomber Command in der Lage, auch bei schlechtem Wetter seine Ziele zu finden, also auch bei geschlossener Wolkendecke. Nachdem anfänglich nur die »Pathfinder«, die Ziele suchenden Pfadfinderflugzeuge, mit dem H2S ausgestattet wurden, erfolgte später auch bei vielen Bombern der Einbau. Darüber hinaus fand in Form des »Monica«-Gerätes ein Heck-Warnradar Verwendung. Als am 3. Februar 1943 im Raum Rotterdam ein britischer Bomber abstürzte, erlangten die deutschen Techniker erste umfängliche Informationen über das H2S, das von nun an in Deutschland als »Rotterdam-Gerät« bezeichnet wurde. Mit dem FuG 350 »Naxos« brachte man postwendend ein passives Warngerät heraus, das auf die Funkwellen des H2S ansprach. Das Warnradar Monica gelangte ebenfalls durch den Absturz eines RAF-Kampfflugzeuges in deutsche Hände. Da das Flugzeug im niederländischen Rosendaal aufgefunden wurde, erhielt das Radar die Bezeichnung »Rosendaal-Gerät«. Erneut machte man sich die so gewonnenen Erkenntnisse zu Nutzen und brachte mit dem FuG 227 »Flensburg« ein weiteres passives Funkmeßgerät zum Einsatz. In Großbritannien wußte niemand von dieser Entwicklung. Erst als am 3. Juli 1944 eine Ju 88 G-1, 4R+UR, Werk-Nr. 712273, der III./NJG 2 irrtümlich auf dem RAF-Stützpunkt Woodbridge landete, offenbarten sich die Geheimnisse der deutschen Abwehr. Die an Bord befindlichen FuG 227 und FuG 350 gaben den Briten wertvolle Hinweise. Sie nutzten fortan das H2S nur noch, wenn es unbedingt nötig war, und setzten das Heck-Warnradar Monica überhaupt nicht mehr ein.

Nachdem inzwischen der Serienbau des Jumo 213 angelaufen war, lag es auf der Hand, daß Junkers die Ju 88 mit diesem Triebwerk ausstatten wollte. Es entstand zunächst die Ausführung Ju 88 G-2, bei der neben Bauteilen der Ju-188-Fertigung der Jumo 213 sowie 30-mm-Maschinenkanonen Verwendung finden sollten. Zu einem Serienanlauf kam es trotz eines geplanten Serienbaus von mehr als 2100 Flugzeugen jedoch nicht. Der Grund dafür lag wieder einmal in der

Mit der Baureihe G brachte Junkers erstmals eine speziell auf die Bedürfnisse der Nachtjagd abgestellte Ausführung der Ju 88 heraus.

Motorfertigung. Die Ausbringung an Jumo 213 war sehr gering, und die wenigen Triebwerke wurden fast vollständig für die Ju 188 benötigt. Auch die Produktion der Baureihen G-3, G-4 und G-5 unterblieb.

Mit der Ju 88 G-6 erschien im Frühjahr 1944 eine neue Baureihe bei den Verbänden, die sowohl mit dem BMW 801 G als auch mit dem Jumo 213 E (1750 PS/1285 kW) ausgeliefert wurde.

Die ohnehin kaum überschaubare Vielfalt im Bereich der Ausrüstung und der Funkgeräte wurde durch einen unterschiedlichen Einbau von Schrägwaffen und Flammenvernichtern an der Auspuffanlage der BMW-Motoren noch erweitert. Neben der Plazierung der Schräg-

Ju 88 G-6.
Die Dipole der
Funkmeßanlage
sind im Unter-
schied zur
Baureihe G-1
nicht vertikal
sondern abge-
winkelt angeord-
net. Bei diesem
Flugzeug wurden
Jumo 213-Trieb-
werke eingebaut.

waffen unmittelbar hinter der Kabine existierte auch
ein Einbau weiter hinten im Rumpf, und außerdem
gab es Ausführungen, bei denen die beiden Waffen
gestaffelt angeordnet waren. Bei den Flammenvernichtern verhielt es sich ähnlich. Zum einen verwendete man rechteckige Bleche zum Abdecken der Aus-
puffendrohre, zum anderen gelangten ringförmige Ver-
kleidungen, die sich um die gesamte Motorgondel
legten, zum Einbau.

In Form der Ausführung G stellte die Ju 88 endlich
einen leistungsstarken Nachtjäger dar, der mit Erfolg
eingesetzt wurde. Doch auch bei dieser Variante
machten sich die Auswirkungen des Luftkrieges gegen
die deutsche Flugzeug- und Motorenproduktion sehr
deutlich bemerkbar. Im Vergleich zur Baureihe G-1 ist
eine Steigerung der Fertigungsrate augenfällig. Gegen
die Bomberströme der Alliierten konnte das Muster
allerdings nichts mehr ausrichten, und außerdem setzen die in immer stärkerem Maße auftauchenden
Mosquito-Nachtjäger den Ju 88 Besatzungen sehr zu.

Die Mosquito, auf die im Kapitel über die Ta 154
noch näher eingegangen wird, wurde, nachdem sie ab
Mitte 1942 erstmals über Deutschland auftauchte,
zum Maß aller Dinge. Der Abwehr gelang es nur hin
und wieder, das Muster erfolgreich zu bekämpfen. Mit
der Ju 88 G-6 stand endlich ein Serienflugzeug zur
Verfügung, das auch gegen die Mosquito Erfolge auf-

Ju 88 G-6.
Die hier darge-
stellte Werk-
Nr.622059,
7J+OV, gehörte
zum NJG 102.
Die Schrägwaffen
sind gestaffelt
eingebaut
worden. Unter
der tropfenförmi-
gen Verkleidung
auf dem Kabinen-
dach befand sich
das FuG 350
»Naxos«.

weisen konnte. Von einem echten Mosquito-Jäger
war man jedoch noch weit entfernt. Von der Entwicklung der Ju 88 G-7 versprach sich Junkers den Bau eines Nachtjägers, der der Mosquito endlich gleichwer-
tig, ja sogar überlegen sein sollte.

Ausschlaggebend für eine deutliche Leistungssteigerung waren der Einbau des Höhenmotors Jumo 213
E sowie der Anbau der spitz zulaufenden Ju-188-Trag-
flächen. Während das Muster zellenseitig keine Probleme bereitete, stellten Lieferschwierigkeiten mit

dem Jumo 213 E das gesamte Programm in Frage. Erst am 5. Januar 1945 konnte die Ju 88 V113, die als Versuchsträger für die Baureihe G-7 fungierte, die Werkhalle verlassen. Zu den weiteren Versuchsmustern gehörten noch V112, V114 und V115, wobei die beiden letztgenannten Flugzeuge als Vorserienmaschinen dienen sollten.

Inwieweit noch eine Flugerprobung der Versuchsmuster möglich war, ließ sich bis heute nicht klären. Zunehmende Luftangriffe auf Dessau, Schwierigkeiten mit den Motoren und permanenter Kraftstoffmangel

Ju 88 G-6. Zahlreiche Waffenkombinationen wurden eingebaut. Diese G-6 der 7./NJG 100 verfügt zum Beispiel über ein MG 151 als Schrägwaffe und ein MG 131 mit Flammendämpfer zur Abwehr.

dürften nur sporadische Flüge von kurzer Dauer zugelassen haben.

Leistungsmäßig hatte man sich von dem Muster einiges versprochen, so sollte die Höchstgeschwindigkeit in 9100 m Höhe mit MW-50-Einspritzung 627 km/h betragen. Bei Abbau der Flammenvernichter wurden sogar 648 km/h erwartet. Mitentscheidend für die guten Werte war unter anderem der Einbau einer widerstandsarmen »Morgenstern«-Antenne für das Funkmeßgerät Lichtenstein SN-2, wobei die Antenne zum größten Teil in einer langgestreckten, hölzernen Bugverkleidung untergebracht war.

Am Beginn der Entwicklung plante man den Einbau von vier MG 151, zwei Mk 108 und einem MG 131. Später war nur noch von sechs MG 151, davon zwei als Schrägwaffen, und einem MG 131 die Rede.

In zahlreichen Fachpublikationen wird der Bau von zwölf Ju 88 G-7 Serienflugzeugen erwähnt. Angesichts der geschilderten Verhältnisse muß man diese Zahl jedoch in Frage stellen.

Eine G-7 wurde von den Sowjets erbeutet und als fliegender Erprobungsträger für das Argus-Schmidt-Pulsotriebwerk verwendet. Das Pulso-Strahltriebwerk, das als Antrieb des Flugkörpers V-1 (»V« für »Vergeltungswaffe«) diente, hatten deutsche Ingenieure auf sowjetische Anweisung hin überarbeitet und die

Schubleistung von 366 kp (3,5 kN) auf 500 kp (4,9 kN) erhöht. Nach einer ersten Erprobung mit einer anderen Ju 88 von Dessau aus wurde die erwähnte Ju 88 G-7 im April 1946 in die Sowjetunion überführt, wo sie bis zum 30. Mai 1947 rund 50 Versuchsflüge durchführte; dann machte eine Bauchladung den weiteren Flugbetrieb unmöglich.

Ebenso wie die G-7 dürfte auch die Ju 88 G-10 in nur ganz wenigen Exemplaren – Schätzungen sprechen von zehn bis 20 Maschinen – entstanden sein. Nach dem Scheitern der Baureihe H, über die noch berichtete wird, wurde mit der Ju 88 G-10 der Versuch unternommen, doch noch einen Langstrecken-Zerstörer mit erhöhtem Kraftstoffvorrat herauszubringen. Der hintere Rumpf des Flugzeuges wurde durch das Einfügen eines laut Werkzeichnung 2,74 m breiten Zwischenstücks verlängert, so daß Platz für zusätzliche Kraftstoffbehälter entstand. Von der G-10 existieren nur wenige Fotos. Der überwiegende Teil zeigt das Flugzeug als »Mistel 3c« mit einer aufgesetzten Focke-Wulf Fw 190 F-8. Ob solche Gespanne noch zum Einsatz kamen ist unklar.

Bevor die Geschichte der Ju-88-Zerstörer und -Nachtjäger endet, noch ein Wort zu den Baureihen P und H.

Die ab 1942 im Osten tobenden Panzerschlachten ließen den Ruf nach einem »fliegenden Panzerjäger«

laut werden. Bei Junkers entstand zunächst die Ju 88 P-1, die mit einer 5-cm-Kanone bestückt wurde. Die Entwicklung bereitete erhebliche Probleme vor allem in Bezug auf den Rückstoß der Waffe und die Mündungsgase, die auf die Luftschrauben einwirkten und sie beschädigten. Es wurde daher der Versuch unternommen, zwei 3,7-cm-Kanonen in einer Wanne unter dem Rumpf mitzuführen. Die Bordkanone BK 3,7 hatte sich zu diesem Zeitpunkt gut bewährt. Der bekannteste »Panzerknacker aus der Luft«, Stuka-Oberst Hans-Ulrich Rudel, flog eine mit zwei BK 3,7 cm bestückte Ju 87. Mit diesem »Kanonenvogel« gelang ihm nicht nur die Zerstörung von 501 sowjetischen Panzern, er verbuchte auch zahlreiche Erfolge gegen andere Bodenziele. Mit der Ju 88 V 57 entstand ein entsprechender Versuchsträger, der die Flugerprobung am 18. Juni 1943 aufnehmen konnte und als Musterflugzeug für die Baureihe P-2 diente. Auch in dieser Form konnte die Ju 88 als Schlachtflugzeug nicht überzeugen, so daß nur wenige Exemplare entstanden. Eines dieser Flugzeuge wurde zum Nachtjäger umgebaut. An die Stelle der BK 3,7 traten nun zwei schwenkbare 30-mm-Kanonen des Typs MK 103, die in einer Waffenwanne unter dem Rumpf untergebracht waren. Darüber hinaus erhielt die Maschine ein Funkmeßgerät. Nach den vorliegenden Informationen soll das Flugzeug eine Zeitlang bei der Nachtjagdgruppe 10 in Erprobung gestanden haben. Vermutlich hat sich das Muster nicht bewährt.

Die Situation auf dem Kriegsschauplatz Atlantik wurde bereits im Zusammenhang mit der Ju 88 R skizziert. Neben dem Fehlen eines Zerstörers für diesen Einsatzraum machte sich auch der Mangel an geeigneten Aufklärungsflugzeugen bemerkbar.

Die viermotorigen Muster Focke-Wulf Fw 200 und Heinkel He 177 konnten die Aufgabe nur unzureichend lösen. Die Fw 200 war von Hause aus ein Langstrecken-Verkehrsflugzeug, das sich nur bedingt als Fernkampfflugzeug einsetzen ließ. Die Heinkel 177 hingegen war ein hochmodernes Militärflugzeug, das jedoch an zahlreichen technischen Problemen, hauptsächlich im Bereich der Motoranlage, krankte. Dementsprechend groß war die Anzahl der abgebrochenen Feindflüge. An den Großserienbau der viermotorigen Junkers Ju 290 und später der sechsmotorigen Ju 390 wurde zwar gedacht, jedoch waren dies Vorstellungen, die jeglicher Realität widersprachen: die Kriegslage ließ den Bau von Großflugzeugen allenfalls in Einzelexemplaren oder nur sehr geringen

Ju 88 G-6.
Am 30. April 1945 landete diese Ju 88 der 7./NJG 5 in Dübendorf. Zu den Besonderheiten des Flugzeugs gehörten die Funkmeßanlage FuG 218 »Neptun« und die Bombenträger unter dem Mittelflügel, die auf Nachtschlachteinsätze schließen lassen. Wie die Heckaufnahme erkennen läßt, verfügte die Maschine über zwei Schrägwaffen und eine Heckwarnanlage.

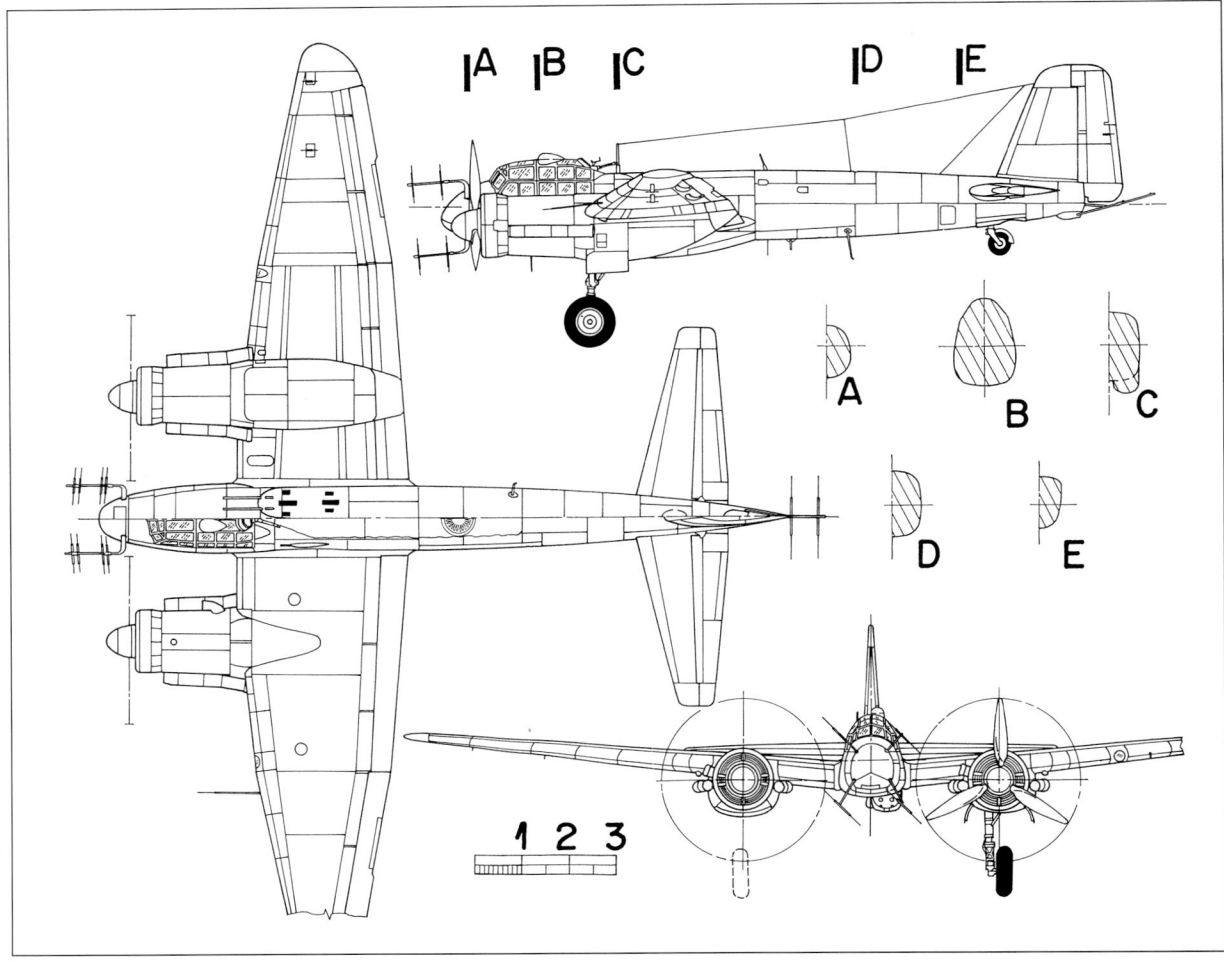

Stückzahlen zu. Aus dieser Situation heraus wurde ab Ende 1942 nach Möglichkeiten gesucht, die Reichweite der Ju 88 deutlich zu steigern. Die Arbeiten an einer solchen Baureihe, die die Bezeichnung Ju 88 H erhielt, wurden zum Teil dem Zeichnungsbüro der Firma SNCASO (Société Nationale de Constructions Aéronautiques Sud-Ouest) in Chatillion übertragen. Neben Jumo-208- oder Jumo-214-Dieselmotoren mit 1500 PS (1100 kW) sollte der Einbau von zusätzlichen Innentanks die Flugstrecke der Ju 88 drastisch erhöhen. Nachdem sich frühzeitig abzeichnete, daß keiner der in Frage kommenden Diesel lieferbar war, mußte das gesamte Projekt überarbeitet werden. Was übrig blieb, war ein Flugzeug, das auch heute noch das eine oder andere Rätsel aufgibt. Dies gilt unter anderem für die Rumpfverlängerung. Je nach Quelle erfolgte eine Streckung von 14,36 m auf 17,55 m oder 17,88 m. Das Flugzeug sollte mit erweiterter Kraftstoffanla-

ge sowohl als Aufklärer als auch als Kampfflugzeug eingesetzt werden, wobei vom Aufklärer rechnerisch folgende Leistungen erwartet wurden:

Reichweite 4800 km mit 7000 Litern Kraftstoff bei einer mittleren Geschwindigkeit von 380 bis 400 km/h.

Bei einer Verwendung als Kampfflugzeug stand die Reichweite in Abhängigkeit zur Bombenlast. Mit 1000 kg wurden 4000 km und mit 3000 kg 2400 km erwartet. Triebwerkseitig plante man nun mit verschiedenen Otto-Motoren. Letztlich gelangte der BMW 801 D zum Einbau. Zunächst entstanden durch den Umbau von zwei Serienflugzeugen (vermutlich der Baureihe D-1) die Versuchsträger Ju 88 V89 und V90, bei denen zur Vermeidung einer Schwerpunktverschiebung die Rumpfverlängerung vor und hinter der Tragfläche erfolgte. Die Tankanlage entsprach der Ju 88 A-4, sie wurde jedoch durch zwei 1220-Liter-Rumpfbehälter erweitert, so daß die Innentanks insgesamt 6020 Liter aufnehmen konnten. Außerdem war die Mitführung von Außenbehältern möglich. Der Umbau führte zu einem Anstieg der Leer- und Abflugmassen auf 8550 und 15.350 kg. Aus diesem Grunde erhielt das Flugzeug ein verstärktes Hauptfahrwerk mit Reifen der Größe 1220 x 445. Die Ju 88 H-1 war zunächst für eine dreiköpfige Besatzung ausgelegt, tatsächlich wurde die mit einem Funkmeßgerät ausgestattete Maschine aber mit vier Mann geflogen. Für die Abwehr stand neben einem MG im A- und B-Stand ein Waffentropfen unter dem Rumpf mit Schußrichtung nach hinten zur Verfügung.

Über den Beginn der Flugerprobung liegen widersprüchliche Angaben vor. Einige Quellen nennen den 4. November 1943, andere beziehen sich auf den Vorstandsbericht der JFM für das letzte Quartal 1943, wonach der Erstflug am 2. November erfolgte. Unbestritten ist, daß der Jungfernflug unter der Führung vom Flugkapitän Ruprecht Wendel stand. Im Anschluß an die Flugversuche begann im März 1944 der Umbau von acht weiteren Flugzeugen in Merseburg. Diese Maschinen wurden an die 3.(F)/123 abgegeben, die von französischen Stützpunkten aus Fernaufklärung flog. Die Besatzungen und Flugzeuge wurden dabei bis an die Grenze des erträglichen belastet. Einsätze, die von der Küste Portugals bis hoch nach Irland und zurück über Großbritannien führten, waren keine Seltenheit. Die Luftüberlegenheit der Alliierten bekamen die Aufklärer jedoch schnell zu spüren, und die Verluste an Besatzungen und Flugzeugen mehrten sich dramatisch, so daß nur noch sporadisch Aufklärung geflogen werden konnte. Unter der Bezeichnung »Atlantikzerstörer« sollte mit der Ju 88 H-2 eine weitere gestreck-

te Baureihe entstehen, wobei bis heute noch nicht geklärt ist, ob diese weitgehend mit der H-1 identisch war oder es sich um ein Flugzeug handelte, das aus Teilen der Ju 88 A-4 und G-2 gefertigt wurde. Nach den vorliegenden Unterlagen entstand gegen Ende 1943 ein Musterflugzeug, dessen Flugeigenschaften für einen Zerstörereinsatz unbefriedigend waren. Es konnte daher nicht überraschen, daß anläßlich einer Besprechung beim Generalluftzeugmeister am 2. März 1944 die Absetzung der Ju 88 H-2 beschlossen wurde.

Bis zum Ende des Zweiten Weltkrieges wurden rund 15.000 Ju 88 gebaut, darunter befanden sich an die 4000 Zerstörer und Nachtjäger. Damit gehört die Junkers Ju 88 zu den meistgebauten Flugzeugen aller Zeiten. Doch nicht nur wegen der großen Stückzahl, sondern vor allem wegen ihrer Vielseitigkeit und ihrer Leistungsstärke schrieb das Flugzeug Luftfahrtgeschichte.

Neben den bereits erwähnten Maschinen existieren zur Zeit noch eine Ju 88 A-4 in Norwegen und eine Ju 88 D-1 in den USA. Während die Norweger ihr Flugzeug in einer Halle lagern, haben die Amerikaner die Ju 88 D-1 (Werk-Nr. 430650) in den Farben der rumänischen Streitkräfte restauriert und im USAF-Museum Dayton/Ohio ausgestellt.

Ju 88 P-2. In dem Bemühen, die nächtlichen Bombenangriffe einzudämmen, griff man auf ungewöhnliche Mittel zurück, wie dieser erfolglose Versuch mit einem umgebauten Schlachtflugzeug zeigt.

Von den rund 4000 Nachtjagd- und Zerstörer- flugzeugen des Typs Ju 88 überstanden erstaunlich viele das Kriegsende, allerdings wur- den sie bis auf ganz wenige Ausnahmen verschrottet.

Technische Daten:

Baureihe	C-2	C-4
Triebwerk	2 x Jumo 21B 2 x 1220 PS (2 x 880 kW)	2 x Jumo 211F 2 x 1420 PS (2 x 1040 kW)
Spannweite	19,95 m	19,95 m
Länge	14,509 m	14,509 m
Höhe	5,07 m	5,07 m
Flügelfläche	54,50 m²	54,50 m²
Abflugmasse	11.160 kg	11.500 kg
Höchstgeschw.	495 km/h	553 km/h
Steigleistung	5,4 m/s	7,30 m/s
Reichweite bei maximaler Motordauerleistung	3050 km	3470 km
Reichweite bei günstigster Motordrosselung	4150 km	4600 km
Dienstgipfelhöhe	9400 m	10.100 m

Technische Daten:

Baureihe	C-6	R-2
Triebwerk	2xJumo 211J 2 x 1420 PS (2 x 1040 kW)	2xBMW 801D2 2 x 1730 PS (2 x 1270 kW)
Spannweite	20,08 m	20,08 m
Länge	14,36 m	14,36 m
Höhe	5,07 m	5,07 m
Flügelfläche	54,70 m²	54,70 m²
Abflugmasse	11.450 kg	11.500 kg
Höchstgeschw.	500 km/h	540 km/h
Steigleistung	–	12,70 m/s
Reichweite bei maximaler Motordauerleistung	2950 km	3200 km
Dienstgipfelhöhe	9200 m	9400

Baureihe	G-6
Triebwerk	2 x Jumo 213A
	2 x 1750 PS
	(2 x 1745 kW)
Spannweite	20,08 m
Länge	14,36 m
Höhe	5,07 m
Flügelfläche	54,70 m²
Abflugmasse	12.400 kg
Höchstgeschw.	580 km/h
Reichweite	
bei maximaler	
Motordauerleistung	2200 km
Dienstgipfelhöhe	9550 m

Dornier Do 17, Do 215 und Do 217: Die Behelfslösungen

Der zweimotorige Hochdecker Do 17 gehörte in den 30er Jahren zu den weltweit leistungsstärksten Kampfflugzeugen. Innerhalb weniger Jahre entstanden zahlreiche Baureihen und Varianten, die sich im wesentlichen durch unterschiedlich gestaltete Besatzungsräume und Triebwerkanlagen voneinander unterschieden. Am Ende der Entwicklungsreihe stand die Do 17 Z, deren erste Mustermaschine D-ABVD 1939 in die Flugerprobung gehen konnte. Von zwei luftgekühlten Bramo-323-»Fafnir«-Motoren angetrieben, erreichte der Bomber eine Höchstgeschwindigkeit von 400 km/h.

Diese Geschwindigkeit erschien ausreichend, um in Form der Do 17 Z-7 einen Versuchsnachtjäger mit dem Beinamen »Kauz« herauszubringen. Der Einfachheit halber wurde als Angriffsbewaffnung der Waffenbug der Ju 88 C mit drei MG 17, einem MG 151 und einer 11 mm starken Panzerplatte übernommen. Die Zahl der Besatzungsmitglieder reduzierte sich von vier auf drei. Außerdem entfiel die Abwehrbewaffnung.

Nach den vorliegenden Unterlagen blieb es beim Bau von nur einem Flugzeug, das unter anderem die Infrarot-Anlage (damals auch als »Ultrarot« bezeichnet) »Spanner« erprobte.

Da die in der Entwicklung befindlichen Funkmeßgeräte noch nicht serienreif waren, kam der Gedanke auf, mittels eines Infrarot-Gerätes gegnerische Flug-

zeuge bei Nacht aufzuspüren. Als Wärmesender wurden ein Scheinwerfer von bis zu 1000 W Leistung und Infrarot-Filter in den Rumpfbug eingebaut. Das eigentliche Sichtgerät – auch »Q-Rohr« genannt – befand sich in der Frontscheibe der Kabinenhaube. Es zeigte sich sehr schnell, daß das Erfassen eines anderen Flugzeuges nur anhand der heißen Auspuffgase möglich war. In einer Reihe von Versuchen gelang dies auf Entfernungen von 1 bis 4 km. Es wurde dabei aber auch deutlich, daß ein Aufspüren viele Probleme bereitete und nur dann gelingen konnte, wenn sich der Jäger auf gleicher Höhe hinter dem Bomber befand. Obwohl die Spanner-Anlage als wenig effektiv beurteilt wurde, befaßte man sich noch bis weit in den Krieg hinein mit dem System, das in verschiedenen Ausführungen erprobt wurde.

Auch die zweite Nachtjagd-Baureihe der Do 17, die Z-10 Kauz II, erhielt anfänglich eine Infrarot-Ausrüstung. Mit der Verfügbarkeit der Funkmeßanlage FuG 202 Lichtenstein BC wurde die Spanner-Anlage mehr und mehr nebensächlich.

Die neun aus der Bomberfertigung abgezweigten Flugzeuge verfügten über einen neugestalteten Rumpfbug mit vier MG 17 und einem MG 151. Die Waffenanlage benötigte viel Platz. Dies galt besonders für das MG 151, dessen Trommelmagazine bis in die Kabine ragten und durch den Bordmechaniker gewechselt wurden.

Aufgrund der gegenüber der Bomberausführung geringeren Flugmasse erreichte die Do 17 Z-10 eine Höchstgeschwindigkeit von 420 km/h in 5900 m und

Do 17 Z-7. Ein getarnt abgestelltes Flugzeug des NJG 1. Im Rumpfbug befindet sich der Scheinwerfer der »Spanner«-Anlage.

Blick in die Kanzel eines Do-17-Nachtjägers.

mit 1540 l Kraftstoff eine Reichweite von 2000 km.

Diese Leistungen reichten aus, um gegen die vom RAF Bomber Command eingesetzten zweimotorigen Nachtbomber Armstrong-Whitworth Whitley bestehen zu können: deren Baureihen Mark I bis III erreichten lediglich eine Reisegeschwindigkeit von 260 bis 285 km/h in 5000 m, die Höchstgeschwindigkeit betrug 295 bis 340 km/h.

Die Whitley machte aber schon bald anderen, leistungsstärkeren Bombern Platz. Mit der zweimotorigen Vickers Wellington setzte die RAF ab 1940/41 eine Maschine ein, deren Reisegeschwindigkeit bei 350 km/h lag und die eine Höchstgeschwindigkeit von 400 km/h erreichte.

Bei Dornier arbeitete man 1938 an einer neuen Do-17-Baureihe, die durch flüssigkeitsgekühlte Daimler-Benz-DB-601-A-Motoren mit einer Startleistung von 1000 PS (735 kW) angetrieben wurde. Da fast alle Buchstaben des Alphabetes von den diversen Do-17-Baureihen belegt waren, erhielt die neue Variante die Bezeichnung Do 215.

Es lag nahe, auch von diesem Flugzeug – dessen erstes Versuchsmuster D-AFFY am 29. Oktober 1938 zum Erstflug startete – eine Nachtjagdausführung in Form der Baureihe Do 215 B-5 abzuleiten: Kauz III erreichte beachtliche 465 km/h.

Die Angriffsbewaffnung bestand überwiegend aus 4 MG 17 und einem MG FF, später wurden bei einigen der rund 20 Flugzeuge noch zwei weitere Maschinenkanonen unter dem Rumpfbug eingebaut. Zu den Sondergeräten gehörte eine Blinkanlage, eine U-Kennung und ein Spanner-Gerät, das später durch ein Lichtenstein-BC-Funkmeßgerät ersetzt wurde.

Es war die Zeit des Experimentierens. Neue Ortungsverfahren wurden ebenso untersucht wie zahlreiche Bewaffnungsvarianten und Angriffsverfahren.

Oberleutnant Ludwig Becker, dem die Einsatzprobung des Lichtenstein-Gerätes oblag, entwickelte mit seiner Do 215 B-5 (G9+OM) eine völlig neue Taktik im Abfangen von Bombern. Becker flog, nachdem der

84

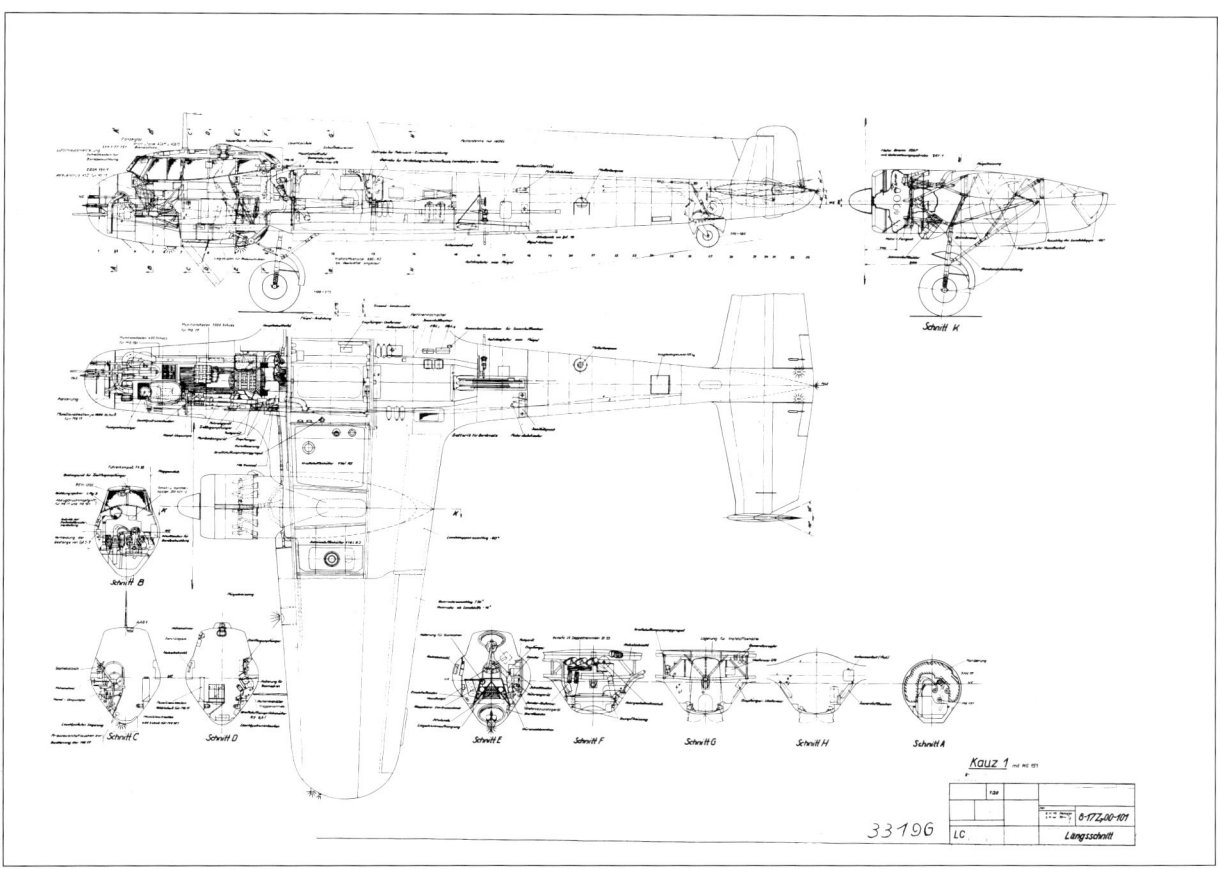

Gegner vom Funkmeßgerät erfaßt wurde, bis auf Sichtweite an ihn heran. Um aus dem Feuerbereich des Heckschützen zu kommen, drückte er seine Dornier nach unten, um kurzzeitig unterhalb des Bombers zu fliegen, dann zog er die Maschine nach oben und eröffnete gleichzeitig das Feuer. Durch das Hochziehen sank die Geschwindigkeit der Do 215 stark ab, so daß der Bomber durch die Geschoßgarben flog. Dieses Verfahren bewährte sich außerordentlich; schon bald wurde es von allen Nachtjägern bis zur Einführung der schrägen Musik übernommen.

Die Gesamtfertigung an Do 215 belief sich auf 101 Exemplare, von denen wie erwähnt rund 20 zur Baureihe B-5 gehörten. Bei den Nachtjägern war die Maschine beliebt. In Bezug auf ihre Flugeigenschaften und -leistungen wurde sie von einigen Besatzungen sogar besser beurteilt als die Bf 110 und die Ju 88. Dies mag der Grund dafür sein, daß man das Muster noch bis zum Mai 1944 bei den Verbänden antraf.

Die Dornier Werke planten frühzeitig die Ablösung der Do 17 durch einen neuen, leistungsstärkeren Bomber mit verbesserter Abwehrbewaffnung. Bereits am 4. Oktober 1938 konnte mit der Do 217 V1 ein solches Flugzeug in die Flugerprobung gehen. Unter Beibehaltung der allgemeinen Auslegung – zweimotoriger Schulterdecker mit Endscheiben-Leitwerk – zeichnete sich die Maschine durch einen größeren Rumpfdurchmesser aus, der die Beladung mit großkalibrigen Abwurfwaffen gestattete.

Triebwerkseitig gelangten bei den Versuchsmustern DB 601, Jumo 211, BMW 139 und BMW 801 Motoren zum Einbau. Für die erste Großserien-Variante, die ab Herbst 1940 gefertigte Do 217 E, wurde schließlich der luftgekühlte BMW 801 mit einer Startleistung von 1560 PS (1150 kW) ausgesucht.

Die Do 217 gehörte recht schnell zu den Flugzeugen, an denen sich – wie Joachim Wachtel in seinem Buch über Claude Dornier schreibt – »die Geister schieden«. Vor- und Nachteile hielten sich bei diesem Flugzeug die Waage. Dank der Möglichkeit, große Abwurfwaffen

Kauz 1 mit MG 151

DORNIER

8-17Z,00-100

LC   Übersicht

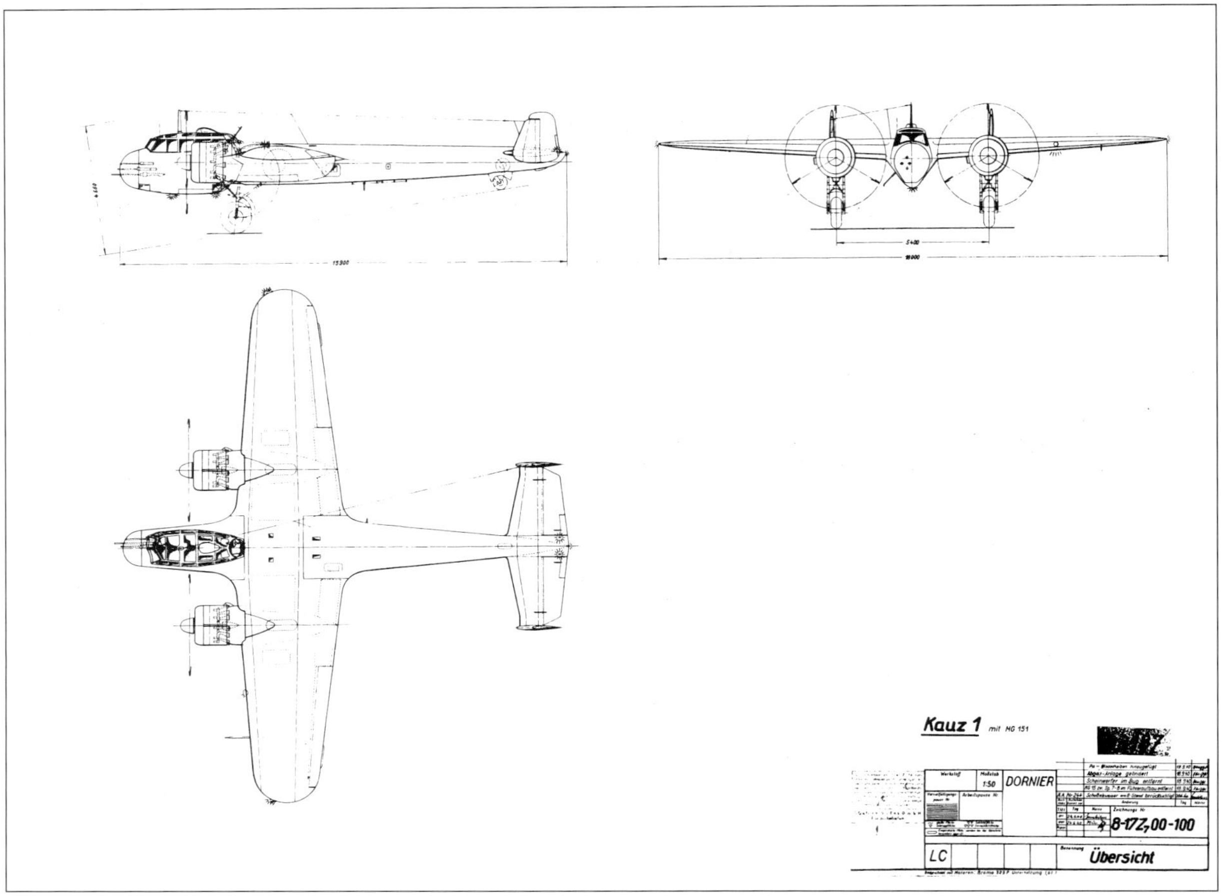

Do 17 Z-10 »Kauz 2«.
Zu Beginn der britischen
Bomberoffensive wurde
eine Reihe von Verfahren
zur Bomberbekämpfung
untersucht. Dieses Flugzeug
erhielt ein nach oben
gerichtetes FuG 202 »Lichtenstein 0«, das beim Un-
terfliegen eines Bombers
automatisch die Schräg-
waffenanlage auslöste.

mitführen zu können, wurde die Do 217 als Lückenbüßer für die Muster Heinkel He 177 und Junkers Ju 288 angesehen und dringend benötigt. Das für deutsche Verhältnisse schwerbewaffnete Flugzeug war bei den Besatzungen nicht sonderlich beliebt. Als Folge der hohen Flächenbelastung erfordert die Maschine stets höchste Aufmerksamkeit. Dies wird unter anderem dadurch deutlich, daß für die Ausbildung etwa 30 Prozent mehr Flugstunden als bei vergleichbaren Mustern benötigt wurden. Bereits 1943 verkündete General der Kampfflieger Peltz, daß er nicht mehr mit der Do 217 rechne, sondern auf die Junkers-Typen Ju 88 und Ju 188 setze.

Doch zurück in das Jahr 1941. Damals war von einer Programmeinstellung noch nicht die Rede – im Gegenteil, Dornier wurde vom RLM beauftragt, eine Nachtjagdvariante der Do 217 herauszubringen, die sowohl für die Fernnachtjagd als auch für die Nahnachtjagd eingesetzt werden konnte. Die Vorteile des Flugzeuges lagen nach Meinung aller Beteiligten auf der Hand. Dank großer Reichweite und der Möglichkeit, eine sehr schwere Bewaffnung einbauen zu können, schien das Muster insbesondere als Fernnachtjäger geeignet zu sein. Diese besondere Art der Nachtjagd war sehr erfolgreich. Die deutschen Funkmeßstationen waren in der Lage, die im Süden der britischen Insel startenden Bomber zu erfassen. Bis sich ein solcher Verband sammeln konnte, waren die deutschen Fernjäger bereits in England über dem gegnerischen Platz. Hier stifteten sie nicht nur Unruhe, sie verbuchten auch einige Abschüsse. Aber auch bei Rückkehr der Bomber waren die Fernjäger zur Stelle: sie nutzten die eingeschaltete Flugplatz-Befeuerung, um weitere Abschüsse zu erzielen. Darüber hinaus führten die Fernjäger oft eine kleine Bombenlast mit, die über den gegnerischen Plätzen abgeworfen wurde, so daß die britischen Bomber gezwungen waren, überhastet zu landen, wobei zahlreiche Brüche auftraten.

Trotz der Erfolge wurde der Fernnachtjagd nicht die erforderliche Unterstützung in Form von Mannschaften und Gerät eingeräumt. Eifersüchteleien hatten Platz gegriffen. Der General der Nachtjagd Kammhuber war einigen Angehörigen der Luftwaffe zu mächtig geworden, und man setzte alles daran, seinen Einfluß zu schmälern. Schließlich untersagte Hitler selbst im Herbst 1941 die Fernnachtjagd über Großbritannien. Später lebte diese Variante des Luftkrieges wieder auf, wobei die Zahl der eingesetzten Flugzeuge gering blieb und auch Maschinen ohne besondere Nachtjagd-

Do 215 B-5.
Mit der Do 215 begann die Einsatzerprobung der bordgestützten Funkmeßgeräte. Die Dipole des FuG 202 waren anfänglich X-förmig angeordnet.

Do 217 J-1. Musterflugzeug für die Baureihe J war die hier abgebildete Werk-Nr. 1251.

ausrüstung, wie die Me 410, zum Einsatz gelangten.

Unabhängig von dieser Entwicklung liefen bei Dornier die Arbeiten an der Zerstörer- und Nachtjagd-Version der Do 217, die anfänglich als Baureihe Z bezeichnet wurde, an. Das Muster stand dabei in Konkurrenz zur Ju 88 C. Letztlich gelangten beide Flugzeuge in die Serienfertigung, wobei sich die für die Do 217 festgelegte Stückzahl von monatlich fünf Maschinen recht bescheiden ausnahm. An eine eigenständige Produktionsstraße wurde nicht gedacht, vielmehr sollten die Flugzeuge aus der Bomberfertigung abgezweigt werden.

Darüber hinaus trug der Nachtjäger und Zerstörer nun die Bezeichnung Do 217 J.

Nachdem umgebaute Flugzeuge der Baureihen E-1 und E-2 ab Winter 1941/42 in die Erprobung gehen konnten, startete die erste Do 217 J-1 bereits im Januar 1942 zum Erstflug. Die Angriffsbewaffnung bestand aus vier MG 17 und vier MG FF im Rumpfbug. Ferner verfügte das Flugzeug noch über je ein MG 131 im B- und im C-Stand und über die Möglichkeit, bis zu acht 50-kg-Bomben mitführen zu können. Durch den Ausbau der Abwehrwaffen und der Bombenanlage hätte viel Gewicht gespart werden können. Das RLM bestand jedoch auf Beibehaltung der Bomberausrüstung, um die Flugzeuge gegebenenfalls als Bomber einzusetzen!

Die Waffenerprobung in Tarnewitz verlief weitgehend störungsfrei, so daß ab März 1942 die eigentliche Serienfertigung starten konnte. Als die mit einem FuG-202-Funkmeßgerät ausgerüsteten Flugzeuge bei den Nachtjägern der 4./NJG 1 eintrafen, war man dort wenig begeistert. Die Do 217 konnte ihre Herkunft nicht verleugnen. Mit einer Spannweite von 19 m, einer Länge von 18,90 m und einem Abfluggewicht von über 15 Tonnen war sie ein großes und schweres Flugzeug und kaum geeignet, die ab 1942 von der RAF eingesetzten viermotorigen Bomber Avro Lancaster und Handley-Page Halifax zu jagen. Hinzu kamen die bereits erwähnten problematischen Flugeigenschaften und das hochbeinige Fahrwerk, das ein Ausbrechen des Flugzeuges nach der Landung bewirkte. Außerdem wurde die Bewaffnung kritisiert. Mit dem veralteten MG FF konnten sich die Nachtjäger nicht anfreunden, und so wurde der Ruf nach einer Verbesserung laut. Dornier brachte daraufhin mit der Do 217 J-1/U1 ein Umrüstflugzeug heraus, bei dem die MG FF durch MG 151 ersetzt wurden. Zwar bewährte sich die neue Bewaffnung im Dauerversuch in Tarnewitz gut, an den grundsätzlichen Mängeln des Musters änderte sich dadurch aber nichts. Dennoch wurde weiter experimentiert. Durch den Einbau einer aus vier oder sechs

Rumpfbugdetails einer Do 217 J.

Foto:
Dr. V. Koos

*Do 217 N-04.
Das vierte
Flugzeug der
Baureihe N-1
trug das
Kennzeichen
GG+YB und die
Werk-Nr. 1404.*

MG 151 bestehenden Schrägbewaffnung in Rumpf-mitte sollte das Flugzeug aufgewertet werden. Nach entsprechenden Versuchen entschied man sich für beide Lösungen. Unter der Bezeichnung »Umbausatz U2« wurden vier MG 151 in den Rumpf und ein halbstarrer Bremsschirm als Fahrtbremse in das Heck eingebaut. Bei einer Erweiterung auf sechs MG 151 lautete die Bezeichnung »Umbausatz U4«.

Trotz dieser Änderungen war man insgesamt mit der Do 217 als Jagdflugzeug unzufrieden, und so ist es nicht verwunderlich, daß das RLM im Mai 1942 die Einstellung des Programms anordnete. Bezeichnend für die damalige Zeit war es, daß Dornier angeblich nichts davon erfuhr und weiter an dem Flugzeug arbeitete.

Bereits zu Beginn der Nachtjäger-Planung hatte man bei Dornier an eine Baureihe mit DB-603-A-Motoren gedacht. Bis zum Jungfernflug der Mustermaschinen Do 217 NV1 und NV 2 – auch als N1/N2 und N-01/N-02 bekannt – sollte es noch bis zum Sommer 1942 dauern. Auch die Baureihe N krankte an einer überal-

terten Bewaffnung und einem zu hohen Fluggewicht. Die dritte Do 217 N erhielt daher an Stelle der MG FF vier MG 151 und die Bezeichnung »Do 217 N-1/U1«. Darüber hinaus begann der Bau von Nachrüstsätzen mit einer aus MG 151 bestehenden Schrägbewaffnung, die die Rüstsatzkennung »R-22« erhielt.

Parallel zu den Waffenversuchen liefen die Muster-einbauten der Funkmeßgeräte und der übrigen Ausrüstung an. Dabei wurde auch das FuG 220 Lichtenstein SN 2 untersucht, das gegenüber Düppel- oder Win-dow-Streifen weitgehend unempfindlich war. Serien-mäßig gelangte jedoch das FuG 202 bei der Do 217 N zum Einbau. Neben der Triebwerkanlage bildet die Möglichkeit, Kraftstoffbehälter im Bombenschacht mitführen zu können, den wesentlichen Unterschied zur Baureihe J. Leistungsmäßig ergaben sich kaum Änderungen. Bei einem mittleren Fluggewicht von 13,5 Tonnen erreichte der Nachtjäger in einer Flughöhe von 6000 m knapp die 500 km/h Marke. Angesichts dieser Leistungen wurden nun endlich die Bomberausrüstung und die Abwehrbewaffnung ausgebaut, so daß die

**Do 217 N-07.
Der Oberflächen-
Sichtschutz ist
für ein Nacht-
jagdflugzeug
ungewöhnlich.**

Höchstgeschwindigkeit bei 525 km/h lag. Im Bedarfsfall konnten die ausgebauten B- und C-Stände jederzeit wieder eingebaut werden.

Die Do 217 war von Anfang an für den Großserienbau vorgesehen. Aus diesem Grund wurde die Zelle
in fünf Baugruppen, die miteinander verschraubt waren,
unterteilt. Im einzelnen handelte es sich um:

1. Rumpfbug,
2. Rumpf mit Tragflächenmittelstück und Motorgondeln,
3. Außenflügel,
4. Rumpfheck und
5. Endscheiben-Leitwerk.

Der trapezförmige Tragflügel verfügte über einen
zweiholmigen Aufbau. An der Hinterkante befanden
sich außen die Querruder, zwischen Rumpf und Motorgondeln die Spreizlandeklappen, die mit den Quer-

rudern gekoppelt waren und elektrisch bis auf 55°
ausgefahren werden konnten. Die Flügelvorderkante
war doppelt beplankt; sie wurde mittels Warmluft eisfrei gehalten.

Die Triebwerkanlage bestand bei der Baureihe N
aus flüssigkeitsgekühlten 12-Zylinder-V-Motoren des
Typs Daimler-Benz DB 603 A mit einer Startleistung
von 1750 PS (1290 kW), die Vierblatt-Verstell-Luft-
schrauben von VDM mit einem Durchmesser von 3,80
m antrieben.

Der Kraftstoffvorrat befand sich in Flügeltanks, die
zwischen den Holmen lagen und insgesamt 2920 Liter
faßten. In einem Rumpfbehälter befanden sich weitere 1050 Liter. Darüber hinaus konnte die Baureihe N
im Bombenschacht einen Zusatztank mitführen. Mittels einer Kohlensäure-Druckluftflasche ließen sich die
Kraftstoffbehälter über einen Schnellablaß im Heck
des Flugzeuges entleeren.

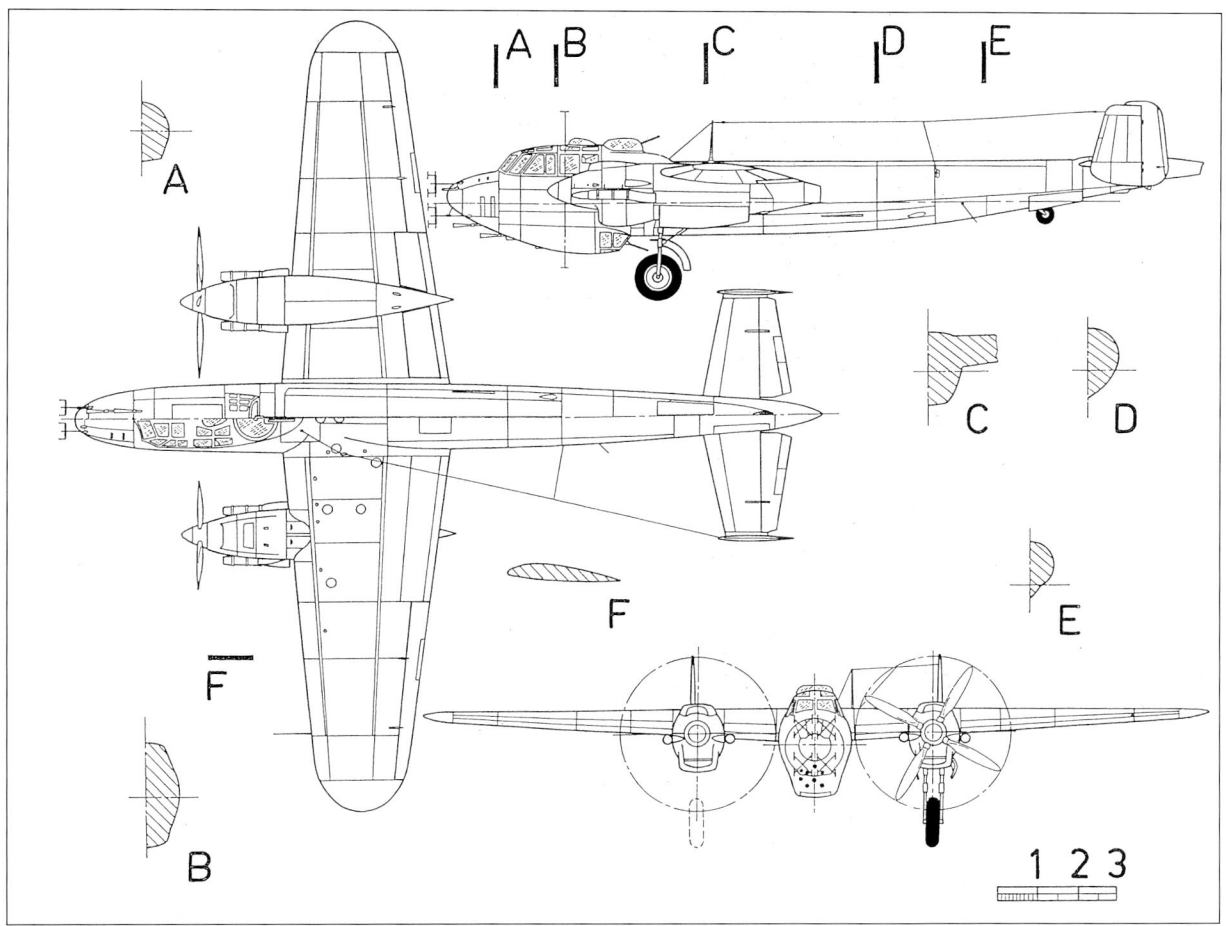

Der gesamte Schmierstoffvorrat von 400 Litern be-fand sich ebenfalls in Flügelbehältern.

Die Haupträder des Fahrwerkes wurden elektrisch nach hinten oben in die verlängerten Motorgondeln eingezogen. Die Federung der Räder erfolgte durch je zwei Öl-Luft-Federbeine, das Bremsen durch EC-Öl-druckbremsen. Das Spornrad wurde ebenfalls elek-trisch betätigt und durch zwei Klappen vollständig ab-gedeckt.

Der in Schalenbauweise erstellte Rumpf der Do 217 N nahm im Bugbereich die Angriffsbewaffnung auf. Es folgte die Kabine für die dreiköpfige Besatzung. Hier schloß sich der Kraftstoffbehälter (oben) und der Bombenraum (unten) an. Im Bombenschacht wurde normalerweise ein Zusatzbehälter mit 795 Litern mit-geführt. Vier bis sechs Schrägwaffen MG 151 schlossen sich an.

Im Heck des Flugzeuges befanden sich die Batterie, der Mutter-Kompass, die kugelförmigen Sauerstoff-

behälter, das Spornrad und die Rohrleitungen des Kraft-stoffschnellablasses.

Ebenso wie Rumpf und Tragflächen war auch das Endscheiben-Leitwerk in Ganzmetall-Bauweise erstellt, wobei die Seitenflossen als Besonderheit einen Schlitz in der Vorderkante aufwiesen. Die gewichtlich ausge-glichenen Seitenruder verfügten zusätzlich über einen aerodynamischen Ausgleich in Form eines kurzen Horns. Die Seiten- und Höhenruder waren mit Trimm-rudern ausgestattet.

Die Höhenflosse verstellte sich automatisch bei Aus-fahren der Klappen, darüber hinaus konnte sie auch manuell verstellt werden.

Neben dem Funkmeßgerät FuG 202 und den übli-chen Funkgeräten wie dem FuG 16 Z(Y) befanden sich in der Regel das Freund-Feind-Kenngerät FuG 25 a, der Funkhöhenmesser 101, die Peilautomatik APZA 5 und die Kurssteuerung PKS 11 an Bord. Über den Funkhöhenmesser konnte eine Mindestflughöhe ein-

Do 217 N.

Die wuchtige Auslegung des Flugzeugs verdeutlicht diese Aufnahme der 3C+IP, Werk-Nr. 1570. Das zur 6. Staffel der II./NJG 4 gehörende Flugzeug hatte sich völlig »verfranzt« und landete mit dem letzten Tropfen Kraftstoff am 2. Mai 1944 um 1.55 Uhr auf dem Flugplatz Basel-Stemenfeld.

gestellt werden, beim Unterfliegen wurde der Flugzeugführer gewarnt.

Die Kombination der APZA 5 und der PKS ermöglichte den selbständigen Anflug auf ein Funkfeuer und auch dessen Umkreisung. Dies stellte für die Nachtjagdbesatzungen eine wesentliche Verbesserung dar.

Ende 1943 lief die Fertigung der Do 217 N aus. Die Luftwaffe hatte sich definitiv für die Ju 88 entschieden. Daran konnte auch die begrenzte Nachrüstung der Do 217 N mit dem FuG 220 Lichtenstein SN nichts ändern.

Bis zur Einstellung der Serienproduktion hatten 130 Flugzeuge der Baureihe J und rund 240 Maschinen der Baureihe N die Werkhallen von Dornier verlassen. Von den 240 Do 217 N-1 wurden rund 95 Exemplare zur Baureihe N-2 umgerüstet.

Damit blieb die Do 217 im Vergleich zur Bf 110 und Ju 88 unbedeutend. Zu keiner Zeit befanden sich mehr als 55 Maschinen bei den Verbänden. Der militärische Nutzen der Do 217 für die Nachtjagd ist mehr als frag-

lich. Zwar konnten auch mit ihr Abschüsse erzielt werden, insgesamt gesehen entsprach das Muster jedoch nicht den Erwartungen. Neben den geschilderten Nachteilen des Flugzeuges kamen bei der Do 217 N auch noch Probleme mit den Daimler-Benz-Motoren hinzu: der DB 603 befand sich 1942 noch nicht in einem Zustand, der einen kriegsmäßigen Einsatz zugelassen hätte. Wenn dennoch dieser Motor zum Einbau gelangte, so lag es daran, daß einfach keine anderen Motoren dieser Leistungsklasse verfügbar waren. Schwierigkeiten mit dem DB 603 führten in der Folgezeit zu zahlreichen Ausfällen der ohnehin wenigen Do-217-Nachtjäger.

Abschließend sei noch erwähnt, daß neben den deutschen Nachtjagd-Verbänden wie dem NJG 1, 2, 3, 4, 5, 100, 101 und 102 auch die italienische Regia Aeronautica zwischen September 1942 und Mitte 1943 mindestens ein Dutzend Do-217-Nachtjäger – und zwar Flugzeuge der Baureihe J – erhalten hatte.

Zusammen mit drei Bf-110-C-Nachtjägern sollten die Flugzeuge den britischen Nachtbomber-Angriffen gegen Mittel- und Nord-italien Paroli bieten. Die zur Stormo 41 gehörenden Bombergruppen 59 und 60 wurden für die neue Aufgabe herangezogen, wobei jede Gruppe aus zwei Staffeln bestand. Sie trugen die Bezeichnung Squadriglie 232 und 233 (Gruppo 59 BT) sowie Squadriglie 234 und 235 (Gruppo 60 BT). Neben den deutschen Nacht-jagdflugzeugen gelangte ein wahres Sammelsurium an Flugzeugen bei den 4 Staffeln zum Einsatz. So flogen die Einheiten die einmotorigen Jagdmaschinen Reggiane Re 2001 CN, Macchi MC 205 V, Fiat CR 42 CN, Dewoitine D.520 – und auch ein erbeuteter Bristol Beaufighter wurde kurzzeitig eingesetzt.

Wenngleich mit der Do 217 der ein oder andere Erfolg zu verbuchen war, konnte von einer derart zusammengewürfelten Einheit kein großer Erfolg erwartet werden.

Neben den eigentlichen Jagdvarianten Do 217 J und N wurden auch drei Kampfflugzeuge der Baureihe Do 217 M für den Jagdeinsatz umgerüstet. Als sich 1943/44 die Tageseinflüge der USAAF in das Reichs-gebiet häuften, untersuchte man die Möglichkeit, den gesteuerten Luft-Boden-Flugkörper Henschel Hs 293 zur Bekämpfung der Bomber-Pulks einsetzen zu können. In der Ausführung H trug die Lenkwaffe 300 kg Sprengstoff. Der Raketenmotor gab für die Dauer von 10 Sekunden einen Schub von 600 kg (5,9 kN) ab, so daß der Flugkörper eine Spitzengeschwindigkeit von 540 km/h erreichte. Mittels Funksteuerung sollte der Bombenschütze der Do 217 M die Hs 293 in den Bomber-Pulk lenken und ihn sprengen. Die wenigen von der »Sonderkette 293 H« ab Sommer 1944 durch-geführten Einsätze verliefen erfolglos: entweder wurden die Flugzeuge durch USAAF-Begleitjäger abge-drängt, oder die Lenkwaffen konnten nicht zur Explosion gebracht werden. Als dann noch eine Hs 293 H am Boden detonierte und schwere Schäden an Menschen und Material verursachte, gab man weitere Versuche auf.

Technische Daten:

Dornier Do 217 N-2

Triebwerk	2 x DB 603 A
	2 x 1750 PS (2 x 1290 kW)
Spannweite	19,00 m
Länge	18,90 m
Höhe	5,00 m
Flügelfläche	57,00 m²
Spurweite	5,80 m
Spannweite des Höhenleitwerkes	6,02 m
Rüstmasse	10.820 kg
Abflugmasse	13.210 kg
Höchstgeschw.	525 km/h
Reichweite	1750 km mit normalem Kraftstoffvorrat
Dienstgipfelhöhe	9500 m

Die Zerstörer der zweiten Generation

1938 wurden die Weichen für den Bau eines neuen, leistungsstarken Zerstörers gestellt, der nicht nur die Bf 110, sondern auch das Sturzkampfflugzeug Ju 87 ablösen und darüber hinaus als Aufklärer und schneller Bomber dienen sollte.

Mitte der 30er Jahre hatte sich Willy Messerschmitt mit seinen Flugzeugen einen ausgezeichneten Ruf als Konstrukteur verschafft. Das einmotorige, viersitzige Reise- und Kurierflugzeug Bf 108 setzte Maßstäbe, der einmotorige Jagdeinsitzer Bf 109 gehörte weltweit zu den richtungsweisenden Konstruktionen, und nicht zuletzt sei auf den zweimotorigen Zerstörer Bf 110 hingewiesen, dessen Leistungen und Feuerkraft zweifellos beeindruckten. Aus dieser Situation heraus erscheint es verständlich, daß der damalige Generalluftzeugmeister Ernst Udet beinahe grenzenloses Vertrauen zu Willy Messerschmitt und seinen Flugzeugen hatte. Nur so ist es zu erklären, daß man Messerschmitt nicht nur die Entwicklung eines neuen Militärflugzeuges übertrug, sondern von vornherein die Großserienfertigung des als Me 210 bezeichneten Musters in Auftrag gab und nicht, wie gewohnt, die Flugerprobung der Versuchsflugzeuge abwartete.

Wenngleich die gesamte Planung der künftigen Zerstörer- und Sturzkampfgeschwader auf die Messerschmitt-Maschine abgestellt waren, gab man mit etwas Verspätung bei Arado ein weiteres Flugzeug, die Ar 240, in Auftrag. Bis heute ist nicht klar, warum die Entwicklung eines zweiten Flugzeuges veranlaßt wurde, das von vornherein keine Rolle in der Planung der Luftwaffe spielte.

Was folgte, war eine der größten Tragödien in der Geschichte der Luftwaffe. Die Me 210 erwies sich als Fehlkonstruktion, an der über Jahre hinweg experimentiert wurde. Erst eine viel zu spät eingeleitete, umfassende Änderung der Konstruktion machte das Flugzeug frontreif. Zu diesem Zeitpunkt hatte sich die Kriegslage jedoch bereits derart verschlechtert, daß die Me 210, die aus »kosmetischen Gründen« nun als Me 410 geführt wurde, nicht mehr entscheidend eingreifen konnte und weit hinter den geplanten Stückzahlen zurückblieb.

Auch die Ar 240 erwies sich als problembeladenes Flugzeug, das erst nach umfangreichen Änderungen als brauchbar zu bezeichnen war. Die zahlreichen Schwierigkeiten, die Parallelen zur Me 210 aufwiesen, hemmten die Entwicklung, und nicht zuletzt fehlten der Ar 240 die Fürsprecher im RLM, so daß bereits Ende 1942 die Einstellung des Programms verfügt wurde. Trotz dieses Sachverhaltes arbeitete Arado weiter an dem Flugzeug. In stark verbesserter Form wurde es als Ar 440 erneut zur Diskussion gestellt, ohne jedoch akzeptiert zu werden.

Unter all diesen Aspekten mußte die Entwicklung eines Bf-110-Nachfolgers als gescheitert angesehen werden.

Fehler in der Planung und bei wichtigen Entscheidungen hatten dazu geführt, daß in der entscheidenden Kriegsphase kein neues, fortschrittliches und leistungsfähiges Fluggerät für den Aufgabenbereich »Zerstörer« zur Verfügung stand. Statt dessen mußte sich die Luftwaffe mit immer neuen Varianten alter Muster begnügen.

Me 210: Messerschmitts größter Fehlschlag

In der zweiten Hälfte der 30er Jahre hatte die deutsche Luftrüstung einen Höhepunkt erreicht. Flugzeuge wie Dornier Do 17, Junkers Ju 87 und Messerschmitt Bf 109, um nur einige wenige zu nennen, beherrschten während des Spanischen Bürgerkrieges den Luftraum, und nicht zuletzt ließen deutsche Flugzeuge durch immer neue Höchstleistungen und Rekorde auch international aufhorchen.

Trotz dieser Erfolge war man sich beim Planungsamt des Reichsluftfahrtministeriums (RLM) darüber im klaren, daß rechtzeitig Nachfolger für die im Einsatz befindlichen Flugzeuge entwickelt werden mußten.

Mit viel Engagement wurden die Aufgaben in Angriff genommen, ohne jedoch erfolgreich zu sein. In den kommenden Jahren folgte ein Fehlschlag dem anderen. Neben dem Scheitern des Fernbombers Heinkel He 177 und des »Bomber-B-Programms« gehörte auch die Messerschmitt Me 210 zu den Fehlentwicklungen. Dabei fing alles recht vielversprechend an.

Kaum waren die ersten Versuchsmuster des zweimotorigen Messerschmitt-Zerstörers Bf 110 aus den Werkhallen gerollt, befaßte sich das Messerschmitt-

Konstruktions-Büro Ende 1937 mit der Entwicklung eines Nachfolgers, wobei das neue Flugzeug mehrere Aufgaben übernehmen sollte. Neben dem Einsatz als schwerer Jäger und Zerstörer war an eine Verwendung als Bomber, Sturzkampfflugzeug und Aufklärer gedacht.

Von Anfang an war man sich bei Messerschmitt darüber im klaren, daß der Bf-110-Nachfolger aufgrund seiner Aufgabenstellung keine Weiterentwicklung der Bf 110 sein konnte, sondern ein völlig neues Flugzeug entstehen mußte. In zwei Gruppen begannen die Konstrukteure mit der Ausarbeitung diverser Entwürfe, die Ende 1938 zum Projekt P 1060 führten. Walter Rethel, der Anfang 1938 von Arado zu Messerschmitt gewechselt war, oblag es, den Entwurf bis zur Fertigstellung durchzukonstruieren.

Als die Me 210 V1, D-AABF, Werk-Nr. 2100001, im August 1939 die Fertigungshalle verließ, präsentierte sich dem Betrachter ein freitragender Tiefdecker mit zwei flüssigkeitsgekühlten Daimler-Benz-DB-601-A-12-Zylinder-V-Motoren, einem Endscheiben-Leitwerk und einem kurzen, schlanken Rumpf, der im Bereich der Kabine keulenförmig aufgedickt war, um hier Platz für einen Bombenschacht zu schaffen. Zu den Besonderheiten des Flugzeuges gehörten die Ölkühler der Daimler-Benz-Motoren: der jeweilige Lufteintritt war

kreisförmig ausgebildet, er schloß sich unmittelbar der Propellerhaube an. Diese Form der Luftzufuhr bewährte sich allerdings nicht, so daß bei den folgenden Versuchsmustern ein herkömmlicher Ölkühler unterhalb der Motorgondel angebaut wurde.

Insgesamt machte die Maschine vom äußeren Erscheinungsbild her einen ordentlichen Eindruck, der jedoch in keiner Weise durch die Flugerprobung bestätigt wurde.

Als Dr.-Ing. Hermann Wurster das neue Kampfflugzeug am 5. September 1939 zum Erstflug führte, stellte er eine Reihe von unangenehmen Flugeigenschaften fest. Seiner Ansicht nach war die Stabilität um alle Achsen, insbesondere Längs- und Hochachse, zu verbessern, und auch mit den Start- und Landeeigenschaften zeigte er sich nicht zufrieden.

Die Konstrukteure waren der Ansicht, daß mit einer Änderung des Leitwerkes die Probleme in den Griff zu bekommen seien. Bereits während der Entwicklungsphase hatte man ein solches Leitwerk in Erwägung gezogen, sich letztlich jedoch nicht dafür entschieden. Nun wurde dieser Gedanke erneut aufgegriffen, und so erhielt die Me 210 V1 ein neues einkieliges Leitwerk von so großen Abmessungen, daß es intern als »Scheunentor« bezeichnet wurde. In dieser Form

Me 210 V1. Beachtenswert sind das Endscheibenleitwerk und die frühe Form der Kabinenverglasung.

nahm das erste Versuchsmuster am 23. September 1939 die Flugerprobung erneut auf. Bereits am 10. Oktober 1939 folgte die Me 210 V2, WL-ABEO*, Werk-Nr. 2100002, die noch über ein Endscheiben-Leitwerk verfügte. Zu diesem Zeitpunkt war das erste Versuchsmuster bei der E-Stelle Rechlin eingetroffen. Die ersten Flüge bestätigte die Aussagen Wursters zum unbefriedigenden Flugverhalten der Maschine. Allerdings vertrat auch die E-Stelle anfänglich die Meinung, daß diese Schwierigkeiten Kinderkrankheiten seien, die bei neuen Konstruktionen in der Regel auftreten, letztlich jedoch beseitigt werden können.

Bei der Me 210 sollte sich diese Annahme nicht bestätigten: je länger die Flugerprobung andauerte, um so mehr Schwierigkeiten traten auf.

Die Stabilität um alle Achsen konnte auch mit dem neuen Leitwerk nicht befriedigen. Das Höhenleitwerk

Me 210 V2. Nachdem die Flugerprobung mit einem Endscheibenleitwerk begann, erfolgte schon bald der Umbau auf ein einkieliges Leitwerk, und auch das Kabinendach wurde geändert.

wurde zudem von Stoßwellen getroffen, die von der Flügelhinterkante ausgingen, und außerdem neigte das Höhenruder unter manchen Bedingungen zum Flattern. Äußerst gefährlich war darüber hinaus, daß die Maschine beim Erreichen höherer Anstellwinkel plötzlich ins Trudeln überging und es im Langsamflug ohne Vorwarnung zu Strömungsabrissen kommen konnte.

Demzufolge erhielt die V2 nicht nur das neue einkielige Leitwerk, sondern auch neu gestaltete Außenflügel, wie man sie bereits an die Me 210 V3 – ein Versuchsmuster für statische Untersuchungen – angebaut hatte. Erstmals wurden auch Sturzflugbremsen unter die Außenflügel montiert. Ferner sollte eine Änderung im hinteren Bereich der Flügelwurzeln das

Auftreffen von Stoßwellen auf das Höhenleitwerk verhindern. Vom Austausch der von der V1 verwendeten Spaltklappen gegen Wölbungsklappen erhofften sich die Konstrukteure ein besseres Start- und Landeverhalten.

Neu war auch das verstärkte und in seiner Form geänderte Kabinendach für die zweiköpfige Besatzung, und nicht zuletzt gelangten die ferngerichteten Abwehrstände an den Rumpfseiten zum Einbau.

An den unangenehmen Flugeigenschaften änderte sich jedoch nichts, so daß weitere Untersuchungen vonnöten waren. Nachdem auch die Querruder nicht die gewünschte Wirkung zeigten, hatten die Aerodynamiker Ludwig Bölkow und Jochen Puffert das Flügelprofil untersucht und einen Fehler beim Straken** festgestellt.

Bevor dieser Mangel behoben werden konnte, stürzte Fritz Wendel am 5. September 1940 mit der Me 210 V2 ab. Beim Abfangen mit rund 600 km/h waren Schwingungen im Rumpfheck aufgetreten, die zum Abbrechen des Leitwerkes führten.

Wenngleich sich die Probleme gehäuft hatten, äußerte sich Willy Messerschmitt Mitte 1940 noch positiv zur Situation. Was blieb ihm auch anderes übrig: anläßlich des Ende 1938 aufgestellten »Konzentrierten Flugzeugmusterprogramms« hatte das RLM entschieden, von 16 Zerstörer-Geschwadern (ZG) mindestens 7-8 mit der Me 210 auszurüsten, und auch die geplanten acht Stuka-Geschwader (StG) sollten nach einer Grundausstattung mit Ju 87 B baldmöglichst auf die neue Messerschmitt-Maschine umrüsten. Anfang 1939 wurde der Plan – auch »Göring-Programm« genannt – von Göring selbst noch deutlich erweitert: er legte fest, daß bis April 1943 nicht weniger als 3000 Me 210 zu fertigen seien.

In Anbetracht dieser Aufgabe hatte man vor Beginn der Flugerprobung mit den Vorbereitungen zur Serien-

*WL-Kennzeichen wurden vom 1. Januar 1939 bis 24. Oktober 1939 von Schul- und Reiseflugzeugen der Luftwaffe getragen. Ferner erhielten Segelflugzeuge der Luftwaffe in der Zeit vom 1. Januar 1939 bis 25. Juni 1943 WL-Kennzeichen.

**Der Begriff »straken« (abgeleitet von streicheln) wird in der Luftfahrt für das Zeichnen und Formen einer harmonischen Linienführung bei Flügelprofilen und Rumpfkonturen verwendet.

Me 210 A-1.
Die Bruch-
landung
verlief glimpflich.

produktion der Me 210 begonnen und in den Messer-
schmitt-Werken Augsburg und Regensburg entsprechende Fertigungsanlagen eingerichtet sowie große
Materialzuteilungen erhalten.

Jede umfassende Modifizierung der Me 210 hätte
also eine kostspielige Änderung der Fertigungsanlagen
nach sich gezogen, die man aus kaufmännischen
Gründen umgehen wollte. Radikale Neuerungen blieben somit aus, dafür entstanden nicht weniger als 16
V-Muster, wobei noch etliche Flugzeuge der Baureihen
A-0 und A-1 in die Erprobung mit einbezogen werden
mußten.

Trotz der Schwierigkeiten bemühte man sich, so
etwas wie eine Serienfertigung anlaufen zu lassen. Im
April 1941 verließ jedoch nur ein Flugzeug die Werkhalle, gefolgt von zwei Maschinen im Juli und sechs
im August. Die anhaltenden Probleme mit dem Muster
verhinderten ein Produktion in nennenswertem Umfang.

Neben einem schwachen Fahrwerk, das bereits
beim Rollen wegbrechen konnte, waren es nach wie
vor die Flugeigenschaften, die große Sorgen bereiteten. So hatten die Flugzeugführer der E-Stelle im Rah-

men ihrer Flugerprobung festgestellt, daß die Me 210
bei unsauber geflogenen Steilkurven abkippte und das
Gleichgewicht um die Querachse nur schwer herzustellen war; auch mit dem Landeverhalten des Musters
zeigte man sich nach wie vor unzufrieden.

Nachdem Messerschmitt die Probleme nicht in den
Griff bekam, schaltete sich Generalluftzeugmeister
Ernst Udet – über viele Jahre hinweg ein guter Freund
Messerschmitts – persönlich ein. Seine an Messerschmitt gerichteten Briefe vom 27. Juni und 29. Juli
1941 wurden in verschiedenen Publikationen bereits
auszugsweise veröffentlicht. Die Kernaussagen vom
27. Juni 1941 lauteten: »Die in letzter Zeit bei Deinen
Konstruktionen 109/110/210 aufgetretenen Schwierigkeiten, die schwere Menschen- und Zeitverluste zur
Folge hatten, geben mir Veranlassung, mich einmal
vollkommen klar Dir gegenüber auszusprechen. So
sehr ich die Leistungen Deiner Konstruktionen aner-
kenne, so eindringlich muß ich darauf hinweisen, daß
Du meiner Ansicht nach den falschen Weg beschrei-
test. Bei Militärflugzeugen muß man, insbesondere im
Kriege, von der sicheren Seite aus entwerfen und

*Me 210 A-1.
Die Schußwaffen-
anlage der Werk-
Nr. 126, SJ+GP,
wird auf dem
Schießplatz
überprüft.*

nicht gezwungen sein, stets nachträgliche zeitraubende Verstärkungen anzubringen. Ich erinnere an die Flächenverstärkung der 109, die Fahrwerkschwierigkeiten der 109, 210...«

Am 29. Juli 1941 wurde der Ton noch schärfer: »Wir bekommen in diesem Monat wieder keine Me 210 zur Fronterprobung. Der letzte Unfall der Me 210 wäre mit Sicherheit vermeidbar gewesen, wenn das verstärkte Fahrwerk untergebaut gewesen wäre.«

»Eins, lieber Messerschmitt, muß zwischen uns vollkommen klar sein, daß Verluste an Maschinen auf normalen Plätzen infolge zu schwachen Fahrwerks nicht mehr auftreten dürfen.«

»All diese unnötigen Ärgernisse zwingen mich nunmehr, einen schärferen Maßstab an die Überprüfung Deiner neuen Muster anzulegen.«

In dieser Situation entschloß sich der Generalluftzeugmeister im August 1941 den »Industrierat des Reichsmarschalls für die Fertigung von Luftfahrtgerät«, der neben Udet aus 6 namhaften Wirtschaftsführern bestand, einzuschalten. Neben der Festlegung einer künftigen Fertigungsrate von 140 Me 210 pro Monat – 1941 verließen keine 100 Flugzeuge die Werkhallen – wurde Messerschmitt ultimativ aufgefordert, folgende Dinge bei der Me 210 in Ordnung zu bringen, beziehungsweise das Flugzeug wie folgt abzuändern:

1. Die Stabilität um die Hochachse muß verbessert werden.
2. Das kraftgesteuerte Höhenruder ist gegen ein innen ausgeglichenes Höhenruder zu ersetzen.
3. Die Start- und Landeeigenschaften sind durch eine Rumpfverlängerung zu verbessern.
4. Die beim Ausfahren der Sturzflugbremse auftretende Unruhe am Höhenruder muß beseitigt werden.
5. Die Abfangautomatik erreicht noch nicht die Sollwerte.
6. Die Lader-Ansaughutze des DB 601 ist aerodynamisch unbefriedigend und muß geändert werden.

Zusätzlich zu diesen Schwierigkeiten traten nun auch noch Triebwerkbrände auf, die das Me-210-Programm zusätzlich belasteten.

Es kann nicht verwundern, daß die Erprobungsgruppe 210 unter diesen Umständen nicht mit der Me 210 ausgerüstet werden konnte, sondern in Ermangelung des neuen Musters zunächst die Bf 109 und Bf 110 einsetzte. Erst als im Herbst 1941 eine gewisse Anzahl von Me 210 zur Verfügung stand, konnte man an die Aufstellung des Schnellkampfgeschwaders 210 denken. Im November 1941 trafen die ersten 16 Exemplare, die im übrigen noch nicht die geforderten Änderungen aufwiesen, beim Verband ein. Fast zeitgleich begannen die Vorbereitungen auf die Umrüstung der II./ZG 1, die auf dem Gebiet der Sowjetunion im Einsatz stand und nun mit den ersten Baureihen der Me 210 ausgestattet werden sollte.

Nach dem Bau einiger Vorserienflugzeuge vom Typ Me 210 A-0 hatte die Messerschmitt AG die Fertigung der Baureihe A-1 aufgenommen, die im wesentlichen als Zerstörer und Stuka dienen sollte.

An dieser Stelle ist es Zeit, sich einmal näher mit der Konstruktion der Me 210 zu befassen. Der zweimotorige freitragende Tiefdecker verfügte über einen einholmigen Tragflügel, der in drei Teilen ausgeführt

wurde und neben dem Kraftstoffvorrat – bis zu 2546 Liter, aufgeteilt auf sechs geschützte Behälter – die Motoranlage und das Hauptfahrwerk aufnahm. An der Flügelhinterkante befanden sich außen das Querruder mit eingebauter Trimmklappe und innen die hydraulisch betätigte Lande-(Wölbungs)-klappe, die wegen des unter dem Flügel befestigten Kühlers zweiteilig ausgeführt werden mußte. Die Sturzflugbremsen, die ebenfalls bei den V-Mustern Probleme bereitet hatten, waren nun zweiteilig; sie wurden hydraulisch nach oben und unten aus dem Außenflügel ausgefahren.

Ebenso wie die Tragflächen war auch der ovale Rumpf in Ganzmetall-Bauweise erstellt. Der Bf 109 und Bf 110 entsprechend wurde der Rumpf von zwei Halbschalen gebildet, die nach dem Einbau der Inneneinrichtung und Geräte zusammengefügt wurden, wodurch sich eine Reihe von Vorteilen bei der Serien-

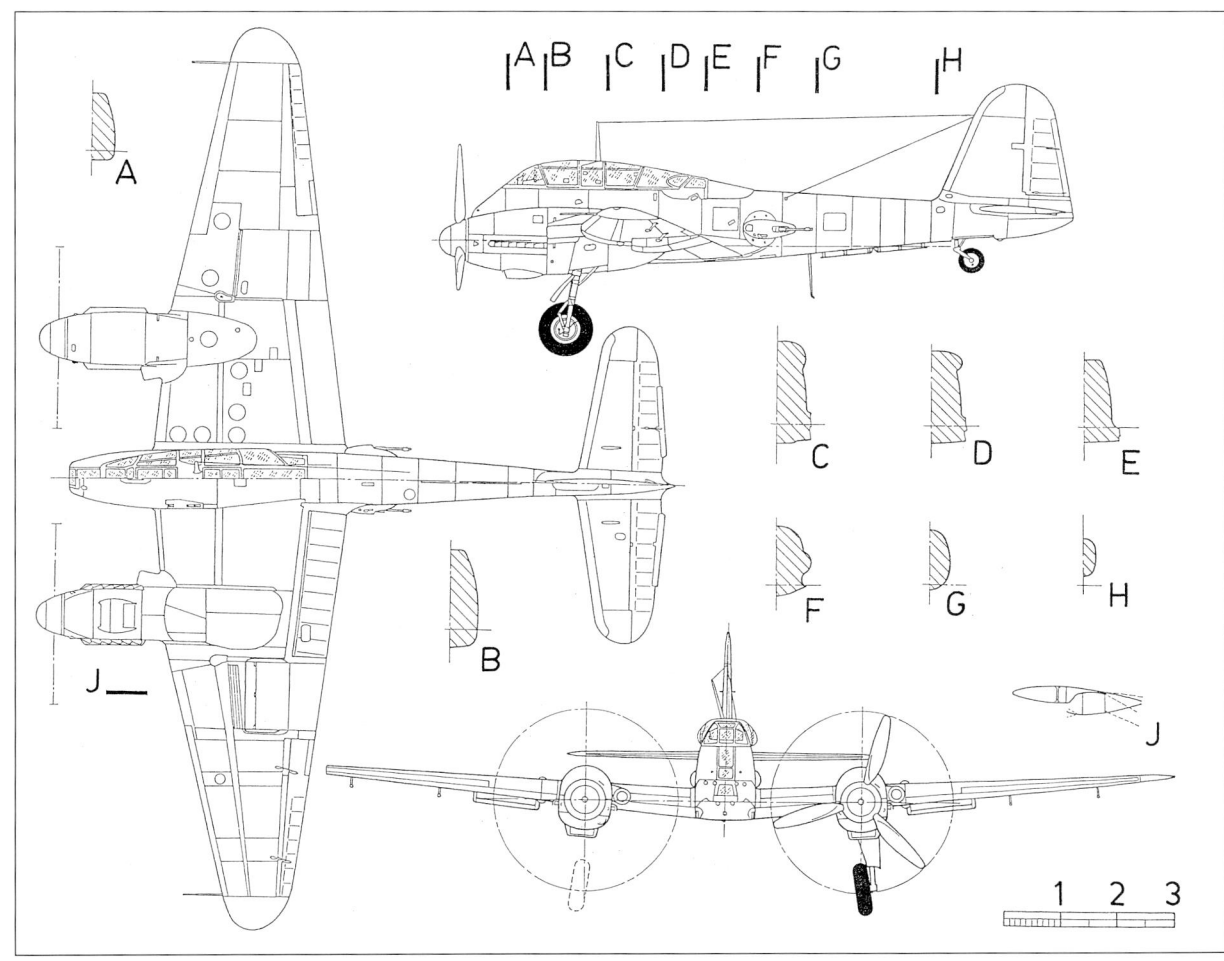

Mehrseitenzeichnung der Baureihe A mit »kurzem« Rumpf.

produktion ergaben. Das Rumpfvorderteil nahm neben der Kabine den darunterliegenden Bombenschacht auf. Wahlweise konnten hier zwei 250-kg-Bomben oder zwei 500-kg-Bomben oder acht 50-kg-Bomben mitgeführt werden. Der Bombenträger wurde serienmäßig eingebaut, er ließ sich mittels zweier Seilzüge zur Aufnahme der Bomben aus dem Schacht absenken.

In die umfangreich verglaste Kabinenhaube waren getrennte Ein- und Ausstiegsfenster für den Flugzeugführer und den Funker, der zugleich als Bordschütze fungierte, integriert, die nach rechts oben geöffnet wurden. Glasscheiben im Rumpfbug trugen zur Sichtverbesserung bei Start und Landung sowie bei Sturzangriffen bei. Die Besatzung, die Rücken an Rücken saß, wurde – ebenso wie die Motoranlage – durch eine Panzerung geschützt. Für Einsätze über der offenen See war ein Schlauchboot an Bord.

Die Kabinenhaube hatte man im hinteren Bereich weit ausladend gestaltet, so daß sie über die Rumpfseiten hinausragte. In diesem Bereich befanden sich Planscheiben, die dem Bordschützen eine gute Sicht nach hinten bieten sollten. Außerdem verjüngte sich der Rumpf ab der Kabinenhinterkante deutlich, wodurch sich die Sicht nochmals verbesserte.

Die Abwehrbewaffnung bestand aus der ferngerichteten Doppelseitenlafette FDSL-B131/1C, die sich an der linken und rechten Rumpfseite befand und mit je einem 13-mm-MG-131 bestückt war. Der Schwenkbereich in Bezug auf die Rumpfachse betrug seitlich -7 bis +45 Grad und nach oben und unten +90 bis -45 Grad. Der Bordschütze konnte immer nur mit einer Waffe zielen, da ihm für jede Rumpfseite ein separates, schwenkbares Reflexvisier zur Verfügung stand. Der Munitionsvorrat betrug 2 x 450 Schuß. Die Angriffsbewaffnung bestand aus zwei 20-mm-MG-151/20 (je 350 Schuß) und zwei 7,9-mm-MG-17 (je 1000 Schuß), die um den Bug gruppiert waren. Die Geschoßbahnen der vier Waffen kreuzten sich bei 400 m. Das Zielen erfolgte mittels eines Reflexvisiers vom Typ Revi 12 d. Der Einbau einer Kamera zur Trefferkontrolle in Form der ESK 2000b oder einer Robot-Kamera war möglich.

Am Rumpfheck befand sich das freitragende Leitwerk in Ganzmetall-Bauweise mit gewichtlich und aerodynamisch ausgeglichenen Rudern.

Das einbeinige, einfach bereifte Hauptfahrwerk wurde hydraulisch nach hinten oben in die Unterseite der Motorgondel eingeschwenkt, wobei sich das Rad um 90 Grad drehte. Die Hauptklappen öffneten sich nur

während des Ein- und Ausfahrens. Mittels Preßluft war eine Betätigung im Notfall möglich. Auch das Spornrad war einziehbar. Es wurde ebenso wie das Hauptfahrwerk nach dem Einfahren durch Klappen vollständig abgedeckt.

Bei der Motoranlage hatten sich gegenüber der A-0-Vorserie Änderungen ergeben. Die bis dahin eingebauten DB 601 A-1 mit einer Startleistung von 1050 PS hatten dem 1350 PS starken DB 601 F Platz gemacht, der erstmals Ende 1940 in die Me 210 V5 (ND+VX) eingebaut worden war und eine elektrisch-mechanisch betätigte VDM-Dreiblatt-Verstellschraube von 3,40 m Durchmesser antrieb.

Zur Ausstattung des Flugzeuges gehörten auch die Patin-Kurssteuerung PKS 11, das Blindfluggerät FuBl 1 und die Funkgeräte FuG 10 und 16.

Während der Umschulung auf die Me 210 zeigte sich, daß die oft noch jungen, unerfahrenen Frontpiloten mit dem Muster nicht zurechtkamen. Die Gründe dafür lagen vor allem im Überzieh- und Abkippverhalten, das zu einigen Trudel-Unfällen führte und Anlaß zu weiteren Untersuchungen gab. Um sich ein Bild über die Strömungsverhältnisse am Tragflügel bei verschiedenen Flugzuständen machen zu können, wurden bei einer Me 210 Wollfäden auf die Tragflächenoberseite geklebt und die Versuche mit einer am Heck montierten Kamera im Film festgehalten. Diese Untersuchungen führten zum Anbau eines Vorflügels, der aus Kostengründen anfänglich vom RLM abgelehnt worden war und nun nachträglich bei den bereits ausgelieferten Flugzeugen angebaut werden mußte.

Im Rahmen dieser Änderung wurde auch das fehlerhaft gestrakte Flügelprofil neu gestaltet.

Um die Umschulung auf die Me 210 zu erleichtern,

Rumpffertigung der Me 210

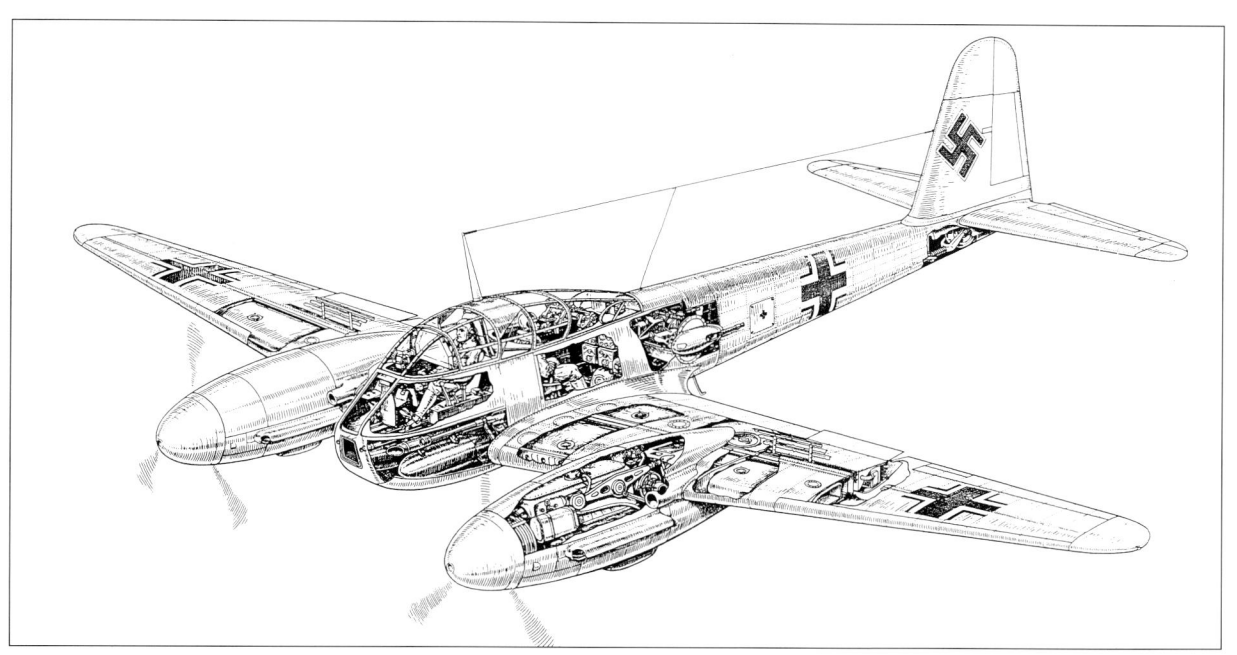

hatte Blohm & Voß den Auftrag erhalten, einige Maschinen der A-0-Vorserie mit Doppelsteuer auszurüsten. Der Erfolg einer solchen Maßnahme blieb allerdings fraglich.

Die Me 210, die eine so große Rolle in der Planung der Luftwaffe gespielt hatte, war nach wie vor weder einsatzbereit noch in den geforderten Stückzahlen vorhanden. Ernst Udet brach unter der Last der vielen Fehlschläge bei der Entwicklung neuer Flugzeugmuster zusammen und wählte am 17. November 1941 den Freitod. Sein Nachfolger wurde Erhard Milch, der Messerschmitt gegenüber wesentlich reservierter war und dafür plädierte, das Bauprogramm Me 210 zu stoppen. Hermann Göring, dem man den Ausspruch: »Auf meinem Grabstein soll stehen, ohne die Me 210 hätte er länger gelebt!« zuschreibt, fällte am 9. März 1942 die Entscheidung, die Fertigung der Me 210 zunächst einzustellen. Willy Messerschmitt erreichte am nächsten Tag ein entsprechendes Fernschreiben, in dem er gleichzeitig aufgefordert wurde, die durch den Ausfall der Me 210 entstehenden Lücken durch eine vermehrte Fertigung der Bf 109 und Bf 110 auszugleichen. Dies ließ sich allerdings nicht so schnell realisieren, da man bereits damit begonnen hatte, die Fertigungseinrichtungen der Bf 110 zu demontieren.

Ein Ausweichen auf die von Arado konstruierte Ar 240 – die allgemein als Konkurrenzentwicklung zur Me 210 angesehen wird – war ebenfalls nicht möglich: aufgrund verschiedener Probleme, aber auch wegen der unentschlossenen Haltung des RLM zu diesem Flugzeugmuster, hatte man die Entwicklung nur langsam vorantreiben können.

Der Druck auf Messerschmitt nahm weiter zu. Am 12. März 1942 setzte ihm Erhard Milch eine letzte Frist zur Behebung aller Schwierigkeiten. Verständlicherweise blieb das Fiasko um die Me 210 den Beschäftigten der Messerschmitt AG nicht verborgen, und schon bald kursierten verschiedene Gerüchte im Werk, so daß sich Willy Messerschmitt am 24. März 1942 genötigt sah, eine Lautsprecheransprache an die Werksangehörigen zu richten, in der er, soweit dies aus Gründen der Geheimhaltung überhaupt möglich war, auf die Probleme mit der Me 210 einging und gleichzeitig unterstrich, daß er keinesfalls »beim Reichsmarschall in Ungnade gefallen« sei.

Die Wirklichkeit sah anders aus. Der Ausfall der Me 210 wirkte sich gravierend auf die Luftrüstung aus, und so drängte Erhard Milch auf die Ablösung Messerschmitts, die dann auch in einer am 30. April 1942 durchgeführten Aufsichtsratssitzung der Messerschmitt AG einstimmig beschlossen wurde. Danach sollte sich Willy Messerschmitt für die Dauer des Krieges nur noch seinen Aufgaben als Chefkonstrukteur widmen, während Theo Croneiß den Vorstandsvorsitz und die Betriebsführung des Augsburger Werkes übernahm. Neuer Aufsichtsratsvorsitzender wurde der Bankier F.W. Seiler. Vermutlich wären die Maßnahmen gegen Willy Messerschmitt noch härter ausgefallen, hätte nicht das RLM durch einen voreilig in Gang gesetzten Serienanlauf eine erhebliche Mitschuld an dem Desaster getragen.

Inzwischen hatte sich bezüglich der Me 210 einiges getan. Am 14. März 1942 konnte mit der V17 (NE+BH) – ein umgebautes Flugzeug der A-0-Vorserie – ein Versuchsmuster die Flugerprobung aufnehmen, das endlich annehmbare Flugeigenschaften aufwies. Gegenüber den Vorgängern hatte man den Rumpf ab der Kabinenhinterkante deutlich verbreitert und um 95 cm verlängert. Diese Rumpfverlängerung war bereits mehr als zwei Jahre zuvor von Dr.-Ing. Wurster angeregt, aus Kostengründen jedoch nicht realisiert worden. Wie ein Vergleichsfliegen mit der »Kurzrumpf«-Me 210 V16 ergab, zeigte sich die V17 in allen Bereichen als das bessere Flugzeug. Gegenüber der V1 ergaben sich so viele Unterschiede, daß man fast von einem neuen Flugzeug sprechen konnte. Die wesentlichen Änderungen sind nachstehend zusammengefaßt:

+ einkieliges Seitenleitwerk,
+ Austausch der Spalt- gegen eine Wölbungsklappe,
+ Anbau eines automatischen Vorflügels,
+ Berichtigung des Flügelprofils,
+ zweiteilige Sturzflugbremsen,
+ Änderung der Flügelwurzel im hinteren Bereich,
+ neue Kabinenabdeckung,
+ verstärktes Fahrwerk,
+ breiterer Rumpf,
+ Rumpf um 95 cm verlängert,
+ Austausch des DB 601 A gegen DB 601 F und
+ Änderung des Ladehutzen des DB 601.

Bevor an einen Serienbau der geänderten Me 210 gedacht werden konnte, entstanden durch den Umbau vorhandener Maschinen die V-Muster V18 bis V38, die die mit der V17 gemachten Erfahrungen bestätigten. Die Flugeigenschaften waren nun weitgehend in Ordnung, jedoch hatte die jahrelange Herumbastelei dazu geführt, daß die Maschine bei ihrer Serienreife im Begriff war zu überaltern. Ein Vergleich zwischen der Kurzrumpf-Me 210 A und ihrem Vorgänger, der ab 1941 produzierten Bf 110 F, zeigt, daß in einigen Punkten keine Leistungssteigerung zu verzeichnen war.

Technische Daten

	Bf 110 F-2	Me 210 A-1
Triebwerk	2 x DB 601 F	2 x DB 601 F
	2 x 1350 PS	2 x 1350 PS
	(2 x 993 kW)	(2 x 993 kW
Spannweite	16,30 m	16,34 m
Länge	12,10 m	11,20 m
Höhe	3,30 m	3,70 m
Flügelfläche	38,50 m²	36,20 m²
Rüstmasse	5600 kg	7070 kg
Flugmasse	7100 kg	9460 kg
Höchstgeschw.	570 km/h	573 km/h in
	in 5000 m	5600 m
Dienstgipfelhöhe	10.900 m	8900 m
Reichweite	1200 km	1850 km

Die Vorteile der Me 210 gegenüber der Bf 110 lagen vor allem in der Möglichkeit, mehr Zuladung mitführen zu können. Dies wirkte sich auf die Kampfmittelzuladung und den Kraftstoffvorrat aus.

Vom fliegerischen Standpunkt gesehen gab es unterschiedliche Beurteilungen. Während einige Flugzeugführer die Bf 110 nach wie vor bevorzugten, sprachen sich andere für die Me 210 aus.

Zum Zeitpunkt des Baustopps waren 77 Flugzeuge – einschließlich der V-Muster – ausgeliefert worden, weitere 205 Maschinen befanden sich bei den Herstellern in unterschiedlichen Bauzuständen. Nachdem sich die Me 210 V17 und die nachfolgenden V-Muster bewährt hatten, ging man daran, die vorgenannten Flugzeuge der V17 entsprechend umzurüsten und die verbesserten Maschinen den Luftwaffenverbänden zuzuführen. Eine der ersten Einheiten, die die abgeänderte Me 210 erhielt, war die im niederländischen Soesterburg stationierte Versuchsstaffel 210, die ab August 1942 über Südengland zum Einsatz gelangte und auch als 16./KG 6 geführt wurde.

Die Staffel traf dabei auf eine starke britische Luftabwehr, wobei vor allem der schwere einmotorige Jäger Hawker Typhoon der Me 210 zusetzte. Verluste durch Feindeinwirkung und Unfälle verhinderten einen erfolgreichen Einsatz der Staffel.

Die geringe Fertigungsrate der Me 210 wirkte sich naturgemäß auf die Einsatzverbände aus, so konnten nur noch folgende Staffeln und Gruppen Ende 1942 und Anfang 1943 mit dem Muster ausgerüstet werden:

III./ZG 1, Sizilien,
10./ZG 26, Tunesien und
Stab und 2./FAGr 122,
Sardinien.

Darüber hinaus fand
das Flugzeug vereinzelt
bei Sonderaufgaben Ver-
wendung, so zum Bei-
spiel als Fühlungshalter
der Luftbeobachterstaf-
feln. In dieser Eigen-
schaft hängte sich das
Flugzeug an die einflie-
genden Bomberströme
und meldete laufend deren
Position an die Boden-
stationen.

Inzwischen hatte man
neben dem Umbau der
Me 210 auch eine neue
Variante mit dem stärke-
ren DB 603 erprobt, die
letztlich zur Me 410 führte. Dieses Flugzeug löste
dann die Me 210 in der
Serienfertigung ab, so
daß insgesamt nur 352
Me 210 gebaut wurden.
Neben der Messersch-
mitt AG lieferte die Do-
nauer Flugzeugfabrik mit
267 Exemplaren den
größten Teil der Gesamt-
fertigung. Von diesen
Flugzeugen gingen rund
100 an die Luftwaffe,
während die ungarischen
Streitkräfte die restlichen
Maschinen erhielten.

Im März 1941, als die
Probleme mit der Me
210 noch nicht bereinigt
waren, hatten die Un-
garn ein Abkommen
über die Lizenzfertigung
des Musters (Stückpreis:
drei Millionen Reichs-
mark) und der Bf 109 F

*Bildserie einer
Me 210 A-1.
Die MG 131 sind
aus den Seitenla-
fetten ausgebaut
worden.*

103

**Me 210 V31.
Die Keulenform
des Rumpfes
sticht bei dieser
Aufnahme ins
Auge. Das
Hakenkreuz am
Leitwerk wurde
nach dem Krieg
wegretuschiert.**

mit der Messerschmitt AG abgeschlossen und eigens
für die Fertigung der Flugzeuge die Donauer Flugzeugfabrik gegründet. Außerdem erwarb die ungarische
Weiß Manfred AG die Nachbaurechte für den DB 605,
der die in Ungarn gefertigte Me 210 C antreiben sollte
und dessen Lizenzpreis 1,7 Millionen RM betrug.

Die Baureihe C unterschied sich also von der Baureihe A im wesentlichen durch den stärkeren Daimler-
Benz-Motor mit einer Startleistung von 1475 PS (1100
kW). Außerdem wies die neue Variante sämtliche mit
der V17 erprobten Änderungen und Verbesserungen
auf.

Die in Deutschland geplante Baureihe B war wegen
der anhaltenden Probleme mit dem Muster auf der
Strecke geblieben. Lediglich zwei B-0 und drei B-1
waren durch den Umbau von Flugzeugen der A-Reihe
entstanden. Die als Aufklärer konzipierte Version verfügte als Hauptunterschied zur A-Serie über den DB
605 und entsprach somit weitgehend der Me 210 C.

Über die in verschiedenen Publikationen erwähnte
Baureihe S ist nur wenig bekannt, sie soll aus dem
Umbau von Flugzeugen der A-Serie entstanden und je
nach Quelle als Schlachtflugzeug oder Schnellbomber
eingesetzt worden sein. Hinweise auf die spezielle

Aufklärer-Baureihe Me 210 D finden sich ebenfalls nur
spärlich. Dem Muster wird eine aus DB-605-B-Moto-
ren bestehende Triebwerkanlage sowie ein vergrößerter Bombenraum zur Unterbringung von Reihenbildnern (Rb) zugeschrieben.

Zurück zur ungarischen Serienfertigung, die sich auf
den Bau der Me 210 Ca-1 konzentrierte, wobei das
Muster vorwiegend als Stuka eingesetzt werden sollte.

Als erstes Flugzeug konnte am 21. Dezember 1942
die Werk-Nr. 210316001 (Kennzeichen RF+PA) eingeflogen werden. Anfängliche Mängel wie das unbeab-
sichtigte Ausfahren der Vorflügel und Vibrationen, die
von den Motoren ausgingen, konnten nach und nach
behoben werden. Die Ungarn bemühten sich, die Serienfertigung voranzutreiben, die schleppende Anliefe-
rung von Bauteilen aus Deutschland verhinderte
zunächst das Erreichen der angestrebten Produktionsrate. Dies änderte sich erst Anfang 1944, als man zwischen Januar und April 72 Flugzeuge abliefern konnte.
Ab April 1944 nahmen dann die Bombenangriffe auf
das Werk zu, so daß die Fertigung praktisch zum Erliegen kam. Da Deutschland zu diesem Zeitpunkt nicht
mehr an der Me 210 interessiert war, wurde die Ferti-

gung des Flugzeuges eingestellt und die Produktion der Bf 109 G aufgenommen.

Die ungarischen Luftstreitkräfte konnten Anfang 1944 eine aus 18 Flugzeugen bestehende Schnellkampfstaffel aufstellen, die im Mai und Dezember des Jahres durch je eine weitere Staffel verstärkt wurde, so daß letztlich die 102. Bombergruppe entstehen konnte, die zeitweise über bis zu 39 Me 210 verfügte. Außerdem wurde eine Handvoll Maschinen als Fernaufklärer eingesetzt. Die Flugzeuge basierten auf der Me 210 D, allerdings wurde die Anzahl der im umgebauten Bombenschacht plazierten Reihenbildner von zwei auf drei erhöht. Des weiteren existierten – je nach Quelle – 2 oder 4 Nahaufklärer, in denen sich ein drittes Besatzungsmitglied liegend im Rumpfbug befand.

Die zunehmenden Bombenangriffe auf Ungarn führten zu Arbeiten an einer kampfstarken Zerstörer-Variante auf Basis der Me 210 D. Diese mit einer stärker gewölbten Rumpfbug-Unterseite versehene Variante gestattete den Einbau einer schwedischen Bofors-40-mm-Kanone. Außerdem wurden noch drei Abschußrohre für Wurfgranaten unter jedem Außenflügel montiert. Neben dem Musterflugzeug, Kennzeichen ZO+03, wurden vermutlich noch drei Maschinen umgebaut.

Ebenfalls aus einem Umbau entstand 1944 ein drei-

sitziger Nachtjäger, der über ein in Ungarn entwickeltes Funkmeßgerät verfügte, dessen 1,5 m lange Antenne im Bombenschacht untergebracht war. Das auf einer Wellenlänge von 55 cm arbeitende Gerät wies im Normalbetrieb eine Reichweite von 5 bis 10 km auf. Maximal konnten 18 km erreicht werden.

Es blieb vermutlich bei der einen Umrüstung. Weitere Me-210-Nachtjäger, die von Vzprem aus eingesetzt wurden, entsprachen vermutlich der Standardausführung.

Die von Ungarn an die Luftwaffe abgelieferten Flug-

105

Zwei Abbildungen der mit einer 40-mm-Bofors-Kanone und Werferrohren ausgerüsteten Me 210 Ca-1 ZO+03.

zeuge fanden bevorzugt bei einer Reihe von Aufklärerstaffeln Verwendung. Einige wenige Maschinen wurden von der II. und III./ZG 1 sowie der III./ZG 26 übernommen.

Die vermutlich einzige Me 210 A-2, die mit Ausnahme der DB-601-F-Motoren der Me 410 angepaßt worden war, traf 1943 in Japan ein. Zu einer Lizenzfertigung kam es nicht.

Die Geschichte der Me 210 ist damit noch nicht beendet, sie fand ihre Fortsetzung in den Mustern Me 310 und der bereits erwähnten Me 410.

Während einerseits die Behebung der Schwierigkeiten mit der Me 210 im Vordergrund stand, befaßte man sich andererseits mit neuen Baureihen und der Entwicklung eines Nachfolgers, der die Bezeichnung Me 310 trug und die gleichen Einsatzbereiche wie der

Vorgänger abdecken sollte: als Zerstörer, Stuka, Aufklärer und Schlachtflugzeug.

Hauptunterschiede zur Me 210 bildeten eine auf 17,90 m vergrößerte Spannweite, die Verwendung einer Druckkabine sowie der Einbau stärkerer Triebwerke in Form des DB 603 oder des Jumo 213.

Mitte 1941 wurde vom RLM der Auftrag über den Bau von zwei Versuchsmustern erteilt. Letztlich mußten die Arbeiten an der Me 310 Anfang 1942 aufgrund der Probleme mit dem Me 210 Programm eingestellt werden.

Der neue Tragflügel, der sich im wesentlichen durch zwei um je 1,50 m verlängerte Außenflügel von der Me 210 unterschied, konnte noch ab dem 11. September 1943 mit einer Me 210 A-1 (Werk-Nr. 210179) erprobt werden. Dabei zeigte sich, daß die neue Tragfläche

Me 210 A-2.
Bei der an Japan gelieferten Werk-Nr. 2350 handelt es sich vermutlich um das einzige Flugzeug dieser Baureihe.

das Abkippverhalten gegenüber der Me 210 deutlich verbesserte. Allerdings mußten dafür größere Querruderkräfte in Kauf genommen werden.

Technische Daten:

	Me 210 A-1
Triebwerk	2 x DB 601 F
	2 x 1350 PS
	(2 x 993 kW)
Spannweite	16,34 m
Länge	11,20 m
Höhe	3,70 m
Flügelfläche	36,20 m^2
Leermasse	7070 kg
Flugmasse	9460 kg
Flächenbelastung	261,3 kg/m^2
Höchstgeschw.	573 km/h in 5900 m
Steigzeit	6000 m in 12,4 Minuten
Dienstgipfelhöhe	8900 m
Reichweite	1850 km

Technische Daten:

	Me 210 Ca-1
Triebwerk	2 x DB 605 B
	2 x 1475 PS
	(2 x 1085 kW)
Spannweite	16,40 m
Länge	12,54 m
Höhe	3,70 m
Flügelfläche	36,20 m^2
Leermasse	6400 kg
Flugmasse	9500 kg
Flächenbelastung	280 kg/m^2
Höchstgeschw.	560 km/h in 5000 m
Steigzeit	7000 m in 15 Minuten
Dienstgipfelhöhe	10.000 m
Reichweite	2000 km

Messerschmitt Me 210 - Versuchsmuster V1 bis V16

Me 210 V1,
D-AABF, später CE+BY, Werk-Nr. 2100001
Erstflug am 5. 9. 39 mit Endscheiben-Leitwerk und einer Flugmasse von 5300 kg. Umbau auf einkieliges Seitenleitwerk. Erstflug in dieser Form am 23. 9. 39.

Me 210 V2,
WL-ABEO, später CE+BZ, Werk-Nr. 2100002
Erstflug am 10. 10. 39, Umbau auf einkieliges Seitenleitwerk und Außenflügel der V3. Flog in geänderter Form ab dem 11. 11. 39. Das Flugzeug stürzte am 5. 9. 40 bei einem Hochgeschwindigkeitsversuch durch Abbrechen des Hecks ab. Flugzeugführer Fritz Wendel konnte abspringen.

Me 210 V3,
CF+BA, Werk-Nr. 2100003
Das Flugzeug diente zunächst statischen Versuchen. Später nahm es mit einem Endscheibenleitwerk die Flugerprobung auf. Neu waren die Außenflügel, die von der V2 übernommen wurden.

Me 210 V4,
CF+BB, Werk-Nr. 2100004
Untersuchung verschiedener Sturzflugbremsen. Nach 29 Versuchsflügen Ausbau der Sturzflugbremsen und Abgabe an E-Stelle Rechlin am 21.10. 40.

Me 210 V5,
ND+VX, Werk-Nr. 2100005
Das Flugzeug erhielt die Versuchsmuster V56 und V57 des DB 601 BF als Antrieb. Die Maschine wurde am 21. 11. 40 an E-Stelle Rechlin abgegeben.

Me 210 V6,
ND+VY, Werk-Nr. 2100006
Allgemeine Flugversuche, ab 21. 11. 40 von Rechlin aus.

Me 210 V7,
ND+VZ, Werk-Nr. 2100007
Enteisungsversuche.

Me 210 V8,
NF+LA, Werk-Nr. 2100008
Fahrwerkversuche.

Me 210 V9,
NF+LB, Werk-Nr. 2100009
Leitwerkuntersuchungen, Höhenruder mit
innenliegenden Ausgleichgewichten, geänderte
Flügelwurzelverkleidung, nach 41 Versuchsflügen
am 28. 11. 40 an E-Stelle Rechlin abgegeben.

Me 210 V10,
GI+SN, Werk-Nr. 2100010
Allgemeine Flugversuche ab dem 6. 12. 40.

Me 210 V11,
GI+SO, Werk-Nr. 2100011
Allgemeine Flugversuche ab dem 24. 11. 40.

Me 210 V12,
GI+SP, Werk-Nr. 2100012
Untersuchung von automatischen Sturzflugbremsen.

Me 210 V13,
GI+SQ, Werk-Nr. 2100013
Erstflug 17. 4. 41. Untersuchung von automatischen
Kühlerklappen und elektrischer Enteisungsanlage.
Einzige Me 210 mit Vierblatt-Luftschrauben.

Me 210 V13.
Eines von
zahlreichen
Versuchsmustern,
die im Laufe der
Jahre entstanden
waren.

Me 210 V14,
GI+SR, Werk-Nr. 2100014
Trudelversuche mit Anti-Trudelschirm und
Bremsschirm.

Me 210 V15,
GI+SS, Werk-Nr. 2100015
Erstflug 31. 5. 41. Untersuchungen des günstigsten
Einbaues von Funkgeräten und Funkantennen.

Me 210 V16,
GI+ST, Werk-Nr. 2100016
Untersuchung der Abreißgeschwindigkeit sowie
Enteisungsversuche.

Messerschmitt Me 210:
Umbauflugzeuge

Me 210 V17,
NE+BH, Werk-Nr. 2100101
Zunächst ab 3. 4. 41 bei Daimler-Benz erprobt, dann
zwecks Umbau auf verlängerten Rumpf am 21. 6. 41
an Messerschmitt zurückgegeben und erneut ab

Me 210 V17. Die erste 210 mit verlängertem Rumpf.

3. 10. 41 als A-0-Vorserienflugzeug eingeflogen.

Me 210 V25, GE+KU, Werk-Nr. 2349
Triebwerkversuche ab 15. 12. 42 bei der Daimler-
Benz-Erprobungsstelle in Echterdingen.

Versuchsprogramme mit
Me 210 Serienflugzeugen

Me 210 A-0, DU+IX,
Werk-Nr. 2100054
Untersuchung von Leitwerksschwingungen.

Me 210 A-0, NT+CB,
Werk-Nr. 2100058
Sturzflugversuche bis zu 790 km/h.

Me 210 A-0, NT+CT,
Werk-Nr. 2100076
Im Gegensatz zu Enteisungsversuchen flog dieses Flugzeug Versuche zur Vermeidung von Eisbildung ab 2. 5. 43.

Me 210 A-0, PN+PA,
Werk-Nr. 2100102
Sturzflugversuche.

Me 210 A-0, PN+PB,
Werk-Nr. 2100103
Sturzflugversuche.

Me 210 A-0, PN+PC,
Werk-Nr. 2100104
Sturzflugversuche bis zu 690 km/h mit Luftbremsen an den Außenflügeln.

Me 210 A-0, PN+PD,
Werk-Nr. 2100105
Sturzflugversuche wie PN+PC, jedoch mit DB-605-Motoren.

Me 210 A-1, SJ+GE,
Werk-Nr. 2100115
Sturzflugversuche bis zu 750 km/h am 21. 12. 42.

Me 210 A-1, SJ+GM,
Werk-Nr. 2100123
Versuche mit Kuto-Nase am 18. 3. 42.

Me 210 A-1, VC+SA,
Werk-Nr. 2100137
Vergleichsflüge im Hochgeschwindigkeitsbereich mit VC+SF.

Me 210 A-1, VC+SF,
Werk-Nr. 2100142
Vergleichsflüge im Hochgeschwindigkeitsbereich mit VC+SA. Das Flugzeug verfügte über eine aerodynamisch verbesserte Kabinenabdeckung (»Rennkabine«) sowie einen aufgedickten hinteren Rumpf. Die Höchstgeschwindigkeit gegenüber VC+SA lag um 12 km/h höher.

Me 210 V31 und V36.

Mit den Umrüstflugzeugen V31 (hinten) und V36 (vorn) erstellte Messerschmitt eine Fotoserie für die Luftfahrtpresse.

Me 210 S, VC+SU,
Werk-Nr. 2100157
Ermittlung von Reichweiten und Flugdauerwerten, DB-605-B-1-Motoren.

Me 210 A-1, VC+SZ,
Werk-Nr. 2100162
Versuche mit hydraulisch betätigten Klappen von geänderter Form (2H-Landeklappen).

Me 210 S, VN+AD,
Werk-Nr. 2100166
Hochgeschwindigkeitsbombenwürfe ab 28. 1. 42. DB-605-B-1-Motoren.

Me 210 A-1, VN+AQ,
Werk-Nr. 2100179
Vorversuche zur Me 310. Vergrößerte Spannweite. Flugversuche in dieser Form ab 11. 9. 43

109

Me 210 A-1, DI+NJ,

Werk-Nr. 2100198
Versuche mit automatischer Verstellung der Luftschraubenblätter und Mustereinbau von Reihenbildnern.

Me 210 A-1, ??+??,

Werk-Nr. 2319
Einbau eines Funkmeßgerätes FuG 200 »Hohentwiel« zur Schiffssuche.
Versuchsflüge ab dem 7. 5. 43.

Me 210 A-1, GF+CX,

Werk-Nr. ???
Vorflügel-Versuche.

Me 210 A-1, GF+CY,

Werk-Nr. 2345
Starre Abwehrbewaffnung und bewegliches MG 81 Z in geänderter Kabinenhaube.

Me 410:
Die Summe aller Erfahrungen

Mitte 1942 konnte die deutlich verbesserte und stark abgeänderte Me 210 erneut in den Serienbau gehen. Zu diesem Zeitpunkt – rund zweieinhalb Jahre nach dem Erstflug – bewegte sich das Muster am Rande der Überalterung. Neue, stärkere Triebwerke sollten die Leistungen steigern.

Versuchsweise hatte man den DB 605 mit einer Startleistung von 1360 PS (1000 kW) in einige wenige Flugzeuge eingebaut. Die erzielte Leistungssteigerung hielt sich in Grenzen. Bessere Aussichten versprach der DB 603 A, der anfänglich eine Startleistung von 1625 PS (1200 kW) hatte und künftig als Antrieb der Me 210 dienen sollte.

Im Sommer 1942 begann bei Messerschmitt der stufenweise Umbau einer Me 210 A-1, DI+NW, Werk-Nr. 210027. Zunächst erhielt das Flugzeug neue Außenfügel – ohne die für die Me 210 charakteristische Vorderkantenpfeilung von 5 Grad – sowie geänderte Vorflügel. Anschließend wurden zwei DB 603 A eingebaut. In dieser Form nahm die Maschine am 26. August 1942 die Flugerprobung auf.

Wenngleich sich die Start- und Landeeigenschaften

Me 410 V1. Aus dem Umbau der Me 210 A-1, Werk-Nr. 027, entstand die erste Me 410.

gegenüber der Me 210 mit langem Rumpf verschlechtert hatten, zeigte man sich insgesamt mit dem Flugzeug zufrieden, so daß beschlossen wurde, das Muster in die Serienfertigung zu nehmen, wobei gegensinnige Luftschrauben die Start- und Landeeigenschaften verbessern sollten.

Generalluftzeugmeister Erhard Milch ordnete an, daß das geänderte Flugzeug die Bezeichnung »Me 410« tragen solle, um so auch nach außen hin zu dokumentieren, daß die Maschine nichts mehr mit der unglückseligen Me 210 gemein hatte.

Demzufolge erhielt der erste Umbau die Typenbezeichnung Me 410 V1. Es folgten nicht weniger als 21 weitere V-Muster für die verschiedensten Zwecke.

Mit dem erneuten Anlauf der Serienfertigung stellte sich aufgrund der geänderten Kriegslage die Frage, welche Rollen die Me 410 übernehmen sollte. Mit einer Höchstgeschwindigkeit von 614 km/h in 6300 m war das Flugzeug bedeutend schneller als der eigentliche Schnellbomber der Luftwaffe, die Junkers Ju 88 A, so daß sich der Einsatzzweck »schnelles Kampfflugzeug« aufdrängte.

Als Ende April 1943 die ersten Me 410 verfügbar waren, konnte als erster Luftwaffenverband die im Westen stationierte II. Gruppe des KG 2 teilweise auf das Muster umrüsten. Kurz darauf begann die Aufstellung einer fünften Gruppe des Geschwaders, die ausschließlich Me 410 flog und als erster Verband die Maschine ab dem 18. Juni 1943 einsetzte: gegen die britische Hafenstadt Portsmonth. Weitere Einheiten wurden umgerüstet, so die von Frankreich aus operierenden I. und II. Gruppen des KG 51.

Wenngleich das neue Kampfflugzeug gegenüber den mittleren Bombern Ju 88 und Do 217 Vorteile aufwies, waren die Kampfflieger mit dem Muster nicht glücklich. Die maximale Bombenlast von 1000 kg war im Vergleich zu den alliierten Bombern recht bescheiden und konnte auch nur in Ausnahmefällen mitgeführt werden. Bei den meisten

Einsätzen betrug die Bombenlast lediglich 500 kg und die Eindringtiefe nicht mehr als 400 km.

Auch bezüglich der Flugeigenschaften zeigten sich die Besatzungen reserviert. Der General der Kampfflieger, Generalmajor Dietrich Peltz, vertrat die Ansicht, daß die Me 410 ein schwieriges Flugzeug sei, das den durchschnittlichen Flugzeugführer überfordere. Zu einem ähnlichen Urteil gelangte auch einer der erfahrensten britischen Testpiloten, Captain Eric »Winkle« Brown. Er berichtete über seine Erfahrungen mit einem Beuteflugzeug in der Luftfahrtzeitschrift *Air International* – er fühlte sich in der Maschine nicht wohl. Er bescheinigte der Me 410 lediglich ausreichende Flugeigenschaften und kritisiert insbesondere das Flugverhalten beim Ausfall eines Motors.

Gegenüber älteren Mustern wie der Bf 110 wies die Me 410 eine deutlich höhere Flächenbelastung mit all ihren Nachteilen auf. Im Vergleich zur Me 210 war die Flugmasse nochmals – und zwar von 10.303 auf 11.244 kg – angestiegen: der Einbau einer verstärkten Panzerung, die rund 500 kg wog, sowie einige Detailänderungen hatten dazu beigetragen. Neu waren eine Abweiskante für Ballonseile am Rumpfbug und eine Kuto-Nase an der Flügelvorderkante, die denselben Zweck erfüllen sollte. Die Bomberausführung A-1 besaß außerdem die Bombenzielanlage BZA 1 und das Sturzflugvisier Stuvi 5. Beide Zielgeräte konnten bei der Zerstörer-Baureihe A-2 entfallen.

Die genannten Gründe und die sich ab Mitte 1943 andeutende große Luftoffensive der Alliierten gegen

Die Me 410 übernahm zunächst die Rolle des Schnellkampfflugzeugs. Diese 1944 in Lärz fotografierte Maschine ist mit Tandem-Bombenträgern unter den Flügelwurzeln ausgerüstet, die Klappen des Bombenschachts sind geöffnet.

Beim Bau der Me 410 konnte auf zahlreiche Baugruppen aus dem Me-210-Programm zurückgegriffen werden, so daß sich auf den ersten Blick kaum Unterschiede ergeben.

das Deutsche Reich ließ die Zerstörerrolle wieder in den Vordergrund rücken.

Inzwischen war die Fertigung der Me 410 in größerem Umfang angelaufen. Zunächst wurden die vorhanden Baugruppen aus dem Me-210-Programm soweit wie möglich bei der Fertigung der ersten 700 Me 410 verwendet. Dies wird auch anhand der Werknummern deutlich. Eine der ersten Me 410 A-1, BN+CY, trug beispielsweise die Me-210-Werk-Nr. 2100112300. Auf dem Höhepunkt der Me 210-Krise lagerte der Inhalt von nicht weniger als 600 Güterwaggons bei Messerschmitt. Diese Zahlen belegen, in welchem Ausmaß wertvolle Werkstoffe ungenutzt auf Halde lagen.

Nachdem das Material weitgehend verbraucht war, nahm im Herbst 1943 Dornier in Oberpfaffenhofen ebenfalls die Fertigung des Musters auf.

Am Beginn der Serienproduktion standen die Baureihen A-1 und A-2, die, der Me 210 entsprechend, mit zwei MG 17 und zwei MG 151 für den Angriff sowie zwei MG 131 in ferngerichteten Drehlafetten zur Abwehr bestückt waren.

Eine 1000-kg-Bombe vom Typ SD 1000 oder SC 1000 konnte im Bombenschacht mitgeführt werden. Wahlweise ließen sich hierin auch kleinere Bomben wie zwei 500-kg- oder acht 50-kg-Bomben unterbrin-

gen. Ferner war bei der Schnellbomber-Variante A-1 der Anbau von Bombenträgern unter dem Mittelflügel möglich, so daß vier zusätzliche 50-kg-Bomben mitgeführt werden konnten. Ein weiterer Umbausatz, der im Bombenschacht untergebracht und »U2« genannt wurde, bestand aus dem Waffenpack WP 151, der von zwei MG 151 mit je 250 Schuß gebildet wurde.

Des weiteren hatte man einige Me 410 A-1 werkseitig für den vertikalen Einbau der Reihenbildner Rb 20/30, Rb 50/30 oder Rb 75/30 in Rumpfmitte vorbereitet und sie als »Me 410 A-1/U1« bezeichnet. Ab Mai 1943 flog dieser Hilfsaufklärer von Sardinien aus Einsätze für die 2.(F)/122.

Entsprechend der vom Oberkommando der Luftwaffe vorgenommenen Gewichtung trafen die ersten Zerstörer vom Typ Me 410 A-2 im Mai 1943 bei der III./ZG 1 in Tunesien ein. Es folgte im Sommer des Jahres die II./ZG 26. Diese Geschwader wurde auch als »Hornissen-Geschwader« bezeichnet. Die Propaganda übertrug den Namen »Hornisse« dann inoffiziell der Me 410.

Der neue Zerstörer wurde dringend an allen Fronten benötigt, so auch als Fernjäger zur Sicherung des Luftraumes über der Biskaya. Die Zahl der zur Verfügung stehenden Flugzeuge war jedoch gering, und so gab

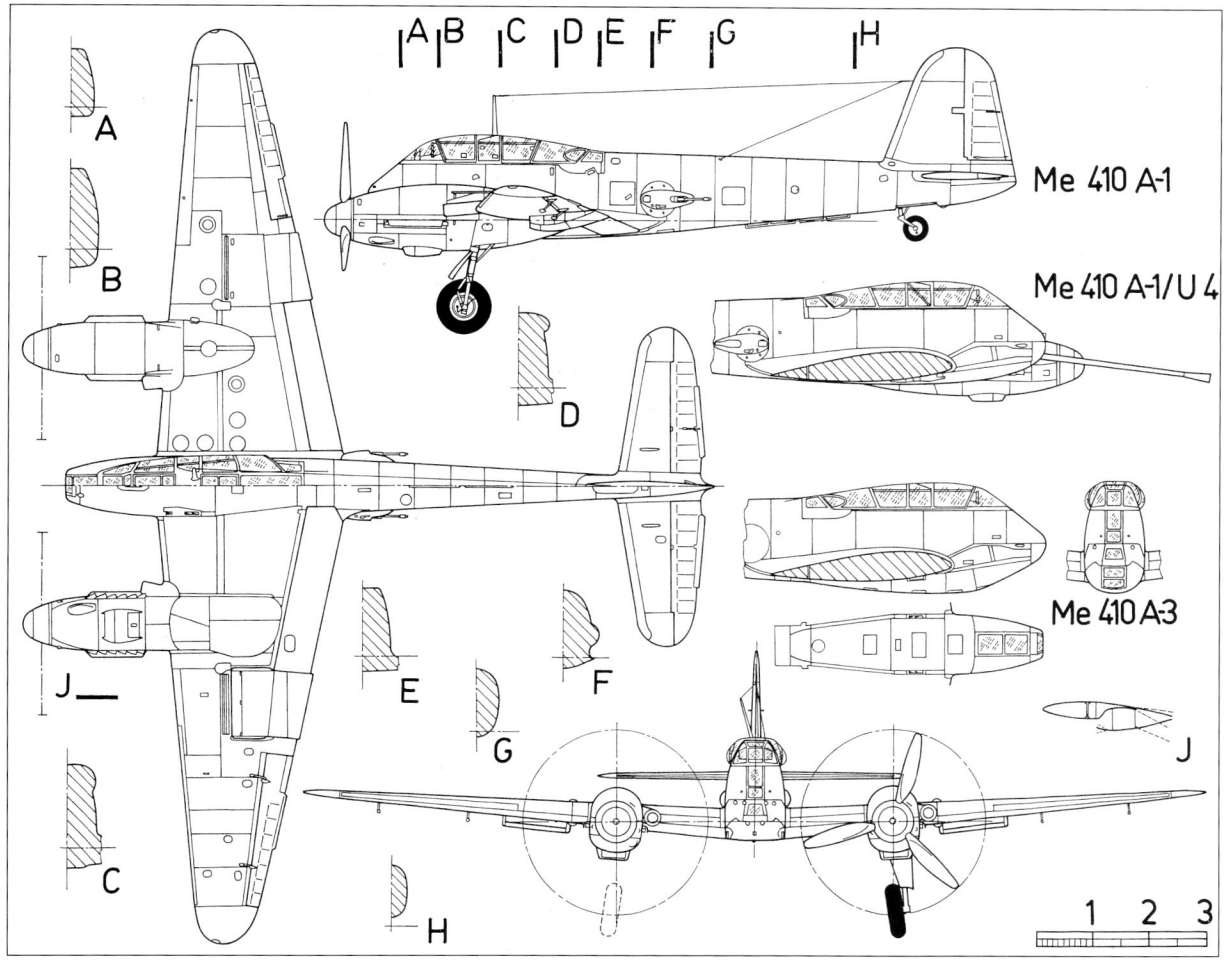

Me 410 A-1

Me 410 A-1/U 4

Me 410 A-3

die Mitte Juli 1943 im französischen Lorient eingetroffene 7./ZG 1 nur ein kurzes Gastspiel. Die alliierten Bombenangriffe auf das Reich zwangen dazu, den Verband nach Wittmundhafen zu verlegen. Neben der Stärkung der Reichsverteidigung gab es auch andere Gründe, die gegen einen Einsatz der Me 410 über See sprachen: mit einer Eindringtiefe von 300 bis 400 km war das Muster keinesfalls der zur Abwehr gegnerischer Langstreckenjäger und U-Boot-Jagdflugzeuge erforderliche Fernzerstörer, und außerdem wurde das Fehlen einer Frontpanzerung der Triebwerke von der Truppe kritisiert. Der Einbau dieser Panzerung hätte eine Schwerpunktverschiebung zur Folge gehabt, die wiederum die Flugeigenschaften verschlechtert hätte.

Der fehlenden Motorpanzerung sollte dann viele Me-410-Besatzungen bei der Bekämpfung der Bomberströme zum Opfer fallen. Die schweren 12,7-mm-MG der USAAF-Kampfflugzeuge B-17 und B-24 zeigten

beim Beschuß der ungepanzerten Triebwerke verheerende Wirkung.

Eine Lösung dieses Problems versprach der Einsatz weitreichender Bordwaffen, die es den Zerstörern gestatten, außerhalb der gegnerischen Abwehr zu operieren.

Auf der Suche nach solchen Waffen stießen die Konstrukteure auf die 5-cm-Bordkanone BK 5, die für den Einbau in die Zerstörer-Variante Me 410 A-2 vorgesehen wurde. Als erstes Flugzeug bestückte die Lufthansa-Werft in Staaken im August 1943 die Me 410 V2 (vormals Me 210 A-0, Werk-Nr. 2100023) mit dieser Waffe.

Die BK 5 stellte eine direkte Ableitung der bei Rheinmetall-Borsig gebauten Kampfwagenkanone KWK 39 dar. Die automatische Waffe wog einschließlich eines 21 Schuß umfassenden Munitionsvorrates 650 kg. Außerdem bedingte der Einbau der schweren Waffe

113

Me 410 A-3. Auf dem amerikanischen Flugplatz Wright Field entstanden diese Aufnahmen eines Aufklärers der 2.(F)/122. Das Flugzeug mit dem Kennzeichen F6+WK (vormals DI+NN) wurde im August 1943 in Sizilien erbeutet.

in den Bombenschacht des Zerstörers die Mitführung eines Trimmgewichtes im Heck des Flugzeuges. Dies alles führte zu einem Geschwindigkeitsverlust von rund 15 km/h.

Mit der großen Reichweite der Waffe – für den Jagdeinsatz war sie auf 1000 m reduziert – sollte eine Bomberbekämpfung aus sicherer Entfernung möglich sein. Aus diesem Grund wurde als Visier das Zielfernrohr ZFR 4a mit zweieinhalbfacher Vergrößerung eingebaut.

Hitler, dem die BK 5 vorgeführt wurde, versprach sich viel vom Einsatz der Kanone. Im November 1943 befahl er ausdrücklich den bevorzugten Einbau dieser Waffe in die Me 410.

Der General der Jagdflieger Adolf Galland sah die BK 5 in einem völlig anderen Licht. Nach seiner Meinung konnte die schwerfällig gewordene Me 410 allenfalls ab 400 m erfolgreich eingesetzt werden, wobei Ladehemmungen, eine große Streuung und eine geringe Schußfolge die Erfolgsaussichten erheblich schmälerten.

Das in Wittmundhafen stationierte Erprobungskommando 25 unter der Führung von Hauptmann Eduard Tratt erhielt im Herbst 1943 die beiden ersten Me 410 A-2/U4. Der Verband, der neben zehn Bf 110 noch über ein bis zwei Me 210 verfügte, sollte neue Taktiken in der Bomberbekämpfung entwickeln und entsprechende Waffen im Kampfeinsatz erproben.

Im Laufe der nächsten Monate wurden nach den bisher vorliegenden Erkenntnissen rund 100 BK 5 gefertigt und in die Baureihen A-1, A-2 und B-2 der Me 410 eingebaut.

Zu einem der größten Einsätze mit der Waffe kam es am 12. Mai 1944, als 26 Me 410 gegen einen Bomberpulk von 50 bis 60 B-17 Flying Fortress eingesetzt wurden. Obwohl der USAAF-Verband ohne Be-

gleitschutz einflog, kehrten neun Me 410 nicht vom Feindflug zurück. Derart dramatische Verluste, aber auch die Probleme mit der BK 5, führten zu neuen Überlegungen. Bereits im April 1944 wurde versuchsweise die 3,7-cm-Bordkanone BK 3,7 in eine Me 410 installiert. Obwohl diese Waffe mit einigem Erfolg in die Ju 87 und Bf 110 eingebaut worden war, kam es nicht zum serienmäßigen Einsatz mit der Me 410.

Ab Mitte 1943 hatte sich die Luftwaffe der Wurfgranate des Heeres zugewandt und sie als Bordrakete zur Bomberbekämpfung adaptiert. Bei der Wurfgranate handelte es sich um ein drallstabilisiertes Pulverraketengeschoß, das mit einem Kaliber von 21,4 oder 28 cm hergestellt und bei der Luftwaffe als BR 21 und BR 28 bezeichnet wurde.

Nachdem die Jagdflugzeuge Fw 190, Bf 109 und Bf 110 die Wurfgranate mit guten Erfolgen zum Aufbrechen geschlossener Bomberformationen eingesetzt hatte, baute man sechs Abschußrohre nach Art eines Trommel-Revolvers in den Bombenschacht einer Me 410 ein. Der erste Schießversuch am 3. Februar 1944 erwies sich als Fehlschlag, da die Flugzeugzelle dabei stark beschädigt wurde. Aus diesem Grunde erfolgte die Einstellung der Versuche. Einige wenige Me 410 übernahmen jedoch den paarweisen Anbau von BR-21-Rohren unter den Tragflächen.

Zwischenzeitlich hatte Messerschmitt mit der Baureihe A-3 eine reine Aufklärer-Ausführung der Me 410 herausgebracht. Äußerlich unterschied sich das Flugzeug durch einen geräumigeren Bombenschacht, in dem zwei Reihenbildner vom Typ Rb 20/30, Rb 50/30 oder Rb 75/30 untergebracht werden konnten, von den Vorgängern. Die beiden MG 17 im Rumpfbug mußten aus Platzgründen entfallen. Dank seiner hohen Geschwindigkeit bewährte sich der Aufklärer,

Me 410 B-2/U4: Flugzeuge der II./ZG26 »Horst Wessel«.

Me 410 B-2/U4: sowjetisches Beuteflugzeug (Werk-Nr. 130379) mit Bk 5 und ZFR 4.

der ab Anfang 1944 bei den Fernaufklärer-Einheiten 1.(F)/121 (Paris-Orly), 1.(F)/122 (Warschau) und 3.(F)/122 (Riga) im Einsatz stand, recht gut.

Im Laufe des Jahres 1944 verlor die Luftwaffe nach und nach die Luftherrschaft über dem Reichsgebiet. Langstrecken-Begleitjäger vom Typ North American P-51 Mustang konnten nahezu ungehindert über Europa operieren. Der hohe Leistungsvorsprung dieser einmotorigen Maschine konnte von der Me 410 nicht eingeholt werden. Um einigermaßen mithalten zu können, entstand die Baureihe Me 410 B, die über DB-603-G-Motoren mit einer Startleistung von 1900 PS (1400 kW) verfügte.

Mit der B-1 (Schnellbomber) und der B-2 (Zerstörer) wurden zwei Varianten abgeliefert, die sich mit Ausnahme der Motoranlage und dem Austausch der beiden MG 17 gegen zwei 13-mm-MG-131 kaum von der A-Serie unterschieden und außerdem mit den Umbausätzen der Vorgänger bestückt werden konnten. In diesem Zusammenhang ist die Me 410 B2/U4 besonders zu erwähnen: sie war mit der BK 5, zwei MG 151 und einem MG 131 bewaffnet.

Die Baureihe B eröffnete die Möglichkeit, zusätzlich zu den Umbausätzen noch folgende Rüstsätze mitführen zu können:

R2 = 2 x 30-mm-MK-108,
R3 = 2 x 30-mm-MK-103,
R4 = 2 x 20-mm-MG-151 im
        Waffentropfen WT 151 und
R5 = 4 x 20-mm-MG-151.

Der Aufklärer-Variante A-3 entsprechend entstand die Me 410 B-3. Dank der starken Motoren konnten die Flugzeuge der Baureihe B Spitzengeschwindigkeiten von bis zu 630 km/h in 8000 m erreichen, so daß es

der gegnerischen Abwehr schwerfiel, das Flugzeug abzufangen.

Der Vorteil der hohen Geschwindigkeit konnte jedoch nicht ausgespielt werden: einerseits war die mitgeführte Bombenlast zu gering, um effektive Einsätze zu fliegen, und andererseits standen zu wenige Flugzeuge zur Verfügung.

Als am 8. Mai 1944 entschieden wurde, die vorhandenen A-1 und B-1 Flugzeuge für die Zerstörerrolle umzurüsten, bedeutete dies auch das Aus für die neuen Varianten B-5 und B-6, die für die Schiffsbekämpfung im Küstenvorfeld vorgesehen waren.

Die B-5 kam vermutlich über eine Handvoll von Versuchsträgern für verschiedene Abwurfwaffen wie Lufttorpedos, die Bombentorpedos BT 200 und BT 400 sowie die Rollbombe SB 800 RS »Kurt« nicht hinaus. Der größte Teil der Abwurfversuche erfolgte vom Torpedoprüfplatz Gotenhafen-Hexengrund aus, wobei auch Flugzeuge der A-Serie Verwendung fanden. In der B-5-Serienausführung sollte die starre Bewaffnung auf zwei MG 151 reduziert werden. Anstelle der Abwehrbewaffnung war an den Einbau eines 700-l-Kraftstofftanks gedacht. Des weiteren bestand die Möglichkeit, einen 650-l-Tank im Bombenschacht mitzuführen.

Von der B-6 konnten noch einige Exemplare gebaut und eingesetzt werden. Das Flugzeug verfügte über das Funkmeßgerät FuG 200 Hohentwiel, das speziell der Schiffssuche diente. Mittels zweier zusätzlicher 30-mm-Kanonen sollte das Muster insbesondere U-Boote bekämpfen. Vom französischen Lorient aus erfolgten einige Einsätze unter dem Kommando des ZG 1. Aufgrund der Kriegslage verlegten die wenigen Flugzeuge nach Dänemark, hier fiel der Royal Air Force eine Me 410 B-6, Werk-Nr. 410208, intakt in die

Anbau des »Hohentwiehl«-Schiffsuchgeräts am Bug einer Me 410.

Hände. Zusammen mit anderen deutschen Flugzeugen wurde die Maschine auf einer Beuteschau in Farnborough ausgestellt.

Die Me 410 B-6 war im übrigen nicht die einzige Me 410, die von den Alliierten erbeutet wurde. Bereits ab 1943 gelangten verschiedene Me 410 im Mittelmeerraum in gegnerischen Besitz. Heute existieren noch zwei gut erhaltene Exemplare. Es handelt sich dabei um die Werk-Nr. 420430, eine A-1/U2, die sich im Besitz der britischen St.-Athan-Sammlung befindet, sowie um eine Me 410 A-2/U1 im National Air and Space Museum, Washington, letztere allerdings im demontierten Zustand in der Lagerhalle von Silver Hill.

Als im Sommer 1944 das »Jäger-Notprogramm« ins Leben gerufen und die Me 410 wie so viele andere Flugzeugmuster auch von der Fertigungsliste gestrichen wurde, hatten 902 Me 410 die Werkhallen von Messerschmitt in Augsburg und Regensburg verlassen. Weitere 258 Flugzeuge waren bei Dornier in Oberpfaffenhofen entstanden.

Lange bevor es zum Baustopp gekommen war, hatte man sich bei Messerschmitt mit neuen, leistungsstarken Varianten befaßt. Bereits 1943 untersuchten die Konstrukteure den zusätzlichen Einbau von ein bis zwei Strahltriebwerken unter dem Rumpf oder dem Mittelflügel des Kampfflugzeuges. Nachdem dieser Gedanke aus Gewichtsgründen verworfen wurde, befaßte man sich mit der Baureihe C, die neben neuen Außenflügeln, die die Spannweite wahlweise auf 17,97 m oder 20,45 m vergrößerten, DB-603-JZ-Motoren mit Ringkühlern und TKL-24/26-Turboladern erhalten sollte. Ferner war an den Einbau eines zweirädrigen Hauptfahrwerkes und einer strömungsgünstige-

ren Kabinenabdeckung gedacht.

Der DB 603 JZ (»JZ« für »Jäger-Zerstörer«) gehörte zur Gruppe der Einheitstriebwerke, die für den Einbau in verschiedene Flugzeugmuster wie Ta 152, He 219, Do 335 und Me 410 vorgesehen waren. Der mit einem Ringkühler versehene DB 603 JZ wurde mit einem Durchmesser von 1200 mm und 1100 mm versuchsweise in Me 410, Werk-Nr. 2300 und 10045, eingebaut.

Die Me 410 C sollte als Mehrzweckkampfflugzeug auch die Aufgaben eines Nachtjägers übernehmen und mit einem Funkmeßgerät ausgestattet werden.

In diesem Zusammenhang ist darauf hinzuweisen, daß die Me 410 nur ganz kurze Zeit und in sehr geringen Stückzahlen als Nachtjäger – ohne Funkmeßgerät – bei der III./NJG 1 und der I./NJG 5 zum Einsatz gelangte. Ferner setzte das KG 2 die Maschine als Fernnachtjäger über Großbritannien ein, und nicht zuletzt diente das Muster bei den Luftbeobachterstaffeln 1 und 7 als Fühlungshalter zur Verfolgung von Bomberströmen.

Wie erwähnt konnte die Motoranlage der Baureihe C durch V-Muster erprobt werden, bis zur Fertigung der Baureihe C sollten jedoch noch viele Monate vergehen, so daß quasi als Lückenbüßer die Baureihe D entworfen wurde. Hierbei handelte es sich um eine Ableitung aus der Me 410 B, die sich im wesentlichen durch eine von 16,39 m auf 22,97 m vergrößerte Spannweite, die eine Änderung der Flügelfläche von 36,20 m² auf 46,50 m² nach sich zog, vom Vorgänger

Me 410 B-6. Die mit einem Schiffsuchgerät ausgestattete Werk-Nr. 410 208 wurde von britischen Truppen in Dänemark erbeutet und später verschrottet.

unterschied. Waffenseitig war der Einbau von 2 MG 151, 2 MK 103 und 2 MK 108 vorgesehen.

Weder die D- noch die C-Baureihe konnten aufgrund des Kriegsverlaufes realisiert werden.

Technische Daten:

	Me 410 A-1
Triebwerk	2 x DB 603 A
	2 x 1750 PS
	(2 x 1287 kW)
Spannweite	16,39 m
Länge	12,56 m
Höhe	3,70 m
Flügelfläche	36,20 m²
Leermasse	6700 kg
Flugmasse	11.240 kg
Flächenbelastung	310,5 kg/m²
Höchstgeschw.	568 km/h in 6000 m
Steigzeit	4000 m in 7,4 Minuten
Dienstgipfelhöhe	10.000 m
Reichweite	1200 km

Technische Daten:

	Me 410 B-1
Triebwerk	2 x DB 603 G
	2 x 1900 PS
	(2 x 1395 kW)
Abmessungen	wie Baureihe A-1
Leermasse	7983 kg
Flugmasse	11.236 kg
Flächenbelastung	310,5 kg/m²
Höchstgeschw.	630 km/h in 8300 m
Steigzeit	8000 m in 22 Minuten
Dienstgipfelhöhe	10.000 m
Reichweite	1800 km

Arado Ar 240 und Ar 440: Die Außenseiter

Prof. Dipl.-Ing. Walter Blume, der Technische Direktor der Arado Flugzeugwerke GmbH, bot 1937/38 dem RLM die Entwicklung eines zweimotorigen Zerstörers unter der Projektbezeichnung »E 651« an. Das Besondere an dem Entwurf stellte die aus zwei Motoren bestehende Triebwerkanlage dar. Die beiden Motoren sollten im Rumpf Platz finden und über Fernwellen und Winkeltriebe die beiden Luftschrauben antreiben. Die Vorteile einer solchen Lösung lagen zum einen in geringem Stirnwiderstand und kleinstmöglichen Abmessungen und zum anderen in der Möglichkeit, bei Ausfall eines Motors mit dem intakten Triebwerk beide Luftschrauben antreiben zu können, so daß Asymmetrieeffekte ausblieben. Allerdings hatte diese komplexe Bauweise auch ihre Nachteile: hohe Fertigungskosten, aufwendige Wartung, Beschußempfindlichkeit.

Das RLM lehnte aus diesen Gründen den Entwurf ab, empfahl Blume, einen konventionelleren Vorschlag einzureichen, und übermittelte Arado mit Schreiben vom 15. Oktober 1938 die »Technischen Richtlinien« für die Entwicklung eines neuen Zerstörers, der firmenintern als E 625 geführt wurde.

Nachdem die Attrappe des Entwurfs am 31. März 1939 besichtigt werden konnte, erteilte das RLM am 16. Mai 1939 einen »Vorbescheid auf Entwicklung und Lieferung von sechs Versuchsflugzeugen« unter der Typenbezeichnung »Ar 240«. Gedacht war an ein Flugzeug mit höchster Leistung und optimaler Abwehrbewaffnung, die aus ferngerichteten Drehtürmen auf der Rumpfober- und -unterseite bestehen sollte.

Die Arbeiten an dem Flugzeug gingen nicht so schnell voran, so daß Flugbaumeister Walter Kröger erst am 25. Juni 1940 – zehn Monate nach der Me 210 – mit der Ar 240 V1 (Werk-Nr. 240001) zum Erstflug starten konnte. Grund für die Verzögerung war der Beginn des Zweiten Weltkrieges am 1. September 1939 und der damit verbundenen Beschluß der Führung, alle Arbeiten an Gerät, das sich noch in Erprobung befand, einzustellen. Erst nach dem Polenfeldzug wurde die Anweisung teilweise aufgehoben, so daß an der Ar 240 weitergearbeitet werden konnte.

Der zweimotorige Mitteldecker, der als Antrieb zwei DB-601-A-Motoren mit einer Nennleistung von 1175 PS (1050 kW) besaß, war unbewaffnet. Zu den auffälligen Konstruktionsmerkmalen gehörte neben dem Endscheiben-Leitwerk die im Heck befindliche Sturz-

Wenngleich diese Aufnahme in Bereich des Kabinendaches sehr »flau« ist, so ist sie äußerst interessant. Neben der Bugverglasung sind die Triebwerkgondel und das Hauptfahrwerk hervorzuheben. Bei diesem Flugzeug handelt es sich um eines der beiden ersten Versuchsmuster.

Foto:
Dr. V. Koos

flugbremse, die sich wie ein Schirm öffnete. Chefkonstrukteur Wilhelm van Nes hatte das mit DD+QL gekennzeichnete Flugzeug ganz auf Geschwindigkeit gezüchtet. Dies bedeutete kleinstmögliche Abmessungen und geringsten Stirnwiderstand. Mit einer Länge von 11,80 m und einer Spannweite von nur 12,16 m* kam van Nes seinen Vorstellungen sehr nahe. Allerdings wurde dies mit einer extrem hohen Flächenbelastung von rund 330 kg/m² erkauft.

Damit die Anflug- und Landegeschwindigkeit trotzdem im Rahmen des Normalen lag, erhielt die Ar 240 neben Vorflügeln Hochauftriebshilfen in Form der von Hans Rebeski entwickelten, patentierten Arado-Wanderquerruder. Das zuvor von der Ar 80 erprobte Wanderquerruder war an einem Hilfsflügel angelenkt, der im Langsamflug nach hinten ausfuhr und so zur Auftriebserhöhung beitrug.

Zwischen den Motorstießen und dem Rumpf befanden sich Klappen von kurzer Spannweite. Der zweiholmige Tragflügel nahm jeweils drei geschützte Kraftstoffbehälter sowie einen Schmierstoffbehälter auf. Ein weiterer Tank mit 525 Litern Inhalt befand sich im Rumpf. Der Kraftstoffvorrat betrug insgesamt 1975 Liter.

Aufgrund der erwarteten hohen Geschwindigkeit rechneten die Konstrukteure mit dem Einwirken

großer Kräfte auf die Ruder. Die »Feinfühligkeitssteuerung« an den Rudern konnten über ein Handrad verstellt werden, so daß die Ruderausschläge bei hohen Geschwindigkeiten und gleichem Steuerausschlag kleiner gemacht wurden.

Die Triebwerke waren weit vor der Flügelvorderkante angeordnet. Sie hatten Ringkühler mit integrierten Ölkühlern. Der Stirnwiderstand wurde dadurch so gering wie möglich gehalten.

Das Hauptfahrwerk befand sich in den Motorgondeln; es verfügte über Zwillingsreifen und schwenkte nach hinten ein. Auch das einfach bereifte Spornrad war einziehbar und wurde von zwei Klappen abgedeckt.

Von der V1 existierte lange Zeit – neben einigen Detailaufnahmen des Hecks und der Tragfläche – nur eine Gesamtaufnahme, die allerdings keine Gewähr für das tatsächliche Aussehen des Flugzeuges bietet, da dieses Foto »künstlerisch« bearbeitet wurde. Inzwischen liegen weitere Aufnahmen vor. Danach verfügte die Ar 240 über eine aufgesetzte Kabinenhaube mit wenigen Verstrebungen, die der zweiköpfigen Besatzung gute Rundumsicht bot, von der Aerodynamik her jedoch wenig überzeugte. Ferner befand sich eine Sichtscheibe im Rumpfbug.

Nach dem Erstflug der Maschine machte sich Enttäuschung breit. Das Flugzeug wies schwere Mängel im Hinblick auf die Stabilität auf. Die Firma Arado äußerte sich Jahre später in einem Bericht, der nachfolgend, leicht gekürzt, wiedergegeben wird, wie folgt:

Bericht über Seitenstabilitätsbeobachtungen an Ar 240 und Ar 234 (Stand vom 30. 5. 44)

Ar 240 V1.
Das hauptsächlich im Bereich des Kabinendaches retuschierte Foto diente später weiteren »Künstlern« zur Bearbeitung: so wurde unter anderem eine Flecktarnung aufgetragen und das Flugzeug als Ar 440 V1 deklariert.

Zum Vergleich die Abmessungen des einmotorigen US-Jagdeinsitzers P-47 Thunderbolt: Spannweite 12,46 m; Länge 10,99 m

Ar 240:

V1 hatte Taumelerscheinungen im Vollgassteigflug im ganzen Schwerpunktbereich. Es war wenig von der Flughöhe abhängig; in Bodennähe langsames Abklingen der Amplituden, in 8000 m gleichbleibende Amplituden. Längsneigungsänderung (Übergang auf Gleitflug) wirkte stark verbessernd. Die Taumelschwingungen waren schnell und damit kleine Amplituden und erforderten zum Aussteuern eine sehr große Aufmerksamkeit. Aus dem Verlauf der Seitensteuerkräfte und der Seitenruderwirkung (besonders hinsichtlich Auslösung von Schieberollmomenten) wurde auf Lage der Seitenleitwerke in den Gondel-Totbereichen und demzufolge eine sehr kleine Richtungsstabilität innerhalb eines kleinen Schiebewinkelbereichs bis zum Austritt des Leitwerkes aus dem Nachstrom geschlossen. Eine Beseitigung bzw. Verbesserung der Nachströme und damit der Richtungsstabilität mußte daher auch eine Verbesserung des Taumelns bringen. Nach Verlängerung des Rumpfes um 1 m (und Vergrößerung des Flügels) war das Taumeln verbessert, wurde aber erst tragbar, nachdem das Seitenleitwerk nach oben aufgestockt (vergrößert) und die Motorgondeln mit spitzer auslaufendem Heck versehen wurden (Geschwindigkeitsgewinn dadurch um 40-50 km/h). Damit war der Zustand so, daß das Taumeln in Bodennähe verschwunden war, über 8 km Höhe mit festem Ruder ebenfalls, jedoch mit losem Ruder noch störend war (gleichbleibend bis leicht aufschaukelnd). Dieser Zustand wurde auch durch weitere Vergrößerung des Flügels und Verlängerung des Rumpfes nicht mehr wesentlich beeinflußt. Es wurde als tragbar angesehen, da das Taumeln nur noch auftrat bei bewußten Störungen oder gänzlichem Wegnehmen der Füße von den Pedalen.

Soweit der Originalbericht, der mehr als interessant ist, enthält er doch eine Reihe von Informationen über Umbau oder deutliche Veränderungen der Ar 240, die im Laufe der Zeit erfolgten.

Ebenso wie die Me 210 konnte die Arado-Maschine nicht in die Fertigung gehen. Der wesentliche Unterschied bestand aber darin, daß die Produktion der Me 210 beschlossene Sache war und die Großserie anlaufen sollte, während über den Serienbau der Ar 240 noch nichts entschieden war und Änderungen im Versuchsbau noch möglich waren.

Der Bericht offenbart nur einen Teil der Mängel. Auch das Flügelprofil war nicht in Ordnung. Die größte Rücklage befand sich auf 40 Prozent der Flügeltiefe. In Verbindung mit der spitzen Flügelnase und dem großen Hinterkantenwinkel wurden die Querruder nicht optimal angeströmt. Ferner gab es Probleme mit der Triebwerkkühlung. So neigten die Motoren beim Rollen und während der Startphase zum Überhitzen.

Aus diesem Grund wurden bei der am 15. September 1940 eingeflogenen Ar 240 V2 zusätzliche Wasserkühler an den Federbeinen des Hauptfahrwerkes angebracht. Ferner erhielt die V2 neue Querruder und später eine aus zwei MG 151 und zwei MG 17 bestehende Angriffsbewaffnung. Wesentliche Änderungen der Zelle waren weder bei der V1 – die am 18. April 1941 Bruch machte – noch der V2 möglich; sie ließen sich erst beim dritten Versuchsmuster (KK+CD, Werk-Nr. 240003) verwirklichen. Die Neuerungen waren mehr als umfassend. Sie wurden zunächst im Attrappenbau verwirklicht. Als das Flugzeuge am 9. Mai 1941 zum Jungfernflug startete, fielen zahlreiche Unterschiede zu den Vorgängern auf. Da ist zunächst die Kabine zu erwähnen. Wegen der Aufgabenstellung »Sturzkampfflugzeug« erschienen dem RLM die Sichtverhältnisse der Ar 240 V1 und V2 für diesen Einsatzzweck unzureichend. Der Sichtwinkel für den Flugzeugführer sollte 60 bis 65 Grad betragen. Der Besatzungsraum wurde daher vor die Flügelvorderkante verlegt und mit einem neugestalteten Kabinendach versehen. Außerdem baute man Sichtscheiben – ähnlich der Me 210 – in den Rumpfbug ein. Wichtigste Änderung in diesem Bereich war jedoch die Auslegung des Besatzungsraumes als Druckkabine mit Doppelverglasung, wobei Warmluft in den Zwischenräumen ein Beschlagen der Scheiben verhinderte. Jahre später wurde die Maschine in das Arado-Ar-234-Programm einbezogen, um hier Erkenntnisse für die Druckkabine des Strahlflugzeuges zu liefern. Der am 4. September 1944 durchgeführte Flug-Nr.131, der nur 13 Minuten dauerte, diente beispielsweise Messungen für den Wärmeaustausch der Ar 234 Druckkabine.

Bei der V3, die als Ausgangsmuster für die Zerstörer-Ausführung fungieren sollte, konnte die Sturzflugbremse im Heck entfallen. Der neue kurze Heckkonus erhielt eine kleine senkrechte Stabilisierungsfläche auf der Oberseite – ein Indiz dafür, daß die Stabilität noch immer nicht in Ordnung war.

Bei den nachfolgenden Maschinen brachte man wesentlich größere Stabilisierungsflossen auf der Ober- und Unterseite des Heckkonus an.

Die Spannweite wurde auf 14,26 m erhöht und der

Ar 240 V3. Gegenüber den ersten Versuchsmustern weist der dritte Prototyp umfangreiche Änderungen auf.

Da der Besatzungsraum nun vor der Flügelvorderkante lag, hätte der Flugzeugführer bei unverändertem Motoreinbau auf Höhe der Luftschraubenebene gesessen: dies hätte bei einem Notausstieg zu großen Problemen geführt. Die Triebwerke wurde daher weiter nach vorne geschoben. Außerdem erhielten die Dreiblatt-Luftschrauben neue, offene Hauben, die eine bessere Durchströmung der Ringkühler bewirken sollten. Dies alles führte zu einer Verschiebung des Schwerpunktes, der man durch eine Rumpfverlängerung begegnete.

Erstmals wurden ferngerichtete Lafetten auf der Rumpfober- und -unterseite eingebaut. Die vorgesehene Bestückung mit je zwei 13-mm-MG-131 erfolgte jedoch nicht.

Die Abwehrbewaffnung der Ar 240 war mehr als komplex. Der Funker – zugleich Bordschütze – sollte über ein Periskop-Visier das Ziel erfassen und per Fernantrieb (FA) die Waffen ausrichten.

Hinsichtlich des Periskops, das sich außerhalb der Druckkabine auf und unter dem Rumpf befand, ergaben sich Probleme. Beim Sturzflug neigte die Optik zu Vereisung und Beschlagen, und bei Dunkelheit fiel die Anlage vollständig aus. Erst nach vielen Änderungen ließen sich die Schwierigkeiten beheben. Auch der Fernantrieb bereitete Sorgen. Die anfänglich installierte Anlage FA-9 bewährte sich nicht; sie wurde später durch die FA-13, die auch nicht voll befriedigte, ersetzt.

Die diversen Änderungen sowie der Einbau der Waffenanlage zogen ein erhöhtes Leer- und Abfluggewicht nach sich. Stärkere Jumo-213-Motoren mit einer Startleistung von 1750 PS (1050 kW) sollten einer Verschlechterung der Flugleistungen entgegenwirken, wobei wegen der hohen Drehmomente, die von den Luftschrauben ausgingen, gegensinnige Propeller gewünscht wurden. Der Jumo 213 war jedoch auf absehbare Zeit nicht lieferbar, so daß man auf DB-601-E-Motoren (1475 PS, 1050 kW) ausweichen mußte.

Im August 1941 befand sich die V3 zum Nachfliegen in Rechlin. Oberst Siegfried Knemeyer, Chef der Amtsgruppe Entwicklung von fliegerischem Gerät (GL/C-E), und Oberst Theodor Rowehl flogen die Maschine nach und bescheinigten ihr insgesamt gute Flugeigenschaften, so daß die Ar 240 kurzzeitig, ohne Waffenanlage, in die Fronterprobung genommen werden konnte. Dank ihrer hohen Geschwindigkeit ließ sich das Muster mit Erfolg als Aufklärer über Großbritannien einsetzen.

Die Ar 240 V4 diente als Versuchsmuster für eine

Außenflügel geändert. Neben einem neuen Profil fiel eine Änderung der Außenflügel-Geometrie auf. An die Stelle einer Vorderkantenpfeilung von 17,5 Grad trat eine gerade Vorderkante. Die mit der Landeklappe gekoppelten Vorflügel entfielen. Neu war auch eine thermische Enteisung der Flügelvorderkanten.

Die Rumpflänge mußte ebenfalls geändert werden und zwar von 11,80 m auf 12,38 m. Die Gründe dafür lagen zum einen in einer Verbesserung der Längsstabilität und zum anderen im Einbau der Motoranlage.

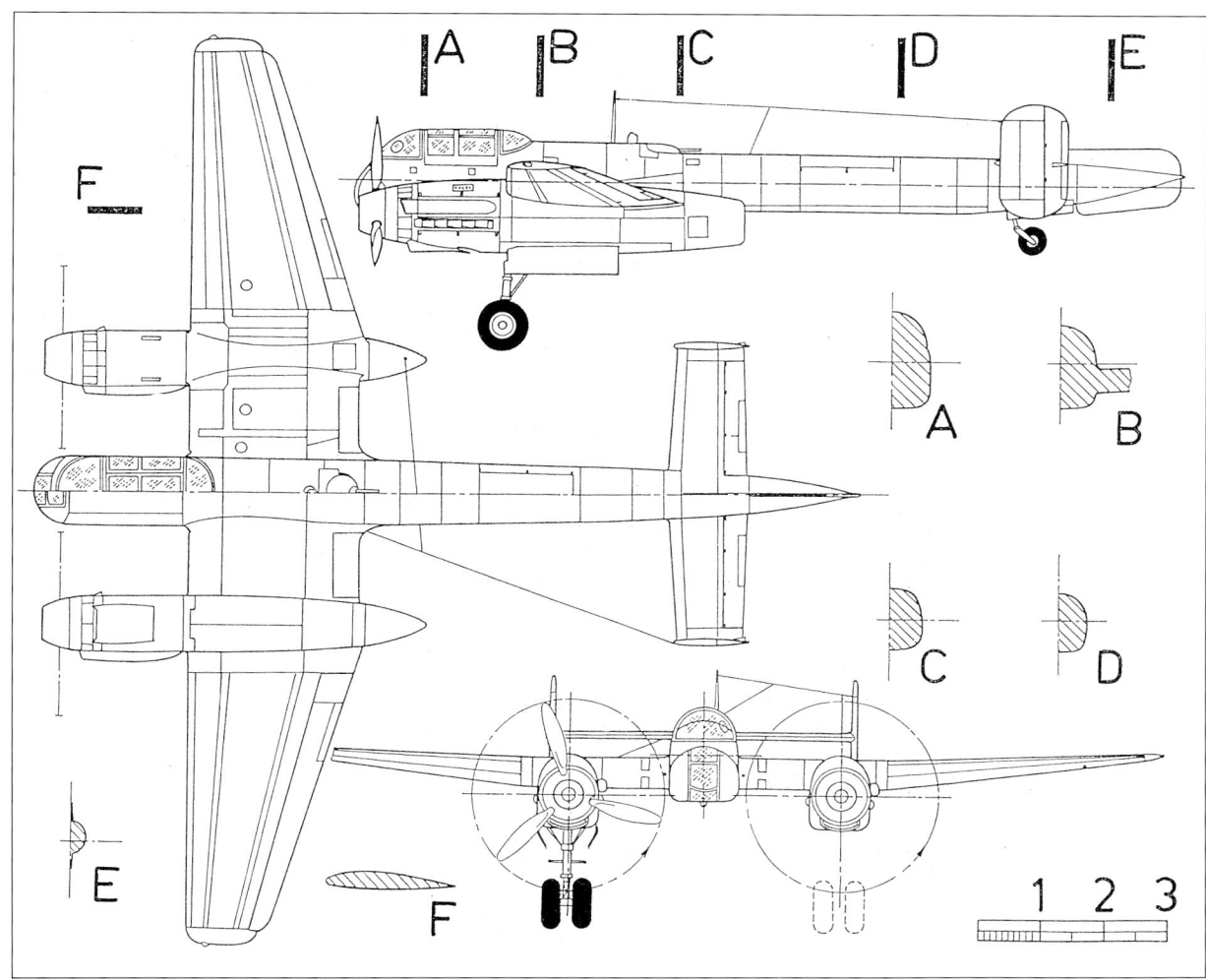

Sturzkampf-Ausführung und erhielt demzufolge wieder eine Sturzflugbremse in das Heck eingebaut, wodurch sich eine Rumpflänge von 13,05 m ergab.

Im Gegensatz zur Me 210 besaß die Ar 240 keinen Bombenschacht, so daß die Abwurflasten an Außenträgern mitgeführt werden mußten. Hierzu standen ETC-Außenträger für maximal zwei 500-kg-Bomben zur Verfügung.

Die im Juni 1941 eingeflogene V4 machte bereits am 7. August 1941 Bruch.

Nächstes Versuchsmuster war die V5, T5+MH, die als Zerstörer hergerichtet wurde, ab dem 11. September 1941 die Erprobung aufnahm und mit dem DB 601 E motorisiert war. Die Versuchsstelle für Höhenflüge (VfH) übernahm im März 1942 das Flugzeug, um es als Aufklärer einzusetzen. Waffenseitig gelangten

zwei MG 17 in den Flügelwurzeln sowie je ein MG 81 Z in den Drehtürmen auf der Ober- und der Unterseite der Maschine zum Einbau. Einsatzgebiet des Flugzeuges und der weitgehend baugleichen Ar 240 V6 (T5+KH) war die Sowjetunion.

Unabhängig vom Bau der Versuchsmuster 1 bis 6 erhielt Arado am 3. April 1941 den Auftrag zum Bau von sechs Vorserienflugzeugen unter der Bezeichnung Ar 240 A-0 für die Einsatzaufgabe »unbewaffneter Aufklärer«. Gleichzeitig wurde die hohe Dringlichkeitsstufe »SS« eingeräumt.

Vermutlich sind nur fünf Flugzeuge gebaut worden. Das erste, die Ar 240 A-01 (GL+QA, Werk-Nr. 240011), nahm am 5. Juni 1942 die Flugerprobung auf. Nachdem die Maschine im September des Jahres in Rechlin vorgestellt werden konnte, folgten Waffen-

Ar 240 V5.
Die durch die Bauchlandung verursachten Schäden waren nur geringfügig.

versuche in Tarnewitz. Ende 1942 übernahm die Fernaufklärereinheit 3./(F)100 das Flugzeug, um es an der Ostfront einzusetzen. Anfang 1943 stürzte die A-01 ab und mußte als Totalschaden abgeschrieben werden.

Die Ar 240 A-02 (GL+QB, Werk-Nr. 240012) war vermutlich im Herbst 1942 flugklar, sie wurde – zumindest zeitweise – von der VfH eingesetzt. Später flog die Maschine als Aufklärer von Italien aus und ging Anfang 1944 zu Bruch. Die beschädigte Maschine wurde an Arado zurückgegeben, vermutlich jedoch nicht mehr repariert.

Ebenso wie ihre Vorgänger war auch die Ar 240 A-03 (DI+CY, Werk-Nr. 240013) mit DB-601-E-Motoren ausgerüstet. Nachdem die Maschine verschiedene Meß- und Erprobungsflüge absolviert hatte, konnten DB-603-Motoren mit einer Leistung von 1750 PS (1285 kW) und Vierblatt-Luftschrauben eingebaut werden. Im Rahmen der Triebwerkerprobung erfolgten auch Flüge mit GM-1-Einspritzung, so daß die Maschine am 11. Juni 1943 eine Höhe von 10.300 m erreichte. Durch den Anbau neuer Außenflügel, die die Spannweite auf 16,60 m erhöhten, und ein vergrößertes Seitenleitwerk ließen sich die Flugeigenschaften in einigen Bereichen verbessern. Aufgrund der Änderungen trug die Maschine die Bezeichnung »Ar 240 A-03/U1« (»U« für »Umbauflugzeug«). Nach dem Ende der Versuchsflüge wurde die Arado von der in Italien stationierten 2./(F)122 übernommen. Im Sommer

1944 ging der Aufklärer durch Totalschaden verloren und wurde ausgeschlachtet.

Ar 240 A-04 (DI+CZ, Werk-Nr. 240014) weist einen ähnlichen Werdegang wie A-03 auf, das heißt, daß auch dieses Flugzeug zunächst mit DB 601 E und kurzer Spannweite in Erprobung ging und dann auf den DB 603 und vergrößerte Tragfläche als Ar 240 A-04/U2 umgerüstet wurde. Analog der A-03 erfolgte ein Einsatz bei der 2./(F)122, wobei die komplette Abwehrbewaffnung mitgeführt wurde.

Nicht geklärt ist der Bau von Ar 240 A-05, die einigen Berichten zufolge im Osten zum Einsatz gelangt sein soll.

Während der Bau- und Erprobungsphase der Vorserienflugzeuge entschied Erhard Milch am 6. November 1942, daß die Arado 240 abgesetzt wird. Milch begründete diese Entscheidung mit dem Umstand, daß man auf absehbare Zeit nicht mit dem Anlaufen einer Großserienfertigung rechnen konnte.

War dies der tatsächliche Grund oder nur eine vorgeschobene Behauptung, um die Streichung des Programms zu rechtfertigen? Bei AGO (Arbeitsgemeinschaft Otto) in Oschersleben hatte man bereits mit den Vorbereitungen zum Bau von 20 Flugzeugen der Aufklärer-Baureihe B-0 begonnen. Bedingt durch die Streichung der Ar 240 wurden lediglich die als Musterflugzeuge für die B-Serie bestimmten V7 und V8 fertiggestellt.

Den Hauptunterschied zur A-Reihe bildete der Einbau von DB-5-A-Motoren mit einer Startleistung von 1475 PS (1085 kW). Beide Versuchsmuster erhielten eine Bewaffnung, die aus zwei MG 17 in den Flügelwurzeln und einem MG 151 im Turm unter dem Rumpf bestand.

Bevor die Ar 240 durch das RLM vom Programm abgesetzt worden war, hatten die Vorbereitungen für die Zerstörer-Baureihe Ar 240 C begonnen.

Auslöser dieser Entwicklung war Generalluftzeugmeister Erhard Milch, der im Frühjahr 1942 den Bau eines neuen Zerstörers sowie eines als »Arbeitsbomber« bezeichneten Kampfflugzeuges forderte. Hinsichtlich des Zerstörers wurde ein Muster zur Ablösung der Bf 110 erwartet – von der Me 210 war keine Rede mehr!

Milch war der Ansicht, daß sich die Luftwaffe keine Vielzahl von Spezialflugzeugen leisten könne; er favorisierte, wie die nachfolgenden Kapitel über die Ta 154, He 219 und Ju 388 noch zeigen werden, den Bau von Mehrzweckflugzeugen. Auch beim Zerstörer/Arbeits-

Ar 240 A-01.
Bei dem in der
Mitte stehenden
ersten Vorserien-
flugzeug werden
Arbeiten am
Motor durchge-
führt.
Der auf dem
Tragflügel
liegende, hell
gekleidete
Mechaniker ist
erst auf den
zweiten Blick
zu erkennen.

bomber war er der Meinung, daß ein Flugzeug beide Aufgaben übernehmen könnte. Im Amt selbst herrschten unterschiedliche Ansichten. Dies wird allein dadurch deutlich, daß drei Zerstörertypen im Zusammenhang mit der Neuentwicklung erwähnt wurden:

1) Fernzerstörer mit 1000 km Eindringtiefe,
2) Jagdzerstörer mit der Reichweite der Bf 110,
3) Kampfzerstörer mit 400 km Eindringtiefe.

Für den Kampfzerstörer, der speziell für den Englandeinsatz verwendet werden sollte, erwartete man eine größtmögliche Geschwindigkeit, gute Steigleistung, einmotorigen Dauerflug und Landung, gute Start- und Flugeigenschaften, geringe Ruderkräfte und eine geringe Schwerpunkt-Wanderung. Ferner sollte das Flugzeug »kurvenfreudig« und »kurvenfest« und bei Nacht und schlechtem Wetter einsatzfähig sein.

Auf eine Druckkabine wurde ebenso wie auf einen C-Stand verzichtet. Lediglich ein MG 131 war als Abwehrbewaffnung im B-Stand vorgesehen. Als Bombenlast wurden maximal 1000 kg gefordert. Neben einer Winter- und Tropenausrüstung sollte das Flugzeug auch über eine Kuton-Nase zum Kappen von Sperrballonseilen verfügen und als Rüstsatz Argus-Schubrohre

zur Leistungssteigerung mitführen können.

Der Kampfzerstörer sollte in der Lage sein, folgende zusätzliche Aufgaben zu übernehmen:

1) Tag- und Schlechtwetterjäger,
2) Luftaufklärung über dem Hauptkampfgebiet,
3) nahe Nachtjagd.

Aufgrund dieser klar umrissenen Anforderungen und Aufgabenstellungen hatte Arado die wesentlich verbesserte C-Serie in Angriff genommen. Außerdem erhielt das Werk einen Auftrag über vier Versuchsmuster. Ferner wurde Material für den Bau von 36 Serienflugzeugen in Aussicht gestellt. Bereits im Juni 1942 deutete sich dann das Aus für die Ar 240 an: in diesem Monat zog das Amt die Materialzusage zurück; lediglich der Bau der Versuchsmuster wurde genehmigt.

Mit den Flugzeugen A-03/U1 und A-04/U2 konnten bereits bedeutende Neuerungen erprobt werden: DB 603, neue Außenflügel und ein vergrößertes Seitenleitwerk. Die eigentlichen Musterflugzeuge der C-Serie stellten jedoch die Ar 240 V9 bis V 12 dar, deren Rumpflänge 13,34 m betrug.

Die V9 erhielt ihrem Auftrag entsprechend eine aus vier MG 151 bestehende Angriffsbewaffnung sowie je zwei MG 131 in der oberen und unteren Drehlafette.

123

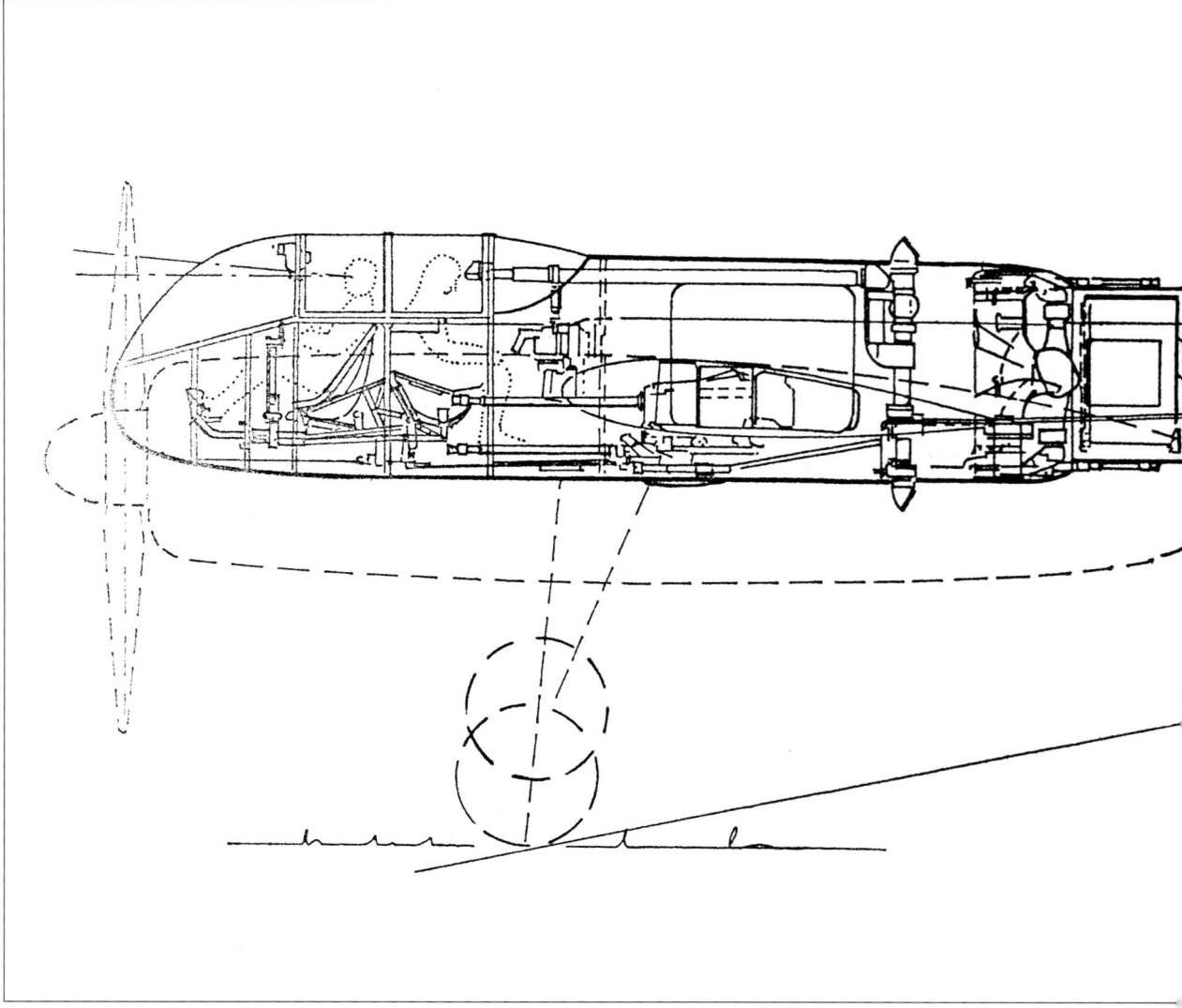

Die verschiedenen Änderungen der Zelle sowie der Anbau der Waffenanlage führten zu einem Anstieg der Abflugmasse gegenüber der Baureihe A von 8690 kg auf 10.550 kg. Dem im Januar 1942 fertiggestellten Flugzeug wurde innerhalb der Erprobungsphase ein MG 151 als starre Abwehrwaffe in eine Motorgondel eingebaut.

Ar 240 V10 konnte erst gegen Ende 1942 die Werkhallen verlassen und die Flugversuche aufnehmen.

Ab Mitte 1942 demonstrierte die RAF mit der de Havilland Mosquito, daß das Konzept des unbewaffneten Schnellbombers durchaus realisierbar war. Der in großen Höhen mit einer Reisegeschwindigkeit von 500 km/h

einfliegende Bomber stellte die Luftwaffe vor große Probleme. Unter dem Eindruck der Mosquito-Angriffe wurde in Deutschland die bereits in den 30er Jahren mit He 119 und Ju 88 begonnene – letztlich jedoch nicht verwirklichte – Konzeption des Schnellbombers erneut aufgegriffen.

Da an eine rasche Entwicklung eines neuen Flugzeuges nicht zu denken war, wurden Möglichkeiten untersucht, vorhandenes Fluggerät entsprechend einzusetzen. Sehr schnell kristallisierten sich die Muster Ju 88, Me 410, He 219 und Ar 240 für den Einsatzzweck heraus.

Um einen genauen Überblick über die Flugeigen-

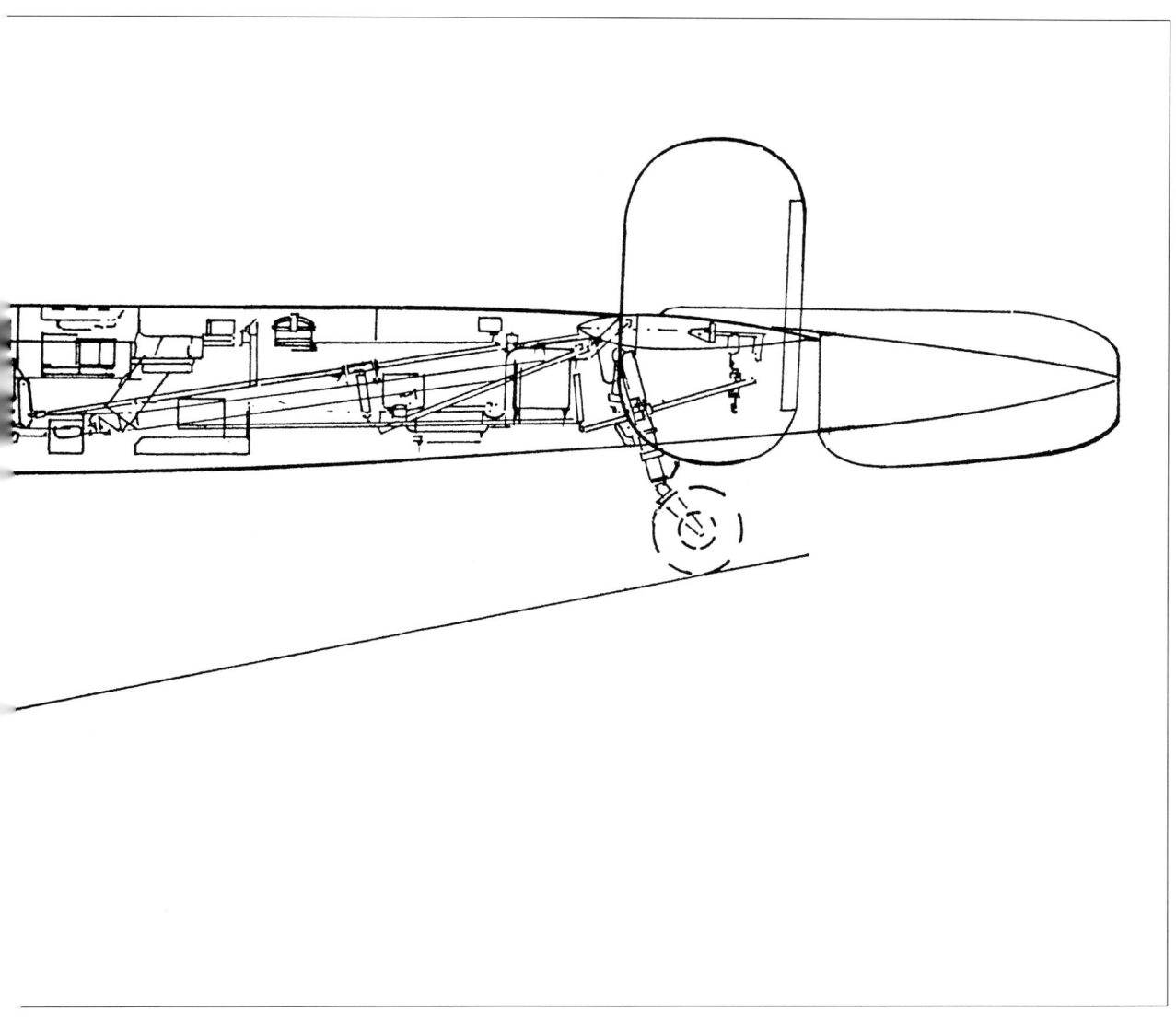

schaften und Leistungen der Flugzeuge zu erhalten, fand im Januar 1943 in Rechlin ein Vergleichsfliegen statt, dessen Ergebnis im E-Stellen-Bericht Nr. 334 vom 19. Januar 1943 festgehalten wurde. Danach betrachtete man die He 219 wegen ihrer primären Aufgabenstellung »Nachtjagd« mehr als Außenseiter. Darüber hinaus konnte die He 219 V1 nicht vollständig vermessen werden, so daß die Leistungen teilweise auf Basis von Werksangaben errechnet wurden. Die Aufmerksamkeit richtete sich also verstärkt auf die übrigen Teilnehmer.

Während Messerschmitt mit einer der ersten Me 410 antrat, schickte Junkers mit der Ju 88 V56 ein

Versuchsmuster der Baureihe S ins Rennen, und Arado wurde durch die Ar 240 V10 vertreten, die offiziell die Bezeichnung Ar 440 trug.

Wie erwähnt hatte das RLM das Ar-240-Programm bereits im November 1942 gestrichen. Aufgrund der deutlichen Unterschiede zwischen Baureihe A und Baureihe C wurde die C-Serie in »Arado Ar 440« umbenannt und überarbeitet – ein Schritt, den Messerschmitt bei der Me 210/Me 410 bereits vollzogen hatte.

Mit der Ar 440 war nach außen hin ein neues Flugzeug entstanden, das gegenüber der Ar 240 leistungsstärker war und auch von den Flugeigenschaften her voll überzeugte. Tatsächlich erhielt die Ar 240 V10 beim Wettbewerb in puncto Flugverhalten gute Noten, und auch beim Leistungsvergleich schnitt die Maschine, wie die nachfolgende Gegenüberstellung zeigt, am besten ab.

Leistungsvergleich Schnellbomber

Muster	Ar 240 V10	Me 410	Ju 88 V56	He 219
Triebwerk	DB 603 A	DB 603 A	BMW 801 G	DB 603 A
	2 x 1750 PS	2 x 1750 PS	2 x 1720 PS	2 x 1750 PS
	2 x 1285kW	2 x 1285kW	2 x 1270 kW	2 x 1285kW
Höchst-				
geschw.	661 km/h	626 km/h	600 km/h	606 km/h
in Höhe	7000 m	6800 m	8000 m	6500 m
Reichweite	1590 km	1190 km	935 km	–
in Höhe	6700 m	6500 m	6200 m	–

Allerdings gab es auch kritische Töne. Hinsichtlich Bewaffnung und Panzerung führt die E-Stelle folgendes aus: »Gegenüber der Me 410 mit rund 500 kg Panzerung hat sie nur 120 kg Panzerung; Triebwerk und Kühler sind hier ungeschützt. An Bewaffnung sind 2 bewegliche MG 131 Z enthalten und 2 starre MG 151«. Die beim Wettbewerb zugrunde gelegte Bombenlast bestand aus zwei 500-kg-Bomben*, die bei der Ar 240 an Außenträgern mitgeführt werden mußten. Die E-Stelle merkte hierzu folgendes an: »Die Ar 440 mit 600 kg mehr Kraftstoff als die Me 410 hat trotz der großen Reisegeschwindigkeit nur 400 km mehr Flugstrecke, weil der Steigflug mit 2 x 500 kg Außenlasten viel Kraftstoff frißt. Sie schleppt außerdem 2 ETC immer mit, so daß sie ohne diese rund 10 km/h schneller wird«.

Aus diesem Grund entwickelte Arado neuartige Bombenträger, die weniger Widerstand boten als die bis dato vorhandenen ETC-Träger, doch auch diese Verbesserung bewirkte nichts an der Einstellung des RLM zur Arado-Maschine. Trotz der überaus positiven Beurteilung des Flugzeuges durch die E-Stelle Rechlin kam es nicht zum Serienauftrag. Erhard Milch lehnte im Februar 1943 erneut den Bau des Flugzeuges ab. Walter Blume versuchte daraufhin, wenigstens den Bau von 36 Aufklärern mit BMW-801-TJ-Motoren durchzusetzen, aber auch er scheiterte an der ablehnenden Haltung des Generalluftzeugmeisters.

Da die Ju 88 S keine 500-kg-Bomben im Rumpf mitführen konnte, wurden die Meßflüge mit 18 x 50-kg-Bomben als Innenlast durchgeführt.

Der Kampfzerstörer sollte – nach verschiedenen Quellen – auch als Nachtjäger Verwendung finden können, so daß die Ar 240 V10 angeblich für diesen Zweck umgebaut wurde. Neben einer Funkmeßanlage soll die Maschine mit sechs MG bestückt gewesen sein, wobei zwei MG in einem Waffentropfen unter dem Rumpf mitgeführt wurden. Das Flugzeug, dem die Kennung BO+RC zugeschrieben wird, ging im Sommer 1944 verloren.

Die Ar 240 V11 verfügte vermutlich über eine neugestaltete Kanzel. Da die Aufgabenstellung »Sturzkampfflugzeug« entfiel, konnte man auf die Rumpfbugverglasung verzichten und den Bug strömungsgünstiger gestalten. Ferner war an eine Vergrößerung der Spannweite auf 19,00 m sowie der Fläche des Höhenleitwerkes von 6,4 m² auf 7,2 m² gedacht. Ob die V11 noch zum Fliegen kam ist ungeklärt.

Auch bezüglich der V-Muster 12 bis 15 können nur Vermutungen angestellt werden. Keines dieser Flugzeuge dürfte noch geflogen sein. Die Ar 240 V12 entsprach der V11, auch sie sollte mit einem DB 603 G (1900 PS/1400 kW) ausgestattet werden.

Als Musterflugzeug für die Baureihe Ar 240 D – ein Mehrzweckflugzeug mit DB-614-Motoren – hatte man V13 vorgesehen, während V14 als Vorstufe für die Baureihe E diente. Die Ar 240 E war eine weitere Kampfzerstörer-Ausführung, mit der sich Arado bereits im Frühjahr 1942 beschäftigte. Verschiedene Motoren wurden für das Projekt in die nähere Auswahl genommen, so auch DB 603 G, DB 627 und BMW 801 J.

Nachdem sowohl der DB 627 als auch der BMW 801 J nicht zur Verfügung standen, wurde das Projekt aufgegeben und die Baureihe F entwickelt, die sich allerdings auch nicht realisieren ließ. Neben dem DB 603 G sollte diese Ausführung im Bedarfsfall noch mit einem Jumo-004-Strahltriebwerk ausgerüstet werden.

Ar 240 V15 ist das letzte der bekannten V-Muster. Es handelt sich um eine Aufklärer-Variante mit verstärkter Bewaffnung. Alles in allem ist davon auszugehen, daß weniger als 20 Ar 240/440 gebaut worden sind. Zweifellos war das Flugzeug in Form der Ar 440 ein ausgereiftes Kampfflugzeug, das in unbewaffneter Ausführung als Störbomber und Aufklärer die britische Abwehr vor große Probleme gestellt hätte.

Als die Ar 440 verfügbar war, hatte Messerschmitt die Me 210 in Form der Me 410 endlich frontreif gemacht, so daß die riesigen Materialmengen, die für dieses Flugzeug seit 1939 angehäuft worden waren, aufgebraucht werden mußten. Für die Ar 440 war auf-

grund der angespannten Kriegs- und Materiallage kein
Platz mehr in der Planung des RLM.

Technische Daten:

Baureihe	Ar 240 A	Ar 240 B	Ar 240 C	Ar 440	Ar 440
Triebwerk	2xDB 601E	2xDB 605A	2xDB 603A	2xDB 603A	2xDB 603G
	2 x 1350 PS	2 x 1475 PS	2 x 1750 PS	2 x 1750 PS	2 x 1900 PS
	2x990kW	2x1085kW	2x1285kW	2 x 1285 kW	2 x 1395 kW
Spannweite	14,30 m	14,30 m	16,60 m	16,60 m	16,60 m
Länge	12,80 m	12,40 m	13,35 m	13,35 m	13,35 m
Höhe	3,70 m	3,75 m	3,96 m	3,96 m	3,96 m
Flügelfläche	31,00 m²	31,00 m²	35,00 m²	35,00 m²	35,00 m²
Leermasse	6795 kg	7160 kg	8885 kg	10.750 kg	10.750 kg
maximale					
Flächenbelast.	280 kg/m²	293 kg/m²	329,6 kg/m²		
Höchstgeschw.	605 km/h	630 km/h	660 km/h	661 km/h	684 km/h
in Höhe	6000 m	7000 m	7100 m	7000 m	8200 m
Reisegeschw.					
bei Dauer-					
höchstleistung	525 km/h	550 km/h	600 km/h	635 km/h	650 km/h
Reichweite	1870 km	1800 km	2020 km	1550 km	1620 km
Dienstgipfelhöhe	9300 m	10.200 m	10.500 m	9400 m	9900 m

*Bf 110 C.
Typischer
schwarz-grüner
Anstrich der
ersten
Kriegsjahre.*

*Bf 110 C.
Während der
Luftschlacht um
England setzten
sich mehr und
mehr gesprenkelte
Tarnmuster
durch.*

Bf 110 D.
Der Einsatz
auf dem Kriegs-
schauplatz
Mittelmeer/-
Nordafrika
bedingte einen
entsprechenden
Oberflächen-
Sichtschutz.

Me 410 A-1/U2.
Das Foto entstand
1962 während einer
Luftfahrtausstellung.
Die damals auf-
getragene Kennung
lautete 3U+CC.

Me 210 Ca-1:
Ein Flugzeug im Dienst der
ungarischen Streitkräfte.

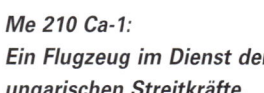

Ohne die »schwarzen Männer« des Bodenpersonals wären keine Einsätze möglich gewesen. Hier werden die MG 17 einer Bf 110 munitioniert.

Do 335 A-0. Das von Dornier 1974 hervorragend restaurierte Flugzeug mußte 1989 an die USA zurückgegeben werden.

Fw 187 A-0 der Industrieschutzstaffel Bremen.
© *Swoboda*

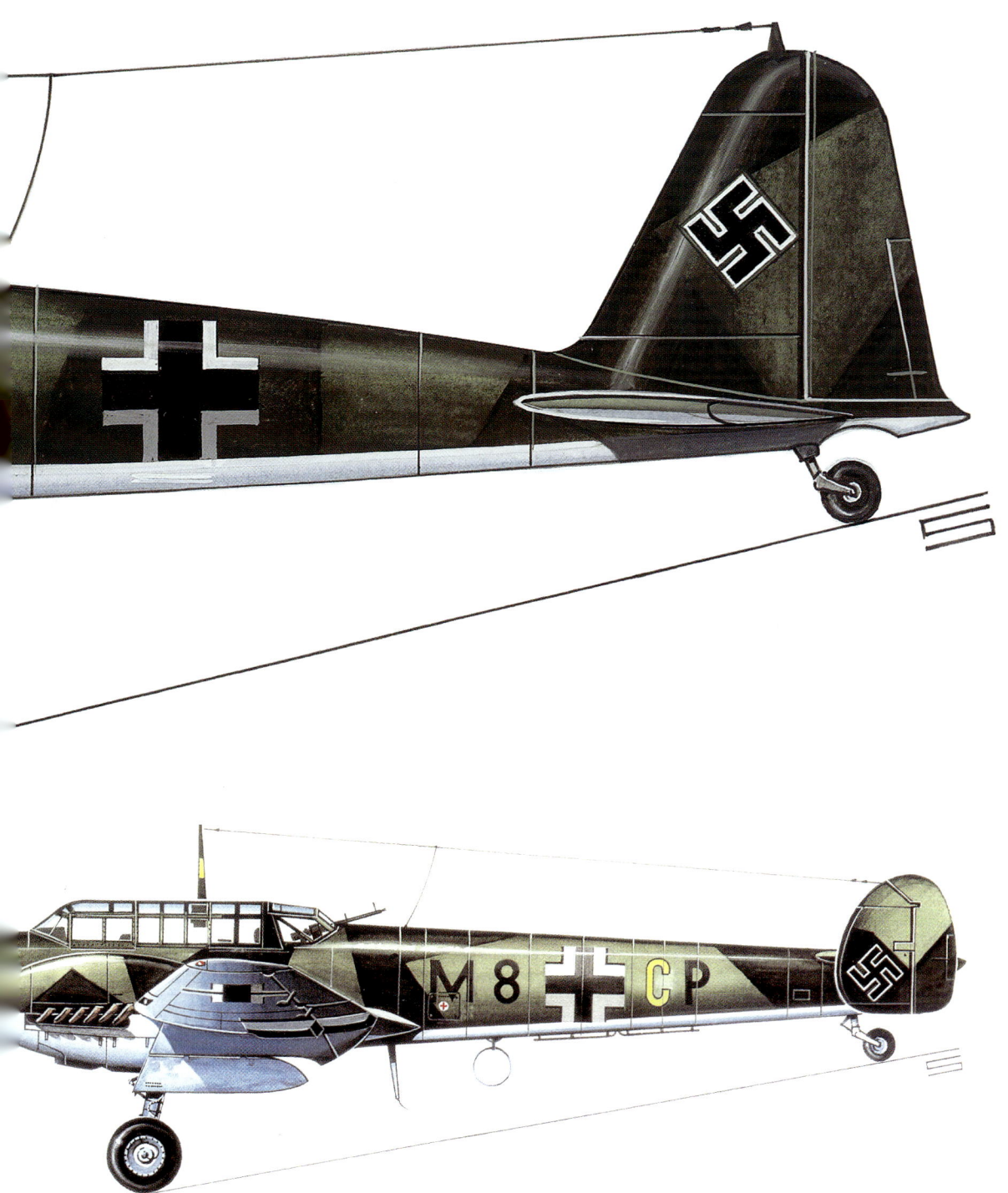

Bf 110 C-4/B des
ZG 76.
© Swoboda

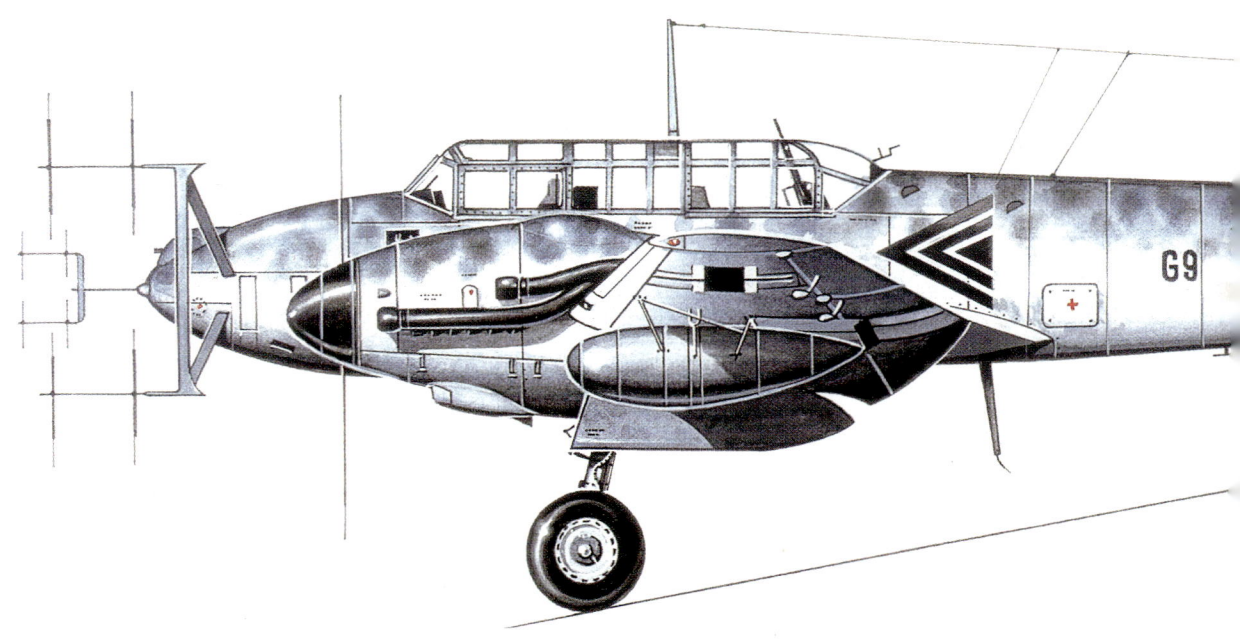

Ju 88 C-6 der 6./ZG 26
»Horst Wessel« 1943 in
Griechenland.
© Swoboda

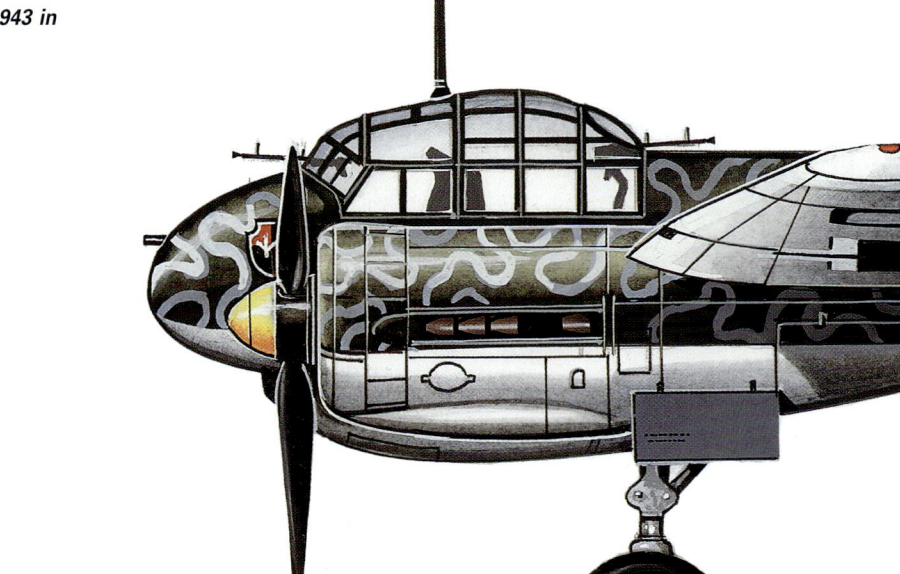

Bf 110 G-4/R7 des NJG 1.
© Swoboda

Do 17 Z-10 des NJG 2.
© Swoboda

Ju 88 G-6 der 5. Staffel
II./NJG 101.
© Swoboda

Do 217 N-2/R22 des NJG 4.
© Swoboda

Me 210 A-0
der Versuchs-
staffel 210.
© Swoboda

Me 410 B-2. Stab II./ZG 26 »Horst Wessel«, 1944.
© Swoboda

He 219 A-0 des NJG 1, mit der Major Streib in der Nacht
vom 11. zum 12. Juni 1943 fünf Luftsiege erzielte.
© Swoboda

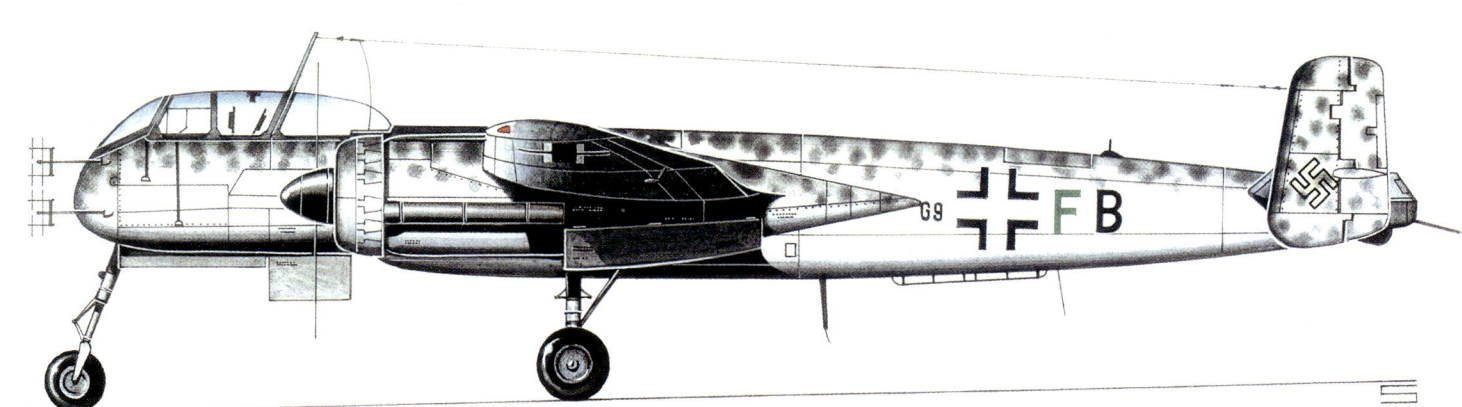

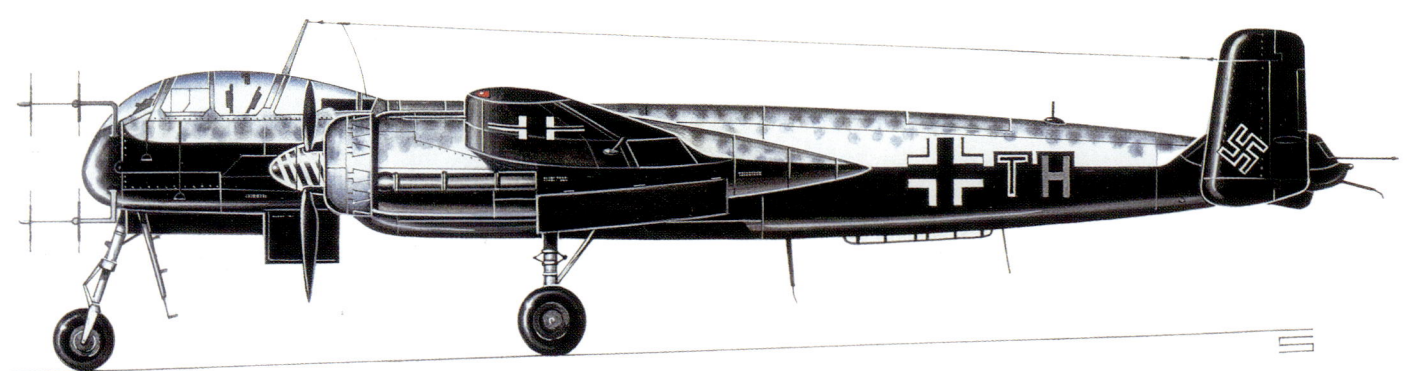

He 219 A-7.
© Swoboda

Ta 154 A-0.
© Swoboda

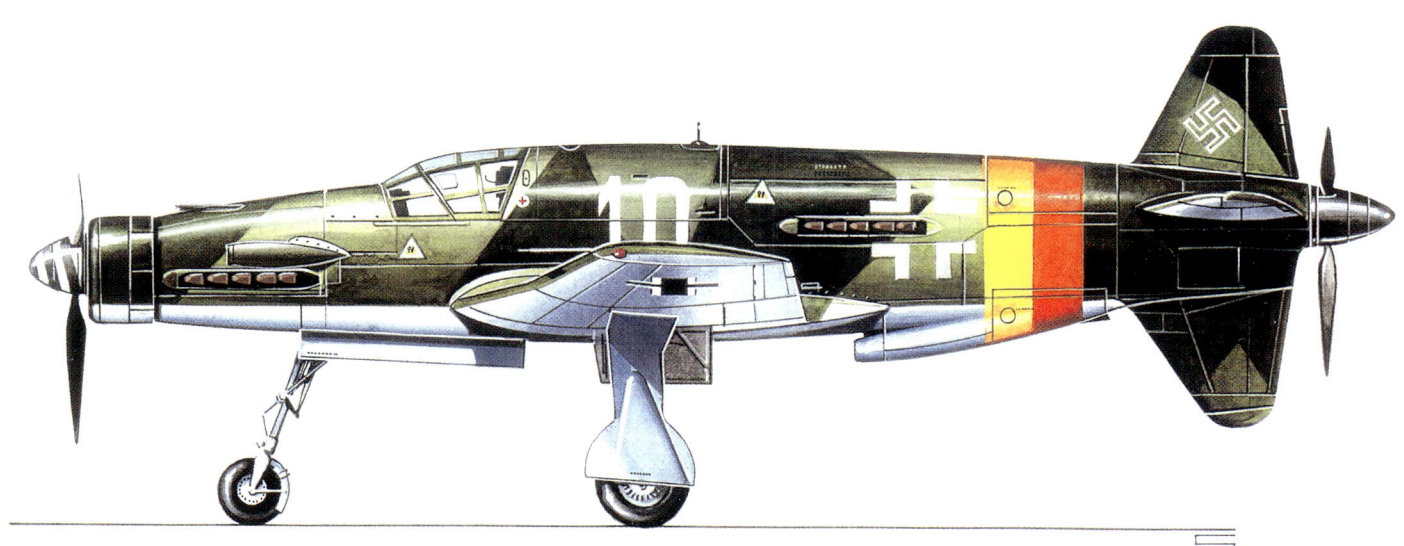

Do 335 A-0 in fiktiver Bemalung des JG 301 »Wilde Sau«.
© Swoboda

Do 335 A-6 in fiktiver Bemalung des NJG 1.
© Swoboda

Uhu und Moskito — die neuen Nacht- und Schlechtwetter- jäger

Nach dem Scheitern der Abrüstungskonferenz des Völkerbundes im Juli 1934 begann Großbritannien mit dem Ausbau und der Modernisierung seiner Luftstreit- kräfte. Die Planung, die unter der Bezeichnung »Sche- me A« eingeleitet wurde, hatte den Bau einer großen Zahl von leichten Tagbombern zum Inhalt, da man da- von ausging, daß militärische Aktionen gegen das Ver- einigte Königreich nur von Nordfrankreich aus möglich wären. Scheme A wurde schon bald verworfen, und nach und nach entstanden neue Pläne bis hin zum »Scheme F«, das im Februar 1936 vorlag. Innerhalb der Royal Air Force (RAF) hatte sich inzwischen die Ansicht durchgesetzt, daß von Deutschland eine große Bedrohung ausginge und seine Bekämpfung nur mittels weitreichender Bomber möglich sei. Die Luftkriegs- theorie des Giulio Douhet, die bereits in den 20er Jah- ren von Lord Trenchard, dem Oberbefehlshaber der RAF, für überwiegend richtig angesehen wurde, fand nun erneute Beachtung. Schwere Bombenangriffe auf feindliches Gebiet sollten die Widerstandskraft des Gegners brechen und die Bevölkerung demoralisieren. Zu Lasten der einmotorigen Tagbomber entstand so ein Rüstungsprogramm, das den Mittel- und Lang- streckenbombern den Vorrang einräumte. Gleichzeitig wurden Überlegungen angestellt, wie sich der Groß- serienbau moderner Kampfflugzeuge so rasch wie möglich realisieren ließe. Im April 1936 entstand die Idee der »Schattenfabriken«. Danach schaltete sich die britische Automobilindustrie, zu der unter anderem die Firmen Austin, Daimler, Roots und Standard gehörten, in die Fertigung von Flugmotoren und Flug- zeugbauteilen ein. Anfang 1938 wurde der Gedanke der Schattenfabriken durch die Errichtung staatseige- ner Werke erweitert.

Während einerseits die Grundlagen für eine Groß- serienproduktion zahlreicher Flugzeugmuster gelegt wurden, erfolgte andererseits eine Reorganisation der RAF. Am 18. Juni 1938 beschloß das Air Council die Aufstellung folgender Kommandos:

Fighter Command (Abfangjagd)
Bomber Command (Bombenangriff)
Coastal Command (Küstenschutz)
Training Command (Ausbildung)

Damit wurden die Grundlagen für eine schlagkräftige und gut organisierte Luftmacht gelegt. Nachdem die Fragen der Flugzeugproduktion und der Gliederung der RAF geklärt waren, ging es darum, die Boden- organisation auszubauen und modernes Fluggerät zum Einsatz zu bringen. Bereits im Jahre 1937 entstand ein Vielzahl von Flugplätzen, die anstelle der damals üblichen Graspisten über gut ausgebaute Startbahnen verfügten, von denen aus die neuen Kampfflugzeuge mit ihren größeren Massen und ihren höheren Start- und Landegeschwindigkeiten eingesetzt werden konn- ten.

Es ist aus heutiger Sicht erstaunlich, in welch kurzer Zeit zahlreiche neue Flugzeugmuster die britischen Flugzeugwerke verließen. Auf alle Typen* einzugehen oder diese auch nur aufzuzählen, ist an dieser Stelle nicht möglich, so daß nur die wichtigsten bis 1939 entwickelten Kampfflugzeuge kurz erwähnt werden.

Zunächst ist auf den zweimotorigen Nachtbomber Armstrong-Whitworth Whitley hinzuweisen, der zwi- schen 1936 und 1943 in 1824 Exemplaren gebaut wurde und die ersten Angriffe gegen das deutsche Reichsgebiet durchführte. Parallel zur Whitley begann die Fertigung des zweimotorigen Bombers Vickers Wellington. Das robuste und leistungsstarke Flugzeug war bis weit in den Krieg hinein die wichtigste Waffe der RAF bei der Bombardierung deutscher Städte. Bis zur Einstellung der Produktion im Jahre 1945 hatten 11.461 Maschinen die Werkhallen verlassen. Weit we- niger erfolgreich als die Wellington erwies sich der zweimotorige Bomber Handley-Page Hampden. Zwar nahm das Muster an der Nachtoffensive gegen Deutschland teil, mangels ausreichender Leistungen

*Der in 4422 Exemplaren gefertigte zweimotorige Bomber Bristol Blenheim spielte beim Bombenkrieg gegen Deutschland keine Rolle, so daß er trotz großer Stückzahlen hier nicht weiter dargestellt wird.

in bezug auf Bombenlast und Reichweite blieb es aber beim Bau von 1388 Stück. Im Juli 1936 wurde durch Entwicklungsaufträge, die an die Firmen Avro, Handley-Page, Supermarine und Short gingen, der Grundstein für den Aufbau einer strategischen Bomberflotte gelegt. Avro und Handley-Page sollten einen mittelschweren, zweimotorigen Bomber für den Einsatz in allen Gebieten der Erde konstruieren. Es entstanden so die Muster Avro Manchester und Handley-Page Halifax. Während sich Avro an die Ausschreibung hielt und einen Zweimotorer baute, brachte Handley-Page mit der Halifax ein viermotoriges Langstreckenflugzeug heraus, das zwischen 1939 und 1946 in 6176 Exemplaren gebaut wurde. Die Manchester erwies sich aufgrund ihrer Motorisierung als Fehlschlag, worauf man das Muster überarbeitete und mit vier Motoren als Lancaster in die Fertigung nahm. Zweifellos gehörte dieser Bomber zu den herausragenden Konstruktionen des Zweiten Weltkrieges und mit 7366 Stück zu den meistgebauten Kampfflugzeugen seiner Zeit. Zum Schluß sei noch auf die Short Stirling hingewiesen. Sie konnte sich gegen den von Supermarine eingereichten Entwurf durchsetzen und ging 1939 in den Serienbau. Bis 1945 entstanden 2375 Exemplare.

Vor diesem Hintergrund wird deutlich, daß die RAF die Grundlagen für ihre immer schwerer werdenden Bombenangriffe gegen Deutschland lange vor Beginn des Zweiten Weltkrieges gelegt hatte. Auch die dramatischen Steigerungen bei der Anzahl der eingesetzten Flugzeuge und der abgeworfenen Bombenlast wird nachvollziehbar. Waren es 1939, 1940 und 1941 nur kleine Verbände, die in das Reichsgebiet eindrangen, traten ab Frühjahr 1942 die ersten größeren Verbände von 200 Flugzeugen in Erscheinung. Dies war allerdings nur der Anfang der Offensive; so wurde Köln in der Nacht vom 30. zum 31. Mai 1942 Opfer des ersten 1000-Bomber-Angriffes.

Die Jahresmenge an abgeworfenen Bomben stieg von 14.631 Tonnen im Jahre 1940 auf 35.509 Tonnen im Jahre 1941 und auf 53.755 Tonnen im Jahre 1942. Diese Zahlen nehmen sich geradezu bescheiden aus gegen die Jahre 1943 und 1944: auf dem Höhepunkt der Bomberoffensive, bei der die US Army Air Force (USAAF) sich mit Tagesangriffen einschaltete, wurden 226.513 Tonnen und 1.188.577 Tonnen Bomben über Deutschland abgeworfen.

Wie stellte sich die Lage aus deutscher Sicht dar? 1938 glaubte anscheinend niemand, daß es zu einem Krieg mit Großbritannien kommen könnte. Stellvertre-

tend für diese Ansicht sei nur Generalluftzeugmeister Ernst Udet erwähnt, der sich im Zusammenhang mit dem Langstreckenkampfflugzeug Heinkel He 177 wie folgt äußerte: »An einen Krieg mit England denkt kein Mensch!« Gleichwohl erhielt General der Flieger Felmy den Auftrag zu prüfen, inwieweit die Luftwaffe in der Lage war, einen strategischen Luftkrieg gegen Großbritannien zu führen. Felmy gelangte rasch zu der Ansicht, daß die Luftwaffe nicht dazu fähig sei. Die Wahrscheinlichkeit einer militärischen Auseinandersetzung mit dem Vereinigten Königreich wurde von höchster Stelle heruntergespielt oder gar nicht erst in Erwägung gezogen. Hitler glaubte, daß »der Engländer« sich im Kriegsfalle schon bald den durch Waffengewalt geschaffenen Realitäten in Europa fügen und »Ruhe geben« werde. In seiner Gedankenwelt spielte das britische Weltreich zudem die Rolle eines Ordnungsfaktors, den er erhalten sehen wollte. Zudem betrachtete er die Engländer als »Brudervolk«, gegen dessen Interessen er nicht handeln wollte. Es ist ein Paradoxon der Geschichte, daß Großbritannien in den 30er Jahren keinen größeren Freund in Deutschland hatte als Hitler. Unter diesen Aspekten sind auch einige Entscheidungen Hitlers zu sehen. So wurde nach Ausbruch des Zweiten Weltkrieges Großbritannien zunächst von Luftangriffen verschont, lediglich die Nachschublinien über See sowie Marinestützpunkte waren Gegenstand militärischer Aktionen. Auch das lange Zeit existierende Verbot, die britische Hauptstadt zu bombardieren, stammte von Hitler. Während einerseits die Ansicht vorherrschte, daß es nicht zum Krieg mit Großbritannien kommen werde, war man bei der Luftwaffe anderseits der Meinung, daß die Abwehr britischer Bomber durch die Jagd- und Zerstörerflugzeuge der Luftwaffe ohne weiteres möglich sei. In der Tat bestätigten die ersten Tagbomberangriffe der RAF auf Ziele an der deutschen Küste diese Einschätzung. Im Bereich der Nachtjagd wies die Luftabwehr allerdings große Lücken auf. Mit Ausnahme weniger Flugzeuge – wie zum Beispiel des einmotorigen Jagdeinsitzers Bf 109, der zweimotorigen Bf 110 und einiger umgebauter Do 17 – existierten keine Nachtjäger. Auch an die Entwicklung spezieller Nachtjagdflugzeuge wurde nicht gedacht. Noch 1939 meinte Hermann Göring zu diesem Thema: »Nachtjagd? Die wird es nie geben!« Zu sehr war der Oberbefehlshaber der Luftwaffe von seinen Erfahrungen als Jagdflieger im Ersten Weltkrieg geprägt. Daß infolge der rasanten technischen Fortschritte auf dem Gebiet der Flugführungssysteme

Nachtangriffe auch bei schlechtem Wetter und geschlossener Wolkendecke über große Entfernungen möglich seien, vermochte sich Göring zu dieser Zeit nicht vorzustellen. Als sich Anfang 1942 die Bomberoffensive der RAF gegen die deutschen Städte ankündigte, stand die Abwehr völlig überfordert da. Hilflos mußte man im März und April des Jahres 1942 den schweren Bombenangriffen auf Lübeck und Rostock zusehen. Als Köln im Mai 1942 Ziel des ersten 1000-Bomber-Angriffs der RAF wurde, war klar, daß dem Aufbau der Nachtjagd weit mehr Bedeutung als bisher beizumessen war. Neben der Aufstellung von Einsatzverbänden und dem Ausbau der Bodenorganisation sollten neue Nachtjagdflugzeuge das Blatt wenden. Zwei Muster, die Heinkel He 219 und die Focke-Wulf Ta 154, waren dazu bestimmt, künftig das Rückgrat der Nachtjagdverbände zu bilden. Doch dazu kam es nicht. Die He 219 hatte bis zu ihrem Erstflug am 6. November 1942 eine geradezu abenteuerliche Entwicklungsgeschichte hinter sich. Zunächst als Kampfflugzeug mit im Rumpf liegenden Motoren konzipiert, durchlief das Flugzeug diverse Entwicklungsstadien, bis zuletzt unter dem Druck des Kriegsgeschehens eine Ausführung als Nachtjäger die Zustimmung des RLM fand. Die He 219 war zu ihrer Zeit eines der fortschrittlichsten Flugzeuge überhaupt. Wenn dennoch der Großserienbau der Maschine unterblieb, so hatte dies verschiedene Gründe. Erhard Milch favorisierte die Ausrüstung der Luftwaffe mit der Ju 188. In diesem Flugzeug, das er im übrigen als Reisemaschine nutzte, sah er das ideale Mehrzweckflugzeug, das als Bomber, Aufklärer und Nachtjäger eingesetzt werden konnte. Darüber hinaus hatte es bei der Entwicklung neuer Muster zahlreiche schwere Rückschläge gegeben, wobei die Messerschmitt Me 210 und die Heinkel He 177 an erster Stelle zu nennen sind. Sollte man in einer so schwierigen Phase des Krieges auf ein Flugzeug setzen, das erst noch gründlich erprobt werden mußte? Letztlich wurde ein Mittelweg gewählt, der unbefriedigend blieb. Das He-219-Programm ging zwar an den Start, es lief jedoch nur auf Sparflamme, so daß das Muster mit rund 270 Exemplaren von der Stückzahl her unbedeutend blieb. Zweifellos war für diese Entwicklung Milch nicht allein verantwortlich. Die Lage der Flugzeug- und Motorenindustrie war bereits 1943 sehr angespannt. Fertigungskapazitäten, die man für die He 219 frei gemacht hätte, wären zu Lasten anderer Muster gegangen. Dennoch stellt sich heute die Frage, ob eine Verlagerung der Produktion auf die He 219

nicht doch der richtige Weg gewesen wäre. Gerade die He 219 hatte das Potential eines Mehrzweckflugzeuges. Mit einer starken Motorisierung hätte sie sich hervorragend für den Zerstörereinsatz über dem Atlantik geeignet, und in der Tat war das Muster für kurze Zeit für diesen Aufgabenbereich vorgesehen. Die geringe Produktionsrate verhinderte allerdings dieses Vorhaben. Die vielfältigen Möglichkeiten, die die He 219 offerierte, wurden zwar vom Heinkel-Konstruktionsbüro dargestellt, jedoch ließ sich kein Projekt verwirklichen.

Mit der Ta 154 brachte Kurt Tank einen Nachtjäger heraus, der noch weitere Aufgaben übernehmen sollte und dessen herausragendes Konstruktionsmerkmal seine Holzbauweise war. Gegenüber der He 219 kleiner, leichter und weniger fortschrittlich sollte das Muster unter Verwendung einheimischer Rohstoffe in den Großserienbau gehen, wobei zahlreiche kleinere Betriebe der Holzbranche in die Fertigung mit eingebunden werden sollten. Insbesondere Göring versprach sich viel von diesem Muster, dessen Entwicklung durch die Einräumung von Dringlichkeitsstufen forciert wurde. Im Unterschied zur He 219 war der Großserienbau der Ta 154 unmittelbar nach deren Erstflug beschlossene Sache. Der Erstauftrag umfaßte den Bau von immerhin 250 Flugzeugen. Während die He 219 Opfer unentschlossenen Handelns wurde, war es bei der Ta 154 die Holzbauweise, die man aus verschiedenen Gründen einfach nicht in den Griff bekam. Doch es waren nicht nur fertigungstechnische Probleme, die zum Scheitern der Ta 154 führten. Die wenigen Flugzeugführer der Luftwaffe, die Gelegenheit hatten, das Muster zu fliegen, konnten sich nicht für das Flugzeug begeistern. Der großen Nachtbomber-Offensive der Royal Air Force konnte die Luftwaffe nicht mit neuen, modernen Nachtjägern begegnen. Was blieb war der Einsatz der altbekannten Bf 110 und der Ju 88, die durch diverse Änderungen nur bedingt den ständig steigenden Anforderungen des Luftkrieges angepaßt werden konnten. Die Nachtjagdbesatzungen, die Nacht für Nacht und bei jedem Wetter gegen einen immer stärker werdenden Gegner kämpften, standen in ihrem Bemühen, die Zivilbevölkerung gegen die Bombenangriffe zu schützen, auf verlorenem Posten. Dabei schwächte nicht nur die überalterte Ausrüstung ihre Position, auch die Zahl der zur Verfügung stehenden Flugzeuge war zu gering: im Herbst 1944 standen rund 1400 Nachtjagdflugzeuge, vorwiegend Bf 110 G und Ju 88 G, einigen tausend RAF-Bombern gegenüber!

Heinkel He 219:
Aufstieg und Fall eines
Kampfflugzeuges

Die Ernst Heinkel Flugzeugwerke GmbH* stellten 1936/37 mit dem zweimotorigen Schnellbomber He 119 ein außergewöhnliches Flugzeug vor. Im Rumpf des Tiefdeckers befand sich ein Daimler-Benz-DB-606-Doppelmotor mit einer Startleistung von 2700 PS (2000 kW). Die Besatzung saß im vollständig verglasten Rumpfbug, so daß der Rumpf keine Abstufungen und damit die aerodynamisch bestmögliche Form aufwies. Die an der Bugspitze befindliche Vierblatt-Luftschraube mit einem Durchmesser von beachtlichen 4,30 m wurde über eine Fernwelle, die man durch die Kabine führen mußte, angetrieben. Von dem mit einer Oberflächenkühlung ausgestatteten Flugzeug wurden mehrere Versuchsmuster gebaut. Mit der V4 gelang es am 22. November 1937, den Weltgeschwindigkeitsrekord über die 1000-km-Strecke mit 1000 kg Last und 505 km/h zu erobern.

Trotz hoher Leistungen unterblieb ein Serienbau des Flugzeuges. Während Heinkel die He 119 aufgeben mußte, wurde der Gedanke, ein Flugzeug mit rumpfmontierten Motoren in den Serienbau zu bringen, weiterverfolgt.

Unter der Führung des von Messerschmitt zu Heinkel gewechselten Robert Lusser entstanden 1940 die Projekte P 1055 und P 1056, die weitgehend auf der He 119 beruhten. Das Projekt P 1055 stellte einen zweisitzigen Bomber dar, der bei einem Fluggewicht von 12,6 Tonnen eine Reichweite von 4000 km und eine Höchstgeschwindigkeit von 750 km/h erreichen sollte.

Auch das Projekt P 1056, das als Zerstörer und Bomber vorgesehen war, wartete mit sehr hohen Leistungen auf. Bei einem Gewicht von 11 Tonnen wurde für die Zerstörer-Ausführung eine Reichweite von 3000 km und eine Höchstgeschwindigkeit von 745 km/h errechnet. Als Bewaffnung waren vier MG 151 vorgesehen.

Das RLM zeigte hauptsächlich an der P 1055 Interesse, bemängelte jedoch die ungenügende Abwehrbewaffnung und schlug vor, den Entwurf als kombinierten Erkunder/Tagbomber durchzukonstruieren. Als Termin für die Besichtigung der Schlußattrappe wurde der 15. Januar 1941 festgelegt. Während das Projekt P 1055 Formen annahm, stieß der Zerstörer-Entwurf P 1056 auf Ablehnung.

Bevor die Schlußattrappe besichtigt werden konnte, mußte der Entwurf auf Wunsch des RLM stark überarbeitet werden. Aus dem Tiefdecker entstand ein Mitteldecker mit einer von zwei auf vier Mann erweiterten Besatzung, einem Motorraum, der nun vor der Flügelvorderkante lag, und einer Abwehrbewaffnung, die aus drei Waffenständen gebildet wurde. Antriebseitig sollte ein DB-613-Doppeltriebwerk mit einer Startleistung von 3500 PS (2574 kW) zum Einbau gelangen. Ferner waren gegenläufige Luftschrauben vorgesehen. Parallel zu den Änderungen mußten Leistungseinbußen hingenommen werden. Je nach Fluggewicht und Flügelgröße betrug die Höchstgeschwindigkeit nur noch 653 bis 686 km/h in 9000 m.

Wenngleich die Arbeiten an der P 1055, die inzwischen die offizielle RLM-Nummer 8-219 erhalten hatte, auf hohen Touren liefen, mußte die Attrappen-Besichtigung auf den 4. Februar 1941 verschoben werden. Angesichts der neuen Leistungsberechnungen zeigte sich das Amt enttäuscht und forderte ultimativ eine Höchstgeschwindigkeit von 740 km/h in 9000 m. Damit sich dieses Ziel erreichen ließ, ging das RLM Kompromisse ein. Die Anzahl der Besatzungsmitglieder wurde von vier auf zwei reduziert, ferner sollte der Wegfall von Fowler-Klappen** zu Gewichtseinsparungen beitragen, und nicht zuletzt rückte man von der Forderung nach einem geräumigen Bombenschacht ab, so daß sich der Rumpf schlanker gestalten ließ.

Erneut stand das Konstruktionsbüro vor der Aufgabe, den Entwurf grundlegend zu ändern. In der Folgezeit kam es dann zu weiteren Attrappen-Besichtigungen und immer neuen Forderungen des RLM, auf die die Firma Heinkel entsprechend reagierte.

Nachdem man sich allen Wünschen des Reichsluftfahrtministeriums gebeugt hatte, kam am 25. Juni 1941 das Aus für das Flugzeug: das Amt lehnte mehr oder weniger überraschend den Entwurf ab und legte Heinkel nahe, die He 219 als konventionellen Zweimotorer herauszubringen, der nun die Aufgaben Höhenaufklärer, Höhenjäger und Nachtjäger übernehmen sollte.

*Ab dem 1. März 1943 Ernst Heinkel Flugzeugwerke AG (EHAG).

**Landeklappen, die beim Ausfahren die wirksame Flügeltiefe vergößern.

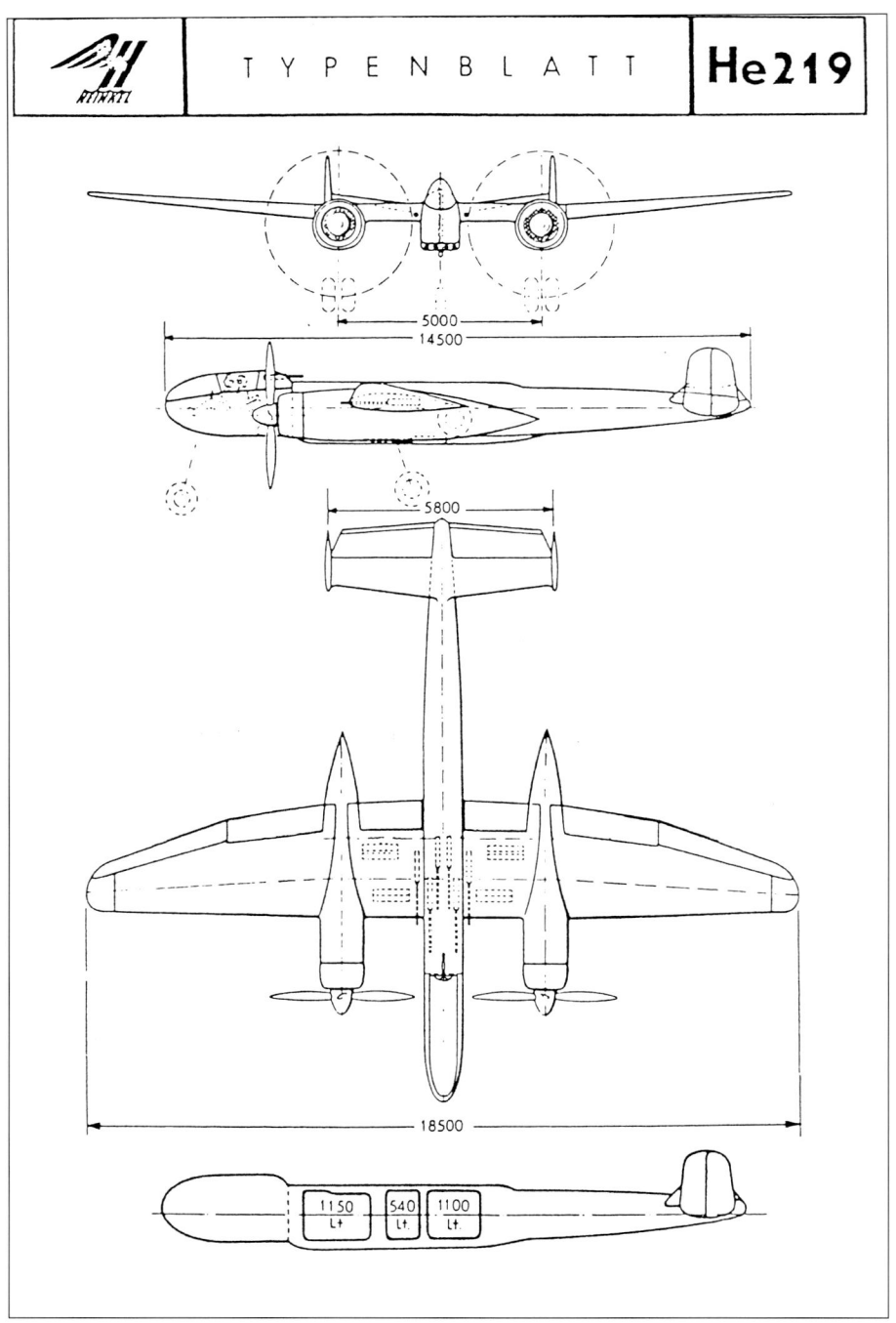

TYPENBLATT **He 219**

5000
14500

5800

18500

1150 l↑   540 l↑   1100 l↑

P 1055 in die Sackgasse führte, gab Heinkel seinem Technischen Direktor Robert Lusser, der daraufhin das Unternehmen verließ und bei Fieseler mit der Entwicklung der Fi 103 (»Vergeltungswaffe V1«) beauftragt wurde.

Mit der für Heinkel typischen Dynamik begannen sofort die Änderungsarbeiten an der He 219, die als Jagdflugzeug nun durch zwei DB-603-G-Einzeltriebwerke von je 1900 PS (1359 kW) angetrieben werden sollte, während für den Höhenaufklärer DB 614 Höhenmotoren und deutlich vergrößerte Tragflächen vorgesehen waren.

Das RLM wünschte den Einbau einer hydraulisch angetriebenen Drehlafette mit zwei MG 131 auf der Rumpfober- und -unterseite (B- und C-Stand) als Abwehrbewaffnung.

Zunächst wurde der Bau von zwölf Versuchsmustern, deren erstes Exemplar am 1. September 1942 fliegen sollte, gefordert. Der Anlauf der Serienproduktion war für Mitte 1943 geplant. Diese Vorgaben konnten jedoch nicht eingehalten werden. Die Gründe dafür lagen in weiteren

Die Arbeit von Monaten war mit einem Schlag hinfällig geworden. Ernst Heinkel zeigte sich von diesem Rückschlag sehr betroffen, zumal damit auch ein hoher finanzieller Verlust verbunden war. Die Schuld, nicht rechtzeitig erkannt zu haben, daß das Konzept der

Änderungen, der Zulieferindustrie und der Triebwerkausrüstung. Die ausgesprochen schlechten Erfahrungen, die man mit der ferngerichteten Abwehrbewaffnung im Zusammenhang mit der Arado Ar 240 machen mußte, führten zu der Erkenntnis, die He 219 zunächst als Nachtjäger ohne Drehtürme, jedoch mit einem beweglichen MG 131 im Auslauf der Kabinenhaube einzusetzen. Demzufolge war der Entwurf in diesem Bereich zu überarbeiten.

Die Firma VDM, von welcher das Fahrwerk bezogen wurde, hatte Lieferprobleme, so daß die Bauteile für die He 219 V1 mit Verspätung im Herbst 1942 bei Heinkel eintrafen. Auch Daimler-Benz konnte Termine nicht einhalten. Der DB 603 G war nicht vor März 1943 lieferbar, an seine Stelle mußte der schwächere DB 603 A (1750 PS/1285 kW) in das erste V-Muster eingebaut werden, wodurch sich weitere Änderungen und Verzögerungen ergaben. Doch damit nicht genug. Ernst Heinkel hatte bezüglich des Endscheiben-Leitwerkes Bedenken geäußert und seinem Konstruktionsbüro empfohlen, ein einkieliges Leitwerk zu entwickeln, das gegebenenfalls beim zweiten Versuchsmuster angebaut werden konnte. Bevor es zur Bauausführung kam, wurden auf Weisung Heinkels die Arbeiten eingestellt, da inzwischen alle Zweifel am Endscheiben-Leitwerk beseitigt waren.

Konstruktion und Bau des ersten V-Musters erfolgten im Heinkel-Werk Rostock-Marienehe. Als die RAF Ende April das Werk und die Stadt mehrfach angriff, gingen zahlreiche Zeichnungen verloren, das im Bau befindliche erste V-Muster blieb hingegen unbeschädigt.

Trotz der vielfältigen Änderungen, Schwierigkeiten und Probleme, die bei der Entwicklung der He 219 aufgetreten waren, konnte das erste Versuchsmuster, die He 219 V1 (VG+LW), am 6. November 1942 von Warnemünde aus zum Erstflug starten.

Der zehnminütige Jungfernflug stand unter der Führung von Flugkapitän Dipl.-Ing. Gotthold Peter, der sich aufgrund der geringen Flugdauer nur allgemein zu den Flugeigenschaften äußern konnte. Im wesentlichen beanstandete Peter die Querruder, die nach seiner Ansicht »wie blockiert« waren, und das Bugrad, das sich während des Einfahrens durch den Luftwiderstand quergestellt hatte. Auch das mehrfache Ein- und Ausfahren änderte daran nichts, so daß die Landung mit quergestelltem Bugfahrwerk holperig verlief.

In der Folgezeit sollte das Bugfahrwerk auch weiterhin Probleme bereiten. Neben den geschilderten Schwierigkeiten wurde festgestellt, daß das Bugrad beim Drehen am Boden nicht in die Ausgangsstellung zurückkehrte. Die Mängel ließen sich aber mit wenig Aufwand beheben. Später konnten durch eine Verlegung des Hauptfahrwerkes um 220 mm nach vorne die Rolleigenschaften noch weiter verbessert werden.

Bereits nach dem dritten Versuchsflug kam es zu einer Unterbrechung des Flugbetriebes. Das Flugzeug setzte nach dem Ende des Flugprogramms mit relativ hoher Geschwindigkeit auf der nassen Landebahn auf, überrollte diese, sackte auf weichem Untergrund mit dem Bugrad ein und machte einen Kopfstand.

Die Schäden waren gering, so daß die Maschine recht bald erneut die Erprobung aufnehmen konnte. Mit hohem Tempo wurden die Flugversuche durchgezogen. Bis zum Start der He 219 V2 (GG+WG) am 10. Januar 1943 hatte das erste Versuchsmuster mehr als 40 Flüge absolviert.

Mit Zunahme der Versuchsflüge traten einige Mängel deutlicher zutage, die dann auch durch die Erprobung der He 219 V2 bestätigt wurden und Anlaß zu einigen doch beachtenswerten Änderungen gaben.

Die Stabilität um die Hoch- und Querachse war nicht in Ordnung, und außerdem traten Schüttelerscheinungen an den Seitenrudern auf. Es wurde vermutet, daß das Schütteln durch die von den Motorgondeln ausgehende Nachlaufströmung verursacht wurde. Um hier Klarheit zu erhalten, wurde die Strömung durch Rauchpatronen sichtbar gemacht. Wie sich zeigte, lag die Strömung an den Motorgondeln an, im Bereich des Übergangs vom Höhenleitwerk zum Seitenleitwerk traten jedoch Verwirbelungen auf.

Durch den Einbau überarbeiteter Querruder konnten Verbesserungen erreicht werden. Die Flugeigenschaften stellten die Versuchsflieger allerdings noch immer nicht zufrieden.

Zunächst wurde versucht, durch eine (zweimalige) Vergrößerung des Seitenleitwerks, eine Verlängerung der Motorgondeln, eine Änderung der Landeklappen-Rückführung sowie eine überarbeitete Querruder-Entlastung und Anbringen eines Masseausgleichs die Flugeigenschaften zu verbessern. Nachdem die Stabilität um die Hoch- und Querachse nach wie vor nicht befriedigte, regte das Konstruktionsbüro an, den Rumpf der He 219 um 940 mm zu verlängern. Neben einer verbesserten Stabilität erwartete man von dieser Maßnahme eine Verringerung der Lastigkeitsunterschiede bei der Landung und eine Beseitigung des Leitwerkschüttelns.

Es fällt auf, daß nach der Me 210 und der Ar 240 die He 219 der dritte deutsche Zerstörer war, dessen Rumpf und Leitwerk verlängert oder vergrößert werden mußte. Anscheinend hatten alle drei Konstruktionsbüros versucht, an falscher Stelle Gewichtseinsparungen zu erzielen.

149

He 219 V5.
Mit diesem Flug-
zeug wurden
unter anderem
Schußwaffen-
versuche in
Tarnewitz
durchgeführt.

Ernst Heinkel reagierte sofort: er ordnete bereits Mitte Januar 1943 den sofortigen Umbau der V1 an. Die Arbeiten sollten spätestens am 10. Februar 1943 abgeschlossen sein. Für den Fall, daß die Fertigstellung bis zum 8. Februar erfolgte, versprach Heinkel eine Prämie von 3000 RM und für jeden weiteren Tag 1000 RM. Tatsächlich konnte Werkmeister Richmann die He 219 V1 bereits am 30. Januar 1943 wieder flugklar melden, die fälligen 10.000 RM erhielt die Belegschaft jedoch nicht, da Ernst Heinkel vom Treuhänder die Auszahlung untersagt wurde.

Der Rumpf der He 219 V1 war nicht nur verlängert worden, auch die Beplankung hatte man verstärkt und gegenläufige Motoren eingebaut. Das Thema der gegensinnigen Luftschrauben wurde zwar in den Kapiteln über die Me 210/410 und Ar 240/440 angerissen, es soll an dieser Stelle jedoch ausführlicher behandelt werden.

Während des Starts leisteten die beiden DB 603 A je 1750 PS (1285 kW). Diese beachtliche Leistung wurde auf die Luftschrauben übertragen, von denen

demzufolge hohe Drehmomente ausgingen. Diese Drehmomente wirkten in erster Linie auf die Hochachse des Flugzeuges ein. Je nach Drehrichtung der Luftschrauben versuchte das Flugzeug, um die Hochachse nach rechts oder links zu drehen. Mit der Seitenflosse kann man dieser Drehbewegung in der Regel entgegenwirken, so daß normalerweise ein mehr oder weniger großer Ausschlag des Seitenruders oder eines dort angebrachten Trimmruders erforderlich ist. Bei He 219 und den anderen Hochleistungs-Zerstörern traten jedoch Probleme auf, da die Wirkung des Seitenleitwerks nicht ausreichte. Erst durch den Einbau gegenläufiger Luftschrauben konnten die Schwierigkeiten weitgehend ausgeräumt werden. Die Start- und Landeeigenschaften besserten sich, und auch das Leitwerkschütteln trat nicht mehr auf.

Aufgrund der guten Ergebnisse, die der Umbau mit sich gebracht hatte, ging man daran, das zweite Versuchsmuster entsprechend zu modifizieren. Im Rahmen der Rumpfverlängerung wurden bei beiden Flugzeugen auch die Stufen auf der Rumpfober- und -unterseite ausgestrakt. Hier sollten ursprünglich die ferngerichteten Abwehrstände eingebaut werden. Auf den anfänglich geplanten Einbau eines beweglichen MG 131 hatte man übrigens auch verzichtet.

Nach den Planungen des RLM war vorgesehen, die zwölf Versuchsmuster nicht nur für die Flugversuche, sondern auch zur Truppenerprobung heranzuziehen, so daß die Aufgaben wie folgt verteilt waren:

V1	Flugeigenschaften und -leistungen
V2	Bahnneigungsflüge und Flugleistungen mit DB 603 und Messerschmitt-Verstell-Bremsluftschraube
V3	Enteisung der Tragflächen-Vorderkante und des Leitwerks sowie Erprobung von Kabinenheizung und Kraftstoffschnellablaß
V4	Erprobung der Funkanlage und der Motoren
V5	Schußwaffen-Versuche in Tarnewitz, Mustereinbau MK 108, geänderte Kabinenhaube und Vierblatt-Luftschrauben
V6	Erprobung des vollständig ausgerüsteten Flugzeuges einschließlich des FuG 10P und der Katapultsitze
V7	Fronterprobung
V8	Fahrwerkversuche, anschließend Fronterprobung
V9	Fronterprobung
V10	Fronterprobung
V11	Bahnneigungsflüge mit Sicherheitsschirm und elektrischer Höhenflossen-Verstellung
V12	Anfänglich als Versuchsträger für ferngesteuerte Abwehrbewaffnung geplant, dann Fronterprobung

Die Versuchsflugzeuge V1 und V2 wurden nicht nur von Werkpiloten geflogen, sondern auch einer Prüfung durch die E-Stelle Rechlin sowie von Flugzeugführern der Luftwaffe unterzogen.

Anfang Januar 1943 erfolgten erste Geschwindigkeits-Untersuchungen im Rahmen eines Schnellbomber-Vergleichs, an dem neben He 219 V1 die Muster Me 410, Ar 440 und Ju 88 S teilnahmen.

Die He 219 wurde ohne Funkmeßanlage, Funkantenne und Rückwärtswaffe vorgeführt. Die Schußlöcher der sechs starren Waffen hatte man überklebt und das Flugzeug mit Winkeldüsenmeßgeräten und

einem Fallschirmpaket im Heck ausgestattet. In dieser Form erreichte die »wegen der Dringlichkeit sehr rohgebaute« He 219 475 km/h in Bodennähe. Dies entsprach in etwa den werkseitig erwarteten 484 km/h.

Im Vergleich zur Ju 188, die Milch seit September 1942 zum direkten Konkurrenzmuster erklärt hatte, lag der Heinkel-Nachtjäger um rund 30 km/h zurück. Allerdings war die Ju 188 bei diesem Vergleich unbewaffnet.

Innerhalb des RLM entspann sich eine Diskussion über den Fortgang der He-219-Entwicklung. Man hatte zwar erste Aufträge erteilt, die schließlich einen Lieferumfang von 130 Maschinen beinhalteten, dennoch stand Generalluftzeugmeister Erhard Milch dem Flugzeug skeptisch gegenüber. Ob Milch, wie nach dem Krieg immer wieder behauptet, eine Aversion gegen die He 219 hegte, läßt sich nicht so ohne weiteres belegen. Es darf angenommen werden, daß Milch sich von bisherigen Erfahrungen leiten ließ: mit den Neuentwicklungen Me 210 und He 177 hatte sein Vorgänger Ernst Udet Schiffbruch erlitten, und auch das kostspielige »Bomber-B«-Programm und die Me 309 waren gescheitert.

Nach den Niederlagen in Stalingrad und Nordafrika konnte sich die Luftwaffe keinen weiteren Fehlschlag mehr leisten. Die He 219 war Anfang 1943 noch kein ausgereiftes Flugzeug. Milch hielt es für besser, angesichts der Kriegslage auf bewährte Muster zu setzen. Junkers hatte Mitte der 30er Jahre mit der Ju 88 ein Mehrzweckkampfflugzeug herausgebracht, das sich nach Anfangsschwierigkeiten als Bomber, Aufklärer

Fertigung der Baureihe A-0 bei Heinkel in Rostock-Marien-ehe

und Nachtjäger insgesamt bewährt hatte. Das Folgemuster Ju 188 stand seit Mitte 1942 als Prototyp in der Erprobung. Milch versprach sich viel von diesem Muster, das weitgehend auf der Ju 88 basierte und ebenso wie der Vorgänger als Mehrzweckflugzeug in den Serienbau gehen sollte. Da relativ viele Baugruppen von der Ju 88 übernommen werden konnten, ließ sich das Flugzeug rasch auf den Fertigungsstraßen der Ju 88 in die Produktion bringen.

Die Überlegungen zur Ju 188 waren keineswegs neu. Bereits im September 1942 hatten Gespräche über die Auswahl eines Nachfolgers für die überalternden Nachtjagd-Muster Bf 110, Ju 88 und Do 217 stattgefunden. Als mögliche Kandidaten wurde neben der He 219 und der Me 210 auch die Ju 188 näher untersucht, wobei die Messerschmitt-Maschine frühzeitig für den Einsatzzweck Nachtjagd abgelehnt wurde. Während Milch in der Ju 188 das universelle Kampfflugzeug der Luftwaffe sah, das nach seinen Vorstellungen noch bis 1947 in Form verschiedener Varianten im Einsatz stehen sollte, sprach sich General der Nachtjagd Kammhuber für die He 219 aus und forderte zugleich die Aufstellung eines ersten Einsatzverbandes bis zum 1. März 1943. Eine Forderung, die keineswegs der Situation entsprach: die Ernst Heinkel AG erwartete, daß die Monatsausbringung an He 219 Ende 1944 nur 50 Stück erreichen könnte.

Eine sehr bescheidene Zahl angesichts der nächtlichen Angriffe von bis zu 1000 RAF-Bombern. Durch den Abzug deutscher Facharbeiter an die Front waren große Lücken entstanden, die durch Fremdarbeiter, Kriegsgefangene und KZ-Häftlinge nicht geschlossen werden konnten. Darüber hinaus war aufgrund der teilweise unmenschlichen Lebensbedingungen keine hohe Arbeitsleistung zu erwarten. Auch die Fertigung von Baugruppen in Mielec (Polen) konnte nicht realisiert werden, und schließlich war die Produktionsstraße in Rostock-Marienehe durch RAF-Bomber ständig gefährdet. Aufgrund dieser Schwierigkeiten lief die Fertigung nur auf Sparflamme: ganze elf Flugzeuge verließen 1943 die Werkhallen!

Eine Steigerung der Produktion wäre nur durch die Einschaltung weiterer Werke möglich gewesen, wobei neben dem Heinkel-Werk in Wien-Schwechat auch das Dornier-Werk Oberpfaffenhofen in Frage kam. Milch hatte frühzeitig erkannt, daß die He 219 in einer ganzen Reihe von Punkten Vorteile aufwies. Die Kabine war optimal gestaltet, sie offerierte ausgezeichnete Sichtverhältnisse und war nach ergonomischen Gesichts-

punkten ausgelegt. Die Katapultsitze – über die noch berichtet wird – boten gute Rettungsmöglichkeiten, und die im Rumpf angeordneten Kraftstoffbehälter schützten die Besatzung gegen Beschuß von hinten. Das Bugfahrwerk wies gegenüber den Spornrad-Flugzeugen viele Vorteile bei Start und Landung auf. Ein Teil der Bewaffnung war in einer Wanne unter dem Rumpf angeordnet und ebenso wie viele Teile des Flugzeuges leicht zugänglich, die gesamte Konstruktion war für höchste Belastbarkeit ausgelegt, und nicht zuletzt sei auf die große Reichweite des Flugzeuges hingewiesen, die es den Nachtjägern ermöglichte, stundenlang über Deutschland zu patrouillieren oder Bomberströme lange Zeit zu verfolgen. Kurzum: die He 219 war Anfang 1943 das modernste Flugzeug der Luftwaffe mit Otto-Motoren. Dennoch konnte sich Milch nicht dazu durchringen, weitere Kapazitäten für die He 219 freizumachen. Statt dessen wurde der Auftrag über 130 Maschinen halbherzig auf 300 Flugzeugen aufgestockt.

Inwieweit diese Entscheidung durch ein am 25. und 26. März 1943 durchgeführtes Vergleichsfliegen zwischen der Ju 188, der Do 217 und der He 219 beeinflußt wurde, ist unbekannt.

Während die Do 217 aufgrund ihrer hohen Flugmassen von vornherein keine Chance in diesem Vergleich hatte, war der Wettkampf zwischen der He 219 und der Ju 188 besonders interessant. Hatte die Ju 188 – weil unbewaffnet – einige Wochen zuvor in puncto Geschwindigkeit die Nase vorn, so zeigte sich die He 219 jetzt um rund 25 km/h überlegen. Es gelang ihr auch, die Ju 188 mehrfach auszukurven. In der Steigleistung waren die Flugzeuge in etwa gleich.

Angesichts der geringen Fertigungszahlen wog jeder Unfall oder Verlust einer He 219 doppelt schwer. Als am 19. 04.1943 die V3 beim Landeanflug in Schwechat zu früh außerhalb der Platzgrenze aufsetzte und dabei mit dem Fahrwerk an einer Gleisanlage hängen blieb, wurde sie schwer beschädigt. Für den Werkpiloten hatte der Unfall ein unliebsames Nachspiel, da ihm die Schuld an der mißglückten Landung gegeben wurde.

Verluste traten nicht nur im Rahmen der Erprobung auf – die V2 ging ebenfalls zu Bruch, auch innerhalb der Fronterprobung waren Unfälle nicht zu vermeiden.

Ende Mai 1943 befanden sich die V-Muster 7, 8 und 9 bei der I./NJG 1, die im niederländischen Venlo stationiert war. Bevor die Flugzeuge zu ersten Einsätzen starten konnten, wurden sie durch hochrangige Offiziere der Luftwaffe, zu denen die Generäle Kammhuber

Alle Bilder:

Nach erfolgreichem Einsatz – Abschuß von fünf Lancaster-Bombern – »baute« Major Streib mit seiner He 219 A-0 diese spektakuläre Bruchlandung, die für ihn und seinen Funker Unteroffizier Fischer aber glimpflich verlief. Eine Farbzeichnung des Flugzeugs findet sich auf Seite 139.

wünsche. So wurde unter anderem vorgeschlagen, eine Fahrtbremse einzubauen. Einsatzerfahrungen hatten gezeigt, daß die Nachtjäger, die oftmals in Höhen von bis zu 8000 m operierten, einen in 2000 m einfliegenden Bomber abfangen mußten, so daß ein Abstieg mit hoher Sinkrate erforderlich war. Ferner hätte die Bremse auch zur Reduzierung eines Fahrtüberschusses Verwendung finden können. Letztlich kam es später nur zum Versuchs-Einbau in ein V-Muster, da die Verstell-Luftschrauben einen ähnlichen Effekt erzielten.

Die Einmotorenlandung bei Nacht gehörte zu den gefährlichsten Flugmanövern. Aus Sicherheitsgründen hatte General Kammhuber die Anordnung erlassen, in solchen Fällen eine Bauchlandung durchzuführen. Bei der He 219 schlug man vor, einen Kraftstoffschnellablaß einzubauen, wodurch sich beim Ausfall eines Motors das Landegewicht rasch senken ließ und die Landung sicherer verlief. Kammhuber unterstützte den Vorschlag, erklärte jedoch, daß er von seinem Befehl zur Bauchlandung nicht abweichen werde.

Ein weiterer Punkt betraf den Einbau eines Fahrtmessers für den Funker. Der Flugzeugführer konnte sich so ganz auf den Angriff konzentrieren, während ihm der Funker laufend die eigene Geschwindigkeit durchgeben konnte.

In der Nacht vom 11. zum 12. Juni 1943 führten Major Werner Streib und sein Funker Unteroffizier Fischer mit der He 219 (G9+FB) den ersten Einsatz durch. Es gelang Fischer mittels der Funkmeßanlage Lichtenstein BC, Streib immer wieder an einfliegende RAF Bomber heranzuführen. Nicht weniger als fünf Viermotorige konnte Streib abschießen. Bei der anschließenden Landung setzte die He 219 so hart auf, daß der Rumpfbug mitsamt der Kanzel abbrach, ein Motor aus der Aufhängung gerissen wurde und auch der Rumpf abknickte. Trotz der Schwere des Unfalls überlebte die Besatzung den Absturz.

Über die Ursache des Desasters ist in der Nachkriegszeit viel spekuliert worden, wobei zum Teil abenteuerliche Theorien aufgestellt wurden. H. Dieter Köhler, Verfasser des Buches *Ernst Heinkel Pionier der Schnellflugzeuges,** weist in seinem Kapitel über die He 219 auf einen von Streib an ihn gerichteten Brief hin.

Danach war der Unfall keineswegs darauf zurückzu-

und Vorwald sowie Oberst Peltz und Oberst Loßberg gehörten, vor Ort in Augenschein genommen. Insgesamt zeigten sich die Offiziere von der He 219 beeindruckt, äußerten jedoch zugleich einige Änderungs-

*Verlag Bernard & Graefe, Koblenz, 1983

führen, daß sich das Flugzeug in dem Gefecht »restlos verausgabt hatte« oder wie an anderer Stelle zu lesen war, »eine überhastete Entwicklung« ursächlich war: Streib war vielmehr die Sicht durch auslaufendes Öl vollständig genommen worden, so daß ihm die Landung mißglückte.

Von dem außergewöhnlichen Erfolg ging keineswegs eine Signalwirkung aus. Milch erklärte sinngemäß, »mit einem anderen Flugzeug wären Streib die Abschüsse genauso gelungen«. Tatsächlich waren sogenannte Serienabschüsse von fünf Flugzeugen bis zu diesem Zeitpunkt viermal vorgekommen. Eichenlaubträger Hauptmann Reinhold Knacke gelang als erstem Flugzeugführer der Luftwaffe in der Nacht vom 16. zum 17. September 1942 ein solcher Erfolg, der später noch oft von anderen Flugzeugführern wiederholt wurde. Für den Bau der He 219 machte man trotzdem nach wie vor keine Kapazitäten frei. Die Entwicklung des Flugzeuges ging jedoch weiter. Die ersten 22 Vorserienflugzeuge He 219 A-0 dienten als V-Muster und trugen die Bezeichnung V13 bis V34, wobei folgende Aufgaben zu übernehmen waren:

V13: Erprobung des Kraftstoffschnellablasses, der Warmwasserheizung und eines neuen Ansaugschachtes.
V14: Versuche zur Leistungssteigerung, Untersuchung des Seitenleitwerkes.
V15: Einbau der GM-1-Anlage und des FuG 16 ZY.
V16: Mustereinbau des Jumo 222 A/B, vergrößerte Spannweite.
V17: »Mosquito-Jäger« mit G-Lader.
V18: Schußwaffenversuche, 6 MK 103 in der Rumpfwanne.
V19: Einbau einer Druckkabine.
V20: Einbau einer Druckkabine.
V21: Einbau des DB-603-A-Einheitstriebwerkes.
V22: Einbau des DB-603-G-Einheitstriebwerkes.
V23: Wie **V16**.
V24: 2 MK 103 unter dem Rumpf sowie Anbau eines BMW-003-Strahltriebwerkes.
V25: Neues Kabelnetz für die elektrische Anlage.
V26: Einbau von zwei MK 108 als Schrägbewaffnung.
V27: Musterflugzeug für B-1-Serie.
V28: Dauererprobung des DB 603 E sowie einer Fahrtbremse.
V29: Erprobung der Warmwasserheizung
V30: Wie **V24**.

V31: Fronterprobung.
V32: Wie **V15**.
V33: Antennen-Versuchsträger für Telefunken.
V34: 3-Mann-Kabine mit handbedientem MG 131, Schrägbewaffnung, vergrößerte Reichweite.

Es fällt auf, daß nur eines der genannten Flugzeuge für die Fronterprobung vorgesehen war. Alle anderen He 219 dienten ausnahmslos verschiedenen Versuchen. Die große Zahl von 34 V-Mustern zeigt deutlich, daß mit der zunehmenden Leistungssteigerung im Militärflugzeugbau der Weg vom Erstflug über die Erprobung bis hin zur Einsatzreife und Serienfertigung immer länger wurde.

Nicht nur die Zahl der Versuchsflugzeuge, sondern auch der Umstand, daß viele V-Muster neue Motoren oder leistungssteigernde Einbauten erhalten sollten, ist augenfällig. Der Grund dafür lag in der Höchstgeschwindigkeit der He 219, die mit DB-603-A-Triebwerken in den seltensten Fällen die werkseitig angegebenen 615 km/h erreichte. Messungen wiesen in der Regel Werte um 585 km/h aus.

Die Triebwerkfrage wurde neben dem Mangel an Facharbeitern das zentrale Thema in der Geschichte der He 219.

Die Belieferung mit DB-603-A-Motoren konnte nur mühsam aufrecht erhalten werden. Der Einbau neuer, leistungsstärkerer Triebwerke erwies sich als noch problematischer. DB-603-G- und E-Motoren mit einer Startleistung von 1900 PS (1359 kW) oder 1800 PS (1320 kW) trafen nur in Einzelstücken bei Heinkel ein, und auch der Jumo 222 A/B mit einer Start- und Kampfleistung von 2000 PS (1470 kW) ließ sich nicht in die Serienfertigung bringen. Dabei hatte Heinkel vorgesehen, einen Teil seiner künftigen He-219-Serienflugzeuge mit dem starken 24-Zylinder-Reihen-Stern-

He 219 A-016.

He 219 A.
So wie dieser
Nachtjäger
flogen einige
Maschinen eine
Zeitlang mit
FuG 202 und
FuG 220.

Motor auszurüsten. Rechnerisch wurden von diesen Flugzeugen je nach Masse und Flügelfläche 650 bis 700 km/h erwartet.

Angesichts der Triebwerk-Misere kam der Gedanke auf, durch den Anbau eines BMW-003-Turbinen-Luftstrahltriebwerkes (TL) unter dem Rumpf der He 219 bessere Leistungen in Bezug auf Geschwindigkeit, Steigleistung und Gipfelhöhe zu erreichen. Der erste Versuchsträger für die geplante Baureihe He 219 S nahm am 23. September 1943 die Flugerprobung auf. Nachdem zunächst mit stillgelegtem TL-Triebwerk geflogen wurde, konnte das BMW 003 schon bald zugeschaltet werden, so daß die Höchstgeschwindigkeit in Bodennähe auf 530 km/h anstieg. Nach wenigen Wochen machte die Maschine allerdings Bruch: als große Flammen aus dem BMW 003 schlugen, glaubte die Besatzung, daß das Flugzeug in Brand geraten sei und entschloß sich zur Bauchlandung in der Nähe von Aspern, dabei wurde der Versuchsträger zu 40 Prozent beschädigt.

Die Umrüstung der He 219 V30 zum zweiten BMW-003-Erprobungsträger begann im Januar 1944, jedoch brach man die Arbeiten vorzeitig ab. Die Verwendung eines TL-Triebwerkes als Zusatzantrieb stellte keine echte Alternative zum Einsatz stärkerer Otto-Motoren dar. Ausgeschaltet war das BMW 003 nicht mehr als totes Gewicht, das zu Lasten der Nutzlast ging und somit die Leistungen, insbesondere Reichweite, Geschwindigkeit und Steigleistung, mehr oder weniger stark drückte.

Aus den genannten Gründen blieb nichts anderes übrig, als den Serienbau mit dem DB 603 A anlaufen zu lassen, wobei die He 219 A-0 am Beginn der Fertigung stand. Da diese Baureihe zugleich die meistgebaute Ausführung des Flugzeuges repräsentiert, soll

der Aufbau dieser Variante näher dargestellt werden.

Es handelte sich um einen zweimotorigen Mitteldecker in Ganzmetall-Bauweise. Der freitragende Tragflügel verfügte über einen Haupt- und einen Endholm, die auf 37 und 70 Prozent der Flügeltiefe angeordnet waren. Die einteilige, trapezförmige Tragfläche wies ein schlankes Profil auf. Die runden Randbögen hatte man abnehmbar ausgeführt. An der Flügelhinterkante befanden sich ein Frise-Spalt-Querruder und eine Fowler-Spalt-Landeklappe, wobei die Landeklappe durch die Motorgondel, die einen Teil des Tragflügels bildete, getrennt wurde. Querruder und Landeklappen waren miteinander gekuppelt. Am linken Querruder war ein Trimmruder angebracht, das ebenso wie alle Ruder zu 100 Prozent gewichtlich ausgeglichen war.

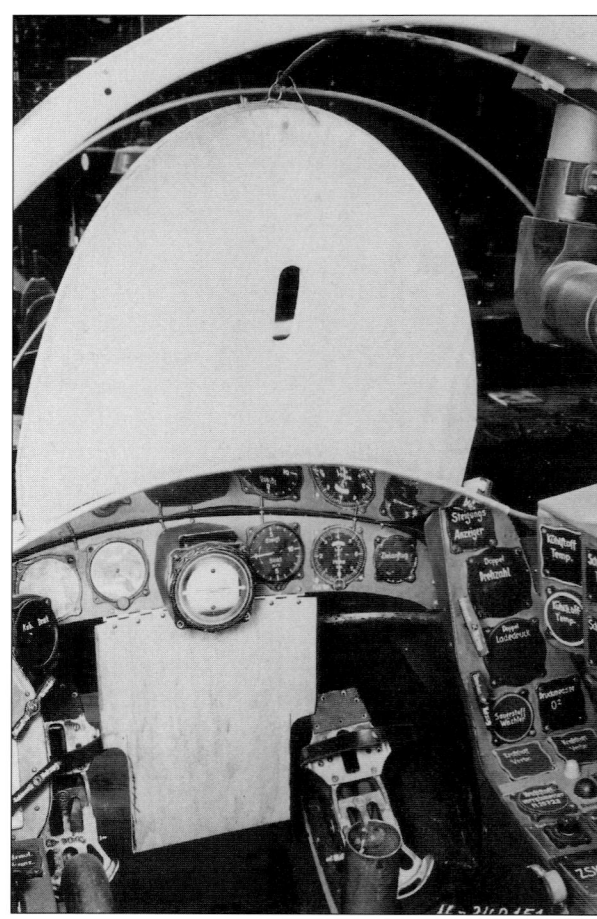

Attrappenversuche für eine hochklappbare Panzerglasscheibe. Rechts oben ist das Visier für die Schrägbewaffnung erkennbar.

Wie erwähnt bildeten die als Schalenkörper erstellten Motorgondeln ein wesentliches Element des Tragflügels. Im vorderen Bereich war die Gondel als Motorträger ausgeführt, an den ein DB-603-Schnellwechsel-Triebwerk angeschlossen wurde. Der flüssigkeitsgekühlte 12-Zylinder-Viertakt-Einspritzmotor leistete in Form der Baureihe A 1750 PS (1285 kW) für den Start. Mittels eines einstufigen hydraulischen Höhenladers mit selbständiger Ladedruckregelung brachte es der Motor in einer Volldruckhöhe von 5800 m auf eine Steig- und Kampfleistung von 1510 PS (1110 kW) bei 2500 U/min oder 1620 PS (1191 kW) bei 2700 U/min als Notleistung. Die Motorleistung wurde auf VDM-Dreiblatt-Luftschrauben mit einem Durchmesser von 3,45 m übertragen. Neben einer Drehzahlautomatik verfügten die Propeller über eine Flüssigkeitsenteisung.

Interessant sind in diesem Zusammenhang die Kraftstoff-Verbrauchswerte. Während beim Start 565 l/h Kraftstoff verbraucht wurden, waren es bei Notleistung 535 l/h, bei Kampfleistung 465 l/h und bei der höchsten Dauersparleistung von 1170 PS (860 kW) in 5000 m nur 325 l/h.

Innerhalb der Motorgondel waren verschiedene Behälter angeordnet: im vorderen Bereich zwei Kühlstofftanks mit je 24 l Fassungsvermögen, im Fahrwerkschacht zwei 4-l-Behälter für den Anlaßkraftstoff und im hinteren Bereich ein Schmierstofftank mit einem Volumen von 105 l. Aus Gründen der Luft- und Schaumbildung wurde dieser Behälter nur mit maximal 69 l befüllt. Am hinteren Holm hatte man einen 20-l-Tank für die Enteisungsflüssigkeit sowie einen Drucköbehälter angeordnet.

Die Motorgondeln dienten ferner zur Aufnahme des hydraulisch betätigten Hauptfahrwerkes, das nach hinten oben eingefahren und durch Klappen vollständig abgedeckt wurde. Jede Haupteinheit bestand aus einem kräftigen Federbein mit zwei Rädern und Reifen der Größe 840 x 300 mm.

Der Rumpf der He 219 wurde in Schalenbauweise gefertigt; er wies einen rechteckigen Querschnitt mit stark abgerundeten Ecken auf. Aus fertigungstechnischen Gründen unterteilte sich der Rumpf in die Baugruppen Kanzel, Rumpfvorderteil, Rumpfmittelteil und Rumpfheck. Während die Kanzel mit dem Rumpfvorderteil verschraubt war, wurden die übrigen Rumpfgruppen miteinander vernietet.

An der Bugspitze befand sich die Antennenanlage des Funkmeßgerätes, gefolgt von der Kanzel. Hier saß

Unteroffizier Walter Würgler demonstriert, wie man in die He 219 einsteigt. Foto: Christoph Regel

die zweiköpfige Besatzung Rücken an Rücken. Vier stark gewölbte Scheiben bildeten die Kabinenabdeckung. Die feststehende Frontscheibe verfügte über eine Scheibensprühanlage und Scheibenwischer. Zwei miteinander verbundene Scheiben dienten als Dach und Einstiegsöffnung. Sie ließen sich zu diesem Zweck nach rechts öffnen. Eine aus der linken Rumpfunterseite ausschwenkbare Einstiegleiter machte die Besatzung von bodengebundenen Einstieghilfen unabhängig. Den Abschluß der Kabinendachs stellte der feststehende gläserne Windabfluß dar. Zur Sicherheit des Flugzeugführers verfügte die He 219 anfänglich über eine hochklappbare Panzerglasscheibe innerhalb der Kabine.

Unterhalb der Kabine befand sich der Schacht für das einfach bereifte, steuerbare Bugrad, das nach hinten oben eingefahren wurde und sich dabei um 90° drehte, so daß das Rad flach unter der Kabine lag.

Die weit vorn liegende Kanzel der He 219 bot einige Vorteile. Die Nachtjagdbesatzungen waren oft Blendungen ausgesetzt, die zum einen daher rührten, daß das Licht der Such- und Flakscheinwerfer auf die Luftschrauben traf, zum anderen war es das Mündungsfeuer der eigenen Bordwaffen, die die Besatzung blendete. Bei der He 219 lag die Kabine weit vor den Luftschrauben und den Bordwaffen, so daß die Gefahr der Blendung nicht bestand. Wie so oft standen den Vorteilen auch Nachteile gegenüber. Im Falle eines Notausstieges war die Wahrscheinlichkeit, in eine der Luftschrauben zu geraten, sehr groß, so daß vor einem Ausstieg zunächst die Motoren abgestellt werden mußten. Bei Heinkel hatte man dies erkannt und die He 219 als erstes Serienflugzeug der Welt mit Katapultsitzen ausgestattet.

Die Idee zu einem solchen Sitz war bereits in den 30er Jahren bei Junkers entstanden. Der Grund dafür lag in der als sehr gefährlich eingestuften Sturzflug-Erprobung der Ju 88. An einen Absprung während des Sturzes war nicht zu denken, so daß man nach neuen Lösungen suchte. Starke Gummiseile sollten den Sitz des Flugzeugführers bei hohen Geschwindigkeiten aus der Maschine katapultieren und eine Rettung ermöglichen.

Bei Junkers wurde der Gedanke zwar patentiert, jedoch nicht weiterverfolgt. Unabhängig von Junkers hatte bei Heinkel eine eigenständige Katapultsitz-Entwicklung begonnen, bei der Druckluft oder Kartuschen die nötige Energie zum Ausstoß des Sitzes lieferten.

Nachdem 1941 erste bemannte Abschüsse aus einer umgebauten Ju 87 bei der E-Stelle Rechlin erfolgt waren, stattete Heinkel zunächst die He 280 mit einem Schleudersitz aus. Dieses Muster war nicht nur das erste zweistrahlige, sondern auch das erste strahlgetriebene Militärflugzeug der Welt. Mit diesem Flugzeug gelang darüber hinaus der erste Notausstieg mit einem Katapultsitz. Als Flugzeugführer Schenk am 13.

Januar 1943 mit der He 280 V1 abstürzte, konnte er sich aus dem Flugzeug katapultieren und sicher mit dem Fallschirm landen.

Auch während der Einsätze mit der He 219 kam es immer wieder zu Absprüngen mit dem Katapultsitz.* Glücklicherweise verliefen diese in der Regel erfolgreich, aber es gab auch makabre Zwischenfälle. Als sich Hauptmann Hans-Dieter Frank, Gruppenkommandeur der I./NJG 1 am 27. September 1943 nach einem Zusammenstoß mit einem anderen Nachtjäger aus der He 219 schoß, wickelte sich die Schnur der Eigenverständigung (EiV) um seinen Hals und erdrosselte ihn. Aus solchen tragischen Todesfällen zogen die Konstrukteure sofort ihre Lehren: in diesem Fall erhielt

Vorbereitungen zu einem weiteren Versuchsflug im Rahmen der Schleudersitzerprobung mit der DV+DI.

Der Einbau von Heinkel-Katapultsitzen erfolgte in verschiedenen Flugzeugmustern. Vermutlich wurden bis Kriegsende 1250 Sitze gebaut, von denen rund 1000 zum Einbau in Serienflugzeuge wie He 219, He 162, Me 262 und Do 335 gelangten. Darüber hinaus wurden auch Einzelmuster wie die Ju 290 und BV 238 mit Katapultsitzen ausgestattet. Mehr als 60 erfolgreiche Absprünge – die meisten aus der He 219 – wurden registriert.

die EiV-Anlage eine Schnelltrennvorrichtung.

Die Erprobung der Katapultsitze konnte erst Anfang 1944 im größeren Umfang beginnen, da erst jetzt vermehrt He 219 zur Verfügung standen. Zwei Flugzeuge – die Werk-Nrn. 190006 (DH+PV) und 190113 (DV+DI) – waren in die Versuche eingebunden.

Die Schleudersitz-Erprobung erwies sich als sehr gefährlich. Wie berichtet, saßen die beiden Besatzungsmitglieder Rücken an Rücken. Im Notfall mußte sichergestellt werden, daß Flugzeugführer und Funker gleichzeitig aus der Maschine katapultiert werden konnten. Um eine Kollision der Sitze zu verhindern, mußte der Sitz des Funkers eine zum Heck des Flugzeuges gerichtete Flugbahn aufweisen. Bei den unbemannten Versuchen gab es ernsthafte Zwischenfälle: so traf einmal der Sitz das Leitwerk und richtete hier umfängliche Schäden an. Ein anderes Mal blieb der Sitz am Heck hängen, der Hauptschirm öffnete sich und die He 219 ging kopfüber nach unten. Zum Glück konnte der Flugzeugführer durch Slippen den Schirm zusammendrücken und die Maschine sicher landen. Neben 55 Abschüssen mit Puppen erfolgten drei bemannte Absprünge.

Doch zurück zur Konstruktion der He 219. Der Rumpf nahm neben dem Bugfahrwerk und der Kabine den gesamten Kraftstoffvorrat auf. Drei selbstdichtende Behälter mit 1100 l, 500 l und 990 l befanden sich in Rumpfmitte, so daß beim Leerfliegen der Tanks nur geringe Schwerpunktänderungen zu verzeichnen waren.

Serienmäßig war die He 219 A-0 mit zwei MG 151/20 in den Flügelwurzeln bewaffnet. In einer Waffenwanne unter dem Rumpf konnten bis zu vier weitere Bordwaffen mitgeführt werden, wobei neben dem MG 151 die 3-cm-Kanonen MK 103 und MK 108 zum Einbau gelangten. Es existierten ferner folgende Rüstsätze:

M1 = zwei MG 151/20 und vier MK 108
M2 = vier MK 103
M3 = zwei MG 151/20 und vier MK 103

Die Munitionskästen für sämtliche Waffen waren in den Tragflächen untergebracht. Beim Einsatz des MG 151/20 standen 300 Schuß je MG zur Verfügung, während die 3-cm-Kanonen MK 103 und MK 108 mit 100 Schuß je Waffe munitioniert wurden. Das Auslösen der Waffen erfolgte über den A- und B-Knopf am Y-förmigen Steuerhorn. Bei ausgefahrenem Bugrad oder ausgeschwenkter Einstiegleiter ließen sich die Bordwaffen – die auf 400 m justiert waren – nicht

Das Erprobungsflugzeug gewinnt an Höhe ...... dann erfolgt der Abschuß des Katapultsitzes.

mehr betätigen. Als Visier diente ein Revi 16/B.

Am Ende des sich verjüngenden Rumpfes befand sich das freitragende Höhenleitwerk mit zwei Seitenleitwerken, die als Endscheibenleitwerke ausgeführt wurden.

Ein wesentliches Problem der Nacht- und Schlechtwetterjäger stellte die Gefahr der Flügel- und Leitwerkvereisung dar. Aus diesem Grunde verfügte die He 219 über drei Kärcher-Öfen der Bauart BL 30/U, die ein Vereisen der genannten Baugruppen verhindern sollten. Der erforderliche Kraftstoff wurde der Behälteranlage entnommen und durch Zündspulen und Zündkerzen unterhalb einer Flughöhe von 3000 m gezündet.

Zum Abschluß der Baubeschreibung noch ein Wort zur Drucköanlage und zur Funkausrüstung der He 219. Mittels der Hydraulikanlage erfolgte das Ein- und Ausfahren des Fahrwerkes sowie die Betätigung der Landeklappen und der Kühlerklappen. Das Fahrwerk konnte notfalls auch durch das Eigengewicht ausge-

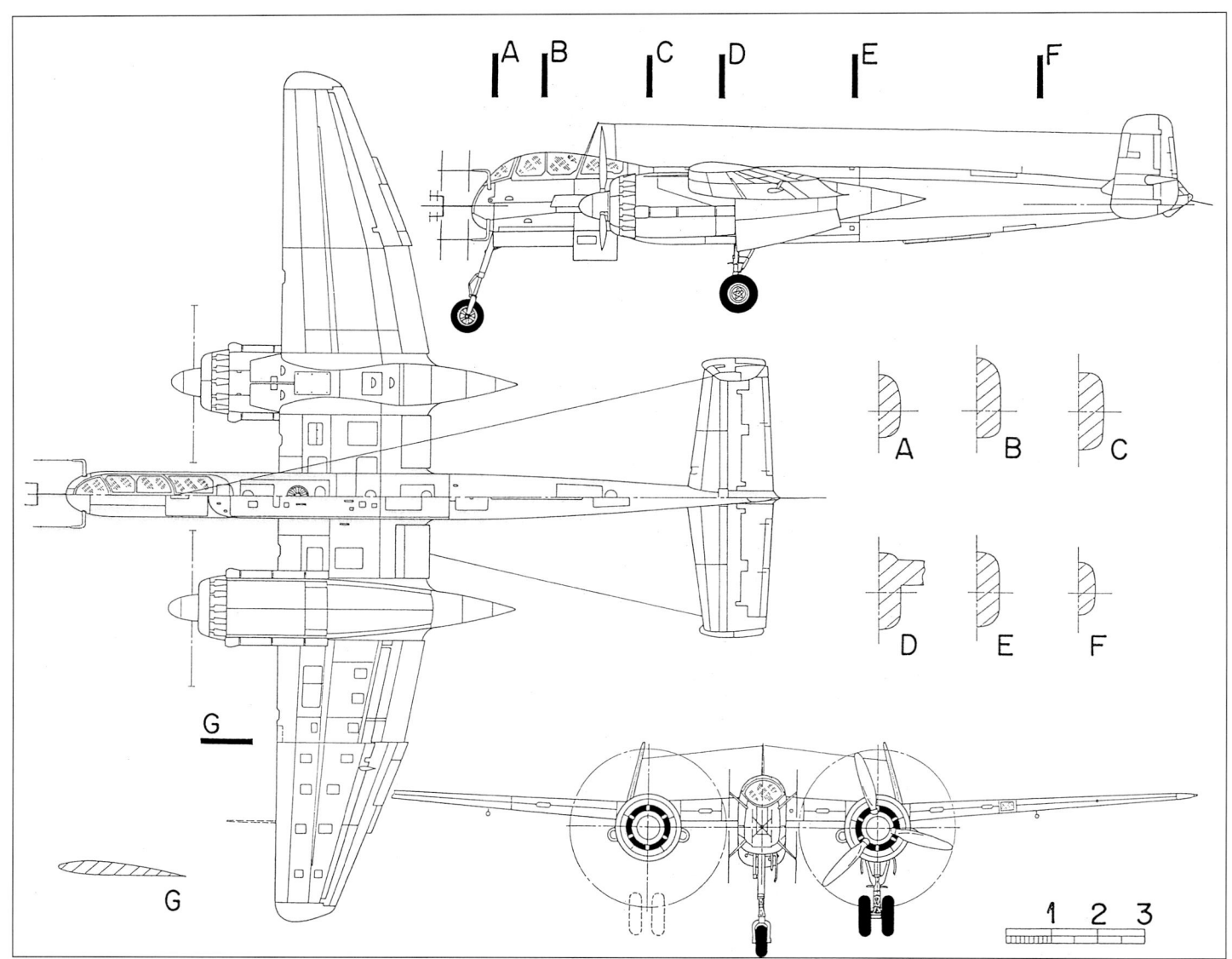

A B C D E F

A B C

D E F

G

G

1 2 3

**Mehrseiten-
zeichnung der
He 219 A.**

fahren werden, wobei für das Bugrad noch eine Preß-
luft-Anlage bereitstand.

Als Funkmeßanlage gelangte anfänglich das FuG
212 C1 oder C2 zusammen mit dem FuG 220 zum
Einbau. Später wurde vielfach das FuG 212 ausgebaut
und nur noch das FuG 220 eingesetzt. Zu den weiteren
Funkgeräten gehörte das FuG 16 ZY, das Freund-
Feindkenngerät FuG 25 sowie der Funkhöhenmesser
FuG 101 a. Ferner hatte man die Kursteuerung K 12
eingebaut.

Während sich die Fertigung der He 219 dahin-
schleppte und die wenigen an die Front gelieferten

Maschinen von den Nachtjagd-Assen der Luftwaffe
durchweg gute Noten erhielten, näherte sich das Jahr
1943 seinem Ende. Die Situation am nächtlichen Himmel über Deutschland wurde immer schwieriger. Die
RAF verbesserte ihre Ausrüstung. Anstelle des zweimotorigen Vickers-Wellington-Bombers konnten immer
häufiger die schweren viermotorigen Langstrecken-
Muster Avro Lancaster und Handley-Page Halifax eingesetzt werden. Der britische Vorsprung auf dem Gebiet der Funkmeßgeräte wurde ständig ausgebaut,
und nicht zuletzt sei auf den verstärkten Einsatz von
Langstrecken-Nachtjägern hingewiesen – vor allem

der Mosquito. Doch nach wie vor gab es keine klare Entscheidung über die He 219. Am 3. Dezember 1943 legte das RLM einen Vorschlag zur künftigen Fertigung des Flugzeuges vor, der aus heutiger Sicht Kopfschütteln hervorruft und wie folgt aussah:

1. Die He 219 läuft aus, die Heinkel-Gruppe Nord (Rostock) schaltet auf die Ju 88 G um, die Gruppe Süd (Wien-Schwechat) auf die Do 335.

2. Die Fertigung der He 219 wird von 100 auf 50 Flugzeuge im Monat reduziert, die bei der Gruppe Süd gebaut werden.
Dafür baut Heinkel Nord 50 Ju 88 G.

3. Es werden monatlich 100 He 219 gebaut.

Dieser Vorschlag, der von der kompletten Streichung über den Bau von 50 und schließlich 100 Maschinen pro Monat reichte, trug bereits den Keim der völligen Ablehnung in sich. Am 25. Mai 1944 teilte Göring mit, daß die He 219 nach Ablieferung der bestellten Stückzahl zugunsten der Ju 388 gestrichen werden solle. Dieser neue Junkers-Typ, der sich seit Ende 1943 in der Erprobung befand, stellte die Weiterentwicklung der Ju 188 zum Höhenflugzeug mit Druckkammer und Turbolader-Motoren dar.

Ernst Heinkel verfaßte daraufhin eine Denkschrift, in der er die Vorteile der He 219 hervorhob und das Muster mit der Ju 388 verglich. Insbesondere stellte Heinkel fest, daß man für die Fertigung der He 219 ab der 800sten Maschine nur 10.000 und ab dem 1000sten Flugzeug nur noch 7000 Arbeitsstunden benötige, während die Ju 388 bestenfalls bei 9000 Stunden liegen würde.

In der Tat war es Heinkel nach Behebung zahlreicher Schwierigkeiten gelungen, die Fertigung der Maschinen zu steigern. So konnten im ersten Halbjahr 1944 82 He 219 ausgeliefert werden. Wenngleich man von den angestrebten 50 Flugzeugen pro Monat noch weit entfernt war, zeichneten sich doch Fortschritte in der Produktion ab. Inwieweit sich Göring dadurch beeinflussen ließ ist unbekannt, er machte seine Entscheidung am 13. Juni 1944 rückgängig. Fast zeitgleich bahnt sich der Abstieg von Erhard Milch an. Nachdem er Ende Juni 1944 eine vertrauliche Abschiedsrede im Kreise seiner engsten Mitarbeiter gehalten hatte, übertrug man zum 1. August 1944 die

Luftrüstung Albert Speer, der seit 1942 Minister für Rüstung und Kriegsproduktion war. Zwar wurde Milch zum Stellvertreter bestellt, sein Einfluß schwand jedoch schnell dahin. Jahrzehnte später brachte David Irving das Buch *Die Tragödie der Deutschen Luftwaffe* mit dem Untertitel *Aus den Akten und Erinnerungen von Feldmarschall Milch* heraus. Das fast 500 Seiten umfassende Werk bot die Gelegenheit, Stellung zur He 219 zu nehmen: das Buch enthält jedoch nicht einen einzigen Satz zur He 219. Zufall oder Absicht?

Mitte 1944 war die Lage der Luftwaffe bereits aussichtslos. Es waren nicht nur die pausenlosen Luftangriffe, die die Situation so schwierig machten. In einer Phase, in der höchste Konzentration auf das Machbare erforderlich gewesen wäre, verzettelte sich die Planung mit immer neuen Forderungen, die von der Industrie bereitwillig aufgenommen wurden, obwohl man ganz genau wußte, daß die Einführung neuer Baureihen und Varianten viel Zeit beanspruchte und darüber hinaus die Ersatzteillage immer problematischer wurde.

Der Hang der Industrie, ständig Neuerungen anzubieten und auf jede Forderung des RLM und der Truppe sofort einzugehen, wird bei der He 219 besonders deutlich. Innerhalb weniger Monate entstand eine schwindelerregende Anzahl von Baureihen, Unterversionen und Varianten, die kaum noch überschaubar ist. Dennoch soll der Versuch unternommen werden, die Baureihen und Projekte übersichtlich darzustellen, wobei die mit mehr als 100 Exemplaren zahlenmäßig bedeutendste Baureihe He 219 A-0 am Anfang steht. Im Rahmen der Baubeschreibung wurde das Muster ausführlich dargestellt, so daß nur noch die Rüstsätze zu erwähnen sind:

He 219 A-5/R1. Zunächst als A-0/R6 bezeichnet, weist dieses Flugzeug einen geänderten Kabinenabfluß auf.

R1: Verlängerter Rumpf entsprechend dem Umbau der He 219 V1, 2 MG 151/20 in den Flügelwurzeln sowie zwei MK 108 in der Waffenwanne, Mitführung der Rüstsätze M1 bis M3 möglich.

R2: Entspricht A-0/R1, jedoch verstärktes Fahrwerk und vier MK 103 in der Waffenwanne.

R3: Musterflugzeug für die A-2-Serie mit 2 MG 151/20 und 4 MK 103.

R6: Musterflugzeug für die A-5-Serie mit 2 MK 108 als Schrägwaffen.

Nach Umschaltung der Vorserie A-0 auf den Großserienbau sollte diese Ausführung die Bezeichnung He 219 A-1 tragen und sich im wesentlichen durch eine flachere, strömungsgünstigere Kabinenabdeckung vom Vorgänger unterscheiden. Zu einer Produktion kam es jedoch nicht.

Als nächstes Serienflugzeug wurde die He 219 A-2 aufgelegt, die der A-1 entsprach und sich ansonsten

In Ermangelung guter He-219-Fotos griff man in den 50er und 60er Jahren hin und wieder zur Retusche: so entstand aus der oben abgebildeten Beutemaschine die unten dargestellte He 219 mit dem fiktiven Kennzeichen QT+NY. Die richtige Kennung lautete im übrigen CS+QG.

durch eine vergrößerte Reichweite, den Anbau von Flammenvernichtern und eine verstärkte Panzerung, deren Gesamtgewicht von 390 auf 480 kg angestiegen war, auszeichnete. Bei der He 219 A-2/R1, die über den DB 603 A/B* und das Funkmeßgerät FuG 220 verfügte, gelangten neben zwei MG 151/20 und zwei MK 103 zwei MK 108 als Schrägwaffen zum Einbau. Neben dem Revi 16 B mußte für die Sonderbewaffnung das Revi 16 G, das mit einem JMG-24-Periskop verbunden war, eingebaut werden.

Die bis dato so erfolgreiche Schrägbewaffnung bewährte sich nicht. Der Einbauwinkel von 65° führte beim Einsatz der MK 108 dazu, daß der Jäger fast immer von Teilen des Bombers getroffen wurde. Abhilfe hätte nur ein anderer Schußwinkel bringen können. Die Firma Mauser schlug daher den Bau der Lafette L 188 vor, die eine stufenlose Einstellung zwischen 45° und 85° ermöglichen sollte. Dieser Vorschlag wurde nicht mehr in die Tat umgesetzt, und so entschloß sich die Truppe in vielen Fällen, die werkseitig eingebaute Schrägbewaffnung wieder auszubauen.

Für die Ausführung He 219 A-2/R2 sah man eine weitere Steigerung der Reichweite durch die Mitführung eines abwerfbaren 900-l-Kraftstoffbehälters unter dem Rumpf vor.

Die He 219 A-3 sollte als Bomber mit zwei DB 603 G gebaut werden, jedoch verblieb der Entwurf auf dem Reißbrett.

Auf Basis der A-2 entstand die A-4, die als »Mosquito-Jäger« konzipiert war, aber auch als Aufklärer dienen sollte. Die mit zwei MK 108 in den Flügelwurzeln und zwei MK 108 in der Waffenwanne bestückte Ausführung wies eine reduzierte Panzerung auf. Das mit einer vergrößerten Tragfläche geplante Flugzeug sollte den Jumo 222 mit GM-1-Einspritzung erhalten. Auch diese Ausführung ließ sich nicht verwirklichen.

Die He 219 A-5 stellte eine zwei- bis dreisitzige Variante dar, wobei der Dreisitzer eine neugestaltete Kabine erhielt. Die Änderung zog eine Verlängerung des Rumpfes von 15,54 m auf 16,34 m nach sich. Als Bewaffnung waren vier nach vorn feuernde MG 151/20 sowie zwei MK 108 als Schrägwaffen und ein bewegliches MG 131 zur Abwehr vorgesehen. Neu war ne-

*Die Verwendung von zwei Buchstaben weist auf gegenläufige Luftschrauben hin. Diese Art Kennung wurde auch bei Jumo-Motoren verwendet, zum Beispiel Jumo 222 A/B und E/F.

ben den DB-603-E-Triebwerken der Einbau eines geschützten 395-l-Kraftstoffbehälters im Heck der beiden Motorgondeln.

Die A-5/R1 war zweisitzig und trug anfänglich die Bezeichnung A-0/R6.

Auch die A-5/R2 wurde als Zweisitzer konzipiert, sie war der Vorläufer der A-7/R4.

Musterflugzeug der zweisitzigen Ausführung wurde die He 219 V28, die auch als He 219 A-5/R3 bekannt ist.

Die erste dreisitzige Ausführung stellte die A-5/R4 dar, die in Form der He 219 V34 verwirklicht werden konnte.

Die A-6 war wieder ein Mosquito-Jäger mit reduzierter Bewaffnung und Panzerung sowie DB-603-E-Motoren. Verschiedenen Quellen zufolge sollen noch einige Maschinen dieser Baureihe entstanden sein.

Die He 219 A-7 stellte eine verbesserte Serienausführung mit DB-603-G-Motoren dar. Musterflugzeug der A-7/R1 war die V25 mit einer Bewaffnung, die aus 2 MK 108 in den Flügelwurzeln und zwei MG 151/20 und zwei MK 103 in der Waffenwanne bestand.

Die A-7/R2 erhielt die vorgenannte Bewaffnung, die jedoch noch durch zwei MK 108 als Schrägwaffen verstärkt wurde. Musterflugzeug war die V26.

Die A-7/R3 diente als Vorserienflugzeug der Baureihe B-1, die nachfolgend noch beschrieben wird. Die V27 übernahm die Rolle des Musterflugzeuges.

Bei der A-7/R4 kehrte man wieder zu einer verringerten Bewaffnung zurück, sie bestand nur noch aus vier MG 151/20.

Mit der A-7/R5 erschien ein weiterer Mosquito-Jäger mit reduziertem Gewicht und einer Bewaffnung, die von vier MG 151/20 gebildet wurde. Den wesentlichen Unterschied zu den Vorgängern bildete der Jumo-213-E-Motor, der leistungsmäßig in etwa dem DB 603 G entsprach, als Höhenmotor jedoch eine Volldruckhöhe von 9600 m aufwies. Hier betrug die maximale Leistung 1320 PS (970 kW). Die Montage des Einheitstriebwerkes brachte Probleme mit sich, die aus der Gestaltung des He-219-Motorträgers herrührten. Aus diesem Grunde, aber auch wegen Lieferschwierigkeiten, blieb es beim Bau weniger Flugzeuge.

In nur einem Exemplar wurde die A-7/R6 alias V18 aufgelegt. Das mit dem Jumo 222 A ausgestattete Flugzeug besaß eine aus zwei MG 151/20 und vier MK 108 bestehende Bewaffnung.

Die Baureihen B und C sowie die He 319, He 419

und Hü 211 befanden sich in der Entwicklung, konnten jedoch nicht mehr Gestalt annehmen. Trotz dieses Sachverhaltes sollen auch diese Varianten kurz erwähnt werden.

Die Baureihe B-1 war als Zerstörer vorgesehen und sollte den Jumo 222 als Triebwerk erhalten. Für den Dreisitzer war eine auf 22,00 m vergrößerte Spannweite geplant. Die Höchstgeschwindigkeit ohne Suchantennen und Flammenvernichtern sollte mit dem Jumo 222 A 645 km/h in 7400 m und mit dem Jumo 222 E 705 km/h in 11.700 m betragen.

Als zweisitziger Höhenjäger mit 22 m Spannweite und DB-603-Motoren mit TK-13-Turboladern war die He 219 B-2 gedacht.

Unter der Bezeichnung He 319 entstand bereits 1943 das Projekt eines schnellen Kampfflugzeuges, das sich den Forderungen nach einem »Arbeitsflugzeug« (Einzelheiten siehe Kapitel »Arado 240/440«, Seite 115) anpaßte und kaum noch Gemeinsamkeiten mit der He 219 aufwies. Das Projekt wurde frühzeitig verworfen und dafür die Baureihe He 219 C entwickelt, die mehr Aussicht auf Verwirklichung versprach. Das Muster wurde viersitzig geplant, wobei der vierte Mann als Bordschütze einen Heckstand vom Typ HL 131 mit vier MG 131 bedienen sollte. Antriebseitig sah man für die He 219 C-1 den Jumo 222 A/B oder E/F vor. Je nach Motorisierung sollte die Abflugmasse bei 15,7 oder 16 Tonnen liegen. Die Spannweite betrug 22 m, die Länge 17,13 m. Die Angriffsbewaffnung bestand aus zwei MG 151/20 mit je 300 Schuß, zwei MK 108 mit je 100 Schuß sowie zwei MK 108 als Schrägwaffen mit 100 Schuß.

Die He 219 C-2 verfügte als Jagdbomber über die Möglichkeit, zwei 500 kg Bomben unter dem Rumpf mitführen zu können. Die starre Angriffsbewaffnung bildeten zwei MK 103 mit je 100 Schuß. Die Abflugmasse lag bei 17,2 Tonnen. Die gestiegenen Gewichte hätten bei der Baureihe C den Anbau eines verstärkten Fahrwerkes bedingt.

Die Einsatzerfahrungen mit der He 219 A hatten gezeigt, daß die Gipfelhöhe von rund 9000 m vor allem im Hinblick auf die Mosquito-Bekämpfung dringend gesteigert werden mußte. Es entstand daraufhin die He 419, die weitgehend auf der He 219 beruhte.

Als echter Höhenjäger sollte der Zweisitzer eine vergrößerte Spannweite und DB-603-Triebwerke mit Turboladern erhalten. Bereits zu Beginn der Entwicklung im Jahre 1943 plante man den Bau von nicht weniger als fünf Varianten: die He 419 A-0, A-2, B-1, B-2 und

C-2, die sich alle in ihren Abmessungen, Gewichten und zum Teil in ihrer Waffenausrüstung voneinander unterschieden; außerdem war für die He 419 C ein einfaches Leitwerk vorgesehen. Aufgrund der schwierigen Lage der He 219 wurde auf den Bau der He 419 verzichtet.

Wie berichtet, hatte man von Anbeginn der He-219-Entwicklung die Fertigung einer Aufklärer-Ausführung geplant, deren Verwirklichung immer wieder verschoben werden mußte. 1944, als der Mangel an geeigneten Flugzeugen für Langstreckeneinsätze über dem Atlantik deutlich zutage trat, erhielt die Wolfram Hütter GmbH in Kirchheim/Teck den Auftrag, einen Aufklärer aus der He 219 abzuleiten.

Dipl.-Ing. Hütter konstruierte eine völlig neue Tragfläche in Holzbauweise mit einem Laminar-Profil, einem Seitenverhältnis von 15:1 und einer Spannweite von 24,55 m. Als Antrieb sollte das Flugzeug, das die Bezeichnung Hü 211 trug, zwei Jumo 222 A/B erhalten.

Es war vorgesehen, bis zu 8670 l Kraftstoff – davon 3630 l in ungeschützten Flügelbehältern – mitzuführen, so daß die rechnerische Reichweite zwischen 6100 und 8000 km betrug. Die Höchstgeschwindigkeit in 7900 m wurde mit 710 km/h erwartet. Zwei Flugzeuge sollen sich im Bau befunden haben.

Während sich die verschiedenen Konstruktionsbüros mit neuen Baureihen und Varianten beschäftigten und Tausende von Arbeitsstunden vertan wurden, lief die Fertigung der He 219 bis zum März 1945 weiter. Als am 8. Mai 1945 die Waffen schwiegen, hatten

268 He 219 die Werkhallen verlassen, ferner waren sechs Flugzeuge aus überzähligen Ersatzteilen und Baugruppen gefertigt worden. Rund 195 Maschinen konnten an die Truppe geliefert werden, der Rest diente diversen Versuchen oder ging noch vor der Auslieferung verloren.

Bevor sich das Kapitel He 219 schließt, soll der Einsatz des Nachtjägers – der den Beinamen »Uhu« trug – skizziert werden.

Wenngleich das Muster bei verschiedenen Einheiten Dienst tat, so ist die I./NJG 1 als der wichtigste He-219-Verband anzusehen.

Nach dem Tod von Hauptmann Frank im September 1943 übernahm Ritterkreuzträger Hauptmann Manfred Meurer die Gruppe. Meurer gehörte mit 65 Abschüssen zu den herausragenden Nachtjagd-Assen. In der Nacht vom 21. zum 22. Januar 1944 stieß Meurer im Raum Magdeburg mit einer Lancaster zusammen und fiel.

Nachfolger wurde Major Paul Förster, der am 1. Oktober 1944 bei einem Erprobungsflug ums Leben kam. Vom 2. Oktober bis zum Kriegsende führte Ritterkreuzträger Hauptmann Werner Baake die Gruppe, die bis dahin aufgrund der Kriegsereignisse ihren Standort mehrfach ändern mußte: von Venlo zunächst nach Münster-Handorf, dann nach Bremen-Neulandefeld und schließlich nach Westerland auf Sylt. Die größte Einsatzstärke konnte am 10. Januar 1945 mit 64 He 219 A, davon 45 einsatzklar, gemeldet werden.

Die Alliierten setzten alles daran, die Jagdabwehr der Luftwaffe völlig auszuschalten, so daß Münster-Handorf noch im Januar 1945 Ziel von Luftangriffen wurde, bei denen sieben He 219 zerstört und dreizehn beschädigt wurden.

Zwischen Juni 1944 und März 1945 mußten 25 He 219 als Totalschaden durch Feindeinwirkung abgeschrieben werden, während 23 Flugzeuge bei der Luftwaffe durch verschiedene Ereignisse verlorengegangen waren.

Die Abschußbilanz der I./NJG 1 weist für den Zeitraum 12. Juni 1944 bis 6. November 1945 insgesamt 133 Luftsiege, darunter elf Mosquito-Abschüsse, aus.

Erfolgreichster He-219-Flugzeugführer war Oberfeldwebel Morlock, der in der Nacht vom 2. zum 3. November 1944 innerhalb von zwölf Minuten sechs Gegner vom Himmel holte, die Anerkennung eines siebten Abschusses wurde ihm verweigert. Bereits bei seinem nächsten Einsatz in der Nacht zum 5. November fiel Morlock einem Mosquito-Nachtjäger zum Opfer.

He 219 A-5.
Vor dem Flugzeug steht die Besatzung Major Förster.

He 219 A-0. Zwei Ansichten des von den Amerikanern erbeuteten und später verschrotteten Flugzeugs, das das Rufzeichen SP+CR trug. In den USA wurde es unter den Kürzeln »USA 8«, »FE-612« und zuletzt »T2-612« geführt.

Die Erfolge der I./NJG 1 können nicht darüber hinwegtäuschen, daß die II./NJG 1 im vergleichbaren Zeitraum mit ihren Bf 110 und Ju 88 mehr Luftsiege erringen konnten. Als diese Gruppe, die anfänglich in Arnheim stationiert war, ebenfalls die He 219 erhalten sollte, zeigte man sich wenig begeistert.

Den bereits ausführlich geschilderten Vorteilen der Maschine standen Nachteile gegenüber, die kaum zu übersehen waren. Die Steigleistung und die Gipfelhöhe ließen ebenso zu wünschen übrig wie die schwache Kabinenheizung, die oftmals ein Einfrieren der Verglasung nicht verhindern konnte. Auch die immer wieder in der Nachkriegs-Literatur aufgestellte Behauptung, die He 219 sein in der Lage gewesen, einmotorig zu starten, muß bezweifelt werden.

Der britische Testpilot Captain Eric »Winkle« Brown hat nicht nur alle wichtigen alliierten Flugzeuge geflogen, sondern auch 55 verschiedene Beutemaschinen getestet. Brown hatte es sich dabei zur Gewohnheit gemacht, die Flugzeuge zu benoten, wobei die Skala von 1 für sehr gut bis 9 für ungenügend reichte. Die He 219 erhielt nur die Note 6, da die Maschine nach Browns Ansicht untermotorisiert war und ihre Längsstabilität im Langsamflug nicht ausreichte.*

Zu den weiteren Teilen des NJG 1, die die He 219 einsetzten, gehörten der Stab, der auch noch die Bf 110 flog, sowie die IV. Gruppe unter Führung von Hauptmann Schnaufer, die im Juni 1944 die ersten He 219 A-5 erhielt.

Im bescheidenen Umfang fand die He 219 ihren Weg zur I./NJG 2, der Nachtjagdstaffel Norwegen, der 7./NJG 5 in Flensburg und der im Februar 1944 aufgestellten Nachtjagdgruppe 10, die mit der He 219 A-5 insbesondere auf Mosquito-Jagd gehen sollte. Die Gruppe operierte zunächst von Werneuchen aus und verlegte später nach Finsterwalde. Nach Kriegsende fanden die Alliierten 54 mehr oder weniger intakte Flugzeuge vor, die jedoch nach und nach verschrottet wurden. Zu den abgewrackten Maschinen zählen auch zwei Flugzeuge, die eine Zeitlang in der Tschechoslowakei unter der Bomberbezeichnung LB-79 (Lehka Bombardovaci) Dienst taten und unter anderem für die Schleudersitz-Erprobung verwendet wurden.

Eine He 219 soll nach Kriegsende auf Anweisung der Sowjets in Rostock aus vorhandenen Baugruppen endmontiert worden sein. Weitere Einzelheiten hierüber sind nicht bekannt.

Nur eine He 219, die Werk-Nr. 290202, ist erhalten geblieben: sie befindet sich im zerlegten Zustand im Lager des Smithsonian Institute in Silver Hill. Nach ihrer Erbeutung trug das Flugzeug zunächst die Kennung USA 10, dann FE-614 und zuletzt T2-614. Die Kürzel FE und T stehen dabei für Foreign Equipment und Technical Data Laboratory. Möglicherweise wird das Flugzeug in absehbarer Zeit restauriert und der Öffentlichkeit zugänglich gemacht.

*Eric Brown: Berühmte Flugzeuge der Luftwaffe 1939-1945. Berichte eines Testpiloten. Motorbuch Verlag, Stuttgart 1999 (Neuauflage).

Technische Daten: Heinkel He 219

Baureihe	A-0	A-7
Triebwerk	2 x DB 603A	2 x DB 603G
	2 x 1750 PS	2 x 1900 PS
Spannweite	18,50 m	18,50 m
Länge	15,54 m**	16,34 m
Höhe	4,10 m	4,10 m
Flügelfläche	44,50 m²	44,50 m²
Leermasse	9857 kg	11.215 kg
Startmasse	12.547 kg	15.100 kg
Höchstgeschw.	615 km/h	585 km/h
Maximale Reisegeschw.	555 km/h	510 km/h
Steigleistung	–	10 m/s in Bodennähe
Dienstgipfelhöhe	9000 m	9800 m
Reichweite	1650 km bei maximaler Reisegeschwindigkeit	2500 km im Sparflug

***Einige V-Muster und A-0-Vorserienflugzeuge wurden noch mit kurzem Rumpf ausgeliefert. Die nachträgliche Rumpfverlängerung auf 16,34 m wurde durch die Rüstsatzbezeichnung **R1** deutlich gemacht.*

Focke-Wulf Ta 154: Der »hölzerne« Nachtjäger

Der Oberbefehlshaber des britischen Bomberkommandos, Air Marshal Arthur Harris, zog im Mai 1942 sämtliche zur Verfügung stehenden Bombenflugzeuge zusammen, um mit einem Paukenschlag die Luftoffensive gegen deutsche Städte zu eröffnen. Erstes Ziel dieser Luftkriegsstrategie wurde die Stadt Köln, die in der Nacht vom 30. auf den 31. Mai 1942 von 1046 Bombern angegriffen wurde. Die »Operation Millenium« war der erste der sogenannten »1000-Bomber-Raids«. Die propagandistische Wirkung des Angriffs war fast noch größer als die enormen Zerstörungen, die das Bombardement in der Stadt angerichtet hatte, ganz zu schweigen von den zahllosen Opfern unter der Zivilbevölkerung.

Die deutsche Luftabwehr stand dem Angriff hilflos gegenüber. Nur 3,8 Prozent der Angreifer konnten abgeschossen werden, und auch der schwere Luftan-

griff in der Nacht vom 2. zum 3. Juni 1942 auf Essen, beim dem die RAF 800 Maschinen einsetzte, zeigte, daß die Abwehr völlig überfordert war. Nur 37 britische Bomber fielen der Flak und den Nachtjägern zum Opfer.

Aus dieser Situation heraus erteilte das RLM der Firma Focke-Wulf einen Eilauftrag zur Entwicklung eines zweisitzigen, zweimotorigen Allwetter-Nachtjägers, wobei folgende Forderungen erfüllt werden mußten:

1. Verwendung eines bereits im Serienbau befindlichen Motors.
2. Bewaffnung durch vier nach vorne feuernde Maschinenkanonen.
3. Flugdauer 2,75 Stunden.
4. Sparsame Verwendung von Stahl und Leichtmetall.
5. Beginn der Flugerprobung spätestens 12 Monate nach Auftragserteilung.

Im Spätsommer 1942 legte das Konstruktionsbüro von Focke-Wulf drei Entwürfe vor: für ein einsitziges Schnellkampfflugzeug, für einen zweisitzigen Nachtjäger mit Spornrad und für einen zweisitzigen Nachtjäger mit Bugrad. Der Aufbau der drei Projekte war ansonsten weitgehend identisch. Es handelte sich um Schulterdecker mit zwei Jumo-211-F-Motoren. Gemäß den Auflagen des RLM sollte das Flugzeug zu 50 Prozent aus Holz gefertigt werden. Der Anteil an Stahl betrug lediglich 39 Prozent, die restlichen 11 Prozent wurden von verschiedenen Werkstoffen gebildet. Bereits zu diesem Zeitpunkt taucht im Zusammenhang mit dem Schnellkampfflugzeug der Name »Moskito« auf. Unklar bleibt bis heute, welche Gründe vorlagen, einen Namen zu wählen, der bereits von einem der besten alliierten Kampfflugzeuge – der in Holzbauweise erstellten de Havilland D.H.98 »Mosquito« – getragen wurde. Das britische Kampfflugzeug war als unbewaffneter Schnellbomber und Aufklärer konzipiert worden. Bereits bei seinem am 25. November 1940 erfolgten Erstflug bestach das Muster durch hohe Leistungen. Trotz seiner Größe erwies sich der Zweimotorer als äußerst wendig, so daß auch der Bau einer Jagdflugzeug- und Nachtjägerausführung beschlossen wurde.

Als die ersten Mosquito-Bomber ab Mai 1942 zum Einsatz gelangten, war die deutsche Abwehr überrascht. Das Kampfflugzeug operierte nicht nur Höhen zwischen 8000 und 9000 m, sondern erreichte hier

mit zwei 1460 PS leistenden Rolls-Royce-Merlin-21-Motoren eine Reisegeschwindigkeit von 424 km/h und eine Höchstgeschwindigkeit von 604 km/h. Mit einer Bombenlast von 2000 kg und Zusatztanks konnte die Maschine Berlin erreichen. Im Laufe der weiteren Entwicklung ließen sich die Leistungen durch Einbau stärkerer Triebwerke hinsichtlich Geschwindigkeit und Flughöhe noch steigern. Die Aufklärerbaureihe P.R. Mk. VIII erreichte maximal 697 km/h und war damit die schnellste Serien-Mosquito, während die Nachtjagd-Version NF. Mk. XV mit 13.097 m die beste Gipfelhöhe erreichte.

Das Abfangen eines solchen Flugzeuges war äußerst schwierig: bis die einfliegenden Mosquitos durch Boden-Funkmeßgeräte erfaßt, die Jäger der Luftwaffe alarmiert waren und die Einflughöhe erreicht hatten, verging einfach zu viel Zeit. Eine wirksame Bekämpfung konnte nur durch ein Flugzeug mit höherer Geschwindigkeit und Flughöhe erzielt werden. Zwar gab es immer wieder Abschüsse von Mosquitos durch ein- und zweimotorige Jäger, jedoch handelte sich um Einzelerfolge. Um so mehr lag der Führung der Luftwaffe daran, über ein Flugzeug zu verfügen, das in der Lage war, dem britischen Kampfflugzeug Paroli zu bieten. Bei der beabsichtigten Namensgebung des Tank-Jägers lagen vermutlich Propagandazwecke vor: man wollte beweisen, daß Deutschland fähig war, ein ebenbürtiges Flugzeug zu bauen. Wie dem auch sei, weder der Name »Moskito« noch die später in Erwägung gezogene Bezeichnung »Wespe« wurden offiziell übernommen.

Eine Analyse der verschiedenen Entwürfe sprach für den Bau der Nachtjagdausführung mit Bugrad unter der Typenbezeichnung Ta 211.

Nachdem Georg Wulf 1927 bei der Erprobung des Entenflugzeuges F19 ums Leben gekommen war und sich Henrich Focke ganz auf die Entwicklung von Drehflüglern konzentrierte, hatte Kurt Tank 1934 die Technische Leitung der Focke-Wulf Flugzeugbau GmbH übernommen. Unter seiner Führung entstanden in den folgenden Jahren so berühmte Flugzeuge wie die Fw 200 Condor und die Fw 190. Trotz dieser Tatsache trug keines seiner Flugzeuge seinen Namen. Tank drängte das RLM, dies zu ändern, und tatsächlich kam man seinem Wunsch nach: die Ta 211 war das erste Flugzeug, das das Kürzel »Ta« für Tank tragen sollte.

Beim RLM herrschte die Praxis, jedem Flugzeug eine RLM-Nummer zuzuteilen, wobei die Kennzahl 8 in jedem Fall vorgeschaltet war. Die korrekte RLM-Bezeichnung lautete also 8-211. Flugmotoren erhielten die Vorziffer 9, so daß der Jumo-Motor folglich unter der Nummer 9-211 geführt wurde. Beim Amt befürchtete man, daß es wegen der doppelten Belegung der Zahl 211 bei ein und demselben Flugzeug zu verschiedenen Problemen insbesondere bei der Bestellung von Ersatzteilen kommen könnte. Tank erhielt daraufhin für seine Entwürfe die RLM-Nummern 152, 153 und 154 zugeteilt. Während die Weiterentwicklungen der Fw 190 die Nummern 152 und 153 erhielten, wurde die Bezeichnung Ta 211 in Ta 154 geändert.

Von der gesamten Auslegung her gab es zwischen der Ta 211 und Ta 154 keine großen Unterschiede. Anders verhielt es sich bei der Verwendung von Werkstoffen. Aufgrund der sich abzeichnenden Engpässe auf dem Leichtmetallsektor stieg bei der Ta 154 der Anteil an Holz noch weiter an.

Zuständig für die Konstruktion des Flugzeuges war Ernst Nipp, während der Entwurf von Ludwig Mittelhuber stammte. Gotthold Mathias zeichnete für die

**Ta 154 V1.
Rückansicht des
nun mit TE+FE
gekennzeichneten Flugzeugs.**

Aerodynamik verantwortlich, und Herbert Wolff führte die Leistungsberechnungen durch.

Ein wesentliches Problem des Entwurfes stellte die gegenüber der Metallbauweise geringere Belastbarkeit der Holzbauweise dar. Nach dem Ende des Ersten Weltkrieges war die Ta 154 das erste in Holzbauweise erstellte Kampfflugzeug in Deutschland. Die im Ersten Weltkrieg gewonnenen Erfahrungen ließen sich nicht auf die Maschine übertragen, da die Zelle dieses Hochleistungsflugzeuges deutlich höhere Beanspruchungen verkraften mußte, als dies Jahrzehnte zuvor der Fall war.

Die Rumpfbug, der neben der Angriffsbewaffnung auch die Antennenanlage des Funkmeßgerätes aufnehmen sollte, gehörte zu den am stärksten belasteten Baugruppen. Lange vor dem Erstflug der Ta 154 wurde nach Möglichkeiten gesucht, entsprechende Belastungsversuche durchzuführen. Hierzu bot sich die auf dem Alatsee bei Füssen befindliche Unterwasserschleppanlage der Forschungsanstalt Graf Zeppelin (FGZ) an. Rumpfvorderteil und Kabinenhaube wurden ab Dezember 1942 mit einer Seilwinde unter Wasser durch den See gezogen und dabei auf ausreichende Festigkeit untersucht.

Angesichts der dramatischen Lage der Nachtjagd drängte Kurt Tank sein in Bad Eilsen ansässiges Konstruktionsbüro, die Arbeiten so schnell wie möglich voranzutreiben, wobei er in Abstimmung mit dem RLM den 15. Juli 1943 als Erstflugtermin für die Ta 154 festlegte. Tatsächlich gelang es, die Maschine, die in Detmold gefertigt und in Hannover-Langenha-

gen endmontiert wurde, früher fertigzustellen, so daß Flugkapitän Hans Sander zusammen mit dem Flugingenieur Walter Schorn am Nachmittag des 1. Juli 1943 mit der Ta 154 V1, TE+FE, Werk-Nr. 100001 (anfänglich 00001), von Langenhagen aus zum einstündigen Erstflug starten konnte. Schwierigkeiten bereiteten das Bugrad, das wegen einer Fehlsteuerung der Bugradklappe nicht ganz eingezogen werden konnte und die Hydraulikanlage, die im Verlauf des Fluges vollständig ausfiel. Mit der Notanlage konnten sowohl das Fahrwerk als auch die Landeklappen ausgefahren werden, so daß die Landung einwandfrei verlief.

Alles in allem wurde der Jungfernflug als sehr zufriedenstellend beurteilt.

Die Ta 154 V1 war zum Zeitpunkt des Erstfluges unbewaffnet und besaß noch keine Funkmeßanlage. Mit der V1 wollte man zunächst grundsätzliche Fragen klären, so daß die mit der Maschine erflogenen Leistungen nicht auf die späteren Serienflugzeuge übertragen werden konnten. Ausgestattet mit zwei Jumo-211-F-Motoren mit einer Startleistung von 1340 PS (985 kW) und Dreiblatt-Holz-Luftschrauben vom Typ Junkers VS 11 mit einem Durchmesser von 3,40 m erreichte die bis zu 7,7 Tonnen schwere TE+FE im Rahmen der Versuchsflüge bis zu 618 km/h und eine Flughöhe von 6250 m.

Der 35-l-Motor Jumo 211 stand in Form der Baureihe A seit Spätsommer 1937 in der Fertigung. Der flüssigkeitsgekühlte, mit Ringkühler ausgestattete Motor bewährte sich gut. Er gelangte vornehmlich bei den Mustern Ju 87, Ju 88 und He 111 zum Einbau. Mitte 1943 stand jedoch fest, daß der Motor am Ende seiner Leistungsfähigkeit angelangt war und andere Motoren seinen Platz einnehmen mußten. Bevor das Focke-Wulf-Konstruktionsbüro mit einem solchen Motor rechnen konnte, mußte man sich zunächst mit dem Jumo 211 begnügen. Da die Motorleistung nicht sehr groß war, hatte das Konstruktionsbüro versucht, durch geringe Abmessungen das maximal Mögliche an Leistung zu erzielen. Der ovale Rumpf des Flugzeuges wies daher einen sehr kleinen Durchmesser auf. Der Rumpf, der aus einer Holzschale bestand, nahm neben der hintereinander sitzenden, zweiköpfigen Besatzung das Funkmeßgerät, die Bewaffnung und zwei Kraftstoffbehälter mit insgesamt 1944 l Fassungsvermögen sowie diverse Ausrüstungen wie Funkgeräte und Sauerstoffanlage auf.

Zum Schutz der Besatzung bestand die Windschutzscheibe aus 50 mm dickem Panzerglas. Die Seiten-scheiben der abwerfbaren Haube wurden aus 30 mm Panzerglas gebildet. Ferner befand sich ein 12 mm starkes Panzerblech als Spant hinter der Besatzung, und schließlich waren die Seitenwände der Kabine durch 8-mm-Bleche geschützt.

Ebenso wie der Rumpf war auch der zweiholmige Tragflügel, der mittels Bolzen mit dem Rumpf verbunden wurde, mit lamelliertem Sperrholz beplankt. Der Hauptholm befand sich auf 23 Prozent der Flügeltiefe, der Hilfsholm auf 70 Prozent. Die Vorderkanten der Tragflächen waren gerade ausgeführt, die Hinterkanten negativ gepfeilt. Die gesamte Hinterkante wurde durch Querruder und Spreizklappen gebildet, wobei diese Baugruppen in Leichtmetall mit Stoffbespannung erstellt worden waren. Auch das Höhenleitwerk hatte man als Leichtmetall-Konstruktion ausgeführt.

Die Motoren befanden sich in metallbeplankten Gondeln weit vor dem Tragflügel. Die Motorgondeln erstreckten sich bis zur Flügelhinterkante und nahmen neben den jeweils 116 l fassenden Ölbehältern auch das Hauptfahrwerk auf, das hydraulisch von hinten nach vorne eingefahren wurde. Das Bugrad war ebenfalls einfach bereift, es schwenkte nach hinten oben ein.

Als Bewaffnung waren zwei MG 151 mit je 200 Schuß und zwei MK 108 mit je 110 Schuß in den Rumpfseiten vorgesehen. Die Munitionszuführung erfolgte über Gurte, wobei sich die Gurtkästen in den Flügelnasen befanden.

Hinsichtlich des Funkmeßgerätes gab es keine eindeutige Festlegung, da ständig neue Geräte eingeführt wurden. Die Funkanlage wurde im wesentlichen von folgenden Geräten gebildet:

FuG 10 P   Bord-zu-Bord-Sprechfunk und
            Eigenverständigung,
FuG 16 ZY   UKW-Sprechgerät mit Zusatzgeräten
            für Zielflug und Entfernungsmessung,
FuG 25 a   Kenngerät,
FuG 101   Funkhöhenmesser,
FuBl 2 F   Blindlandeanlage,
K 12   Kurssteuerung.

Es konnte nicht ausbleiben, daß die weitere Erprobung der Ta 154 V1 einige Probleme offenbarte. Zwar zeigten sich Hans Sander und Kurt Tank, der die Maschine am 7. Juli 1943 erstmals flog, mit den Flugeigenschaften im großen und ganzen zufrieden,

Bei dieser Aufnahme dürfte es sich um die V2 handeln, die Belastungs-versuchen unterworfen wurde.

jedoch wurden Kurvenverhalten und Rolleigenschaften bemängelt. Außerdem drangen im Kurvenflug und bei der Landung Motorabgase in die Kabine ein, und nicht zuletzt gab es Schwierigkeiten im Bereich von Motorkühlung und Hydraulik. Ausgelöst durch Motorschwingungen kam es immer wieder zu Leck- und Bruchstellen an den Kühlstoffleitungen – ein Problem, das rasch behoben werden konnte. Anders verhielt es sich bei der Hydraulik: hier brachte erst die Verwendung einer Hydraulikflüssigkeit anderer Konsistenz eine Besserung mit sich.

Alle Arbeiten liefen weiterhin auf vollen Touren, und bereits am 23. Juli 1943 traf das Flugzeug zu einer ersten Demonstration in Rechlin ein. Neben der Vorstellung der Ta 154 bei den offiziellen Stellen lag es Kurt Tank daran, den Nachtjäger auch bei der Truppe bekannt zu machen. Am 31. Juli 1943 führte Sander das Flugzeug Männern des NJG 1 vor, wobei Tank Sander zu einer möglichst kurzen Landung drängte. Die oftmals schlechten Sichtverhältnisse bei Nachtlandungen führten immer wieder zu einem späten Aufsetzen und einem Überrollen der Landebahn. Aus diesem Grunde waren Flugzeuge mit kurzer Rollstrecke bei den Nachtjägern gefragt. Sander setzte die V1 mit einer zu hohen Sinkrate auf, die Fahrwerkbefestigungsbolzen brachen, und das Flugzeug sackte förmlich in sich zusammen mit der Folge, daß das Heck der Maschine über den Boden schleifte. Weder Sander noch der mitgeflogene Oberst Lent wurden dabei verletzt, und auch die Ta 154 konnte rasch wieder hergerichtet werden. Im Rahmen der Reparaturarbeiten erhielt das

Flugzeug neue Bolzen, die um 20 Prozent belastbarer waren.

Nach weiteren Versuchs- und Demonstrationsflügen wurde die Maschine anläßlich einer Waffenschau zusammen mit der Ta 154 V3 Adolf Hitler im Führerhauptquartier in Insterburg vorgeführt.

Im Februar 1944 erhielt die V1 Jumo-211-N-Motoren mit 1450 PS (1065 kW) Startleistung, VS-9-Luftschrauben und die neue Bezeichnung Ta 154 V1a. Bis zur Zerstörung des Flugzeuges am 5. August 1944 durch einen Bombenangriff diente die Maschine verschiedenen Versuchen. Neben der Erprobung der GM-1-Einspritzung zur Leistungssteigerung des Motors in großen Flughöhen waren es vor allem Attrappen-Einbauten diverser Bordwaffen.

Ab September 1943 konnte die Ta 154 V2, TE+FF, Werk-Nr. 100002, in die Erprobung einbezogen werden. Ausgerüstet mit Flammendämpfern an den Motoren und dem Funkmeßgerät FuG 212 Lichtenstein C-1, diente das Flugzeug bis zu seiner Zerstörung am 5. August 1944 hauptsächlich der Untersuchung des Schwingungsverhaltens. Der Einbau der Ausrüstung

Ta 154 V3. Durch Änderungen des Bugradnachlaufs veränderte sich der Anstellwinkel des Flugzeugs am Boden.

führte im übrigen zu einer Reduzierung der Höchstgeschwindigkeit um rund 20 km/h.

Bei der am 25. November 1943 eingeflogenen V3, TE+FG, Werk-Nr. 100003, baute man erstmals eine Bewaffnung ein. An Stelle der vorgesehenen zwei 20-mm-MG-151 und zwei 30-mm-MK-103 oder MK 108 gelangten nur vier MG 151 in die Rumpfseiten unmittelbar hinter der Kabine zum Einbau.

Das Flugzeug wurde vom Erprobungskommando 154 – Aufstellungsdatum 9. Dezember 1943 – Anfang

Februar 1944 übernommen. Unter einsatzähnlichen Bedingungen traten weitere Mängel zutage. Bedingt durch die Motorgondeln, die sich auf gleicher Höhe mit der Kabine befanden, und die in den Rumpf eingestrakte Kanzel waren die Sichtverhältnisse sehr begrenzt, worauf das EKdo 154 den Tageseinsatz der Maschine ablehnte. Dies war insofern von Bedeutung, da Focke-Wulf die Ta 154 nicht nur als Nachtjäger, sondern für eine Vielzahl von Aufgaben dem RLM angeboten hatte. Bereits im Sommer 1943 wurde der Aufbau von drei Fertigungskreisen – Schlesien, Thüringen und Warthegau – geplant, wobei folgende Baureihen gefertigt werden sollten :

A-1: zweisitziges Tagjagdflugzeug,
A-2: einsitziges Tagjagdflugzeug,
B-1: zweisitziges Nachtjagdflugzeug,
B-2: einsitziges Tagjagdflugzeug,
C-1: zweisitziges Nachtjagdflugzeug,
C-4: zweisitziger Jagdbomber.

Nach Anlaufen der Großserie, mit der ab Oktober 1943 gerechnet wurde, sollte die Fertigungsrate von zunächst 200 Flugzeugen pro Monat schrittweise bis Januar 1945 auf 600 Maschinen ansteigen! Während einerseits unrealistische Planungen ins Leben gerufen wurden, offenbarte andererseits die Flugerprobung weitere Schwächen des Musters. So wurde der hohe Anstellwinkel bei Landeanflügen beanstandet. Er machte die ohnehin schwierige Nachtlandung noch problematischer. Der Einbau der Bordwaffen offenbarte weitere Schwächen. Wie von Anfang an befürchtet, verkraftete die Holzzelle des Flugzeuges den Rückstoß und die Mündungsabgase der Waffen sehr schlecht, so daß es zu Schäden am Rumpfbug kam. Die V3 mußte entsprechend abgeändert werden. Im Rahmen der Umbauarbeiten wurde ein neues, größeres Seitenleitwerk angebaut. Der Grund dafür lag im Austausch des FuG 212 gegen ein FuG 220. Während das FuG 212 die sogenannte »Matratzen«-Antenne verwendete, verfügte das FuG 220 über eine »Hirschgeweih«-Antenne, die sich nachteilig auf die Längsstabilität auswirkte, so daß das Zielen mit dem Flugzeug deutlich schwieriger wurde. Diesen Nachteil sollte das neue Seitenleitwerk ausgleichen.

Der Ta 154 V4, TE+FH, Werk-Nr. 100004, klebte das Pech an den Flügeln. Das mit zwei MG 151 und zwei MK 108 bestückte Flugzeug wurde ohne Funkmeßgerät erprobt. Nachdem sich zu Beginn der Flugver-

Ta 154 V4.
Versuchsweise
wurde das Flug-
zeug mit einem
B-Stand und ei-
nem MG 131 aus-
gerüstet.

suche im Januar 1944 Teile der Motorverkleidung gelöst hatten, kam es im Februar zum Triebwerkbrand und schließlich wurde das Flugzeug am 1. Juni 1944 durch Bruch der Bugradgabel während des Starts so stark zerstört, daß es aufgegeben werden mußte.

Das Bugrad hatte immer wieder zu leichten Unfällen geführt, der Umbau zum Nachlauf-Fahrwerk besserte jedoch die Situation, da das Bugrad nun selbständig geradeaus lief. Die Änderung bewirkte allerdings eine Verlängerung des Federbeines, so daß die Maschine fast wie eine Flugzeug mit Spornrad am Boden stand.

Im Lauf ihrer kurzen Einsatzzeit hatte man die V4 mit einem stark gewölbten Kabinendach ausgestattet, so daß eine aus einem beweglichen 13-mm-MG-81 bestehende Abwehrbewaffnung eingebaut werden konnte. Dieser Umbau sollte die Ta 154 auch für den Tageseinsatz befähigen.

Das nächste V-Muster, die V5, TE+FI, Werk-Nr. 100005, offenbarte alle Probleme einer überhasteten Kriegsfertigung. Als die am 25. Februar 1944 eingeflo-

gene, mit einem FuG 212 ausgerüstete, waffenlose Maschine nach einem Versuchsflug näher untersucht wurde, zeigte sich, daß der Rumpfbug infolge schlechter Verklebung kurz vor dem Abreißen stand. Ferner drangen bei dem im Freien abgestellten Flugzeug nach starken Regenfällen große Mengen Wasser ein, und nicht zuletzt kam es zum Fahrwerkbruch, bei dem die V5 Schaden nahm.

Die vielfältigen Herstellungsmängel alarmierten Focke-Wulf. Die Versuchsmuster V6 (TE+FJ, Werk-Nr. 100006) und V7 (TE+FK, Werk-Nr. 100007) wurden Gegenstand umfänglicher Untersuchungen mit den gleichen erschreckenden Ergebnissen. Dessen ungeachtet waren die Vorbereitungen für die Serienfertigung angelaufen. Das RLM hatte kurz nach Beginn der Flugerprobung der Ta 154 V1 einen Erstauftrag über den Bau von 250 Flugzeugen erteilt. Die Fertigung der Maschinen sollte in den erwähnten Fertigungskreisen in Posen, Erfurt und Bunzlau (nahe Breslau) erfolgen.

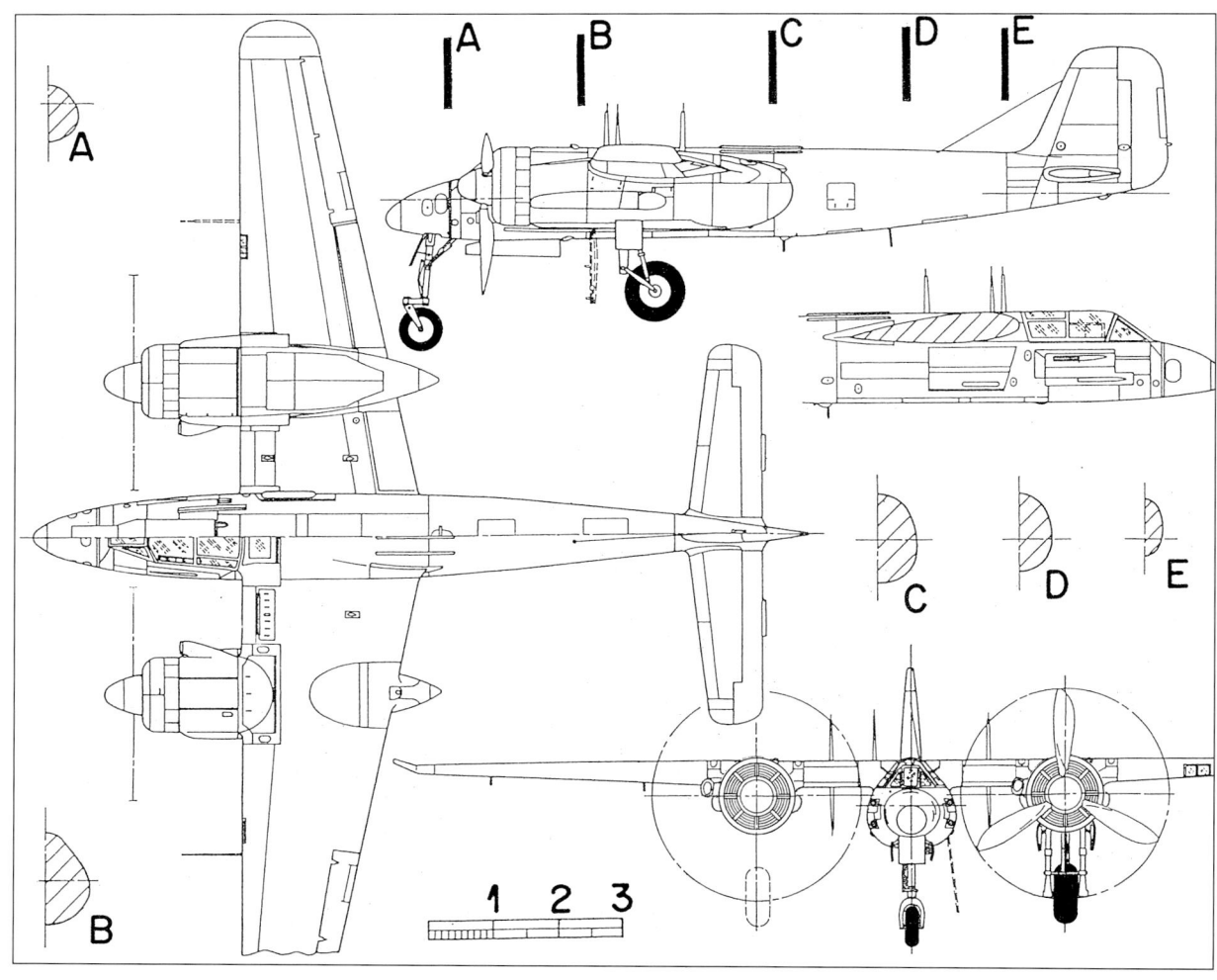

Ab März 1944 konnten die ersten von insgesamt 22 Flugzeugen der Vorserie Ta 154 A-0 abgeliefert werden, wobei vierzehn Maschinen den breiten VS-9-Propeller erhalten sollten und die Kennung A-0/U1 trugen.

Neben dem Anlaufen der Serienfertigung wurden weitere V-Muster erstellt. Die Ta 154 V8, TE+FL, Werk-Nr. 100008, startete am 8. April 1944 zum Jungfernflug. Es war das erste Flugzeug mit Jumo 213 A und VS-111-Dreiblatt-Holz-Luftschrauben. Da das Muster ausschließlich als Erprobungsträger für die Triebwerkanlage diente, wurde auf den Einbau einer Bewaffnung und der Funkmeßgeräte verzichtet.

Der Jumo 213 war als Nachfolger für den Jumo 211 gedacht. Die ersten Exemplare des flüssigkeitsgekühlten 12-Zylinder-V-Motors standen ab Mitte 1942 zur Verfügung. Bis zur Auslieferung größerer Stückzahlen sollte es jedoch noch bis zum Jahre 1944 dauern.

Die erste Serienausführung, der Jumo 213 A-1, leistet 1750 PS (1285 kW) für den Start. Der für die Ta-154-Serienflugzeuge vorgesehene Jumo 213 E-1 brachte es auf die gleiche Leistung, als Höhenmotor wies er jedoch eine Volldruckhöhe von 9800 m auf. Unterhalb der Volldruckhöhe ließ sich durch Einspritzen des Methanol-Wasser-Gemischs MW-50 die Leistung um 300 PS (220 kW) und oberhalb der Volldruckhöhe durch Einspritzen des GM-1-Zusatzes um 400 PS (295 kW) steigern.

Die Ta 154 V8 ging bereits am 6. Mai 1944 nach einem Triebwerkbrand durch Absturz verloren, die beiden Besatzungsmitglieder fanden den Tod. Auch die erste in Posen gefertigte Ta 154, die V9, TE+FM, Werk-Nr. 100009, stürzte ab. Das von Jumo-211-N-Motoren angetriebene Flugzeug geriet am 18. April 1944 beim Landeanflug durch den Ausfall der Hydraulik

*Ta 154 V7.
Anstelle der
üblichen vier
Antennenmasten
des Funkmeß-
geräts sind
hier nur zwei
angebaut.*

außer Kontrolle, Flugzeugführer Werner Bartsch überlebte den Unfall mit schweren Verletzungen.

Der Jumo 213 wies mit 940 kg gegenüber dem
Jumo 211 N mit 720 kg ein wesentlich höheres
Trockengewicht auf. Die dadurch bedingte Schwer-
punktveränderung wurde durch eine Verlängerung des
Rumpfes um 762 mm kompensiert. Drei Versuchsmu-
ster, die V10 (TE+FN, Werk-Nr. 100010), die V22
(TQ+XA, Werk-Nr. 120001) und V23 (TQ+TC, Werk-Nr.
120002) dienten als unbewaffnete Erprobungsträger.

Inzwischen hatte sich Zahl der Flugzeuge durch Abstürze, Unfälle und Feindeinwirkung deutlich reduziert.
Waren die Abstürze der V8 und V9 noch erklärbar, bereitete der Verlust einer Ta 154 A-1 (KU+SO) mehr als
Kopfzerbrechen. Bei dem zweisitzigen Tagjäger, der
über eine Angriffsbewaffnung von zwei MG 151 und
zwei MK 108 sowie fallweise eine MG-81-Z-Abwehr-
waffe (Rüstsatz R1) besaß, war ein Flügelbruch aufgetreten. Da die Festigkeit der Ta 154 nicht nur in
Schleppversuchen am Alatsee, sondern auch an den
V-Mustern V11, V12 und V13 in statischen Versuchs-
anordnungen in Detmold nachgewiesen worden war,
blieb als Ursache nur mangelhafte Verarbeitung übrig.

Tank ließ die Fertigung der Ta 154 sofort stoppen.
Eine unverzüglich eingeleitete Untersuchung ergab,
daß der verwendete Leim, der zum Kleben der Holz-
teile benutzt wurde, ursächlich war. Zu Beginn der
Arbeiten an der Ta 154 hatte man verschiedene Leime
untersucht und sich für den »Teglo-Film« der Firma

Goldmann in Wuppertal entschieden. Die Firma Goldmann wurde jedoch schon bald vom einem schweren
Bombenangriff getroffen und stellte die Produktion
zunächst ein. Als Ausweichlösung wurde für die Ta
154 ein von der Dynamit AG Leverkusen hergestellter
Leim mit der Bezeichnung »Kaurit« verwendet. Wie
sich nun herausstellte, war er für den Zweck ungeeig-
net, da der Säuregehalt des Härters zu hoch lag, die
Säure in das Holz eindrang und es schädigte.

Das Stoppen der Serienfertigung hatte für Tank ein
Nachspiel: ihm wurde Sabotage unterstellt, und er
mußte sich einem Tribunal unter dem Vorsitz von Hermann Göring verantworten. Zwar hatte die im Hotel
»Deutscher Kaiser« in Nürnberg abgehaltene Verhand-
lung für Tank kein Konsequenzen, da die Vorwürfe
unhaltbar waren, die Fertigung der Ta 154 war jedoch
bis zur Verfügbarkeit eines geeigneten Klebers nachhaltig gestört. Auch die schweren Bombenangriffe auf
die Werke in Posen und Bunzlau führten praktisch
zum Erliegen der Produktion. Nur noch vereinzelt
gelangten Maschinen zur Auslieferung. Im Herbst
1944 wurde das Programm Ta 154 vom RLM gestrichen. Tank versuchte, die Entscheidung rückgängig zu
machen, und bat hochrangige Persönlichkeiten der
Luftwaffe wie Adolf Galland und Nachtjagd-Ass Werner Streib um Unterstützung. Um sich einen Eindruck
der Flugeigenschaften und Leistungen machen zu
können, stellte Tank die Ta 154 V14 zur Verfügung, die
ursprünglich als statisches Versuchsflugzeug für die Ta

Ta 154 A-0. Das Flugzeug mit der Werk-Nr. 120005 (vormals 15400015) flog am 30. Juni 1944 zum ersten Mal. Später erfolgte der Umbau zur Baureihe A-4.

154 C Serie dienen sollte.

Galland und Streib zeigten sich nach den Flügen wenig begeistert. Die Ta 154 war in Form der Baureihe A nicht geeignet, die de Havilland Mosquito abfangen zu können. Gegenüber ihrem Konkurrenzmuster, der Heinkel He 219, erwies sie sich zwar als steig- und manövrierfähiger, jedoch in Bezug auf Bewaffnung, Flugdauer und Sichtverhältnisse unterlegen.

Es ist nur allzu menschlich, daß Flugzeugkonstrukteure ihre Schöpfungen in einem oftmals zu positiven Licht sehen und auf Kritik verstimmt reagieren oder diese erst gar nicht gelten lassen, und auch Versuchsflieger sind oft geneigt, über Mängel bei Flugzeugen aus dem eigenen Werk hinwegzusehen. Die Schwachpunkte bei Konkurrenzmuster werden jedoch gern herausgestellt. Auch in Deutschland war dies so. Nach dem Zweiten Weltkrieg führte dies zu einer Art »Hofberichterstattung«: über Mängel, Versäumnisse und Fehlentwicklungen wurde in der Luftfahrtpresse nur zu gern ein Mantel des Schweigens gelegt, um

Firmen oder Konstrukteure nicht zu verärgern.

Unter diesen Gesichtspunkten ist es interessant, die Meinung eines Flugzeugbaumeisters zu hören, der nicht von einem Werk stammte, das in Konkurrenz zur Ta 154 stand.

Walter Kröger von der Firma Arado hatte am 12. und 13. Juni 1944 Gelegenheit, einige der neueren deutschen Flugzeugkonstruktionen sowie eine Reihe von Beuteflugzeugen in Rechlin in Augenschein nehmen zu können, wobei die deutschen Muster auch im Flug vorgeführt wurden. In einem für Arado bestimmten Bericht erstellte Kröger eine kurze Beurteilung aller Flugzeuge. Sein Kommentar zur Ta 154 lautete: »Flugzeug sieht unharmonisch aus. Großes zentrales Seitenleitwerk ganz aus Holz. Bugrad hat starken Nachlauf, Fahrwerkkonstruktion stark verstrebt. Führerraum sehr eng. Triebwerkgondel mit Axial-Kühler, Gondel hinter Fahrwerkausschnitt sehr stark eingezogen. Sieht insgesamt nach wenig Gewicht bei starken Motoren, aber schlechter Aerodynamik aus.«

Sicherlich ist dies nur eine Meinung, die auch nicht repräsentativ ist, man sollte jedoch solche kritischen Beurteilungen nicht unter den Tisch fallen lassen.

Naturgemäß war Tank über die Einstellung des Ta-154-Programms enttäuscht, zumal sich neue Baureihen in der Entwicklung befanden. Bevor diese näher beschrieben werden, befassen wir uns noch mit der Baureihe A.

Nach dem Bau der Vorserie A-0 und einer kleinen Zahl zweisitziger Tagjäger vom Typ Ta 154 A-1 war an den Bau des einsitzigen Tagjägers A-2 mit Jumo 211 N oder Jumo 211 R gedacht. Als Prototyp fungierte die Ta 154 V15.

Durch den Umbau von 20 Maschinen der Baureihe A-1 sollte noch die Schulungsvariante A-3 entstehen. Diese Pläne wurden aufgegeben. Die eigentliche Nachtjagdausführung wurde von der Ta 154 A-4 repräsentiert, die in nur ganz geringen Stückzahlen gefertigt wurde und als Antrieb den Jumo 211 N verwendete. Ein Flugzeug dieser Baureihe, die D5+HD, die zum Stab III./NJG 3 gehörte, wurde stark beschädigt von britischen Truppen gefunden. Die Maschine wies nach oben gebogene Flügelrandkappen auf, die die Stabilität verbessern sollten. Ferner war das Funkmeßgerät FuG 218 »Neptun« eingebaut, dessen Stabantennen sich auf und unter dem Tragflügel befanden. Ob alle A-4 Flugzeuge den gleichen Standard aufwiesen, ist unklar.

Während sich die Ta 154 noch in einem frühen Entwicklungsstadium befand, dachte man bei Focke-Wulf daran, die »weiche« Rumpfbugsektion durch einen Metallbug zu ersetzen, zumal Bruchlandungen gezeigt hatten, daß die Besatzung in diesem Fall nur ungenügend geschützt war. Diese Ende 1943 geplante Variante sollte in den Baureihen B-1 als zweisitziger Nachtjäger und B-2 als einsitziger Tagjäger entstehen. Die Pläne wurden sehr schnell aufgegeben, da gegenüber der Baureihe A kaum Fortschritte erzielt werden konnten. Anstelle der Ta 154 B wurde die Baureihe C entwickelt, die bessere Perspektiven versprach und sich durch den Jumo 213 A mit VS-111-Luftschraube, einen um 762 mm verlängerten Rumpf, eine aufgesetzte Kabinenhaube mit verbesserter Rundumsicht und einen Metallbug von der Basisausführung unterschied. Zu einem Serienbau kam es nicht, es verblieb bei einigen V-Mustern wie der V20 für die C-1 Serie und der V21, die sowohl als Versuchsträger für den einsitzigen Tagjäger Ta 154 C-2 als auch für den zweisitzigen Aufklärer C-3 (später als Tagjäger durchkon-

struiert) fungierte. Als letzte Ausführung der C-Serie entstand noch der zweisitzige Jagdbomber Ta 154 C-4.

Die Unfähigkeit, die britische Mosquito abfangen zu können, führte Anfang 1944 zur Baureihe D mit Jumo 213 E und VS-19-Luftschraube. Weder die D-1 (zweisitziger Nachtjäger) noch die D-2 (einsitziger Zerstörer) gelangten über das Reißbrettstadium hinaus, da sich bereits eine weitere Ausführung der Ta 154 in der Entwicklung befand. Die Rede ist von der Ta 254, von welcher folgende Baureihen geplant waren:

Ta 254 **A-1**: zweisitziger Nachtjäger,
Ta 254 **A-2**: zweisitziger Tagjäger,
Ta 254 **A-3**: einsitziger Tagjäger,
Ta 254 **B-1**: zweisitziger Nachtjäger,
Ta 254 **B-2**: dreisitziger Tagjäger,
Ta 254 **B-3**: einsitziger Tagjäger.

Während die Baureihe A den Jumo 213 E mit VS-19-Luftschrauben erhalten sollte, war für die Ta 254 B der Daimler-Benz DB 603 L mit VDM-Propeller vorgesehen. Ob es noch zum Versuchseinbau des Motors in einer Ta 154 gekommen ist, ist ungeklärt. Der flüssigkeitsgekühlte 12-Zylinder-V-Motor hatte eine Startleistung von 2000 PS (1470 kW) und eine Volldruckhöhe von 9200 m.

Für die Ta 254 A-1 wurde eine rechnerische Höchstgeschwindigkeit von 682 km/h in 10.590 m ermittelt. Die A-3 sollte sogar bis zu 740 km/h in dieser Höhe erreichen. Damit wäre eine erfolgreiche Mosquito-Bekämpfung möglich gewesen.

Leistungsberechnungen der Ta 254 B mit DB 603 L sind nicht vorhanden, man kann jedoch davon ausgehen, daß aufgrund der höheren Motorleistung eine Steigerung gegenüber der Baureihe A zu verzeichnen war.

Auch die Ta 254 konnte nicht mehr realisiert werden, so daß Schätzungen zufolge nur etwas mehr als 50 Ta 154 einschließlich der zahlreichen V-Muster entstanden sind. Drei Flugzeuge wurden von britischen Truppen im Luftpark Paderborn erbeutet und zur Untersuchung nach Großbritannien verbracht. Was aus diesen Maschinen geworden ist, ist ebenso unklar wie das Schicksal einer Ta 154, die US-Truppen in Lage fanden. Das per Schiff in die USA gebrachte Flugzeug wurde anläßlich einer Beuteausstellung im September 1945 auf dem Freeman Field gezeigt, dann verliert sich seine Spur.

Über die Einsätze der Ta 154 bei der Luftwaffe gibt

Ta 154 A-1.
Trauriges Ende
der Werk-Nr.
320003 bei der
III./EJG 2 in
Lechfeld.

es wegen der geringen Anzahl von Flugzeugen wenig zu berichten. Neben dem EKdo 154 flogen NJG 10, EJG 2 und NJG 3 diesen Maschinentyp.

Die Einstellung des Ta-154-Programms führte zu Überlegungen, vorhandene Baugruppen fertigzustellen und einem neuen Einsatzzweck zuzuführen. Nachdem man unter der Bezeichnung »Mistel« das Flugzeuggespann Ju 88/Bf 109 erfolgreich erprobt hatte, ging man daran, 15 Vorserienflugzeuge der Baureihe A-0 für diesen Einsatzzweck als Ta 154 A-0/U2 umzurüsten.

Unter dem Titel »Mistel Ta 154 A – Fw 190 A-8, Sprengstoffträger Beethoven« legte Focke-Wulf im Juli 1944 eine Kurzbeschreibung vor. Danach sollte eine unbemannte, mit Sprengstoff beladene Ta 154 von einer Fw 190, die mittels Strebengerüst auf die

Ta 154 aufgebockt war, an ein Bodenziel mittels TSA 1 herangeführt werden. Die Fw 190 sollte sich dann vom Sprengstoffträger lösen, und die Ta 154 mit Hilfe einer Patin-Dreiachsensteuerung auf Zielkurs gehalten werden. Während die Fw 190 A-8 (ohne Flügelwaffen außen) über ein Startgewicht von 4,1 Tonnen verfügte, lag das Startgewicht der Ta 154 bei einer Sprengladung von 2500 kg bei fast 10 Tonnen, so daß das Gespann ein Abfluggewicht von 14,1 Tonnen aufwies. Weitere Überlegungen zeigten, daß aufgrund der im Verhältnis zur Fw 190 geringen Größe der Ta 154 eine einwandfreie Trennung nicht möglich wäre.

Daraufhin wurde die Idee des Pulk-Zerstörers geboren. Die Ta 154 sollte einen Flugzeugführersitz hinter dem Tragflügel erhalten. Der Einsatz war wie folgt geplant: die mit Sprengstoff vollgestopfte Ta 154 wird in einen Bomber-Pulk gelenkt, der Flugzeugführer verläßt rechtzeitig mittels Katapultsitz die Maschine. Auch dieses Schema wurde nicht weiterverfolgt, aber dafür ein weiteres Verfahren ausgearbeitet: eine unbemannte Ta 154 wird von einer dahinterfliegenden Ta 154 durch Drahtsteuerung in den Bomberverband gelenkt, die Drahtsteuerung wird getrennt und die Sprengung des Flugzeuges aus einer begleitenden Fw 190 per Funksignal ausgelöst.

All diese Pläne und Entwicklungen, für die man soviel Zeit und Energie aufwandte, die man dringend an anderer Stelle benötigt hätte, ließen sich nicht mehr umsetzen.

Technische Daten:

	Ta 154 A-4
Triebwerk	2 Jumo 211 N
	2 x 1450 PS (1065 kW)
Spannweite	16,00 m
Länge	12,45 m
Höhe	3,40 m
Flügelfläche	32,40 m^2
Spurweite	5,00 m
Leermasse	6320 kg
Startmasse	8250 kg
Max. Flächenbelastung	254,6 kg/m^2
Höchstgeschw.	635 km/h in 6100 m
Dienstgipfelhöhe	10.000 m
Reichweite	1365 km

Das Ende einer Flugzeuggattung - die letzten schweren Jäger und Zerstörer

Ende 1943 erschienen mit der Junkers Ju 388 und der Dornier Do 335 zwei neue Kampfflugzeuge, mit denen die Luftwaffe der zunehmenden Überlegenheit der alliierten Luftstreitkräfte begegnen wollte.

Die Ju 388 war die logische Fortführung der mit der Ju 88 begonnenen Entwicklung eines Mehrzweckflugzeuges. Bei einem insgesamt konventionellen Aufbau zeichnete sich das Muster im wesentlichen durch den Einbau von Druckkammer, Höhenmotoren und ferngerichteter Abwehrbewaffnung aus. Leistungsmäßig ließ die Ju 388 sowohl als Aufklärer als auch als Bomber und Nachtjäger aufhorchen. Die Höhenmotoren, die dank der Turbolader dem Flugzeug gute Leistungen ermöglichten, waren jedoch zugleich die Achillesferse des Musters.

Die Motorfertigung steckte in einer tiefen Krise. Neben dem Mangel an deutschen Facharbeitern waren es vor allem Materialengpässe und die schweren Luftangriffe, die zu einem Einbruch der Fertigung führten. Die Motorindustrie war kaum noch in der Lage, eine ausreichende Anzahl von Serienmotoren herzustellen, und so mußten spezielle Triebwerkanlagen wie die der Ju 388 hinten anstehen.

Die Ju 388, die in erster Linie von Erhard Milch so dringend erwartet wurde, konnte nicht mehr in Großserie gehen. Von den schätzungsweise 70 gebauten Flugzeugen wurden fast alle als Aufklärer eingesetzt. Als Zerstörer und Nachtjäger spielte das Muster keine Rolle, hier blieb es beim Bau von Versuchsflugzeugen.

Die Dornier Do 335 war triebwerkseitig besser gestellt. Ihre Konstrukteure setzten von Anfang an auf lieferbare Motoren der Bauart Daimler-Benz DB 603. Die überlegene Geschwindigkeit, die von keinem gegnerischen Serienflugzeug erreicht wurde, erzielte die Maschine durch die Tandemanordnung der Motoren und den dadurch möglichen geringen Stirnwiderstand.

Als Dornier das Muster 1942 unter der Bezeichnung Do 231 dem RLM als Schnellbomber anbot, verhielt sich das Amt abwartend, und so vergingen wertvolle Monate, bis man endlich der Fertigung des Flugzeuges unter der Bezeichnung Do 335 zustimmte.

Die Do 335 erwies sich als leistungsstarkes Jagdflugzeug, das durch eine hohe Geschwindigkeit, große Gipfelhöhe und gute Reichweite bestach. Darüber hinaus traten bei der Erprobung nur wenige Probleme auf. Das Muster stellte eine gute Alternative zu den deutschen Strahlflugzeugen dar, die im wesentlichen von Triebwerkproblemen und geringer Reichweite geplagt wurden.

Die Vorteile der Do 335 konnten nicht mehr ausgespielt werden. Die Luftüberlegenheit der Alliierten verhinderte das Anlaufen einer Großserienfertigung.

Deutschland besaß zwar mit der Do 335 einen guten zweimotorigen Jäger und Zerstörer und mit der Ju 388 das so dringend benötigte Höhenflugzeug, konnte aber beide Muster aufgrund der geschilderten Probleme nicht mehr einsetzen, wobei man deutlich darauf hinweisen muß, daß selbst eine größere Anzahl an Do 335 und Ju 388 nichts am Verlauf des Luftkrieges geändert hätte: der vermeintliche Vorsprung der beiden Muster wurde durch das Auftauchen der ersten Strahlflugzeuge der Alliierten wettgemacht. Auch von deutscher Seite wurde dies erkannt, so daß die Do 335 vom Flugzeugprogramm gestrichen wurde. Nachdem jedoch keine vergleichbaren Muster zur Verfügung standen, wurde diese Entscheidung schnell revidiert. Abschließend noch ein Wort zur Ju 388: sie erreichte in der Erprobung nie die vom Werk garantierten Leistungen, so daß auch hinter diesem Muster viele Fragezeichen stehen.

Junkers Ju 388: Nachtjäger und Zerstörer

Die 1937 bei Junkers unter der Bezeichnung EF 73 (EF für Entwicklungsflugzeug) begonnene Entwicklung des schweren zweimotorigen Kampfflugzeuges Ju 288 ging nach der 1939 erfolgten Auftragserteilung durch das RLM nur langsam voran. Die Gründe dafür lagen zum einen in verschiedenen Änderungswünschen, die der Auftraggeber nach und nach übermittelte, und zum anderen in der Wahl der Triebwerkausrüstung, die aus zwei Jumo 222 mit einer Startlei-

Ju 88 B-0.
BMW-801-
Motoren und
der neugestaltete
Rumpfbug mit
Vollsichtkanzel
bilden die
wesentlichen
Unterschiede zur
Baureihe A.

stung von 2500 PS (1840 kW) bestehen sollte. Bei der Entwicklung des vielversprechenden Motors gab es jedoch verschiedene Schwierigkeiten, so daß Verzögerungen auftraten und an einen Serienbau nicht zu denken war.

Die Gesamtleitung des Ju-288-Programms oblag Professor Heinrich Hertel, der im Mai 1939 von Heinkel zu Junkers gewechselt war und hier die Funktion eines Technischen Direktors bekleidete.

Junkers Chefkonstrukteur, Dipl.-Ing. Ernst Zindel, der die weltbekannten Muster Ju 52 und Ju 88 geschaffen hatte, war nicht in die Entwicklung der Ju 288 eingebunden. Zindel erkannte frühzeitig, daß die Triebwerkfrage bei der Ju 288 auf absehbare Zeit nicht zu lösen war. Der Jumo 222 steckte ebenso wie vergleichbare Daimler-Benz-Motoren noch in der Entwicklungsphase: bis zur Serienreife sollten noch Jahre vergehen.

Aus dieser Erkenntnis heraus entwickelte Zindel – mehr oder weniger im Alleingang – die Ju 88 weiter. Mit der Baureihe Ju 88 B sollten deutliche Fortschritte gegenüber der A-Serie erzielt werden. Hauptunterschiede zwischen den Baureihen bildeten der vollkommen neu gestaltete Rumpfbug mit einer Vollsichtkanzel, die bessere Sichtverhältnisse und mehr Bewegungsfreiheit für die Besatzung versprach, sowie ein geänderter C-Stand und der Einbau eines stärkeren Motors. Dabei war an den neuen Jumo 213 gedacht, der sich zu Beginn seiner Entwicklung in der Leistungsklasse von 1600 PS (1175 kW) bewegte.

Der Baureihe A entsprechend war die Übernahme

verschiedener Aufgaben, insbesondere jedoch Horizontal- und Sturzbomber, Aufklärer und Zerstörer, vorgesehen. Nachdem zunächst an den Bau von sechs Musterflugzeugen gedacht war, wurde die Zahl der Versuchsmaschinen zunächst auf acht und schließlich auf zehn erhöht. Sie trugen die Bezeichnung V23 bis V32.

Die Flugerprobung, die in den Händen von Flugkapitän Ruprecht Wendel lag, begann mit der V23, D-ATYB, am 19. Juni 1940. Da der flüssigkeitsgekühlte, mit Ringkühlern ausgestattete Jumo 213 noch nicht verfügbar war, hatte man den luftgekühlten BMW 801 eingebaut. Auch das zweite Versuchsmuster, die V24, erhielt diesen Motor. Allerdings begann die Flugerprobung am 30. Juli 1940 zunächst mit dem Jumo 211 B. Die V26, die ab Frühjahr 1941 in die Versuche eingebunden war, sollte als Mustermaschine für die geplante kombinierte Zerstörer/Aufklärer-Variante Ju 88 B-3 dienen. Neben einer aus drei MG 17 und einem MG 151/20 bestehenden Angriffsbewaffnung hatten die Konstrukteure den Einbau eines Reihenbildgerätes Rb 20/30 im hinteren Rumpf vorgesehen. Vermutlich ist es jedoch nicht zur Ausrüstung mit der vorgenannten Bewaffnung gekommen. Wie die meisten Ju 88 B Musterflugzeuge wurde auch die V26 als Fernaufklärer eingesetzt.

Die hochfliegenden Pläne mit der Baureihe B, die den Bau von 2265 Serienmaschinen für das Jahr 1941 und 3053 für das Jahr 1942 beinhalteten, wurden frühzeitig aufgegeben. Weder der BMW 801 noch der Jumo 213 standen zu dieser Zeit zur Verfügung, so

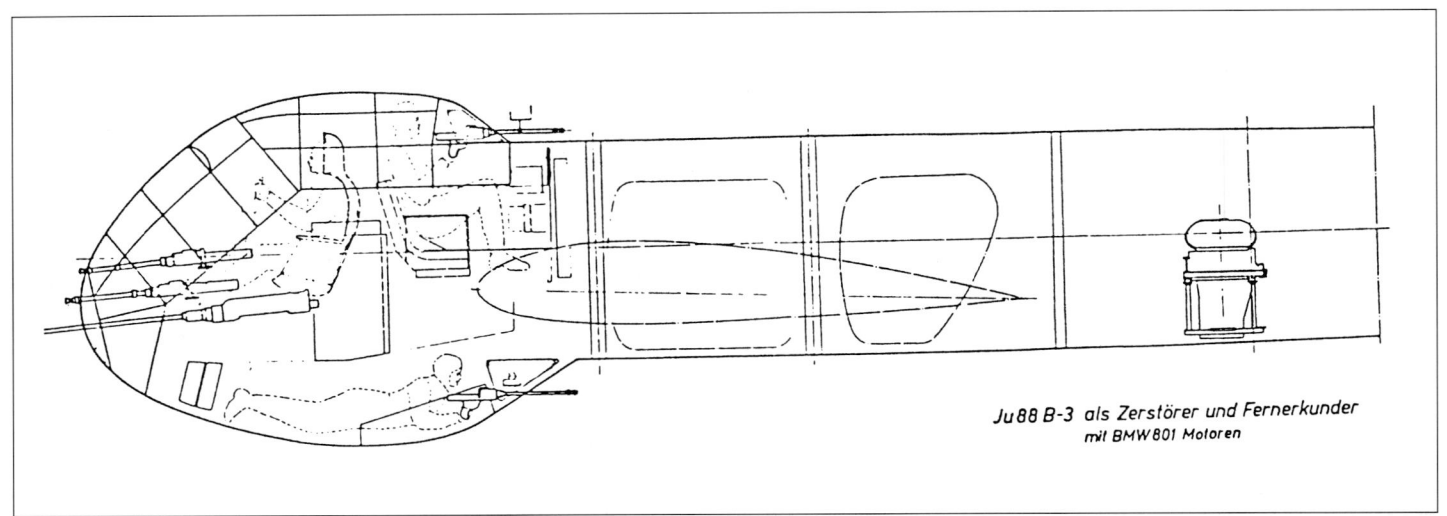

*Ju 88 B-3 als Zerstörer und Fernerkunder
mit BMW 801 Motoren*

Ju 88 B-3:
Werkzeichnung der Waffenanlage.

daß das Muster allenfalls mit dem Jumo 211 F gefertigt werden konnte. Mit diesem Motor erreichte das Flugzeug gegenüber der Ju 88 A nicht die erhofften besseren Leistungen, zu denen unter anderem eine Höchstgeschwindigkeit von 540 km/h und eine Verdoppelung der Bombenlast gehörte. Der Rückschlag war für Zindel keineswegs entmutigend, er verfolgte weiter sein Ziel, zumal nun auch von offizieller Seite erkannt wurde, daß zwischen der Ju 88 und der Verfügbarkeit der Ju 288 eine Lücke klaffte, die schnellstens geschlossen werden mußte. Doch bis dahin war ein langer Weg zurückzulegen. Erst am 31. Januar 1942 startete mit der Ju 88 V27, D-AWLN, ein mit zwei BMW 801 Motoren ausgestatteter Versuchsträger, der sich gegenüber der Ju 88 B verbessert zeigte und als Musterflugzeug für die Baureihe E diente. Später wurde auch die Ju 88 V30, D-AFAG, für diesen Zweck umgebaut und als V30/1 bezeichnet.

Von der Ju 88 E wurden 1942 165 Exemplare gefertigt. Hinzu kamen noch 105 Maschinen der weitgehend baugleichen Ju 88 F, die als Aufklärer Verwendung fand und ab 1943 in der Fertigung stand.

Die Varianten E und F ähnelten der Ju 88 B, sie erhielten allerdings ein neues größeres Seitenleitwerk von rechteckiger Form sowie spitz zulaufende Außenflügel, die eine Vergrößerung der Spannweite und der Flügelfläche nach sich zogen. Diese Änderungen konnten erstmals bei der Ju 88 V44, NK+QF, verwirklicht werden. Das äußere Erscheinungsbild der Baurei-

hen E und F wich so deutlich von der Ju 88 ab, daß beschlossen wurde, dem Flugzeug die RLM-Nummer 8-188 zuzuteilen. So entstand aus der Ju 88 E die Ju 188 E und aus der Ju 88 F die Ju 188 F.

Die guten Erfolge, die mit dem Muster erzielt wurden, führten zur Schaffung weiterer Varianten und Baureihen insbesondere der Ju 188 A und D, die mit dem Jumo 213 motorisiert werden konnten. Wenngleich die Ju 188 bei den Besatzungen sehr beliebt war, blieb die Stückzahl mit 1026 Flugzeugen doch deutlich hinter der Ju 88 mit rund 15.000 Exemplaren zurück.

Wie im Kapitel über die Heinkel He 219 ausführlich dargestellt, bot Junkers bereits in der zweiten Hälfte des Jahres 1942 eine Nachtjägerausführung der Ju 188 unter der Bezeichnung Ju 188 R an. Das mit vier Maschinenkanonen bewaffnete Flugzeug sollte eine aus BMW-801-G-2-Motoren bestehende Triebwerkausrüstung erhalten und mit einem Funkmeßgerät ausgerüstet werden.

Die unentschlossene Haltung des RLM zur Frage des künftigen Nachtjägers führte dazu, daß die He 219 in nur kleinen Stückzahlen lief und die Ju 188 aus Kapazitätsgründen ausschließlich als Bomber und Aufklärer gefertigt wurde. Außerdem hatten umfangreiche Vergleiche gezeigt, daß die Ju 188 der He 219 in keiner Weise überlegen war. Ob – wie hin und wieder behauptet wird – drei Ju-188-R-Musterflugzeuge gebaut wurden, bleibt nach wie vor unklar.

Mitte 1943, als alle Beteiligten endgültig davon ausgingen, daß die Ju 288 wegen des nicht serienreifen Jumo 222 und der angespannten Materiallage nicht in die Fertigung genommen werden konnte, sollte ein neues Flugzeug ihren Platz einnehmen. Unter der Tarnbezeichnung »Huberts« begannen in der zweiten Hälfte des Jahres 1943 bei Junkers die Arbeiten an der Ju 388. Dieses Flugzeug baute auf der Ju 188 auf und trug anfänglich noch folgende Bezeichnungen:
Ju 188 **J**: Höhenzerstörer und Höhennachtjäger,
Ju 188 **K**: Höhenbomber,
Ju 188 **L**: Höhenaufklärer.

Die wesentlichen Unterschiede ergaben sich aus der Verwendung als Höhenflugzeug. Für diese Aufgabe erhielt das Mehrzweckmuster eine Druckkabine und BMW-801-Triebwerke mit Turbolader. Gegenüber der Ju 188 wurde der vollverglaste Rumpfbug strömungsgünstiger gestaltet. Hierzu trug vor allem der Wegfall des Drehturmes auf dem Kabinendach und des C-Standes bei. Die Abwehrbewaffnung bestand nun aus einem ferngerichteten Drehstand im Heck der Maschine.

Die Abmessungen und Gewichte waren nahezu mit der Ju 188 E identisch, jedoch wies die Ju 388 alle Vorteile eines Höhenflugzeuges auf. Mit einer Dienstgipfelhöhe von 13.000 m und einer höchstmöglichen Marschgeschwindigkeit von 560 km/h in 12.200 m stellte sie ihre Vorgängerin in den Schatten: diese erreichte ihre beste Reisegeschwindigkeit von 495 km/h in 6100 m.

Mit der Ju 388 wurde ein Flugzeug geschaffen, das allen Vorstellungen des Generalluftzeugmeisters entsprach. Als Mehrzwecktyp war die Maschine in der Lage, wichtige Aufgaben zu übernehmen. Sie konnte, so die Vorstellung des RLM, nach relativ kurzer Anlaufzeit in den Großserienbau gehen. Darüber hinaus wies sie eine überlegene Dienstgipfelhöhe auf, die mehr als deutlich oberhalb der meisten Mosquito-Varianten lag. Milch war davon überzeugt, nach vielen Enttäuschungen endlich ein Flugzeug zu besitzen, das sich erfolgreich gegen Großbritannien einsetzen ließ. Angesichts einer drohenden Invasion des europäischen Festlandes von Großbritannien aus wurde den Bombereinsätzen gegen das Königreich wieder größere Bedeutung beigemessen.

Hitler selbst forderte bereits seit geraumer Zeit den Bau eines Schnellbombers, der die Invasion verhindern sollte.

Ju 188 R. Waffen- und Funkmeßgeräteeinbau für die geplante Baureihe R.

Als Hermann Göring am 5. November 1943 Junkers einen Besuch abstattete, wurde ihm eine in der Fertigstellung befindliche Ju 388 gezeigt, bei der zu diesem Zeitpunkt erst ein BMW-Motor eingebaut war. Göring drängte auf die rasche Fertigstellung der Maschine, damit sie Hitler anläßlich einer Vorführung neuer Flugzeuge Ende November 1943 in Insterburg wenigstens am Boden vorgeführt werden konnte.

Unklar ist bis heute, um welches Flugzeug es sich gehandelt hat. Allgemein wird die DW+YY, Werk-Nr. 300291, als erstes Ju-388-Versuchsmuster angesehen. Mit der späteren Serienausführung der Ju 388 hatte DW+YY nur wenige Gemeinsamkeiten aufzuweisen. Das Flugzeug entsprach weitgehend den auf Geschwindigkeit gezüchteten Ju-188-Varianten S und T, die über eine der Ju 388 entsprechende Kabine verfügten und keine Abwehrbewaffnung besaßen. Bei der DW+YY wurde versuchsweise ein Waffentropfen unter dem Rumpf angebaut, der zwei nach hinten feuernde MG 151/20 aufnehmen sollte.

Gegenüber der Ju 388 fallen zahlreiche Unterschiede auf. Sie betreffen nicht nur die Verwendung einer

Aus der Ju-188-Fertigung wurde die Werk-Nr. 300291 entnommen und mit Höhenmotoren und Druckkabine ausgestattet. Der Waffentropfen unter dem Rumpf sollte eine starr nach hinten gerichtete Abwehrbewaffnung aufnehmen. Die DW+YY wird allgemein als erstes Versuchsmuster der Ju 388 betrachtet.

Dreiblatt-Luftschraube, sondern in erster Linie den hinteren Rumpf, der ein völlig anderes Aussehen aufweist.

War die DW+YY tatsächlich die erste Ju 388, oder existierte gemäß den nachfolgend aufgeführten V-Mustern noch eine PE+IA mit der Werk-Nr. 500001?

V2	Werk-Nr. 500002	PE+IB,
V3	Werk-Nr. 500003	PE+IC
V4	Werk-Nr. 500004	PE+ID,
V5	Werk-Nr. 500005	PE+IE,
V6	Werk-Nr. 500006	PE+IF.

Über den tatsächlichen Beginn und Verlauf der Flugerprobung schweigen sich die vielen Junkers-»Experten« beharrlich aus. Allgemein wird angenommen, daß DW+YY ab November 1943 flugklar war und die anschließende Flugerprobung so erfolgreich verlief, daß zehn V-Muster in Auftrag gegeben wurden, wobei die zweite Maschine, die Ju 388 J-1 V2, Werk-Nr. 500002, PE+IB, als Nachtjäger gebaut wurde. Diese Variante trug den Namen »Störtebecker« – ein auch heute noch bekannter Freibeuter, »Gottes Freund und aller Welt Feind«, der um 1400 die Nord- und Ostsee unsicher machte, und dessen Leben schließlich durch das Beil des Henkers endete.

Den fehlenden Informationen über die Flugversuche stehen umfängliche Kenntnisse über das Flugzeug selbst gegenüber. Handbücher und Bedienungsvorschriften gewähren einen lückenlosen Überblick über Technik und Handhabung der Ju 388, so daß zunächst

der Aufbau des Flugzeuges – anhand der Baureihe J – detailliert beschrieben werden soll.

Ziel der Ju-388-Entwicklung war es, unter Verwendung möglichst vieler Baugruppen der Ju 188 ein deutlich leistungsstärkeres Flugzeug zu erhalten; so konnte unter anderem der zweiholmige, freitragende Tragflügel der Ju 188 praktisch unverändert übernommen werden. Der Aufbau des Tragwerkes zeichnete sich durch einfache Bauweise aus, das heißt, daß die T-förmigen Holme lediglich durch Glattblechstege miteinander verbunden waren und man auf weitere Aussteifungen verzichten konnte. Die Flügeldrehmomente wurden im wesentlichen von der Außenhaut übernommen.

Die Verbindung der Tragflügel mit dem Rumpf stellten Kugelverschraubungen her. Diese Bauart hatte den Vorteil, daß sich die Tragflächen leicht an- und abbauen ließen und der Rumpf nicht von Holmen durchdrungen wurde. Der Übergang vom Tragflügel zum Rumpf wies aus Gründen einer bestmöglichen Strömung eine Abdeckung auf.

Die Tragflächenhinterkante wurde vom äußeren Querruder, dem inneren Querruder und der Landeklappe gebildet. Das innere Querruder des linken Tragflügels verfügte über ein Ausgleichsruder und ein Trimmruder, während das innere Querruder der rechten Tragflächen nur ein Ausgleichsruder besaß.

Die Flügelvorderkante wurde durch Warmluft, die man den Triebwerken entnahm, eisfrei gehalten. Die Kuto-Nase – eine Ballon-Schneidevorrichtung – konnte bei der in großen Höhen operierenden Ju 388 entfallen, so daß sich eine Gewichtsreduzierung erzielen ließ.

Mit der Flügelvorderkante waren die Motoren verbunden. Bei BMW hatte man aus dem luftgekühlte Doppelsternmotor BMW 801 D den Höhenmotor

Modellbild der Ju 388 J.

BMW 801 J mit Turbolader entwickelt. Der Versuchsmotor, der ab dem 27. November 1942 mit dem Höhenbomber Henschel Hs 130 C V4 erprobt werden konnte, leistete in 11.500 m bis zu 1485 PS (1090 kW). Die weitere Entwicklung des Motors verlief nur schleppend. Erst durch die Ju 388 bekam das Programm neuen Auftrieb. 1944 konnten die ersten Vorserienmotoren unter der Bezeichnung BMW 801 TJ-0 abgeliefert werden, bei denen der Turbolader noch handgeregelt war. Der eigentliche Serienmotor, der BMW 801 TJ-1, sollte über eine automatische Turboladerregelung verfügen. Die Kriegslage verhinderte jedoch die Serienfertigung.

Bei der Ju 388 befanden sich die Schmierstoffbehälter – Fassungsvermögen je 105 Liter – hinter der Triebwerkanlage zwischen den Flügelholmen. Außerdem war in jeder Flügelnase ein 40 Liter fassender zusätzlicher Schmierstoffbehälter angeordnet.

Der Kraftstoffvorrat befand sich in einem vorderen und einem hinteren Rumpftank mit einem Inhalt von 475 beziehungsweise 1075 Litern. Darüber hinaus konnte die Ju 388 J in einem ungeschützten 500-Liter-Behälter im rechten Tragflügel weiteren Kraftstoff mitführen.

Der 10 Liter fassende Behälter für den Anlaßkraftstoff befand sich ebenso wie der Tank für 14 Liter Hydraulikflüssigkeit im Rumpf des Flugzeuges.

Neben der Triebwerkanlage war auch das elektrisch-

hydraulisch betätigte Hauptfahrwerk in der Motorgondel untergebracht. Mit den Federbeinen war ein Laufrad mit einem Reifen der Größe 1140 x 410 mm verbunden. Das Fahrwerk fuhr nach hinten oben ein. Die

Ju 388 J: Attrappenbau.

Hauptklappen der Fahrwerkschächte wurden nur während des Ein- und Ausfahrens geöffnet.

Der Rumpf der Ju 388 wies einen rechteckigen Querschnitt mit gerundeten Ecken auf. Während der Bug der Ju 388 L und K durch eine vollverglaste Druckkabine gebildet wurde, erhielt die Baureihe J einen soliden Rumpfbug, an dem die Antennen der Funkmeßanlage befestigt waren. Gegen Beschuß von vorne hatte man zwei 5 cm starke Panzerplatten eingebaut.

183

Einbauunter-
suchungen der
FHL 131 Z, die
die Abwehrbe-
waffnung der
Ju 388 J
bilden sollte.

Neben dem Flugzeugführer, dem Funker und dem Funkmeßgeräte-Funker befand sich noch ein vierter Mann an Bord, dessen Aufgabe aus den offiziellen Unterlagen nicht ersichtlich ist. Es wird angenommen, daß dieser im wesentlichen den Luftraum beobachten sollte.

Die Bedienung des Heckstandes, der aus der Lafette FHL 131 Z bestand, oblag dem Funker. Über eine Pedale konnte er wahlweise das obere oder untere Periskop einschalten. Die beiden übereinander angeordneten MG 131 verfügten über einen Munitionsvorrat von 200 Schuß je Waffe. Die FHL 131 Z ließ sich 60° seitlich und 45° nach oben und unten schwenken. Es zeigte sich, daß der Fernantrieb FA 15 auch bei der Ju 388 nicht einwandfrei funktionierte. Beim Schwenken der Waffen in den Luftstrom traten sehr große Kräfte auf, die dazu führten, daß die Bewegung der Lafette nicht mehr mit dem Periskop übereinstimmte und so ein einwandfreies Zielen unmöglich war.

Bei der Ju 388 V2 bestand die Angriffsbewaffnung aus zwei MK 103 in einer Wanne unter dem Rumpf sowie aus zwei MG 151/20, die als Schrägwaffen im hinteren Rumpf eingebaut waren.

Im Rumpfheck befand sich neben den Munitionskästen und dem Antrieb der FHL 131 Z der Kraftstoffschnellablaß für die Rumpfbehälter, die Beheizung des Höhenleitwerkes und das schwenkbare Spornrad, das

nach hinten oben eingefahren wurde und über einen Reifen der Größe 560 x 200 mm verfügte.

Die Ruder des in zweiholmiger Bauweise erstellten Höhen- und Seitenleitwerkes waren ausgeglichen. Während die Höhenruder mit einem kombinierten Hilfs/Trimm-Ruder ausgestattet waren, erhielt das Seitenruder getrennte Hilfs- und Trimmruder. Mittels einer hydraulischen Steuerung konnte ein negativer Anstellwinkel der Höhenflosse eingestellt werden.

Als Nachtjäger verfügte die Ju 388 V2 über eine Vielzahl von Funk- und Funkmeßgeräten, zu denen unter anderem das FuG 220 »Lichtenstein SN 2«, das FuG 350 »Naxos«, das FuG 217 R »Neptun II R«, das FuG 10 P und die FuG 25a und FuG 16z gehörten. Ferner stand dem Flugzeugführer die Patin-Kurssteuerung PKS 11 zur Verfügung.

Es kann als gesichert gelten, daß neben der V2 noch die Nachtjagd-Versuchsmuster V4 und V5 gefertigt wurden oder sich in Fertigstellung befanden. Gegenüber der V2 wurde auf die ohnehin nicht voll funktionstüchtige Abwehrbewaffnung verzichtet. Es war vorgesehen, die großen Antennen des »Lichtenstein SN 2« durch die neuen »Morgenstern«-Antennen zu ersetzen, so daß diese nur wenige Zentimeter aus einem neugestalteten, spitz zulaufenden Rumpfbug herausragten.

Die Schrägwaffen hatte man nicht mehr nebeneinander, sondern gestaffelt angeordnet. Triebwerkseitig war der Einbau des BMW 801 TJ-1 vorgesehen.

Verschiedenen Quellen zufolge wurden von den verschiedenen Ju-388-Baureihen 60 bis 120 Exemplare gefertigt, wobei es sich im wesentlichen um die Aufklärer-Ausführung L gehandelt haben soll.

Angesichts der Tatsache, daß der BMW 801 TJ-0 nur in ganz geringen Stückzahlen zur Verfügung stand, erscheint die Zahl von 120 Flugzeugen sehr hochgegriffen. Folgt man den bekanntgewordenen Werk-Nummern, dürfte die Zahl 70 der Wahrheit am nächsten kommen.

Während noch einige Ju 388 L im Juli 1944 beim Ekdo 388 eintrafen und erprobt wurden, fiel die Bomberausführung Ju 388 K dem »Jägernot-Programm« zum Opfer, und auch die Ju 388 J kam nicht über das Versuchsstadium hinaus; dabei hatte Junkers verschiedene Ausführungen entwickelt, die wahlweise als Zerstörer oder Nachtjäger ausgerüstet werden konnten. Im einzelnen handelte es sich um die Baureihen:

Ju 388 V2.
Die einzige
bisher bekannte
Ganzaufnahme
des zweiten
Versuchsmusters.

J-1 mit BMW 801 TJ oder BMW 801 G,
J-2 mit Jumo 222 A/B,
J-3 mit Jumo 213 D oder E.

Die Bewaffnung der Tagjäger sollte aus zwei MK 103 und zwei MG 151/20 bestehen. Auch für die Nachtjäger war eine Bestückung mit diesen Waffen vorgesehen, die jedoch durch zwei MK 108 als Schrägwaffen verstärkt wurde.

Keine dieser Ausführungen konnte verwirklicht werden. Die Engpässe auf dem Triebwerksektor und die ab Mitte 1944 durchgeführten schweren Luftangriffe auf die Flugzeugindustrie machten den Großserienbau der Ju 388 unmöglich.

Das Flugzeug, vom dem sich Erhard Milch so viel versprochen hatte, kam zu spät, um noch in das Kriegsgeschehen eingreifen zu können.

Als die Alliierten deutschen Boden betraten, fielen ihnen auch zwei intakte Exemplare der Ju 388 in die Hände. Neben der bereits erwähnten Ju 388 V6, die nach Großbritannien verbracht wurde, dort das Kennzeichen AM 83 (AM für Air Ministry) erhielt und später verschrottet wurde, war es noch eine Ju 388 L-1 mit der Werk-Nr. 560049. Das Flugzeug, das die Amerikaner bei ATG in Merseburg erbeuteten, trug anfänglich

die Beute-Kennung FE-4010 und dann T2-4010. Die Ju 388 befindet sich heute im zerlegten Zustand in Silver Hill, dem Außenlager des amerikanischen National Air and Space Museum.

Berichten zufolge soll eine Ju 388 ihren Weg in die UdSSR gefunden haben, um dort als Schleppflugzeug für Segler zu dienen.

Abschließend sei noch erwähnt, daß Junkers plante, die Ju 388 als Erprobungsträger für verbesserte Baureihen des Strahltriebwerkes Jumo 004 sowie dessen Nachfolger Jumo 012 einzusetzen.

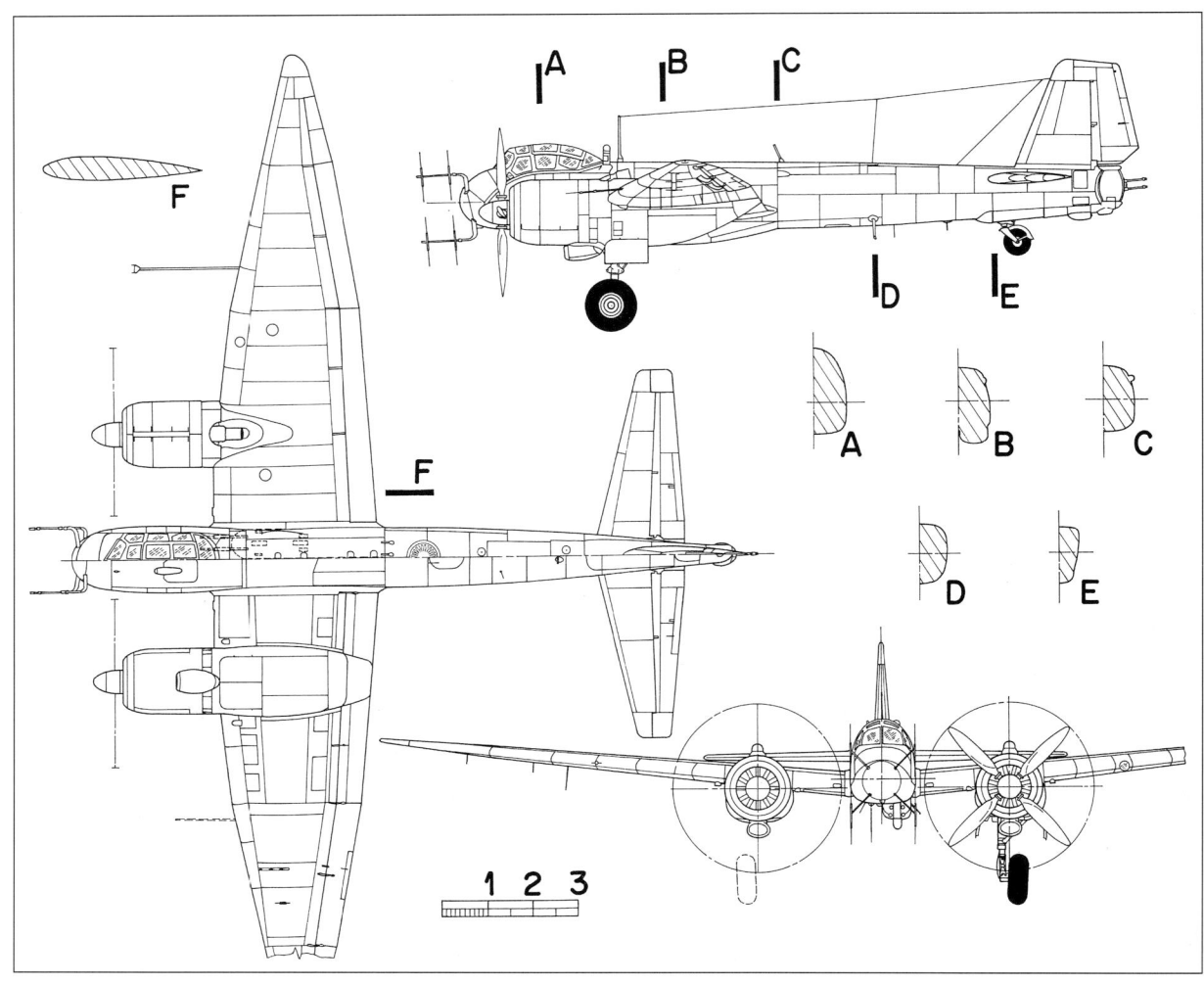

Technische Daten:

	Ju 388 J-1
Triebwerk	2 BMW 801 TJ
	2 x 1810 PS (2 x 1330 kW)
Spannweite	22,00 m
Länge	15,20 m
Höhe	4,35 m
Flügelfläche	56,00 m²
Rüstmasse	10.000 kg
Startmasse	13.960 kg
Flächenbelastung	249 kg/m²
Höchstgeschw.	400 km/h auf NN
	585 km/h in 12.200 m
Steigleistung	6,50 m/s
Reichweite	2500 km
Dienstgipfelhöhe	13.000 m

Dornier Do 335:
Der ultimative Zerstörer

1910 trat Claude Dornier in den Zeppelin-Luftschiff-bau ein. Nachdem er zunächst im Luftschiffbau tätig war, übernahm er 1914 die Leitung der in Seemoos am Bodensee gelegenen Werft, um sich dem Bau von Großflugzeugen zu widmen. In den folgenden Jahren entstand eine Reihe von außergewöhnlichen Flugbooten. Neben der damals kaum bekannten Metallbauweise wurden die Tandemanordnung der Motoren und die zur Stabilisierung auf dem Wasser benötigten Flossenstummel zu einem Markenzeichen der Dornier-Flugboote*.

Auch nach dem Ersten Weltkrieg setzte Dornier bei seinen Konstruktionen auf die Tandemanordnung der Motoren, wobei dies gleichermaßen für Land- wie Seeflugzeuge galt.

Die Vorteile einer solchen Anordnung liegen zum einen im geringeren Stirnwiderstand, so daß höhere Geschwindigkeiten und Reichweiten erzielt werden können, und zum anderen darin, daß beim Ausfall eines Motors keine asymmetrischen Effekte auftreten.

Es verwundert daher nicht, daß Claude Dornier 1937 ein Patent für ein zweimotoriges Kampfflugzeug anmeldete, das die Summe aller bisher gewonnenen Erfahrungen mit Tandemmotoren darstellte. Neu war bei dem vom Reichspatentamt unter der Nummer 728 044 registrierten Patent, daß die Motoren nicht mehr unmittelbar hintereinander angeordnet, sondern durch die Kabine des Flugzeugführers und durch Kraftstoffbehälter getrennt waren. Die dem Patent beigefügte Skizze zeigte bereits die Grundzüge der späteren Do 335. Zu den Auffälligkeiten des vorgeschlagenen Entwurfs gehörten das kreuzförmige Leitwerk, der veränderbare Einstellwinkel des Tragflügels und der Antrieb der auf Druck arbeitenden Luftschraube am Heck der Maschine. Anstelle einer direkten Übertragung der Motorkraft dachte Dornier an den Einbau einer Fernwelle, wodurch sich das Heck der Maschine schlanker gestalten ließ. Erste Erfahrungen mit Fernwellen hatte Dornier zu diesem Zeitpunkt beim Bau der Flugboote

Vgl. Hans-Jürgen Becker: Wasserflugzeuge – Flugboote, Amphibien, Schwimmerflugzeuge, erschienen in der Reihe Die deutsche Luftfahrt, Band 21, Verlag Bernard & Graefe, Bonn, 1. Auflage 1994.

Do 14, Do 18 und Do 26 sammeln können. Dennoch reichte dies nicht aus, so daß die in Göppingen ansässige Firma Schempp-Hirth beauftragt wurde, einen kleinen, preiswerten Versuchsträger zu konstruieren, der die Betriebssicherheit einer Fernwelle unter Beweis stellen sollte.

Die Konstruktion des als »Gö 9« bezeichneten Versuchsträgers wurde – entgegen immer wieder aufgestellten Behauptungen – nicht Ulrich Hütter, sondern seinem Bruder Wolfgang übertragen. Um schnell und ohne allzugroßen Aufwand zu einem Ergebnis zu kommen, wählte er als Basis für seinen Entwurf die Dornier Do 17, die er im Maßstab 1:2,5 verkleinerte und mit einem Bugfahrwerk sowie einem Kreuzleitwerk ausstattete. Nach einer Reihe von Standläufen konnte das von einem luftgekühlten Vier-Zylinder-Reihenmotor Hirth HM 60 R, der bis zu 80 PS (59 kW) leistete, angetriebene Flugzeug 1940 in die Flugerprobung gehen. Zunächst wurde das Muster von einer Do 17 auf Höhe geschleppt, doch schon bald erfolgten Starts mit eigenem Antrieb. Im Rahmen der Versuche zeigte sich, daß der Fernantrieb der hölzernen Vierblatt-Luftschraube einwandfrei arbeitete. Die Vorteile, die ein Druckpropeller bietet, traten bei der Gö 9 deutlich zutage: bei dieser Bauweise kann der Luftschraubenstrahl ungestört nach hinten abfließen, und die vom Rumpf und den Tragflächen ausgehenden Störeffekte sind vollständig ausgeschaltet, so daß sich eine höhere Geschwindigkeit erzielen läßt. Mit dem schwachen 80 PS Motor erreichte der Erprobungsträger immerhin bis zu 220 km/h.

Neben der Triebwerkanlage und dem Kreuzleitwerk stellte das Bugrad eine weitere wichtige Neuerung dar. Dornier hatte mit Bugfahrwerken ebenso wie fast alle deutschen Firmen noch keine Erfahrungen sammeln können. Ein entsprechender Versuchsträger entstand erst durch den Umbau der Do 17 Z V1, die später auch in die Bugraderprobung der Do 335 eingespannt wurde.

Ermutigt durch die Ergebnisse der Flugversuche mit der Gö 9 begann man bei Dornier mit der Ausarbeitung erster Entwürfe, wobei die Einsatzaufgabe »Schnellbomber« im Vordergrund stand. Zu diesem Zeitpunkt lag allerdings noch kein offizieller Auftrag für ein solches Flugzeug vor. Erst durch einen 1942 ausgeschriebenen Schnellbomber-Wettbewerb, an dem noch Arado und Junkers teilnahmen, bekam das ursprüngliche Projekt P.59 neuen Auftrieb.

Aufgrund der klar definierten Aufgabenstellung, die eine Höchstgeschwindigkeit von 800 km/h und eine

Erprobungsträger
Gö 9.

Bombenlast von 500 kg beinhaltete, entstand der Entwurf P.231, der sich durch eine sehr gelungene Formgebung auszeichnete. Rechnerisch wurde von dem zweimotorigen Muster eine maximale Bombenlast von 1000 kg sowie eine Höchstgeschwindigkeit von mehr als 750 km/h erwartet.

Antriebseitig wurden folgende Varianten ausgearbeitet:

P.231/1 mit zwei DB 605 E
P.231/2 mit zwei DB 603 G
P.231/3 mit neuem Tragflügel und einem Mischantrieb, der aus einem DB 603 und einem Jumo 004 bestand.

Wie so oft zuvor, gab es auch bei der Schnellbomber-Ausschreibung keine einhellige Meinung innerhalb des RLM. Die P.231 wurde zwar sehr gut beurteilt, jedoch erteilte das Amt keinen Bauauftrag. Erst unter dem Eindruck schwerer militärischer Niederlagen und zunehmender alliierter Luftangriffe entschloß sich das RLM, grünes Licht für eine Weiterentwicklung zu geben, wobei nun der Einsatzzweck »Jagdflugzeug-Jagdbomber« im Vordergrund stand. Diese Änderung machte eine Überarbeitung des Entwurfs erforderlich. Aus diesem Grund, aber auch weil die RLM-Nummer 8-231 inzwischen an Arado vergeben worden war, erhielt das Dornier-Flugzeug die Kennung Do 335. Die zum Jahreswechsel 1942/43 anlaufenden Arbeiten machten rasche Fortschritte, so daß das erste Versuchsmuster, die Do 335 V1, CP+UA, bereits am 26. Oktober 1943 vom Flugplatz Mengen aus zum Erst-

Front- und Heckansicht der Do 335 zeigen die wesentlichen Vorteile der Tandemanordnung der Motoren auf: geringerer Stirnwiderstand, kurze Spannweite.

flug starten konnte. Hinter der Steuersäule saß Flugkapitän Hans Dieterle, der 1939 als Heinkel-Versuchspilot mit der He 100 einen Weltgeschwindigkeitsrekord von 746,606 km/h aufgestellt hatte und später zu Dornier wechselte. Dieterle fühlte sich, wie er in seinem Flugbericht festhielt, »gleich wohl auf dem Flugzeug«. Ferner attestierte er der Do 335, daß keine unangenehmen Eigenschaften oder Eigenarten festgestellt wurden. Insbesondere hob er den Einmotorenflug hervor, der sich wesentlich besser meistern ließ, als dies bei konventionellen Zweimotoren der Fall war. Daß, wie bei neuen Mustern üblich, noch nicht alles restlos in Ordnung war, zeigen Dieterles Anmerkungen zur Steuerung. Hier heißt es wörtlich »Steuerbarkeit im großen und ganzen brauchbar, im Querruder ist wahrscheinlich eine Änderung nötig, die größere Kraftentlastung bringt. Stabilität um die Querachse zu schwach, um die Hochachse stark ausgeprägt«. Auch leistungsmäßig konnte die Do 335 während des Jungfernfluges überzeugen. Dieterle erreichte eine Flughöhe von 8000 m in 14,5 Minuten und eine Höchstgeschwindigkeit von 650 km/h.

Wie aus dem Erstflug-Bericht hervorgeht, zeigte die Do 335 keine wesentlichen Kinderkrankheiten, dennoch war klar, daß das unkonventionelle Hochleistungsflugzeug nicht sofort in den Serienbau gehen konnte und zunächst weitere Versuche erforderlich waren. Das RLM bestellte daher vierzehn V-Muster, zehn Nullserien- und elf A-1-Serienflugzeuge. Die neuartige durch Bugrad und Kreuzleitwerk bedingte Starttechnik erforderte nach Ansicht des Amtes außerdem den Bau von drei zweisitzigen Schulflugzeugen der Baurei-

hen A-10 und A-12. In der Tat benötigte die Do 335 eine lange Startstrecke, die je nach Abflugmasse, Außentemperatur und Höhenlage des Flugfeldes ohne weiteres bei 1800 m liegen konnte.

Es fällt auf, daß bereits zu Beginn der Flugerprobung mit zahlreichen Varianten der Baureihe A gerechnet wird. Außerdem plant man schon eine B-Serie und die neue Do 435! Nachdem durch die unentschlossene Haltung des RLM zur P.231 bereits kostbare Zeit verstrichen war, verzettelte man sich nun in der Entwicklung zahlreicher Unterversionen. Bevor diese im Einzelnen vorgestellt werden, wollen wir die Konstruktion der Do-335-A-Baureihe näher betrachten.

Bei der Dornier Do 335 handelt es sich um einen zweimotorigen, freitragenden Tiefdecker. Der trapezförmige Tragflügel verfügt über einen kräftigen Kastenholm, eine verdrehsteife Nase und einen Hilfsholm.

Do 335 V1. Kennzeichen des ersten Versuchsmusters war der Kinnkühler.

*Die Lande-
klappen sind
voll ausgefahren,
das Kabinendach
ist geöffnet.*

befindet sich die großflächige Landeklappe, die für
den Start auf 30° und für die Landung auf 50° ausgefahren wird.

Der unter dem Rumpf befindliche Bombenschacht
läßt es nicht zu, daß der Flügelholm durch den Rumpf
geführt wird. Die beiden Tragflächen sind daher an
einem kräftigen Rumpfspant befestigt.

Das Hauptfahrwerk wird vollständig im Tragflügel
untergebracht und durch Klappen abgedeckt. Die 101
x 38 cm großen Haupträder können einzeln gebremst
werden. Das Ein- und Ausfahren erfolgt hydraulisch,
wobei der jeweilige Vorgang 15 beziehungsweise 20
Sekunden dauert. Im Notfall kann das Fahrwerk mit
Preßluft ausgeschwenkt werden. Der Radstand von
5,58 m verleiht dem Flugzeug ein stabiles Rollverhal-
ten bei Start und Landung.

Das Bugrad, dessen Größe 68 x 25 cm beträgt, ist
schwenkbar, es fährt nach hinten in die Rumpfunterseite ein und dreht sich dabei um 90 Grad, so daß es
flach unter dem Kabinenboden liegt.

Der Rumpf der Do 335 ist in Schalenbauweise mit
24 Spanten erstellt, wobei die vielen großen Rumpf-
ausschnitte, die unter anderem für den Triebwerkeinbau
erforderlich sind, gewisse Probleme bereiten.

Im Rumpfbug befindet sich der flüssigkeitsgekühlte
DB 603 A-1 mit Ringkühler und einer Startleistung von
1750 PS (1286 kW), er treibt eine dreiflügelige VDM-
Verstellschraube mit einem Durchmesser von 3,50 m
an. Die Luftschraube ist als Bremsschraube ausgelegt,
wodurch sich die Landerollstrecke von durchschnittlich

Die Randbögen sind abnehmbar. Der Trapezflügel
weist eine Fläche von 38,5 m² auf, die Nasenpfeilung
beträgt 13 Grad. Die Flügelvorderkanten werden mittels Triebwerkzapfluft eisfrei gehalten. Zwischen der
Tragflächenvorderkante und dem Kastenholm sind
zwei Flügelnasen-Behälter für je 310 Liter Kraftstoff
angeordnet. In der linken Flügelvorderkante befinden
sich zwei Landescheinwerfer. An der Flügelhinterkante
ist außen ein Querruder, das auch als Landehilfe
dient, angeordnet. Zwischen Querruder und Rumpf

*Wegen der vielen
Ausschnitte
bereiteten die
Fertigung, aber
auch die Festig-
keit des Rumpfes
einige Schwierig-
keiten.*

Bild oben
Große Abdeckbleche machen den Frontmotor leicht zugänglich.

Bild unten
Landtransport der V1.

750 m um 25 Prozent reduzieren läßt. Dem Motor folgt der Führerraum, der durch ein Brandschott von der Triebwerkanlage getrennt ist. Der Flugzeugführer sitzt unter einer abwerfbaren Kabinenhaube, die zum Ein- und Ausstieg nach hinten geschoben wird. In der linken Flügelwurzel befindet sich eine Einstiegleiter, die sich über eine Handkurbel ein- und ausfahren läßt.

Der am Heck des Flugzeuges befindliche Propeller stellte für den Flugzeugführer im Falle des Notausstieges eine große Gefahr dar. Bei Dornier hatte man sich diesbezüglich viele Gedanken gemacht. Letztlich wurde das Flugzeug so ausgelegt, daß der Heckpropeller und das obere Seitenleitwerk abgesprengt werden konnten. Außerdem sollte der Flugzeugführer die Maschine per Schleudersitz verlassen. Falls aus irgendwelchen Gründen das Absprengen der Luftschraube oder des Leitwerkes nicht funktionierte, hätte der Flugzeugführer die Preßluftleistung des Schleudersitzes von 80 auf 120 atü erhöhen können, wodurch sich eine andere Kurvenbahn des Sitzes ergeben hätte. Allerdings war in einem solchen Fall die Belastung des Flugzeugführers mit 26 bis 28 g extrem hoch. Auch die untere Seitenflosse ließ sich bei Bauchlandungen absprengen, um so die Gefahr des Überschlagens zu mindern. Das Absprengen erfolgte durch eine Sprengladung, die elektrisch gezündet wurde und in der hohlen, zirka 3 m langen Luftschraubenwelle untergebracht war. Der Raum unter der Kabine diente zur Unterbringung des Bugfahrwerkes. Der Kabine folgten zwei ungeschützte Schmierstoffbehälter mit einem Fassungsvermögen von je 120 Litern und der große Rumpf-Kraftstoffbehälter mit einem Volumen von 1230 Litern. Zusammen mit den Nasenbehältern ergab sich somit ein Kraftstoffvorrat von 1850 Litern. Die Kraftstoffentnahme erfolgte ausschließlich aus dem Hauptbehälter.

An den Haupttank schloß sich der hintere Motorraum an, wobei beide Räume durch ein Brandschott getrennt waren. Der DB-603-A-1-Heckmotor wird über einen an der Rumpfunterseite angebrachten Tunnelkühler gekühlt. Der Luftaustritt ist an den Rumpfseiten angeordnet. Der Antrieb des dreiblätterigen VDM-Heckpropellers, dessen Durchmesser 3,30 m betrug, erfolgte über eine Fernwelle. Während sich der Ladereintritt des Bugmotors links befand, war er beim Heckmotor rechts angeordnet.

Das kreuzförmige Leitwerk ließ sich abnehmen. Die Ruder waren gewichtlich und aerodynamisch ausgeglichen. Die Höhenflosse war fest auf einen Einstell-

winkel von +2° eingestellt. Da Bodenberührungen der unteren Seitenflosse bei Start und Landung nicht auszuschließen waren, wies die Seitenflosse einen Stoßfänger auf.

Die Funkanlage entsprach dem Standard: es waren die Geräte FuG 16 Z(Y), FuG 125 »Hermine« und FuG 25a »Zwilling« sowie der Höhenmesser FuG 101 A eingebaut.

Für die Stromerzeugung standen zwei 2000-Watt-Generatoren zur Verfügung.

Die Waffenanlage bestand aus zwei durch den Luftschraubenkreis feuernde MG 151, die oberhalb des Bugmotors angeordnet waren und deren Munitionsvorrat jeweils 200 Schuß betrug. Ferner verfügte das Flugzeug über eine Motorkanone vom Typ MK 103 mit 70 Schuß. Als Visier diente ein Revi 16B oder ein Revi C12/D.

Unter dem Rumpf-Kraftstoffbehälter befand sich der Bombenschacht. Hier konnten folgende Abwurflasten mitgeführt werden:

8 x SC 50 oder SC 70,
2 x SC 250,
1 x SC 500 C oder SC 500 J oder SC 500 K,
2 x AB 250,
1 x AB 500.

Zuletzt sei das Drucköölnetz erwähnt, das über sechs Arbeitskreise das Fahrwerk, die Landeklappen, die Bombenschachtklappen, die Kühlerklappen, die Steuerungsumschaltung und die Fahrwerkbremsen betätigte.

Zurück zur weiteren Erprobung der Do 335. Sie zeigte, daß das Abkippverhalten verbesserungswürdig war. Durch das Anfügen einer etwa 1 m langen, scharfkantigen Flügelnase im Bereich der Flügelwurzel kündigte sich nun das Abreißen der Flügelströmung frühzeitig an.

Zu Beginn der Flugerprobung bestand die Sorge, das bedingt durch die Massenkonzentration im Rumpf des Flugzeuges extreme Trägheitsverhältnisse vorlägen, die dazu führen könnten, daß sich die Do 335 nicht mehr aus dem Trudelzustand zurückführen ließe. Aus diesem Grunde wurden kleine Bremsschirme an den Flügelenden eingebaut, mit deren Hilfe eine mögliche Drehung um die Hochachse beendet werden sollte. Die Flugversuche zeigten jedoch, daß gerade durch die Massenkonzentration im Rumpf das Gegenteil bewirkt wurde: die Do 335 ließ sich erst gar nicht

zum Trudeln bringen, sie ging bei extremen Flugzuständen lediglich in einen Kurvenflug über, wobei sie steuerbar blieb.

Ab dem 31. Dezember 1943 konnte mit der Do 335 V2 ein weiteres Versuchsflugzeug in die Erprobung einbezogen werden. Auch diesmal war es Heiner Ditterle, der den Erstflug durchführte. Gegenüber der V1 gab es einige Änderungen, sie betrafen den Ölkühler, die Abdeckung des Hauptfahrwerkes und das Kabinendach.

Der anfänglich eingebaute kinnförmige Ölkühler wurde nun in den Ringkühler integriert und die einteilige Abdeckung des Hauptfahrwerkes durch eine zweiteilige ersetzt.

Die nach links zu öffnende Kabinenhaube wurde gegen eine Schiebehaube ausgetauscht, wobei die Seitenfenster tropfenförmige Ausbuchtungen erhielten, so daß Platz für Rückspiegel geschaffen wurde.

Die neue Kabinenhaube sollte Flugbaumeister Altrogge, der neben den Flugkapitänen Dieterle und Quenzler die weitere Flugerprobung der Do 335 durchführte, zum Verhängnis werden. Eine Motorüberhitzung des Hecktriebwerkes mit anschließendem Motorbrand führte Mitte April 1944 zum Absturz der V2. Altrogge warf noch das Kabinendach ab, stieg aber nicht mit dem Schleudersitz aus. Wie die Unfalluntersuchung ergab, hatte das Kabinendach den Flugzeugführer getroffen und ihn tödlich verletzt. Als

Do 335 A-07. Das Rufzeichen VG+PN ist noch nicht aufgetragen.

Konsequenz aus dieser Erkenntnis wurde das Kabinendach mit einer Zwangsführung versehen. Die Motorüberhitzung war im übrigen auf das Abreißen von Zündkerzen zurückzuführen, wodurch heiße Verbrennungsgase in den Motorraum gelangen konnten.

Auch die Do 335 V4 wäre beinahe Opfer eines Triebwerkbrandes geworden. Während ihres Jungfernfluges am 9. Juli 1944 kam es zum Brand des Heckmotors, worauf der Flug abgebrochen werden mußte.

Das Flugzeug, das repariert wurde und noch einige Erprobungsflüge absolvieren konnte, diente nicht als Vorstufe für die bereits erwähnte Do 435, sondern als Versuchsträger eines neuen Tragflügels mit Laminar-Profil, einer Spannweite von 18,40 m und einer Flügelfläche von 45,5 m². Als Umrüstsatz U1 sollte diese Tragfläche unter anderem von einigen Flugzeugen der Baureihe Do 335 A-3 übernommen werden. Im Zusammenhang mit der V4 taucht zum erstenmal der Kennbuchstabe M für Musterflugzeug auf, wodurch alle folgenden Versuchsflugzeuge zwei Bezeichnungen, also V5 und M5 trugen und ab dem elften Flugzeug nur noch die M-Kennung erhielten.

Inzwischen hatte die Do 335 ihr hohes Leistungsvermögen auch bei der E-Stelle Rechlin unter Beweis stellen können. Neben der Reichweite, die je nach Flugprofil bei 1700 bis 2230 km lag, war es die Höchstgeschwindigkeit des Musters, die die Flugzeugführer der Erprobungsstelle beeindruckten. Bei den Versuchsflügen wurden bis zu 770 km/h und im Bahnneigungsflug sogar weit über 900 km/h erreicht. Bei einem dieser Bahnneigungsflüge, so berichtete Dieterle nach dem Krieg, löste sich ein Teil der Motorverkleidung, ohne jedoch in den Heckpropeller zu geraten, so daß der Zwischenfall glimpflich verlief.

Ab Mitte 1943 waren durch den Ausbau der Luftabwehr Aufklärungsflüge über Südengland so gut wie unmöglich geworden. Mit der Do 335 bot sich nun die Möglichkeit, ein in der Geschwindigkeit überlegenes Flugzeug zur Erkundung einzusetzen, wobei die im Vergleich zum strahlgetriebenen Aufklärer Arado Ar 234 deutlich höhere Reichweite einen weiteren Pluspunkt darstellte. Nachdem zunächst die Do 335 V1 an den Versuchs-Verband des Oberbefehlshabers der Luftwaffe (O.d.L) abgegeben worden war, wurde auch das dritte Versuchsmuster der Do 335 durch den Einbau von zwei Reihenbildnern im Bombenschacht im Sommer 1944 zum Aufklärer umgerüstet. Die 1. Staffel der Aufklärungsgruppe des O.d.L übernahm die Maschine mit der Kennung T9+ZH. Über Einsätze von V1 und V3 ist nichts bekannt geworden. Nachdem beide Flugzeuge im November 1944 Bruch machten, gab man sie an Dornier zurück.

Wenngleich die Do 335 bereits im Oktober 1943 ihren Erstflug absolviert hatte, war an eine rasche Großserienfertigung nicht zu denken. Zwar wurden Aufträge an Dornier München, Luther und Jordan, Braunschweig und Heinkel, Oranienburg vergeben, jedoch kam der Großserienbau nicht mehr in Gang.

Die Gründe dafür waren vielschichtig. Beim RLM war man sich immer noch nicht im klaren darüber, welche Flugzeugmuster in Zukunft Priorität erhalten sollten. Die Meinungen zu den verschiedenen Flugzeugen waren unterschiedlich, und nicht zuletzt setzten sich die einzelnen Hersteller für den Bau ihrer Maschinen nachhaltig ein, wobei es völlig egal war, ob diese veraltet oder ihren Konkurrenten unterlegen waren. Die Luftoffensive der USAAF und der RAF gegen die deutsche Flugzeugproduktion trug ebenfalls dazu bei, daß das Umschalten auf ein neues Flugzeugmuster nicht so ohne weiteres gelingen konnte.

Trotz vielfältiger Probleme bei der Fertigung blieb man beim Bau der Versuchsmuster in etwa innerhalb des gesteckten Zeitrahmens. Mit der Do 335 V5 brachte Dornier das erste bewaffnete Versuchsflugzeug heraus. Nach einer kurzen Werkerprobung verlegte das Muster nach Tarnewitz zur Untersuchung der Waffenanlage. Die V6 verblieb bei Dornier und diente hier dem Versuchseinbau diverser Ausrüstung. Für Motoreinbauten waren V7 und V8 vorgesehen. Während Junkers den Jumo 213 in die V7 einbauen sollte, erhielt Daimler-Benz die V8, um sie mit dem DB 603 E auszustatten. V9 hingegen diente als Musterflugzeug für die Do 335 A-0.

Während nach und nach ein Versuchsmuster nach dem anderen die Dornier-Werke verließ, konnte ab Mai 1944 mit der Do 335 A-0, VG+PG, Werk-Nr. 240101, das erste Vorserienflugzeug abgeliefert werden. Es sollte jedoch noch bis zum September 1944 dauern, bis der erste Einsatzverband – das Erprobungskommando 335 – mit einer kleinen Anzahl von Flugzeugen ausgerüstet werden konnte. Das Ekdo 335, das hauptsächlich aus Personal des KG 2 gebildet worden war, erstellte im wesentlichen eine für den Dienstgebrauch unerläßliche Bedienungsvorschrift des Flugzeuges, während aus Mangel an Flugzeugen und Treibstoff keine Einsatzerprobung stattfinden konnte.

Im November 1944 folgten den Vorserienmaschinen die ersten Exemplare der Baureihe A-1. Den Hauptunterschied zu den Vorgängern bildete die Triebwerkanlage, die aus zwei DB 603 A-2 bestand. Darüber hinaus ließen sich auch Motoren der Baureihen DB 603 E oder DB 603 L mit 1800 respektive 1825 PS (1323 kW/1341 kW) einbauen.

Bedingt durch militärische Einbauten, aber auch durch eine höhere Masse, die auf strukturelle Verstärkungen zurückzuführen war, sank die Höchstgeschwindigkeit der Do 335 A-1 auf 732 km/h in 8000 m

Die Gegenüberstellung von V1 (oben) und A-07 (unten) zeigt die wesentlichen Unterschiede zwischen dem Versuchsmuster und dem Vorserienflugzeug auf: Kinnkühler, Fahrwerkklappen und Flügelvorderkante.

Do 335 V3.
Das Flugzeug wurde der 1. Staffel der Aufklärungsgruppe des Oberbefehlshabers der Luftwaffe übergeben und mit dem Kennzeichen T9+ZH geflogen.

195

und 580 km/h auf Meereshöhe. Trotz dieser Einbuße war die Do 335 nach wie vor eines der leistungsfähigsten Kolbenmotor-Flugzeuge seiner Zeit. Die hohe Geschwindigkeit erlaubte es, Luftkämpfe je nach Lage zu beginnen oder abzubrechen. Die Steigleistung von bis zu 11,5 m/s war allerdings nicht sonderlich hoch, sie lag vielmehr im Rahmen anderer zweimotoriger Muster der Luftwaffe.

Zwischenzeitlich hatte die Do 335 viele einflußreiche Persönlichkeiten von ihrem Wert überzeugen können. Hitler und einige hochrangige Offiziere der Luftwaffe versprachen sich viel von diesem Flugzeug, das sowohl für die Offensive als auch für die Defensive geeignet war und gegenüber den immer noch störanfälligen Strahlflugzeugen eine Reihe von Vorteilen aufwies.

Dennoch kam die Fertigung der Do 335 nicht in Schwung, statt dessen entstand eine neue Variante nach der anderen.

Zunächst wurde der Bau der Zerstörerausführungen A-2 und A-3 mit verstärkter Bewaffnung erwogen, dann jedoch zugunsten der B-Serie aufgegeben.

Aus dem Umbau einiger A-0 Maschinen sollte der Aufklärer Do 335 A-4 entstehen. Für die unbewaffnete Maschine war der Einbau von zwei Rb-50/30-Reihenbildgeräten im Bombenschacht vorgesehen. Ferner hatte man an die Mitführung von Zusatzbehältern (2 x 300 Liter oder 2 x 900 Liter) gedacht, die die Reichweite auf 1640 km oder 2200 km erhöhten. Ob noch Flugzeuge umgerüstet wurden bleibt im dunkeln. Göring hatte sich gegen den Umbau ausgesprochen, so daß auch der geplante Bau von zehn A-4-Serienflugzeugen nicht mehr erfolgte.

Mit der Do 335 V10 brachte Dornier die erste zweisitzige Ausführung des Zweimotorers heraus. Der zweite Sitz befand sich in erhöhter Position hinter dem Flugzeugführer. Aus Platzgründen mußte der Haupttank um die Hälfte verkleinert werden. Zum Ausgleich wurde ein Kraftstoffbehälter in den Bombenschacht eingebaut.

Der Mangel an leistungsstarken Nacht- und Schlechtwetterjägern führte zu dem Gedanken, die Do 335 für diesen Einsatzzweck herzurichten: kurzerhand wurde die V10 zum Behelfsnachtjäger umgerüstet. Neben dem Anbau von Flammenvernichtern an die Auspuffanlagen wurde das Flugzeug mit dem Suchgerät FuG 217 J-2 »Neptun« ausgestattet, wobei sich die Antennen auf und unter den Tragflächen befanden.

Trotz des inzwischen auf rund 10 Tonnen angestiegenen Fluggewichtes und der widerstandserhöhen-

den Anbauten erreichte die Do 335 V10 Spitzengeschwindigkeiten von fast 690 km/h. Ein hervorragender Wert, der sich bei den Serienflugzeugen noch erhöhen ließ, da der zweite Sitz nicht mehr wie bei einer Schulmaschine aus Sichtgründen exponiert eingebaut werden mußte – beim Nachtjäger konnte der zweite Sitz strömungsgünstig in den Rumpf integriert werden. Zum Bau des Do-335-A-6-Behelfsnachtjägers – der weitgehend der V10 entsprach – kam es daher nicht mehr, man konzentrierte sich voll auf die Do 335 B-6, bei der der Sitz für den Meßfunker durch eine tropfenförmige Verglasung abgedeckt werden sollte.

V11 und V12 stellten ebenfalls zweisitzige Schulflugzeuge dar, sie dienten als Mustermaschinen für die unbewaffnete A-11 und die bewaffnete A-12, wobei die A-11 auf der Do 335 A-0 und die A-12 auf der Do 335 A-1 basierte. Anzumerken ist, daß der Flugschüler in der vorderen Kabine saß, während der Fluglehrer im hinteren Cockpit Platz nahm.

Mit zwei MG 151/15 und einem MK 103 war die Do 335 keineswegs, wie so oft behauptet wird, ein schwerbewaffnetes Flugzeug; man muß vielmehr feststellen, daß die Bewaffnung im Vergleich zu anderen zweimotorigen Jägern und Zerstörern eher schwach war. Aus diesem Grunde begann Dornier mit der Entwicklung der Baureihe Do 335 B. Als Musterflugzeuge für diese Zerstörer-Ausführung dienten die V13 und V14, die um die Jahreswende 1944/45 entstanden sind. Bei diesen Flugzeugen wurden die beiden Rumpf-MG durch zwei MG 151/20 ersetzt. Darüber hinaus erhielt die V13 zwei zusätzliche MK 103, die in die Flügelnasen eingebaut wurden und am Luftschraubenkreis vorbeifeuerten. Durch diesen Um-

Do 335 M11:
Musterflugzeug für ein zweisitziges Schulflugzeug.

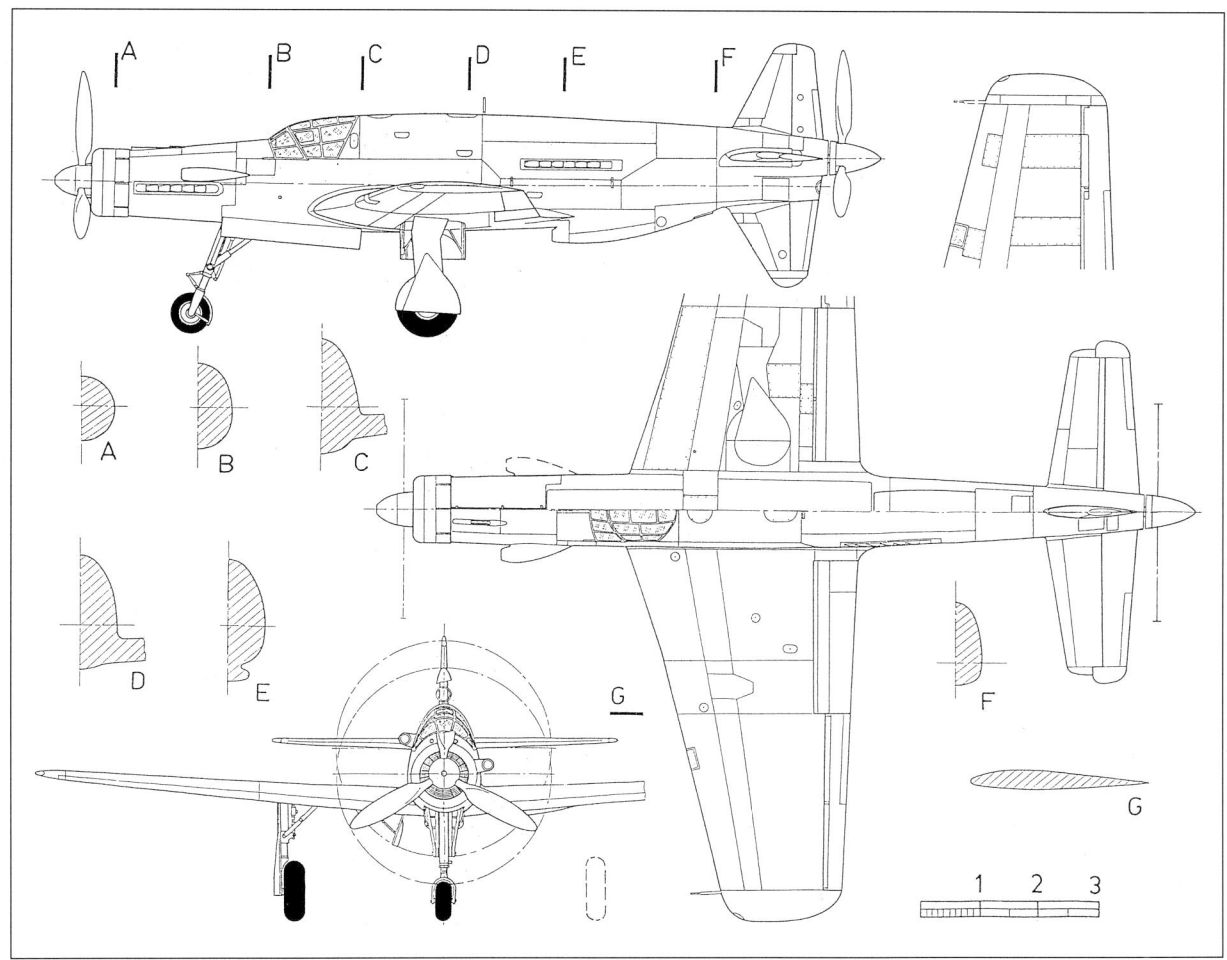

bau entfielen die Nasentanks. Als Ausgleich dafür
wurden Flügeltanks installiert, und außerdem bestand
die Möglichkeit, im Bombenschacht einen Kraftstoff-
Zusatzbehälter mitzuführen.

Mit der Do 335 V17 konnte noch der Prototyp des
zweisitzigen Nachtjägers Do 335 B-6 herausgebracht,
jedoch nicht mehr komplettiert werden. Das von
französischen Truppen erbeutete Flugzeug wurde
zusammen mit deutschen Experten nach Frankreich
verbracht, wo es flugfähig hergerichtet wurde.
Anstelle der von Dornier geplanten tropfenförmigen
Verglasung für den Meßfunker erhielt das Flugzeug
allerdings nur ein kleines Dachfenster, das zugleich
als Einstieg für den zweiten Mann diente.

Von der Baureihe B existierten planungsmäßig
folgende Ausführungen:

B-1: schwerer Tagjäger und Zerstörer,
2 MG 151/20 und 1 MK 103

B-2: schwerer Tagjäger und Zerstörer,
2 MG 151/20 und 3 MK 103

B-3: schwerer Tagjäger und Zerstörer,
2 DB 603 LA mit 2-Stufen-Lader
und 2250 PS (1654 kW) Startleistung

B-4: Höhenjäger auf Basis der B-3,
Spannweite 18,4 m

B-5: Schulflugzeug-Ausführung der B-4

B-6: zweisitziger Nacht- und Allwetterjäger,
ähnlich B-1, jedoch DB 603 E-1

B-7: entspricht der B-6 jedoch DB 603 LA

B-8: entspricht der B-7 jedoch Tragflügel der B-4

197

*Do 335 M13.
Das Musterflug-
zeug für die
Zerstörerbau-
reihe B wurde
mit zwei MK 103
in den
Tragflächen
ausgerüstet.*

Die Vielzahl der ausgearbeiteten Entwürfe weist Parallelen zu anderen Flugzeugherstellern auf, die mit einer wahren Flut von Baureihen und Versionen auf jedes Problem eine Antwort geben wollten. Auch Dornier konnte nur einen Bruchteil der Vorschläge verwirklichen. Baureihe B blieb genauso auf der Strecke wie die Do 435 und die Do 635. Trotz dieses Sachverhaltes soll kurz auf Do 435 und Do 635 eingegangen werden.

Bei der Do 435 handelte es sich um einen Entwurf mit Mischantrieb, denn im Bug sollte ein DB 603 und im Heck ein Heinkel HeS-011-Strahltriebwerk eingebaut werden. Eine Attrappe dieses Mehrzweckkampfflugzeuges befand sich bei Heinkel im Bau, jedoch mußten aufgrund der Kriegslage die Arbeiten abgebrochen werden.

Aus dem Zusammenbau von zwei Do 335 B Flugzeugen sollte die Do 635 entstehen. Von dem fast 33 Tonnen schweren Flugzeug erwartete man eine Reichweite von 9000 km. Hauptaufgabe der Maschine sollte die Fernaufklärung über See sein. Nachdem der Bau der Langstreckenflugzeuge Ju 290 und Ju 390

aufgrund der Kriegslage eingestellt werden mußte und auch die viermotorige Me 264 V1 nicht über die Erprobungsphase hinaus gekommen war, forderte die Marine mit allem Nachdruck ein neues leistungsstarkes Aufklärungsflugzeug für den wirkungsvollen Einsatz der neuen U-Boote des Typs XXI.

Da das Dornier Konstruktionsbüro mit der Do 335 voll ausgelastet war – wir erinnern uns an die zahlreichen vorgenannten Versionen – wurde der Firma Junkers im Herbst 1944 vom RLM ein entsprechender Entwicklungsauftrag erteilt. Wenngleich der nun als Ju 635 bezeichnete Aufklärer noch eine Reihe von Gemeinsamkeiten mit der Do 335 aufweist, so handelt es sich doch um einen weitgehend eigenständigen Entwurf, der sich unter anderem durch einen vollständig neuen Tragflügel vom Basismuster unterschied und für eine dreiköpfige Besatzung konzipiert worden war. Während im linken Rumpf zwei Mann unter einer Vollsichthaube plaziert werden sollten, war das dritte Besatzungsmitglied im rechten Rumpf im Do-335-Standard-Cockpit untergebracht.

Triebwerkseitig setzten die Konstrukteure auf den alten, jedoch verfügbaren und zuverlässigen DB 601 E, der zwar nur 1350 PS (990 kW) leistete, jedoch standen insgesamt 5400 PS (3960 kW) zur Verfügung, genug um mehr als 700 km/h zu erreichen.

Die Planung sah zunächst den Bau von 4 V-Mustern vor. Das erste Exemplar sollte ab Mai 1945 in die Erprobung gehen. Der monatliche Ausstoß an Ju 635 wurde mit fünf Flugzeugen festgelegt. Um die Zeit bis zur Verfügbarkeit der Maschine zu überbrücken, dachte man an den Bau einer Zwischenlösung. Hierbei handelte es sich um Do 335 Flugzeuge mit vergrößerter Tragfläche und Zusatztanks, doch auch dieser Plan ließ sich nicht mehr in die Tat umsetzen.

Nach dem Krieg zeigten sich die Alliierten von der Do 335 fast genauso fasziniert und begeistert wie von den deutschen Strahlflugzeugen. Von den rund 40 bis Kriegsende fertiggestellten Flugzeugen konnten einige von den Alliierten erbeutet werden. Im einzelnen sind folgende Maschinen bekannt:

Werk-Nr. ?, Do 335 A-1

Das unbemalte Flugzeug fiel US-Truppen in Oberpfaffenhofen in die Hände; es wurde schon bald an Großbritannien abgegeben und erhielt vom Air Ministry (AM) die Kennung AM 225. Auf dem in Etappen angelegten Überführungsflug nach Großbritannien ab-

*Details der MK-
103-Flügelwaffen.*

solvierte die Maschine am 13. Dezember 1945 in Merville eine Notlandung mit eingezogenem Bugfahrwerk, dabei nahm das Flugzeug Schaden und wurde nicht mehr repariert.

Werk-Nr. 240101, Do 335 A-01

Die Spur dieses in Oberpfaffenhofen aufgefundenen Flugzeuges, das mit der HMS *Reaper* in die USA verbracht wurde, verliert sich am 15. August 1946 auf dem Freeman Field.

Werk-Nr. 240102, Do 335 A-02

Dieses Vorserienflugzeug geriet ebenfalls in Oberpfaffenhofen in amerikanischen Besitz. An Bord der HMS *Reaper* wurde es in die USA verschifft und nach einigen Umwegen 1961 dem Smithsonian Institute übergeben. 1974 kehrte die Maschine auf dem Luftweg nach Deutschland zurück, um bei Dornier vollständig restauriert zu werden. Das einmalige Schmuckstück verblieb als Leihgabe von 1980 bis 1989 beim Deutschen Museum in München. Heute gehört die Do 335 zu den Anziehungspunkten des National Air and Space Museum in Washington.

Werk-Nr. 240112, Do 335 A-12

Das Schulflugzeug wurde von US-Truppen in Oberpfaffenhofen erbeutet, anschließend den Briten übergeben und mit der Air Ministry No. AM 223 registriert. Nachdem das Flugzeug auf dem Luftwege nach Großbritannien überführt worden war, stürzte es am 18. Januar 1946 infolge Brand des Heckmotors ab, wobei der britische Flugzeugführer ums Leben kam.

Werk-Nr. 230014, Do 335 V14

Die Franzosen übernahmen dieses Musterflugzeug der B-Serie und erprobten es bis zum Januar 1948, wobei eine Gesamtflugzeit von 9 Stunden und 30 Minuten erreicht wurde.

Werk-Nr. 240313, Do 335 V17

Auch dieses zweisitzige Flugzeug, das als B-6-Musterflugzeug fungierte, wurde von den Franzosen in Besitz genommen und erprobt. Nach einem Landeunfall wurde es verschrottet.

Die von den Amerikanern erbeutete und später von Dornier vorbildlich restaurierte Werk-Nr. 240102.

Insgesamt gesehen beurteilten die amerikanischen, britischen und französischen Flugzeugführer die Do 335, die bei Dornier den Beinamen »Pfeil« und bei der Truppe den Spitznamen »Ameisenbär« trug, sehr positiv. Es fällt allerdings auf, daß die Kühlung des Heckmotors noch nicht einwandfrei gelöst war – anders sind die bei den Beutemaschinen aufgetretenen Überhitzungen nicht zu erklären.

Zweifellos stellt die Dornier Do 335 einen Höhepunkt in der Entwicklung der schweren Jagdflugzeuge und Zerstörer dar, zugleich markiert die Entwicklung dieses Flugzeuges das Ende des Propellerzeitalters im Jagdflugzeugbau.

Do 335 Versuchs- und Musterflugzeuge
Do 335 V1,
Werk-Nr. 230001, CP+UA,
Erstflug 26. Oktober 1943,
Do 335 V2,
Werk-Nr. 230002, CP+UB,
Erstflug 31. Dezember 1943,
Do 335 V3,
Werk-Nr. 230003, CP+UC,
Erstflug 20. Januar 1944,
Do 335 V4 (M4),
Werk-Nr. 230004, CP+UD,
Erstflug 9. Juli 1944,
Do 335 V5 (M5),
Werk-Nr. 230005, CP+UE,
Erstflug 2. August 1944,
Do 335 V6 (M6),
Werk-Nr. 230006, CP+UF,
Erstflug 23. März 1944,
Do 335 V7 (M7),
Werk-Nr. 230007, CP+UG,
Erstflug 19. Mai 1944,
Do 335 V8 (M8),
Werk-Nr. 230008, CP+UH,
Erstflug 31. Mai 1944,
Do 335 V9 (M9),
Werk-Nr. 230009, CP+UI,
Erstflug 29. Juni 1944,
Do 335 V10 (M10),
Werk-Nr. 230010, CP+UK,
Erstflug 24. Januar 1945,
Do 335 M11
Werk-Nr. 230011, CP+UL,
Erstflug 11. Oktober 1944,

Do 335 M12,
Werk-Nr. 230012, RP+UO,
Erstflug September 1944,
Do 335 M13,
Werk-Nr. 230013, RP+UP,
Erstflug 31. Oktober 1944,
Do 335 M14,
Werk-Nr. 230014, RP+UQ,
Erstflug November 1944.

Die B-Serien Musterflugzeuge mit den Werk-Nrn. 2400311 bis 240320 befanden sich bei Kriegsende in einem unterschiedlichen Fertigungszustand. Das Musterflugzeug M17, Werk-Nr. 240313, wurde erst nach dem Zweiten Weltkrieg in Frankreich endmontiert und flog am 2. April 1947 zum erstenmal.

Die Flugzeuge der Vorserienbaureihe Do 335 A-0
Do 335 A-01,
Werk-Nr. 240101, VG+PG,
Do 335 A-02,
Werk-Nr. 240102, VG+PH,
Do 335 A-03,
Werk-Nr. 240103, VG+PI,
Do 335 A-04,
Werk-Nr. 240104, VG+PK,
Do 335 A-05,
Werk-Nr. 240105, VG+PL,
Do 335 A-06,
Werk-Nr. 240106, VG+PM,
Do 335 A-07,
Werk-Nr. 240107, VG+PN,
Do 335 A-08,
Werk-Nr. 240108, VG+PO,
Do 335 A-09,
Werk-Nr. 240109, VG+PP,
Do 335 A-10,
Werk-Nr. 240110, VG+PQ.

Die Flugzeuge der Baureihe Do 335 A-1 und A-12

Do 335 A-1,
Werk-Nr. 240111, RP+UA,
Umbau zur A-12,

Do 335 A-1,
Werk-Nr. 240112, RP+UB,
Umbau zur A-12,

Do 335 A-1,
Werk-Nr. 240113, RP+UC,

Do 335 A-1,
Werk-Nr. 240114, RP+DU,
Umbau zur A-12,

Do 335 A-1,
Werk-Nr. 240115, RP+UE,

Do 335 A-1,
Werk-Nr. 240116, RP+UF,

Do 335 A-1,
Werk-Nr. 240117, RP+UG,

Do 335 A-1,
Werk-Nr. 240118, RP+UH,

Do 335 A-1,
Werk-Nr. 240119, RP+UI,
Umbau zur A-12,

Do 335 A-1,
Werk-Nr. 240120, RP+UK,
Umbau zur A-12,

Do 335 A-1,
Werk-Nr. 240121, RP+UL,
Umbau zur A-12,

Do 335 A-1,
Werk-Nr. 240122, RP+UM,
Umbau zur A-12,

Do 335 A-1,
Werk-Nr. 240123, RP+UN,
Umbau zur A-12,

Do 335 A-1,
Werk-Nr. 240161, ??

Do 335 A-1,
Werk-Nr. 240161, ??

Do 335 A-1,
Werk-Nr. 240163, ??

Do 335 A-1,
Werk-Nr. 240164, ??

Do 335 A-1,
Werk-Nr. 240165, ??

Die Flugzeuge der Baureihe Do 335 B

Von US-Truppen wurden Bauteile und Baugruppen der im Bau befindlichen Flugzeuge der B-Serie mit den Werk-Nrn. 240241 bis 240249 in Friedrichshafen sichergestellt. Weitere Details sind nicht bekannt.

Technische Daten:

	Do 335 A-1
Triebwerk	2 x DB 603 A
	2 x 1750 PS (2 x 1286 kW)
Spannweite	13,80 m
Länge	13,85 m
Höhe	5,00 m
Flügelfläche	38,50 m^2
Spurweite	5,58 m
Radstand	4,00 m
Leermasse	6530 kg
Abflugmasse	9510 kg
Flächenbelastung	247 kg/m^2
Höchstgeschw.	730 km/h in 7100 m
Reichweite	1700 km bei
	normalem Einsatzprofil
	2250 km bei
	Marschgeschwindigkeit
Dienstgipfelhöhe	11.300 m
Bombenlast	500 kg
Bewaffnung	2 MG 151/15 mit je 200 Schuß
	1 MK 103 mit 70 Schuß

Staffelabzeichen der 7./ZG 26 war der mit einem Regenschirm »bewaffnete« Pinguin. Mit dem Flugzeug, das zum Geleitschutz... Aufnahme entstand Ostern 1941 auf dem Flugplatz Castel-Benito.

polis gehörte, erzielte Unteroffizier Seifert 13 Abschüsse. Die

Anhang

Die Nachtjagd- und Zerstörerverbände der Luftwaffe

Eine lückenlose Darstellung der Nachtjagd- und Zerstörerverbände der Luftwaffe ist aufgrund der wechselvollen Geschichte dieser Einheiten nicht möglich: sie würde bei weitem den Rahmen dieser Publikation sprengen. Als Beispiel für die ständigen Veränderungen, denen die Verbände unterworfen waren, soll die zweite Gruppe des Zerstörergeschwaders 1 dienen. Zunächst als II./JG 135 am 1. Juli 1938 in Bad Aibling aufgestellt und mit Bf 109 ausgerüstet, machte dieser Verband folgende Änderungen durch:

25. 10. 1938 Umbenennung in I./JG 54
04. 11. 1939 Umbenennung in I./JG 333
12. 05. 1939 Umbenennung in II./ZG 1
21. 09. 1939 Umbenennung in JG 101
01. 03. 1940 Umbenennung in II./ZG 1
(Umrüstung auf Bf 110)
31. 07. 1940 Umbenennung in III./ZG 76
26. 05. 1941 Umbenennung in II./SKG 210
04. 01. 1942 Umbenennung in II./ZG 1
24. 07. 1944 Umbenennung in III./JG 76
02. 10. 1944 Umbenennung in IV./JG 53

Der Werdegang der II./ZG 1, bei dem auf die Aufzählung der zahlreichen Liegeplätze verzichtet wurde, zeigt deutlich, daß es im Rahmen dieser Arbeit bei einer Aufzählung der Geschwader, die wie folgt gegliedert sein sollten, bleiben muß:

Geschwader → Geschwaderstab → drei Gruppen → je drei Staffeln → je drei Ketten → je drei Flugzeuge

Die vorgenannten Voraussetzungen trafen jedoch nicht bei allen Nachtjagd- und Zerstörergeschwadern zu. Eine oder zwei Gruppen, manchmal auch nur einige Staffeln, trugen während des Krieges die Bezeichnung Geschwader, ohne diesem Namen in Bezug auf die Anzahl der Flugzeuge und der Besatzungen auch nur annähernd gerecht zu werden.

Die Entwicklung der Zerstörer- und Nachtjagdgeschwader verlief, bedingt durch die im Laufe des Krieges geänderte Luftkriegslage, völlig gegensätzlich. Die Zerstörergeschwader, denen die »Führung« eine so bedeutende Rolle innerhalb der Luftrüstung zugebilligt hatte – an dieser Stelle sei an die Planzahlen der Me 210 erinnert –, verloren immer mehr an Bedeutung, so daß sie ab 1944 rasch aufgelöst und den Tagjagdverbänden zugeführt wurden. Darüber hinaus hatten schon viel früher Zerstörereinheiten den Grundstock für verschiedene Nachtjagdgruppen gebildet, die ab 1941 dringend zur Bekämpfung der britischen Bomberströme benötigt wurden. Neben den Geschwadern gab es im Bereich der Nachtjagd noch eine Reihe von Sonderverbänden wie zum Beispiel die im Juli 1944 aufgestellte NJ-Staffel Finnland, die im November 1944 nach Norwegen verlegte und dann die Bezeichnung NJ-Staffel Norwegen trug. Aus den bereits erwähnten Gründen müssen diese Einheiten ebenso außen vor bleiben wie die Zerstörerschulen 1 und 2 und die Nachtjagdschule 1.

Zerstörergeschwader (ZG)
ZG 1

Das aus zwei Gruppen bestehende Geschwader wurde am 1. April 1935 mit der Aufstellung der I. Gruppe in Jüterbog-Damm ins Leben gerufen, wobei als Keimzellen I./ZG 141 und II./ZG 141 dienten, die ihrerseits aus den Jagdgeschwadern JG 54 und JG 132 hervorgegangen waren.

Die I./ZG 1 diente 1940 als Keimzelle für das NJG 1, so daß es zu einer Neuaufstellung der Gruppe kam. Die Geschicke der II./ZG 1 wurden bereits in der Einleitung ausführlich dargestellt.

ZG 2

Die erste von zwei Gruppen des Geschwaders konnte am 1. April 1936 in Bernburg aufgestellt werden. Die II. Gruppe wurde 1942 dem Nachtjagdgeschwader 5 unterstellt, so daß im März 1942 eine Neuaufstellung erfolgte, die schon bald zur Bezeichnung III./SKG 10 führte, ein Verband, den man Ende 1943 auflöste.

ZG 26 »Horst Wessel«

Zunächst als ZG 142 geführt, entsprach der im Jahre 1938 aufgestellte Verband der normalen Größe eines Geschwaders. Die neue Bezeichnung ZG 26 erhielt der Verband am 1. Mai 1939. I. und II. Gruppe des ZG 26 wurden zur Nachtjagd abkommandiert.

Während die I. Gruppe das Nachtjagdgeschwader 1 verstärkte, führte man die II. Gruppe dem NJG 4 zu. Der Verband wurde daraufhin im April 1942 aufgelöst und im Sommer 1943 nochmals aufgestellt. Die Umbenennung in Jagdgeschwader 6 erfolgte im August 1944.

ZG 52

Der Verband bestand nur aus einer Gruppe, die ihren Standort in Bayreuth hatte. Vor Beginn der Luftschlacht um England war der Verband – Erstbezeichnung ZG 143 – bereits aufgerieben. Er wurde nicht wieder aufgestellt.

ZG 76

Das am 1. Juli 1938 aufgestellte Geschwader hatte seinen ersten Liegeplatz in Jüterbog-Damm bei Berlin. Die erste Gruppe ging aus Teilen der II./ZG 141 hervor, während die zweite Gruppe aus Resten der I./ZG 141 entstand. Auch diese Einheit mußte den gestiegenen Anforderungen der Nachtjagd Tribut zollen und die II. Gruppe an das NJG 3 abgeben. Das Geschwader wurde während des Krieges weitgehend aufgerieben und im August 1943 erneut aufgestellt, wobei eine dritte Gruppe hinzukam.

Nachtjagdgeschwader (NJG)
NJG 1

Die aus Teilen der I./ZG 1 und der IV./ZG 26 gebildete I. Gruppe sowie die aus Besatzungen der IV./(N)JG 2 bestehende II. Gruppe wurden im Juni 1940 aufgestellt. Aus der II. Gruppe entstand am 1. 7. 1940 die III. Gruppe, so daß die II. Gruppe erneut aufgestellt werden mußte, wobei die Zerstörerstaffel des KG 30 die Keimzelle bildete. Bereits im September 1940 erfolgte die Umbenennung der II. Gruppe in I./NJG 2, worauf es zur dritten Aufstellung der Gruppe kam. Diesmal war es die I./ZG 26, die den Kern der Gruppe bildete.

Das NJG 1 war nicht nur das erste Nachtjagdgeschwader, sondern es war auch von der Größe her eines der bedeutendsten Nachtjagdgeschwader der Luftwaffe. Dies wird unter anderem durch die am 1. 10. 1942 erfolgte Aufstellung einer vierten Gruppe, die aus der II./NJG 2 hervorging, deutlich.

NJG 2

Aus der II./NJG 1 und Teilen des ZG 1 ging im September 1940 die I. Gruppe des Geschwaders hervor.

Es folgte im November 1940 die II. Gruppe, die später durch »Zellteilung« als Grundstock für die IV./NJG 1 diente.

Einen wechselvollen Werdegang weist auch die im März 1942 aufgestellte III. Gruppe auf. Sie wurde im Oktober 1942 zur II./NJG 2, worauf eine Neuaufstellung erforderlich war. Diesmal diente die V./NJG 6 als Keimzelle. Die ständigen Verluste zwangen 1944 dazu, Teile der Luftbeobachterstaffel 3 zu übernehmen. Das Hin- und Herschieben der Verbände nahm gegen Ende des Krieges immer verwirrendere Ausmaße an. So wurde im Oktober 1944 aus der III./NJG 2 die IV./NJG 3, während die bisherige IV./NJG 3 nun als III./NJG 2 bezeichnet wurde! Doch damit nicht genug, die aus der I./NJG 7 im Oktober 1944 hervorgegangene IV. Gruppe wurde kurz vor Kriegsende zur Nachtschlachtgruppe 30. Die Aufgabe von »Nachtschlächtern« sollte auch die V./NJG 2 übernehmen, die mit Ju 88 G-6 ausgerüstet wurde. Die im November 1944 begonnene Umschulung von Besatzungen des KG 2 konnten nur zum Teil abgeschlossen werden, so daß es nicht mehr zu Einsätzen kam.

NJG 3

Im Vergleich zu den Nachtjagdgeschwadern 1 und 2 gab es beim NJG 3 nur wenige Änderungen. Die I. Gruppe entstand am 1. 10. 1940 aus der V./(Z)LG1. Die II. Gruppe wurde am 1. 9. 1941 aus der II./ZG 2 und Teilen der Zerstörerergänzungsgruppe gebildet. Aus der II./ZG 76 und der 4./NJG 1 entstand am 1. 11. 1941 die III. Gruppe, während die IV. Gruppe im November 1942 aufgestellt wurde.

NJG 4

In bezug auf Größe und die zahlreichen Änderungen ergeben sich Parallelen zum NJG 1 und 2. Nachdem die I. Gruppe des Geschwaders aus der I./ZG 26 im Jahre 1941 hervorgegangen war, wurde sie unter der alten Bezeichnung I./ZG 26 im Dezember 1941 an die Ostfront verlegt. Erst im September 1942 kam es zur Zweitaufstellung. Den Grundstock bildeten diesmal die I./NJG 3 und die III./NJG 4.

Die Wurzeln der II. Gruppe gingen ebenfalls auf das ZG 26 zurück, wobei die II./ZG 26 als Keimzelle diente. Wenige Monate nach der Aufstellung im Frühjahr 1941 erfolgte die Umbenennung in II./ZG 26, so daß im April 1942 eine erneute Aufstellung erfolgte. Den Grundstock bildeten Teile der I./NJG 4.

Staffeln der I. Gruppe dienten als Basis für den Auf-

bau einer dritten Gruppe, die im Mai 1942 entstand. Darüber hinaus existierte noch eine vierte Gruppe, die allerdings in I./NJG 6 umbenannt wurde.

NJG 5

Die fünf Gruppen des Geschwaders weisen folgenden Werdegang auf:
I./NJG 5 ging 1942 aus der II./ZG 2 hervor.
II./NJG 5 wurde ebenfalls 1942 aufgestellt und 1944 in III./NJG 6 umbenannt.
III./NJG 5 entstand 1943.
IV./NJG 5 wurde später in I./NJG 100 umbenannt und im September 1943 erneut aufgestellt.
V./NJG 5 wurde 1943 aufgestellt und später zur II./NJG 5

NJG 6

Auf »Zellteilung« gehen die Ursprünge dieses Geschwaders zurück, das im Sommer 1943 entstand. Die IV./NJG 4 fungierte als Grundstock für die I./NJG 6, und die III./NJG 6 formierte sich aus der II./NJG. Ohne »Muttergruppen« kamen die II., IV. und V. Gruppe hinzu, wobei die letztgenannte nach wenigen Wochen in III./NJG 2 umbenannt wurde.

NJG 7

Der Aufbau dieses Geschwaders blieb unvollendet. Die aus der III./KG 3 im Mai 1943 hervorgegangene I. Gruppe wurde im November 1944 zur IV./NJG 2. Weitere Gruppen existierten nicht, jedoch war noch die 4./(Erg.)NJG 7 vorhanden, die im November 1944 zur Stabsstaffel des NJG 3 gemacht wurde.

NJGr 10

Die Nachtjagdgruppe 10 wurde bereits am 1. 1. 1940 aufgestellt. Die Einheit blieb über Jahre selbständig, erst im Oktober 1944 erfolgte die Umbenennung in 3./NJG 11. Ferner wurden Besatzungen an das NJG 11 abgegeben.

NJG 11

Das Geschwader, das im August 1944 aufgebaut wurde, weist einen Werdegang auf, der von der seit langem erwarteten Niederlage Deutschlands gekennzeichnet ist. Der Bestand an Flugzeugen und Besatzungen war zu diesem Zeitpunkt so stark abgesunken, daß nicht mehr in Gruppen, sondern nur noch in Staffeln geplant werden konnte. Während die erste und zweite Gruppe noch aus drei Staffeln bestanden, die ihre Ursprünge im JG 300 und der NJGr 10 hatten, bestand die III. Gruppe nur aus zwei Staffeln. Bis zum März 1945 dezimierte sich die Gesamtzahl der Staffeln des Geschwaders auf sechs.

NJG 100

Das aus zwei Gruppen bestehende Geschwader, das im August 1943 aufgestellt wurde, weist in seiner Chronik so klangvolle Namen auf wie Major Prinz zu Sayn-Wittgenstein (83 Luftsiege) und Major Schoenert (64 Luftsiege). Die Einheit blieb bis zum Kriegsende im Einsatz.

NJG 101

Das Geschwader ging aus der Nachtjagdschule 1 hervor; es umfaßte drei Gruppen, von denen die dritte im Oktober 1943 in I./NJG 102 umbenannt und im August 1944 neu aufgestellt wurde.

NJG 102

Die Geschichte dieses im Dezember 1943 aufgestellten Geschwaders weist zahlreiche Lücken auf. Außer der Tatsache, daß zwei Gruppen existierten, ist nicht viel über diesen Verband bekannt geworden.

NJG 200

Im August 1943 ging die erste von mehreren Staffeln aus dem Nah-Nachtjagd-Schwarm (NNJ) der Luftflotte 1 hervor. Bis zur Auflösung des NJG 200, das keine Gruppe besaß, im Mai 1944 war die Ostfront das Haupteinsatzgebiet.

Erprobungskommandos (Ekdo)

Die Aufgabe der Erprobungskommandos bestand im wesentlichen darin, die Truppeneinführung neuer Flugzeugmuster oder neuer Waffen und neuen Geräts vorzubereiten. Die überwiegende Zahl der Ekdos hatte daher nur eine kurze »Lebensdauer«, wobei die Truppenerprobung der Me 210 eine Sonderstellung einnahm. Wegen der zahllosen Schwierigkeiten mit dem Muster wurde die im Frühjahr 1942 aufgestellte Erprobungsstaffel 210 immer wieder umbenannt und schließlich mit der Erprobung der Me 410 betraut und erneut unter verschiedenen Bezeichnungen wie 12./KG 2 und 13./KG 51 geführt.

Im Bereich der Zerstörer- und Nachtjagdflugzeuge existierten folgende Erprobungskommandos oder Erprobungsstaffeln:

Erprobungskommando Do 335
4. September 1944 – 14. Februar 1945

Erprobungskommando Ju 388
15. Juli 1944 – 14. Februar 1945

Erprobungsstaffel Me 210 / Me 410
Frühjahr 1942 – April 1944

Erprobungskommando Ta 154
9. Dezember 1943 – 1. August 1944

Bibliographie

(Auswahl)

Aders, Gebhard: Geschichte der deutschen Nachtjagd 1917-1945. Stuttgart: Motorbuch Verlag (vergr.).

Balke, Ulf: Der Luftkrieg in Europa. Band 1 und Band 2. Augsburg: Bechtermünz Verlag.

Beauvais, Heinrich / Kössler, Karl / Mayer, Max / Regel, Christoph: Flugerprobungsstellen bis 1945 – Johannisthal, Lipezk, Rechlin, Travemünde, Tarnewitz, Peenemünde-West. Band 27 der Reihe *Die deutsche Luftfahrt*. Bonn: Bernard & Graefe.

Bekker, Cajus: Angriffshöhe 4000 – Kriegstagebuch der deutschen Luftwaffe. Oldenburg: Stalling Verlag.

Benecke, Theodor / Hedwig, Karl-Heinz / Hermann, Joachim: Flugkörper und Lenkraketen. Band 10 der Reihe *Die deutsche Luftfahrt*. Bonn: Bernard & Graefe.

Constable, Trevor J. / Toliver, Raymond F.: Das waren die deutschen Jagdflieger-Asse 1939-1945. Stuttgart: Motorbuch Verlag.

Ebert, Hans J. / Kaiser, Johann B. / Peters, Klaus: Willy Messerschmitt – Pionier der Luftfahrt und des Leichtbaues. Band 17 der Reihe *Die deutsche Luftfahrt*. Bonn: Bernard & Graefe.

Filley, Brian: Junkers Ju 88 in action. Squadron/Signal Publications.

Gersdorff, Kyrill von / Grasmann, Kurt / Schubert, Helmut: Flugmotoren und Strahltriebwerke. Band 2 der Reihe *Die deutsche Luftfahrt*. Bonn: Bernard & Graefe.

Griehl, Manfred / Dressel, Joachim: Focke-Wulf Fw 190 / Ta 152 - Jäger, Jagdbomber, Panzerjäger. Stuttgart: Motorbuch Verlag.

Griehl, Manfred: Dornier Do 217-317-417, eine luftfahrtgeschichtliche Dokumentation. Stuttgart: Motorbuch Verlag (vergr.).

Griehl, Manfred: Heinkel He 219 Uhu. FLUGZEUG Profil 10. Illertissen: Flugzeug Publikations GmbH.

Griehl, Manfred: Tank Ta 154 – Die Geschichte des deutschen Mosquito. FLUGZEUG Profil 25. Illertissen: Flugzeug Publikations GmbH.

Irving, David: Die Tragödie der Deutschen Luftwaffe. Frankfurt: Ullstein GmbH.

Köhler, H. Dieter: Ernst Heinkel – Pionier der Schnellflugzeuge. Band 5 der Reihe *Die deutsche Luftfahrt*. Bonn: Bernard & Graefe.

Kosin, Rüdiger: Die Entwicklung der deutschen Jagdflugzeuge. Band 4 der Reihe *Die deutsche Luftfahrt*. Bonn: Bernard & Graefe.

Kranzhoff, Dr. Jörg Armin: Arado – Geschichte eines Flugzeugwerks. Oberhaching: Aviatic Verlag.

Kurowski, Franz: Der Luftkrieg über Deutschland. Klagenfurt: Kaiser Verlag.

Lange, Bruno: Typenhandbuch der deutschen Luftfahrttechnik. Band 9 der Reihe *Die deutsche Luftfahrt*. Bonn: Bernard & Graefe.

Neitzel, Sönke: Der Einsatz der deutschen Luftwaffe über dem Atlantik und der Nordsee 1939-1945. Bonn: Bernard & Graefe.

Punka, George: Messerschmitt Me 210 / 410 in action. Squadron/Signal Publications.

Ruff, Siegfried / Ruck, Martin / Sedlmayr, Gerhard: Sicherheit und Rettung. Band 13 der Reihe Die deutsche Luftfahrt. Bonn: Bernard & Graefe.

Schliephake, Hanfried: Flugzeugbewaffnung – Die Bordwaffen der Luftwaffe von den Anfängen bis zur Gegenwart. Stuttgart: Motorbuch Verlag (vergr.).

Smith, J. Richard, Creek, Eddie J. & Hitchcock, Thomas H.: Dornier 335 Arrow. Monogram Monarch 2, Monogram Aviation Publications.

Spenser, Jay P.: Moskito. Monogramm Close-Up 22, Monogram Aviation Publications.

Trenkle, Fritz: Bordfunkgeräte – Vom Funksender zum Bordradar. Band 7 der Reihe. Die deutsche Luftfahrt. Bonn: Bernard & Graefe.

Wachtel, Joachim: Claude Dornier – Ein Leben für die Luftfahrt. Planegg: Aviatic Verlag.

Wagner, Wolfgang: Kurt Tank – Konstrukteuer und Testpilot bei Focke-Wulf. Band 1 der Reihe *Die deutsche Luftfahrt*. Bonn: Bernard & Graefe.

Wagner, Wolfgang: Hugo Junkers, Pionier der Luftfahrt – seine Flugzeuge. Band 24 der Reihe *Die deutsche Luftfahrt*. Bonn: Bernard & Graefe.